谢同学趣说
英国史

秦似海——改编

老谢同学——著

长江出版社
CHANGJIANG PRESS

一得书系

Q

一个小岛带动了整个世界，

这是奇迹还是必然？理解当今

的世界，不妨从了解英国的历

史开始……

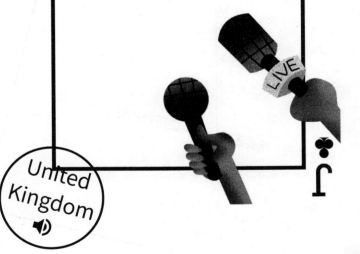

United
Kingdom
🔊

J

目录

序章　你容易搞错的英国

　　各位同学们好，从今天起，我给大家讲一讲英国的历史。

　　众所周知，英国历史到现在也就两千年左右，不像两河流域、埃及、印度、中国这些古老文明，有着五六千年的文明史，有众多的盖世英雄。

　　但是我一直觉得，英国的历史有它独特的魅力。它在遥远的古代，曾和许多国家一样，被强制纳入罗马文明；后来又在欧洲文明的框架内蹒跚了一千多年。一湾29英里（34公里）的英吉利海峡把它和欧洲大陆隔开，既保持了英国的独立，又通过便利的航运避免了岛国常出现的孤立与闭塞。当新时代的曙光初现，英国这个蕞尔小邦一跃而起，领先于整个世界，率先进入一种崭新的文明。

　　目前全世界有五十二个主权国家是英联邦国家，这些国家几乎都曾是英国的殖民地，很多地方以前都是受英国保护的。所以对我们中国人来说，中西方文化差异的典型代表，当然就是英国啦。在互联网高速发展的今天，我们打开手机就能看到全世界，如果我们不能了解他们的过去，就很难判断西方的未来。

　　我希望通过我的讲述，让国人更好地去了解西方的人文知识，以及英国历史对整个世界的深远影响。所以我们学习的宗旨就是：了解大英帝国的过去，便知半个世界的未来。

　　而且我会在每个历史故事中，总结一些我们生活中经常会遇到的问题，如何找到解决方法？如何判断西方人的思维逻辑？这些疑问都能给我们的生活带来一些启示。

　　在正式开讲英国历史之前，我先简单地介绍一些历史名词，以及英国的基本概况，因为有些东西我们经常会搞错。

先来说一下英国的国家代码，我们中国的英文缩写是 CHN，美国的英文缩写是 USA，那么英国是什么？是 UK。这个 U 代表联合，K 代表王国。大家都知道美国的全称叫作美利坚合众国，那英国的全称叫啥？

嗯，名字有点长，英国叫作"大不列颠及北爱尔兰联合王国"。这里的大不列颠指的是英格兰、威尔士、苏格兰，而北爱尔兰指的是爱尔兰岛北部区域。由于他们的历史起源于英格兰，而且元首也常驻英格兰，所以简称英国。

刚才提到的四个地区，其实都是国家，有他们自己独立的国民议会，地方政府自行管理，但是政治经济和军事部署却连为一体。所以英国实际上是由四个国家组成的，嘿嘿，同学们不要搞错哦。

为什么要叫联合王国呢？因为英国是个君主立宪制国家。目前英联邦国家中有十六个主权国家，仍尊崇女王伊丽莎白二世为国家元首，所以加拿大最高的行政元首是总理，而不是总统。但是，下一任英国元首不一定还是女人啊！这个国家的人可不是蜜蜂，不可能一天到晚只为女王打工，只不过女性在英国皇室中同样也具有王位继承权。

那么下一任元首，就是查尔斯王储啦，也就是戴安娜王妃的前夫。但是呢女王或国王在英国是不具备执政权的，英国皇室只是人民精神上的领袖哦，国家内外事务均由首相代为管理。

现在大家翻开世界地图，可以看到英国的位置是由两个大岛组成的，各位同学可能就奇怪了，哎？怎么我老是听见他们喊英伦三岛啊？这不明显只有两个大岛嘛，我擦！你们数学是体育老师教的啊？

关于这个解释，版本有很多种，我觉得比较靠谱的说法，就挺尴尬啦。

当时是清政府把英国的地理概念给弄错了。英国是英格兰、苏格兰、爱尔兰组成的，这个"兰"字在英语里是 Land 的意思，表示岛屿地区。这里不是正好三个"兰"嘛，所以那时候就叫成了英伦三岛，这个说法也延续至今。

这里我必须再跟大家讲一个地理常识，就是大不列颠和不列颠有啥区别？哎？多了一个"大"字，所指的地域却完全不同，那到底是大不列颠大啊，还是不列颠大啊？

大家先把舌头捋直，然后思考三秒钟，嘿嘿，我就知道有些朋友会说大不列颠大。其实是不对的，我们先来说大不列颠，它就是指英格兰、威尔士和苏格兰所在的那个大岛，这个"大"在英文里用 Great 表示，意思就是说英格兰所在的那个岛，是比较伟大的、杰出的地方。而不列颠指的是不列颠群岛，其中包括了爱尔兰岛，也包括了大不列颠。

我这样说，同学们就理解了吧，大不列颠在不列颠群岛之内，所以别瞎猜哦，搞清楚以后才不会闹出笑话。

咱们再来说说爱尔兰岛。在公元 1922 年之前，爱尔兰全岛也是英国的一部分，只不过后来独立了。但是北部爱尔兰地区（大概六分之一的区域）依然归属英国，他们独立的原因跟宗教、政治、人权都有很大的关联，与第一次世界大战英国的政策也密切相关，以后我会给大家详细讲述。

刚才我所讲的这些都是常识，同学可能恍然大悟，哎呀，你不说清楚的话，我确实有点蒙圈的感觉。其实咱们只要知道北爱尔兰、爱尔兰和英国之间的关系，还有"大不列颠"的"不列颠"所指的范围，就一目了然了。不列颠哈哈大笑，我让他大又能咋的？还是属于我们不列颠。

接下来我再跟大家讲讲史前的英国，史前不列颠群岛的状况。

这里我还得普及三个历史名词，也就是史前、公元前和公元的意思。史前的意思，就是有人类记录的历史之前发生的事情。这些史前所发生的事呢，不是什么侏罗纪公园里的故事，只是不能通过文字记载，只能通过考古发掘去了解的那段历史。

公元前的英文简写叫作 BC，比如我们看外国历史电影的时候，下面字幕有个 BC 1000，意思就是公元前 1000 年。B 是英文 Before，也就是在什么什么之前，C 是什么呢？同学们立马反应过来啦，没错，就是 Christ，也就是耶稣哦，BC 就是耶稣出生的这一年，它之前就叫作公元前。然后稣哥出生以后的年份，就是公元了，英文是 AD。

A 代表什么呢？嘿嘿，同学们可能要说 After，在什么什么以后？那就是指公元后？胡说八道！你们听说过公元后几几年的说法吗？没有吧？ AD 其实是 Anno Domini 的缩写，这是拉丁文，代表耶稣出生的那一年。从宗教的角度来说，公元 2019 年的意思，就是说上帝保护这个世界已经有两千多年啦，我稣哥可从来没有离开过哦。

普及完这些知识以后，我就说一下史前英国的由来。

英国的文明史其实是从罗马共和国第一次入侵不列颠时开始的，也就是在公元前 50 年左右。这里我得翻个白眼，咱们公元前 50 年，也就是甘露四年，正是汉元帝统治的年代。那个时期的中国，商周历史已经演完，春秋战国都结束了，我的老天，大英帝国居然还处在史前文明！不过不列颠岛史前那段历史，如果你说一片空白吧，咱也不能太武断。

据考古证实，五十万年前，早期人类海德堡人就在那里生活过，后来过了二三十万年之后，尼安德特人也在威尔士活动过，然后现代智人就在英格兰德文郡的山洞，正式拉开了旧石器时代。

有些同学就要问了：哎？英国不是个岛国吗，人类是怎么过去的？那时候的人应该不会造船吧，难道一个个都是游泳过去的？

这个问题问得非常好，英国在一万多年前是和欧洲大陆相连的，由于气候变暖，大西洋和北冰洋的冰山融化，海平面逐渐升高之后，才形成了不列颠群岛。

而不列颠的史前文明确实有神秘之处，比如那个举世闻名的巨石阵 Stonehenge 就在维尔特郡，离伦敦并不远。这个巨石阵是在公元前 2900—公元前 2500 年建造的，它的修建方式和功能到现在也无人知晓。有人说是祭祀之地；也有人说其实是墓碑；还有人说这地方很神奇，可以治愈疾病，相当于古代的一个康复中心；至于有人说它是召唤外星人的基地，这个脑洞开得就堪比黑洞了……

总之，巨石阵的修建说明当时的社会文明，已经产生了一种有规划的社团活动，社会凝聚力从此日益增长。那么之所以英国的历史起步比较晚，主要是因为不列颠群岛与欧洲大陆被英吉利海峡所隔断，在随后的很长一段时间里，致使英国和欧洲大陆脱节，处在了一个长期的文化断层时代。

英国历史的序幕，我们先讲到这里，主要是给大家简单地介绍一下英国的地理位置，以及不列颠的史前文明。让我们从"古罗马对不列颠文明的植入"开始，一起来回顾大英帝国辉煌的过去。

第一单元

**古不列颠
——古罗马的边疆**

第一章　向不列颠植入罗马文明的凯撒

英国历史的起源，得先从耶稣出生之前的"公元前"开始，由于地理原因，不列颠处于一个长期的文化断层，直到公元前750年，欧洲的铁器文化才开始逐渐影响不列颠。

这个影响力对于英国历史来说，其实只是一小步，无非就是从青铜时代过渡到了铁器时代。他不可能一步登天，就好比宣告清王朝灭亡的武昌起义，在革命浪潮席卷全国之前，很多中国人已经剪了辫子。

当时的不列颠凯尔特人对穿着打扮不太讲究，身上涂着菘蓝（一种可以治愈伤口的蓝色植物），系上一块用动物毛皮做成的遮羞布，唐僧路过五行山，给孙悟空缝制的虎皮裙就是这种款式。然后他们扎起马尾辫，手里再握一杆标枪，若是能跨上五颜六色的斑马穿梭丛林，活脱脱就是一个"阿凡达"。

他们民风彪悍，部落的女性由一群男人共有，这群男性可以是近亲关系，包括父子或者兄弟，都可以跟同一位女性约会。当姑娘生育子女时，孩子的父亲被认为是当她还是处女时，第一个接近她的男人。

也就是说，这姑娘第一次是给了我的，以后无论是谁跟她睡，只要肚子争气，你生个十七八个都没问题，但是呵呵对不起，孩子归我。

你无处喊冤，因为这是部落的规定，血缘关系在这旮旯无效。他们堂而皇之地喊出"为了部落"的口号，认为繁衍后代就是每个男人的荣耀，所以空闲的时候，为了能抢到一个儿子，他们得拼命去找看上自己的姑娘。

古代罗马人已经开始实行一夫一妻制了，喝着葡萄酒啃着面包，文明的优越感让他们对野蛮人的生活充满好奇，我去！这些人的脑子是坏的么？自己的孩子怎么可以随便送人啊？等孩子长大了再来泡同母异父的妹子，这叫肥水不流外人田吗？真是岂有此理！

由此可见，不列颠岛是多么落后啊。

幸好，上帝始终没有忘记这个孤独的地区，最终还是让不列颠进入了欧洲文明的怀抱。其中有一位"神一样的男子"，在古代西方历史舞台上声名显赫，如果要说起英国历史的起源，没有这位大神可万万不行。

这里咱们先科普一下罗马周边的格局。

公元前 5 世纪到公元前 1 世纪，凯尔特人开始爆发式地向外迁徙。在这次大规模的迁徙中，一部分凯尔特人入侵到了高卢北部（在现在的法国），和当地的日耳曼人繁衍出了一个新的民族：比尔盖人。

比尔盖人在公元前 200 年左右入侵到了不列颠，并没有进入内地生活，而是在沿海地区定居下来，这样既可以和高卢人保持社会与经济的联系，而且阵营路线不会拉得太远。

但是当时罗马正在征服高卢，这就使得不列颠群岛卷入了罗马共和国对外扩张的计划之中。而这位入侵者正是伟大的凯撒大帝，古代西方历史中最为著名的人物之一——盖乌斯·尤里乌斯·凯撒。

凯撒大帝是罗马共和国末期杰出的军事统帅、政治家，他天赋异禀，酷爱古希腊文化，十几岁就发表了《赫库力斯的功勋》《俄狄浦斯》等多部著作。而且他天生就是将帅之才，战功显赫，所向披靡，被森图利亚大会选举为罗马共和国的执政官。凯撒的一生就是一个传奇，南征北战，终于以其优越的才能，成为了罗马帝国的奠基者。

同学们或许会问，为啥罗马共和国一定要征服高卢呢？

因为罗马当时的统治成本在升高，需要高卢这个地方来安排退伍的老兵。

说起罗马的退伍老兵，罗马给他们的待遇可谓相当优厚。凯撒就成倍地增加过现役军人的报酬，到了公元 6 年，退伍军人固定接受相当于 13 年工资的退伍津贴。后来的奥古斯都，更是给帮他打败安东尼的退伍兵赏赐了大量土地。那么问题来了，一方面又是给钱又是给地，钱和地从哪儿来？一个字：抢。于是以战养战成为罗马的一项基本国策。另一方面，很多退伍兵有了钱有了地，又是百战余生，正好好好享受生活，喝酒打架闹事算轻的，组织个把黑社会性质的犯罪团伙也是常有的事。

罗马统治阶层当然不会把这群"社会不安定因素"留在罗马城里闹心，只有攻占更多的殖民地，把他们往那儿一扔，眼不见心不烦。

全世界都知道法国盛产葡萄酒，现在很多的法国酒庄，一追溯历史，都是罗马人统治时期建立的。葡萄酒在当时可是欧洲最重要的饮料之一，征服高卢，还可以趁机垄断酒水行业，何乐而不为呢？

现在又出现一个问题了：征服高卢和入侵不列颠又有啥关系呢？完全是风马牛不相及的事儿啊！

别急，咱们先来看一下地理位置，比尔盖人的老家在高卢北部，凯撒如果不连根拔除不列颠的比尔盖人，谁能保证这些野蛮人不会回来抢地盘？内忧外患最让人头疼，一群乌合之众，隔三岔五就会来骚扰几波，半夜三更呼啸而来，抢粮抢女人，等你聚集精锐部队，他们吹声口哨，大伙儿一哄而散，高歌吟唱，渐行渐远："千山我独行，不必相送……拜拜了您！"

对付这种小股部队的游击战，当然需要大量的时间和精力，元老院计无所出，一筹莫展。凯撒经过深思熟虑，为了杜绝高卢北部地区的安全隐患，决定出击不列颠。

其实凯撒入侵不列颠的真正原因，是为了达成自己的政治目的，也就是他自己的野心。而就是这个野心，不但成了凯撒日后独裁统治罗马的重要基石，还是推动了不列颠文明进程的一个重要推手。

凯撒这个政治目的也是我们今天整个故事的核心所在，就是要严格审计我们生活中的机会成本，有的时候做对选择比努力执着更容易成功。

那么这个野心具体是什么呢？又能给我们现代人什么样的生活启示呢？

罗马占领不列颠之后，这片土地成了罗马的一个行省（相当于罗马的一个殖民地），这样就使不列颠终于接轨了欧洲大陆的文明，而凯撒的野心也直接引领了罗马共和国向罗马帝国的转型。

当时在入侵不列颠之前，罗马是三足鼎立的局面，凯撒与庞培、克拉苏并称为罗马三巨头，共同把持罗马共和国的朝政。他们表面上其乐融融，但暗地里却是钩心斗角，都想成为共和国的实际控制人。

凯撒花了八年的时间征服了高卢全境，胜利的喜悦并没有冲昏他的头脑。凯撒认为，想想要成为罗马共和国的执政官，拥有兵权是远远不够的，必须得到罗马人民的支持。他得想方设法去找机会树立自己的政治声望，如果让庞培和克拉苏在西班牙或叙利亚建功立业，那么他们的成就会远远超过自己。

成王败寇这种事情，古今中外无不相同，掌握实权者不一定能睡得安稳，凯撒的担忧后来也被验证了。东征帕提亚的克拉苏战败身亡之后，元老院为了分散独裁势力，乘机拉拢庞培，拒绝凯撒继续担任独裁官的无理要求。于是他在"法萨罗之战"中彻底击败了庞培，追击到埃及。埃及人为了讨好罗马，将庞培的人头献给了凯撒。

每一个成名的枭雄，都明白一个道理：乱世之下你得找准方向，才有扭转乾坤的机会，正确的目标和雷厉风行的手段，缺一不可。

其实凯撒之前并没有想过要去打不列颠，正好这个时候，比尔盖人又出来抢粮抢女人了，甚至开始协助高卢人一起对抗罗马。统治阶层对这群悍匪束手无策，只能将求助的眼神抛向了英雄凯撒。

含情脉脉的凝视，令人血脉偾张，凯撒心里很清楚，这群元老院的老头子，既然有求于我，证明我在他们心目中还是有地位的。凯撒深谋远虑，脑子里灵光乍现：非常好，眼前是个大好的机会哦，想要建立政治声望，必须去攻打不列颠！

一颗冷静的头脑，为凯撒的功绩加分不少，入侵不列颠正是凯撒人生中非常正确的一步棋。

因为当时的不列颠岛在罗马人心目中就是一个神秘恐怖的区域，他们都说不列颠是死神统治的区域，海里有巨大的乌贼和毒蛇，岛上住着一群魔鬼土著，每天跳着草裙舞，茹毛饮血，以人肉为食，叫起来的声音特别瘆人。

凯撒思维清晰，胸有成竹，要是战胜了不列颠的"魔鬼"，不但可以断绝比尔盖人的后路，而且胜利归来那天，我必将受到万人的敬仰，成神之路指日可待！

于是凯撒就向罗马元老院提交申请，以连根铲除比尔盖人的名义去攻打不列颠。

元老院一直在期待凯撒的反应，一听说他要去攻打不列颠，顿时欣喜若狂："哎哟，亲爱的凯撒啊，你果然是个好同志，为了罗马的人民，不惧险难，任劳任怨，专挑辛苦劳累的工作，我们元老院肯定是全力支持你哟！谁要是敢跳出来反对，哼哼，大伙儿一起上，先揍他一顿再说！"

凯撒顺利出征，一共入侵了不列颠两次，第一次入侵根本就没想过动真格的，目的是验证一下罗马的舆论反应。他带上几个散兵游勇，一登上岸，遇到的不是比尔盖人，而是那群把自己打扮成"阿凡达"的凯尔特人。

他当时就懵了，这什么情况？他小心谨慎地指挥了几次伏击之后，恍然大悟，原来不列颠岛上这群"阿凡达"，只不过是落后的野蛮人而已。

凯撒舒了一口气，觉得这次出征实在是太过轻松，想起自己回去时肯定是万人夹道欢呼，即将收获鲜花和掌声，他在睡梦中笑出了猪叫声。

不过他也不想浪费宝贵的时间，在外面耽搁太久的话，说不定罗马的时局随时会发生变化。他决定先撤兵，去征求部下们的意见："各位同僚，咱们这次带来的人虽然很少，但是敲山震虎的效果已经达到，不如先回去，看看元老院那群老不死的能不能拨点经费下来。"

说起部队的经费开销，部下们心知肚明，名利双收的事情当然是可遇不可求。凯撒有两手准备，入侵时并没有带上精锐士兵，加上不列颠岛上的天气变化也非常糟糕，所以部下们一致赞成主帅的英明决定。

凯撒收获了一批俘虏和战利品之后，鸣金收兵。当他回到罗马的时候，整个罗马都沸腾了，锣鼓喧天，鞭炮齐鸣，人民纷纷涌上街头，观摩五颜六色的阿凡达。不列颠的首战告捷，各地的舆论头条把凯撒炒上了天，大街小巷议论纷纷，对英明伟大的凯撒赞不绝口。

罗马只要占领一个区域就会搞一次谢神祭，因为他们相信这个地方被罗马占领是众神的旨意，一般都会搞上一两天，五到七天都很少见，庞培在东方大捷时也才搞了十天左右。而凯撒入侵不列颠，元老院竟然破天荒地搞了二十天的谢神祭，可想而知，不列颠岛在欧洲人民的心目中是多么的遥远和神秘。

凯撒没有料到自己的政治成果如此显著，感动得热泪盈眶，心想，哎呀！这效果也太理想了，哈哈哈，那我就再去一次吧！

由于上次去的是沿海地区，并没有往内陆走，所以第二次，凯撒集结了五个军团的兵力，准备大干一场。

当时不列颠岛内的凯尔特土著部落和比尔盖人之间的关系并不深厚，凯撒就利用了劝降的方式，晓之以理，动之以情，让一些部落站在了罗马的一方。这样一来，部落之间就产生了内讧，凯撒并没有花费多少心思，很快就占领了不列颠东南部的沿海地区。

但是就在凯撒征服不列颠搞得如火如荼的时候，高卢后方突然发生了叛乱，第二次进攻没多久就戛然而止，至此之后，凯撒就再也没有去过不列颠。

哎？凯撒在搞什么飞机啊？他集结这么多的兵力，完全可以将不列颠岛夷为平地，为什么没打几天又撤了？难道高卢的叛乱真的很严重吗？

凯撒这个人有非常敏锐的政治头脑，他想做的事情是"入侵"，而不是征服。

如果他真的有心收复整个不列颠群岛，平定后方叛乱之后肯定还得杀回来。可惜并没有，他走的时候几乎是全军撤退的，只是带走了一些部落的王子作为人质。所以从这点来看，凯撒压根儿就没想怎么着，一切全是套路，搞不好高卢发生的叛乱，都是他自导自演的。

玩政治也需要演技，胸有城府之人，演技肯定差不到哪儿去。

咱们按照时局来分析，凯撒撤退的真实原因其实有两个，第一个，就是统治成本太高。因为不列颠群岛除了能抓点儿奴隶，搞点当地土特产之外，其他啥也没有。葡萄酒和面包，这帮土著一辈子也没见过，凯撒觉得囤地开荒这事儿，还是留给后人来做吧，老子是抽空过来玩玩的，挖上一个坑，撒点种子，然后在这片土地上立个碑，改一改他后来登陆埃及的那句名言："我来过了，我看到了，你们来征服吧！"

第二个原因，就是他觉得时间成本太高，征服一个地区需要很多年的时间，在严峻的政治环境下，每天都有可能发生巨大的变化，庞培和克拉苏也一直在后方虎视眈眈，所以凯撒必须把精力放在政治斗争上，而不是军事征服上。

可能有些同学奇怪了，那这么判断的话，凯撒并不是不列颠文明的推动者啊，充其量他只完成了两次对不列颠的侦查行动。高卢的比尔盖人好歹知道抢粮抢女人，凯撒都干了点啥？他撒下的"文明种子"体现在哪儿呢？

嗯，政治这东西并不是人人都能玩转，凯撒是个武夫，也是个政治家。他虽然没有去征服不列颠，但是他一系列的政治手段，确实给不列颠植入了文化，主要体现在下列几件事上。

第一件事，他带走的那些部落王子和贵族们，在罗马接受了罗马文化的洗礼，并学习了罗马先进的文明。同时，凯撒也用一些方式腐蚀这些人，比如说精美的器物、风雅的宴会，还有淫乐放纵的洗浴，这些罗马人奢靡的生活习惯，传回不列颠之后，大受欢迎。

现在英国的巴斯城就有大量罗马风格的建筑，有很多罗马的浴池，而巴斯的英文就是 Bath，代表洗澡的意思，整个城市就是一座浴都。

或许有些同学觉得这就有点扯啦，洗澡对文明发展有何帮助啊？

你可以这样想，一群蓝精灵洗尽身上的蓝颜料之后，精神倍爽，应了"暖饱思淫欲"这句话，打扮得花枝招展的，泡妞也更有自信了，只要被姑娘看上眼，家族成员就会日渐壮大。这对于部落的男人们来说，可是一件头等大事，你别拦着我，就是一整天不吃饭，我也得去泡澡堂子。

第二件事，凯撒入侵不列颠时，劝降的那些部落受到了罗马的庇护，并授予一些部落跨海贸易的垄断权，这些部落和高卢、意大利的经济联系就快速地发展了起来。罗马人也开始在不列颠做起生意来，找个店面定居，可以卖酒赚钱，比如以食物交换珠宝钻石、金银首饰。你拎着一瓶葡萄酒上澡堂子，走路的姿势都带着风，这可是土豪身份的象征，比家里有矿更让人羡慕，所以当时不列颠的文明进程发展，就逐渐追上了欧洲大陆。

那么第三件事，就是贵金属货币的使用。

在凯撒入侵不列颠之前，不列颠的经济往来还非常原始，使用的货币也非常彪悍——铁条，铁制货币重量大而价值小，跟以物换物也没啥区别。

罗马人来了以后，部落开始效仿罗马的货币，有些部落甚至在自己的货币上打上"罗马友好王国"的字样，来实现自己部落的金融信用。

最后一件事情就是宗教信仰。

罗马信奉众神，就是宙斯、雅典娜那一批开着外挂的神仙。凯撒的养子屋大维，后来被元老院赐为奥古斯都，死后更是被列为神仙之一加以供奉，屋大维死在八月，所以英文的八月叫 August，这就体现了罗马宗教文化对不列颠的影响。

总结之后再来看待凯撒的政治野心，正是这"一次机会"，让他成为了早期英国历史发展的推动者，严格来说，凯撒大帝正是拉开英国文明史序幕的第一人。

那么在凯撒入侵不列颠的故事里，各位同学应该对早期英国历史的起源，已经有了概念，我们也能通过这个历史故事，思考工作生活中的启示。它告诉我们，很多事情都是要计算成本的，这个成本不仅是经济成本，还有时间成本和机会成本，有的时候你选择出一个正确的方向，比努力执着更重要。

第二章 古罗马统治下的不列颠

不列颠群岛的文明，从凯撒二次入侵开始拉开帷幕，凯撒只是以探索者的身份敲开了这道门，并没有真正去征服不列颠，这期我们就讲讲罗马是怎么征服不列颠和统治不列颠的。

凯撒收兵以后，一直到公元 43 年，实际上有近一百年的时间，罗马人并没有对不列颠进行过军事行动。在这一百年的时间里，早期英国的这些部落，无论是比尔盖人还是土著，他们的文明发展正式开始接驳欧洲大陆。

上一章我们说到不列颠有很多部落已经投降了罗马，开启了与罗马的经济贸易和社会往来，时间一长，罗马的文化就开始通过这种非官方的形式，传播到了不列颠。

从侧面来说，凯撒确实是一个非常优秀的统治者，他先将罗马文化植入那个相对比较空白的区域，那后续的征服还用费什么力气吗？

正所谓人往高处走，水往低处流，尝到了先进奢华的生活甜头以后，凯尔特贵族洗着澡，看着罗马戏剧，喝着葡萄酒，别提多美了。可就在这一时期，不列颠分为了两大阵营，一方是亲罗马的阵营，一方是反罗马的阵营。

亲罗马的部落想法很简单，打不过外强咱就别拉硬（东北话，硬撑的意思）了，咱们就投降跟着罗马混呗，有了罗马人的庇护，部落的生活也逐渐奔向小康，这不挺好的吗？那些整天无所事事的首领纷纷响应："不错，不错！老铁这话没毛病，我先去泡个澡再来开会。"

怎么？还有人对舒适的生活不满意，一定要反对文明化？是为了保卫家园，捍卫凯尔特人的民族传统么？当时的人可没有那个觉悟，民族主义的思想至少要到1500年以后，才在不列颠这片土地上生根发芽。说起这些反罗马的势力，那可是大大的有名——德鲁伊教！

说到德鲁伊你想到了什么？莫高雷草原上奔驰的猎豹？月光林地咆哮的巨熊？翡翠梦境里神奇的预言者？《魔兽世界》等现代游戏动漫作品对德鲁伊教徒的想象，可以说是……有一定依据的！德鲁伊，是凯尔特社会中地位尊贵的祭司阶层。"德鲁伊"的意思是"橡树识别者"，高大的橡树象征凯尔特人的天神，在他们的宗教仪式上，由德鲁伊僧侣身穿白袍，用金制的镰刀砍下生长在橡树上的槲寄生，用来……治疗不孕不育。当然，除了贴小广告专治疑难杂症以外，老军医，哦不，德鲁伊们还有更重要的任务，根据凯撒记载，德鲁伊们主持公私祭祀典礼，负责解释教义，并裁判部落内部的一切纠纷。后来历史学家发现，他们还承担着天文学家、预言家、施咒者、神谕解释者、武士、善幻化者（什么鬼？）等多达十七种社会角色。任何人不遵从他们的判决，就会受到最严厉的惩罚。这套制度起源于不列颠，逐步传播到高卢。

要成为一名德鲁伊，首先你必须是暗夜精灵或牛头人种族——啊呸，你必须经过各种变态的死亡考验，比如，在森林中独自生存，被埋进土里，被扔进大海（知道为什么游戏里的德鲁伊能变豹，变熊，变海狮，变鸟了吧？），活着出来你是德鲁伊，不能活着出来……幽暗城出门左拐，希尔瓦娜斯的亡灵军团欢迎你。这是体育课考试，还有文化课呢，德鲁伊祭司被称为"橡树知识拥有者"或"伟大知识拥有者"，他们要学习天文、历法、医学、历史、地理和宗法传统等大量知识，德鲁伊的学习有一个重要特点——没有课本！全靠背！师徒之间完全通过口口相传来进行教学活动，有些年轻人求学竟达二十年之久。为什么德鲁伊教讲究不立文字，口传心授？凯撒对此的解释是：第一，他们不想让这些教材为人所知，知识只能掌握在少数的精英阶层手上，一旦公开，德鲁伊的神秘面纱将不复存在，其至高无上的地位也会随之动摇。其二，德鲁伊祭司们非常重视记忆和背诵的技能，认为依赖书本，就会削弱学习者的背诵技能。

当你展开浑身解数，扛过各种死亡考验，苦学二十年，终于拿到德鲁伊职称的时候，突然发现这个世界变了，大家开始崇拜罗马诸神，甚至开始崇拜罗马皇帝，简直是国将不国了，不反罗马更待何时，你咽得下这口气？

另外德鲁伊教还有一个残酷的习俗——用活人祭祀。1984 年，在英国柴郡出土了一具保存完好的 2000 年前的裸体男尸，被称为"林道人"，由于在其胃部发现了槲寄生花粉，学者认为他是被德鲁伊教用来献祭的受害者。早在公元前 97 年，罗马就严禁用活人祭祀，因此罗马对德鲁伊教一直采取取缔和镇压的方式。而德鲁伊祭司们，利用他们的文化优势，去影响不列颠各部落王室中的年轻人，去实施去罗马化的政策，并通过宫廷政变，来扶持支持德鲁伊教的首领上位。

两大阵营就这样打了一百多年的内战，直到公元 50 年左右，也就是我们中华上国东汉开国皇帝刘秀的时期，千万别跟公元前 50 年的凯撒时代搞混了。当时的罗马皇帝克劳狄乌斯，就以铲除异端宗教的名义，终于决定对不列颠群岛发动军事征服。

克劳狄乌斯患有小儿麻痹症，在婴儿时期父亲就去世了，他的兄长日耳曼尼库斯，受到叔祖父屋大维的收养，因此这便他继承克劳狄乌斯的家门。

他的登基颇为意外，在侄儿卡利古拉就任皇帝时，曾担任罗马的执政官。卡利古拉被近卫军刺杀之后，士兵们山呼万岁，拥立这位克劳狄乌斯家族的中年男子继位为罗马皇帝。

这个皇帝有点赶鸭子上架的感觉，但是克劳狄乌斯的脑子并不差，要想扭转罗马的动荡局势，就必须出兵征战。而且这个出兵的理由特别简单，就是上面提到的德鲁伊教用活人祭祀。

罗马人义愤填膺，以保护人权的正当理由，向不列颠进行了军事侵略。

各位同学是不是明白了点什么？好像历史上很多侵略的理由，总会有一个非常狗血，非常牵强，又显得非常正义的口号，说到底无非就是为了掩盖一些政治团体或者个人的私心。

克劳狄乌斯刚刚登基成为罗马皇帝不久，没有什么政治背景，也没有什么军事功劳，很多元老院的前辈质疑他，暗地里搞点小动作，就想找个机会将他推翻。他与凯撒当时的心态几乎是一模一样，想赶紧做点成绩来巩固自己的政权。

而正好这个时候，有几个亲罗马的部落在不列颠的内战上打输了，就跑来找他寻求政治庇护："乌斯哥，你得拉兄弟一把，这帮德鲁伊太阴险了，老是背后说罗马人的坏话，语言极其恶毒，我都不好意思说出口……"

克劳狄乌斯当时就想，凯撒大帝是罗马人民心中的神，如果我能完成神未竟的事业，一旦成功，那我就稳坐罗马皇帝的宝座了。

"岂有此理！这帮德鲁伊简直是太扯了……下次请注意你的称呼，我叫克劳狄，不是乌什么师！"克劳狄乌斯借题发挥，当着一群元老的面，拍案而起，"诸位元老，咱们绝对不能允许野蛮部落侮辱文明，必须将他们统统铲除！我建议，由我亲自带领弟兄们，杀向不列颠，进行一场空前绝后的大扫除！"

人一旦有了激情洋溢的想法，做起事情来当然干劲十足。

不列颠与罗马帝国的实力相差不是一般的悬殊，虽然罗马人遭遇过顽强的抵抗，但是克劳狄乌斯御驾亲征，一路征战，势如破竹，直接就拿下了现在的英格兰和威尔士的这片区域，并且让不列颠群岛在随后的三百多年时间里，成为罗马帝国的行省。

自古以来，发动战争的"正当理由"都是由胜利者撰写，在我们日常生活当中，有很多你认为不可以思议的事情，往往都是由于背后的某些特殊原因所导致的，只不过需要一个华丽而又正当的说辞罢了。

或许不列颠的历史就是从克劳狄乌斯的"德鲁伊大扫除"开始，那么这三百年来，罗马帝国是如何统治不列颠的呢？我们将从早、中、晚三个时期开始说。

先说早期的统治克劳狄乌斯雷厉风行的手段，当然巩固了自己的皇权，不过后来他就再也没有来过不列颠群岛，所以也没有做过什么丰功伟绩。他没当几年皇帝就被毒死了，在他之后就来了一位残暴的君主尼禄。

第一单元　古不列颠——古罗马的边疆

尼禄先生是罗马帝国第五位皇帝，他的登台亮相是宫廷政变的结果。历史上对这个人评价只有"残暴"两个字，因为他弑母杀妻，其变态程度，完全可以与隋炀帝相匹敌。

当时元老院议员及贵族曾策划了一次刺杀尼禄的计划，称为"皮索的阴谋"，但他们的计划在事前泄漏，尼禄随即将所有的参与者全部处死，包括尼禄的老师塞内加，他的残暴与荒淫达到什么程度，同学们可能无法想象。尼禄的皇宫周围住满了罗马平民，有一次他想扩建宫殿，拆迁队懒得用，直接放了一把大火，把三分之一个罗马城烧得精光。事后他谎称基督徒策划了这次纵火，开始了罗马史上第一次针对基督徒的大规模迫害。

罗马帝国包括一些殖民地正处于他的暴政统治之下，这个时候的不列颠，也就是现在的英格兰和威尔士区域刚刚被罗马征服，就有一些部落打着不屈服暴君统治的旗帜继续反抗，但是好景不长，胳膊终究是掰不过大腿，这些起义很快都被镇压下去了。

恰好这个时候，罗马城里谣言四起，人们听说尼禄从亚历山大城运来的不是救济百姓的谷物，而是角斗士表演用的沙子，顿时天怒人怨，群起暴动。尼禄以为大势已去，便仓皇地逃出罗马，打算投奔东方。

元老院得知尼禄逃走之后，立刻决议推举加尔巴为皇帝，并宣布尼禄为"国家公敌"，任何人都有权追捕或诛杀尼禄。

尼禄获悉追捕的士兵已经断绝了他的逃亡之路，身边只剩下三四个仆人了，万念俱灰之下，他用匕首刺入喉咙自杀，结束了他十四年的统治，终年31岁。元老院开始对尼禄实施"记忆抹杀"，凡是罗马城里有关于尼禄的塑像、碑文、建筑物上的铭刻，都必须销毁或抹除。而教会的记载中，多将尼禄视为反基督教的暴君，尼禄哥正是第一个大规模公开迫害基督徒的罗马皇帝。

不管是由哪个皇帝来统治，初期的罗马帝国对不列颠的统治态度，其实只围绕着两个目的：第一个是征税，第二个就是镇压暴动。

罗马的国家体系向来就是一个等级分明的社会，不像现在等级概念比较抽象。比如现在经常会听到一个代词叫"中产阶级"，你说现在的社会什么才是中产阶级？应该用什么标准来界定中产阶级呢？这个说不太清楚，但是那个时候，罗马就分得特别仔细，而且由法律明确界定，从一个罗马人出生，他的家庭背景，父母是谁，家里有多少钱，包括穿什么衣服都得分辨出来，甚至去剧院看演出的时候，不是说你有钱买前排座，就能让你坐下。

剧院的售票员可能会很认真地打量你一眼，从你衣服布料上基本能判断出来："来了老弟？咱们打开天窗说亮话，票价倒是不贵，不过呢你该是哪个坑的就去哪个坑蹲着，千万别跟我搞事情！"

所以你必须坐在属于你的那个级别区域，不可逾越阶级，更何况这些外邦人呢？在罗马人的眼里，这些不列颠人是远远低于罗马自由人的，而罗马自由人属于平民阶级。

罗马的公民当然比这些外邦人享有更多的特权，不列颠这个时候没有罗马的福利政策和法律保护，完全就是按照罗马管理体系自己去管理自己。

换句话说，就是递给你一本政府管理操作手册，意味深长地说："呵呵，哥哥我事情比较多，你还是自己去研究吧！不要求你完全学明白，要是有人找麻烦，我可以保护你，也允许你通商，但是每年必须向我罗马帝国交税。还有，我丑话先说在前面，你们呢最好给我老实一点，别动不动就起义，要不然我分分钟派兵灭了你！"

这些就是初期罗马对不列颠的统治方式。为了安抚人心，罗马帝国又在军事体系中建立了一个叫作"辅助军"的团体，也就是招募不列颠人作为罗马军团的炮灰。只要你安全顺利地熬到了退伍，那你和儿子就可以获得罗马的公民权，享受罗马给予你的福利待遇。

如此惠民的政策显然就是一支强心剂，当时有很多不列颠人加入了辅助军，只不过辅助军的装备和军事素养比罗马军团差太远了，一旦发生暴乱，或者对抗北方苏格兰人的入侵时，肯定由他们辅助军冲锋陷阵，罗马公民一滴血也不用流，就算辅助军死光了，后面还可以继续招人。

可想而知，早期的英国人民还是比较悲惨的，贫穷落后就要挨打，古今中外无不相同。

后来出现一个罗马皇帝叫哈德良，倒是为不列颠做了点贡献。

哈德良绰号"勇帝"，生于西班牙一个富裕的移民家庭。他身体强壮，博学多才，留着一头乌黑厚密的卷发，简直就是罗马女性心目中帅哥的典范。

每次行军打仗时，他不畏严寒，与士兵们吃同样的食物，喝廉价的酒水，深得士兵们的爱戴。哈德良继位后所做的第一件重要的事情，就是停止东方战争，与帕提亚国王缔结和约。而且他非常重视行省殖民地，给了许多行省城市自治权，鼓励行省城市进行建设、修筑神庙、剧场、公共浴室、举办各种娱乐活动，并慷慨资助，从而缩小了行省城市和罗马的差距，使行省城市的生活罗马化。

他经常去各地视察殖民地，为了防御北方苏格兰人的进攻，在英格兰的北部建立了一个哈德良长城，全长 118 公里，三米多厚，高达六米，花了整整六年的时间完工，如今这个长城的遗迹就在纽卡斯尔（NewCastle），并且被选入了世界文化遗产。

后来又有一个皇帝叫安东尼，为了抵抗苏格兰蛮族的入侵，在哈德良长城的北部也修建了一座安东尼长城，就在现在苏格兰境内的福斯湾附近。

哈德良长城的建立，同时也说明了罗马征服不列颠全岛的失败，但是我们从另外一个角度上来看，英格兰这个国家的历史发展，对整个西方的历史就显得尤其重要了。

那么在罗马统治不列颠中期的时候，前文说的那个罗马公民权，不列颠人渐渐失去了兴趣。于是罗马人又想出一招，随着帝国的扩张，为了降低各殖民地起义所付出的成本，就针对殖民地这些精英阶层，搞出来一个拉丁公民权的体系。

一般敢发动暴乱的几乎都是精英阶层，罗马人设计出这个绿卡之后，不列颠人就可以享受一切罗马社会给予所在阶级的福利待遇，而且还可以与罗马人通婚，唯一的差别就是没有选举权而已。这听起来就好像现在英国的永久居留权一样，可以享受英国给予你的福利待遇，但是你没有投票和政治选举权。

罗马把不列颠的城市又划分出三种级别，分别是"殖民市"、"自治市"和"异族城市"。不论是哪个级别，城市管理都是按照罗马那套行政体系高度自治。

殖民市，其实就是只有罗马人群居的城市，也就是罗马安排退伍老兵的地方。现在历史能确认的殖民市是科尔切斯特、林肯、格洛斯特还有约克，如果你去英国旅游就会发现，这几个城市现在还有罗马风格建筑的影子。

这里要特别提一下科尔切斯特，不要以为伦敦才是罗马的第一个行政首府，其实科尔切斯特才是罗马人在征服不列颠时期的军事大本营。只不过伦敦的地理位置太优越了，主要是因为泰晤士河连海，算是一个内陆港口，所以后来伦敦成为各朝各代的政治中心。

接下来的自治市，主要就是获得拉丁绿卡的不列颠人所居住的城市，现在能确认的是圣奥尔本斯，离伦敦也不太远。然后就是异族城市，像温彻斯特、坎特伯雷、莱斯特等耳熟能详的城市，在当时都属于异族的聚集地。其中温切斯特就是伦敦之前的英国首都，也是板球运动的发源地，这些城市就由阶级比较低的不列颠人所居住。

罗马统治不列颠的中后期时，帝国内部正在演着一出出的篡位大戏。

公元 3 世纪的中叶，也就是公元 235 到 284 年这五十年期间，居然换了二十多位皇帝，平均二年半就换一个。这其中有很多是出自不列颠的总督和将军，西方历史上有一个谚语，叫作"不列颠盛产篡位者"，就是来源于此。

到了罗马统治的末期，由于罗马帝国太大了，而且蛮族对各地的入侵太频繁，当时的皇帝戴克里先，将罗马分为东罗马帝国和西罗马帝国，创建出了两个皇帝共同统治罗马的形式。当时他选了马克西米安这个人，共称"奥古斯都"的称号，二人分别统治东西罗马帝国。

接着这个戴克里先又创造出四个皇帝共同统治的罗马，封他和马克西米安的副手为"凯撒"头衔，成就了历史上一个非常著名的大帝——君士坦丁一世，也就是后来东罗马帝国首都——君士坦丁堡的缔造者。他让基督教在罗马合法化，并成为罗马国教，而这个君士坦丁正是在不列颠登基当上皇帝的。

君士坦丁大帝去世以后，罗马帝国的局面就非常混乱，天天打仗，不是应付那些蛮族的入侵，就是内部争夺地位。直到公元 407 年，君士坦丁三世把留在不列颠的罗马部队全部撤走了，不列颠为了抵抗北方苏格兰人，就决定邀请盎格鲁撒克逊人请来相助，共同对抗北方蛮族。

罗马人在统治不列颠的时期，虽然矛盾冲突一直存在，暴动骚乱时有发生，但是对不列颠的文明化确实是功不可没。我们拉开不列颠文明序幕之后，关于现代主流英国人的祖先——盎格鲁撒克逊人的故事，才是正儿八经的英国历史的起源。

第三章　亚瑟王的狗血爱情故事

盎格鲁撒克逊人，作为现代英国人的祖先，他们在不列颠岛上发生的故事，错综复杂，三言两语说不清楚。

上集我们讲过，罗马帝国内部开始搞分裂的时候，君士坦丁三世把不列颠岛上最后一名士兵带走，就拂袖离开，争夺罗马皇位去了。这里出现了一个需要给大家普及的知识，也就是我们经常看到西方国王的名字里有一世二世，搞得你一头雾水，以为这是直属继承人的皇位称呼。

其实不然，他们真的是名字相同，比如说乔治一世、乔治二世、乔治三世，为什么这一代的国王，居然跟之前国王的名字有着雷人的相似？说来话长，因为欧洲皇室在给自己的子嗣起名时，只会选择几个耳熟能详的单词，什么威廉、亨利、菲利普、路易，还有爱德华啊；包括女性的伊丽莎白、维多利亚啊，在起名字的时候，晚辈的名字极有可能和爷爷奶奶撞车。

还有就是叔叔或者舅舅篡位了，正好跟爷爷名字相同，而其他入侵者呢，姓氏当然不一样，但是又冒出来一个和爷爷同名的。买噶德！干脆别去折腾了，这些当上国王的人，后人区分起来，就只能用一世二世。

君士坦丁三世撤走不列颠岛的士兵之后，意味着罗马统治下的不列颠政权在公元 407 年正式结束。于是很多不列颠人就做起了皇帝梦，导致内部群雄割据，人人都想当上不列颠群岛的国王。

这个时候，北方苏格兰蛮族亲眼目睹罗马人的撤退，心里暗暗窃喜，挥兵南下，开始进攻哈德良长城以南的不列颠人。这里有必要再重申一下，从严格的角度上说，此时，哈德良长城以南地区的人仍然叫作不列颠人，直到盎格鲁撒克逊人进来之后，英格兰人才真正诞生。

苏格兰蛮族一发起进攻，不列颠人就傻眼了。

这三百多年来，不列颠人在罗马的统治下，已经丧失了民族精神，而且罗马人根本就没有培养他们的军事素养。领导拍拍屁股就走了，挥了挥手，不带走一片云彩，不列颠人手里捧着一本"政府管理操作手册"，大眼瞪小眼，表示很无奈。

其中有一个地方割据的首领，也不知道是哪根筋不对，还是在澡堂子里泡坏了脑子，他彪呼呼犯贱一样的，跑去了石勒苏益格地区（今德国北部和丹麦南部），许以重金与美酒，将盎格鲁撒克逊人请过来帮忙，共同对抗苏格兰蛮族。

盎格鲁撒克逊人，属于日耳曼蛮族，他们是凶悍的战斗民族，力大无穷，满脸横肉，打起架来比苏格兰人更猛，有点类似咱们汉代的匈奴，也是彪悍凶猛，灭几个食古不化的小部落，当然是分分钟就搞定的事儿。

他们完全没有把苏格兰人放在眼里，嘴角露出轻蔑的笑容："哈哈，哈！葡萄美酒夜光杯，欲饮琵琶马上催！请你将葡萄酒的瓶盖子拧开，先醒醒酒呗，等我杀完敌人回来，酒香正浓！"

当时这位不列颠部落首领的想法是"以毒攻毒"，请老虎过来对付豺狼，保护羔羊免受侵害，可是他却忽略了一个最致命的常识，老虎吃完狼之后呢，他们饿了会吃什么？难道叫他们吃草啊？所以用我们东北话说，这人就是缺心眼儿。

果然，盎格鲁撒克逊人到了不列颠之后，不费吹灰之力就击退了苏格兰蛮族，庆祝胜利时，葡萄酒还没有醒好，他们甚至连澡堂子都没有进去，立马翻脸不认人，各种烧杀掠夺，开始争抢不列颠人的地盘。

不列颠被罗马统治了三百多年，他们的文明进展是有目共睹的，在公元2世纪，基督教就传播到了不列颠，而盎格鲁撒克逊人野蛮原始，信奉的仍然是自己部族的神灵。他们当然不知道啥叫"基督"，脸色一沉，就开骂了："嫉妒？你嫉妒我什么东西？"

他们蛮性一上来，噼里啪啦一顿打砸，将教堂里那些神像壁画全部摧毁。

说到这里，同学们对来龙去脉就很了解了，不列颠人把盎格鲁撒克逊人请来以后，整个不列颠文明开始停滞，甚至有了倒退的趋势。

在这种情况下，盎格鲁撒克逊人仿佛找到了梦寐以求的家园，从原来的石勒苏益格老家，一批一批地开始往不列颠岛上移民啦，他们发出由衷的赞叹：啊，伟大的不列颠啊，我为你疯癫！这里地大物博，简直就是人间天堂！

他们来到不列颠以后呢，真正开启统治的时间是在6世纪。

这里我科普一下两个概念，一个是"世纪"，比如公元5世纪在西方历史上是非常重要的世纪，就是从公元400年开始到499年结束。现在是21世纪，也就是公元2000年至公元2099年。第二个概念是"中世纪"，公元476年西罗马帝国的灭亡，到公元1640年英国资产阶级革命，这段历史就叫作中世纪，另一种说法是把公元1453年君士坦丁堡的陷落，东罗马帝国的灭亡，作为中世纪的结束标志。

那么这段时间里，不列颠岛上究竟发生了什么事？

盎格鲁撒克逊人来到不列颠，开始各种争抢地盘，但是短时期内，他们不可能将不列颠全岛占领，肯定会遇到一些不列颠人的顽强抵抗，这里就出现了一个历史上非常有争论性的话题：到底有没有亚瑟王这个人？

"亚瑟王"这个名字，我相信很多同学都不陌生，圆桌骑士嘛，是现在英国人心目中的英雄。他带领圆桌骑士抵抗外族入侵，在圆桌上与英勇的骑士们共同商讨国家大事。可是，亚瑟王在历史上并没有被真正记载，他的传说从6世纪开始在威尔士民间流传，一直到15世纪，英国作家托马斯·马洛礼创作了集前人之大成的，关于亚瑟王的作品《亚瑟王之死》。

据说亚瑟王是不列颠国王的私生子，被魔法师梅林抚养长大，后来亚瑟的生父去世，没有人继承不列颠王位。当时有一个传说，谁能把"石中剑"从石头中拔出来，那么这个人就是不列颠的国王。

无独有偶，三国演义里的刘备和孙权也表演了这一出戏，他们挥剑砍石，谁能把石头劈成两半，就能心想事成。石头表示很无辜，我躺在这里碍着你们什么事儿了，真是莫名 And 其妙！

历史总有惊人的相似之处，至于亚瑟的武力有没有刘皇叔那么精湛，这个我就不知道了，当时他去参加比武，踮起脚尖踩在石头上，脸上的表情极其痛苦，他想将利剑拔出来，可是他使出了浑身的力气，一点动静都没有。

哎？这是啥情况啊？他冷静一想，原来是忘记念咒语了，于是亚瑟念念有词，轻松自如地拔出利剑。一直守在旁边观望的贵族们大跌眼镜，口中狂呼：哦不！这太扯了！不可能的，这绝对是幻觉，我不相信这是真的！

亚瑟王冷笑一声，泰然自若地坐在石头上，将手中的利剑插来插去，就像是切豆腐似的反复拔插："现在你们看清楚了没有？我再插一次，千万别眨眼啊！"

贵族们目瞪口呆，只得承认了亚瑟王的身份。

亚瑟王带领着他的骑士们抵抗过盎格鲁撒克逊人的入侵，而且还去找过圣杯。这个圣杯，就是耶稣和他十二门徒最后的晚餐时所使用的杯子，后来杯子接满了耶稣流出来的血，所以当时只要拥有这个杯子，就会获得神一样的荣誉。

寻找圣杯的过程，在国外各类文学小说和电影中频频出现，充满了神秘的宗教色彩，同学们有兴趣的话，可以去看看。

亚瑟不仅帅气，而且武艺高强，简直就是男神般的存在。

马洛礼笔下的亚瑟王曾向卢修斯大帝宣战，并拒绝了进贡的要求，他率军前往欧洲，在米高山杀死了巨人，并在罗马击败了这位帝国的统治者，这是亚瑟王传奇生涯中最辉煌的一段日子。他上知天文，下知地理，诗歌琴画无所不能，这么优秀的一个男人，肯定会遇到一个美丽的妻子。

可是事与愿违，亚瑟被梅林的魔法所迷惑，竟然跟他同父异母的姐姐好上了，生下了一个私生子。他的妻子并不知道亚瑟是被魔法迷惑，以为亚瑟不再爱她，就和亚瑟王手下的骑士勾搭上了。

类似这种奇葩的剧情，老外的历史中时有发生，作为一名德高望重的国王，这顶绿帽子戴得确实有点窝囊，背叛他的居然是爱人和他最信任的朋友兰斯洛特。但是国王的威严神圣不可侵犯，亚瑟王犹豫了很久，决定处死他的王后，可是万万没有想到，在执行死刑的时候，兰斯洛特带人劫了法场，混乱时，另一名他非常信任的骑士，却被兰斯洛特给杀掉了。

亚瑟王愤怒之下决心报仇，带领部队去追击叛徒，亲征法兰西。

结果他的那个私生子突然篡位，扬言要娶亚瑟王的老婆。咱们先把他们之间的称呼捋一捋，私生子不但要喊亚瑟爹地，还得喊舅舅，现在外甥要去娶舅妈，这个关系确实有点乱。

当亚瑟王闻讯赶回来，双方进行和谈时，有一条蛇悄悄爬到了一位骑士的身上，那骑士拔剑将蛇斩成两段，印证着一场骨肉相残的血腥战争即将爆发。在卡姆兰战役之中，双方血流成河，两败俱伤。亚瑟王最终用长枪杀死了私生子，他也因此受了重伤，这个重伤也包括了他内心的伤痛。所有的美好和信任，仿佛一夜之间全部都失去了，他心灰意冷，哀莫大于心死，独自去了阿瓦隆岛，再也没有回来。

阿瓦隆，就在英国西南部的格拉斯顿泊，每年都会搞一次音乐节，6月中下旬，十多万人聚集在一起狂欢，场面火爆，盛况空前，有机会去旅游的小伙伴们千万别错过哦。

后来，美丽的妻子终于知道了真相，原来丈夫是被魔法迷惑才误入歧途的，其实亚瑟王一直都很爱她，但是时光已经回不去了。妻子追悔莫及，就跑去教堂，决定一生都在修道院里忏悔，祈祷并救济贫苦。

这次争斗，所有人都是输家，亚瑟王的人生遭遇，令人唏嘘不已。

我们现在再说盎格鲁撒克逊人，他们其实是有三个分支的，朱特人、撒克逊人，另一个就是盎格鲁人。盎格鲁撒克逊是这三种人的统称，都属于日耳曼民族。

盎格鲁撒克逊人占领全岛是在6世纪，也就是在公元500年以后，这些蛮族到了不列颠以后是比较分散的，搞出来的大大小小政权，竟达三十多个，经过互相的吞并、篡位和联姻之后，最后就形成了七个部落国家。

这七个国家分别是肯特、东盎格利亚、麦西亚、诺森伯兰、威塞克斯、埃塞克斯、苏塞克斯，就像我们春秋战国时期的七国争雄。哪七国你还记得住？网上有个很流行的说法，"喊赵薇出演齐秦"，你变化一下谐音就一目了然。在英国的历史上，也有一段"七国之乱"的时期。

朱特人建立的就是肯特国，据说是由朱特的谐音演变过来的。

撒克逊人控制的是威塞克斯、苏塞克斯，还有埃塞克斯，发现这三个地方有什么联系吗？对了，都是塞克斯结尾的，其实就是撒克逊的谐音。前面那个字表示的是方向，比如说威塞克斯，"威"就是 West 的意思，表示西面，埃塞克斯就是东面的撒克逊，苏塞克斯就是南面的撒克逊。

而麦西亚，就是中间地区的国家，诺森伯兰是北部盎格鲁人的地盘，东昂格利亚当然就是指东面呗。无论你的方向在哪，这几个国家都是一样的民俗，一样的语言，也就是盎格鲁语，经过历史长河的演变，最终演变成后来的英语。

有的同学要问了，为啥后来叫英格兰了呢？

聪明的人已经猜出来了，这个"盎格鲁"的谐音不就是英格兰吗？嘿嘿，这个英格兰比盎格鲁听起来洋气多了！

纵观天下大势，合久必分，分久必合，这七个国家从 6 世纪一直怼到 9 世纪，最终就像我们的大秦帝国一样，由威塞克斯这个国家，征服七国，统一了英格兰。

如果要详细去说七国之乱时期的故事，三天三夜我也讲不完。因为同一时期的国王实在太多了，而且有些国王确实比较孬，胆小怕事的人没啥好说的，历史记载也比较稀少。

这里我提名一个叫"埃塞尔伯特"的国王，他是威塞克斯国鼎盛时期的一个著名人物，正是因为他，才让基督教重新回归英格兰。

戴克里先曾经把罗马分成了东罗马帝国和西罗马帝国。公元 476 年，西罗马帝国覆灭之后，基督教就以东罗马帝国的首都君士坦丁堡（东罗马帝国另一个名字叫拜占庭）为起点，继续向世界普及我上帝和稣哥的教义。

话说公元 585 年，有一天，教皇格里高利走在热闹的步行街上，突然看见街边在贩卖几个孩童奴隶，眉清目秀，长得特别可爱。格里高利心生好奇，上前询问孩童是哪里人，奴隶主回答说是盎格鲁人。因为这个盎格鲁人英文的发音是 Angelos，和天使的单词 Angle 很接近，所以格里高利猛地一拍大腿，忍不住就赞叹起来："哎呀我的神啊，这哪里是盎格鲁人，明明就是天使啊！"

格里高利辗转难眠，对英格兰这个地方特别向往，想把基督教再次传入这个神奇美丽的地方。于是他就派奥古斯丁带上四十几名传教士，从罗马出发，来到了威塞克斯国。

当时的国王就是埃塞尔伯特，奥古斯丁来到英格兰之后，见这国家如此贫穷落后，这些盎格鲁人肯定都是野蛮人，搞不好会把传教士干掉，他心里就有点恐慌："尊敬的国王陛下，稣哥指引我们来传颂福音，是舍己无私的大爱，并不是出于'嫉妒'，关于这个词的发音，我有必要纠正一下。"

埃塞尔伯特哈哈大笑："小丁丁真是会开玩笑，我老婆就是基督教的，你们是不是罗马教皇派来的？那真是找对人了，我跟你们稣哥也认识！"

埃塞尔伯特的妻子是法兰克王国的公主，也是一位虔诚的基督教徒，当时嫁给埃塞尔伯特的时候，她开出来的条件，就是必须带上一个牧师才肯出嫁。埃塞尔伯特娶了公主之后，每天听公主吟唱那个"哈里路亚"，耳朵都快起老茧了，此时正巧碰上奥古斯丁，也就顺水推舟，皈依了基督教。

公元598年，埃塞尔伯特在坎特伯雷建起了全世界都知道的坎特伯雷大教堂，公元602年奥古斯丁成为第一任坎特伯雷大主教。接着，埃塞尔伯特四处游说，让其他国家的国王也一起信奉基督："伙计们，我已经皈依基督教了，信稣哥，得永生！大家都是亲戚嘛，给个面子捧个场，阿门！"

于是整个英格兰的部落国家，在埃塞尔伯特的影响下，回归了基督教。

埃塞尔伯特还干了一件事，英格兰历史上的第一部法典就是他制定的，而且是用古代英语写的《埃塞尔伯特法典》。这个法典具有非常大的历史意义，推动了英格兰的历史进程，从此以后，英格兰再也不是蛮族，终于回到了欧洲文明的怀抱中。

第二单元

英格兰的诞生
——盎格鲁撒克逊人

United Kingdom 🔊

第四章　英国版的七国争霸

有一句话是这样说的：一个国家，如果没有战国史，都不好意思出门跟人家打招呼。这有点像一个国家的青春期，谁的青春不迷茫，谁的青春不张狂！

一个人总会从青春期走向成熟，一个国家也会有动荡、战乱、分裂，最后才会走向统一。只不过每一个国家的战国时期，会因为国家的地缘位置的不同，打开的方式也就不一样。

中国的战国时期，发生在 2500 多年前，日本战国是 15—16 世纪，而英国则是在 6 世纪进入群雄争霸的年代。

说起战国时期，七个国家之间的互相伤害在所难免，中国的战国完全就是一部战争史，"江山如此多娇，引无数英雄竞折腰"。等英格兰进入七国之乱的时候，不列颠南部已经成为了日耳曼各蛮族的天下，进入盎格鲁撒克逊人的统治时代之后，七国之间开始征战攻伐，合纵连横。正如咱们的战国七雄一样，最后被秦国统一，不列颠土地上的七国之乱，威塞克斯王国笑到了最后。

如果你觉得这七个国家的名字还是记不住，不妨学一学赵薇，称呼这七个国家为"阿麦落难啃东西"，阿是东盎格利亚；麦，就是麦西亚；落是诺森伯兰，难就是苏塞克斯；那么啃当然就是肯特，东西即是东撒克逊和西撒克逊啦，也就是埃塞克斯和威塞克斯。

如果同学们觉得还是有点绕，对不起，我已经尽力了。

言归正传，七国之间的战争发生在公元 6 世纪到 9 世纪之间，这个时候的中国正是隋唐时期，也是中国历朝历代之中最辉煌的时代，在整个世界史上，占有一席之地。

丝绸之路的由来，大家肯定都不陌生，那时候的西方人就特别喜爱我们的丝绸，在他们的眼里，这简直就是上帝的恩惠，穿起来比粗布麻料舒服多了，那种丝般的柔滑，犹如嘴里含着一块巧克力，甚至夸张到几匹布料，都能换一套伦敦中心区域的房子啦。

鼎盛时期当然是需要付出代价的，从西晋末年各大少数民族逐鹿中原算起，到杨坚篡周建立隋朝，中间的五六百年，华夏神州大地也没有消停过。同样，英格兰的七国之乱，前后也历经了二三百年，最后由威塞克斯的杨坚——哦不对，应该是爱格伯特，统一了英格兰。

如果说杨坚之所以能够建立隋朝，是因为国家分裂已久，人心望治，加上儒家大一统的思想，成就了一个新的王朝。那么英格兰的七国之乱到合并统一，则根本不是这么回事。

七国时代的英国能够真正实现统一，最根本的原因是宗教。

一个宗教的产生，有各种各样的因缘际会，不受统治者的意志所支配。但是它会被政治利用，变成统治者的工具。这与宗教的初衷是相悖的，甚至宗教也经常受到统治者的迫害和压制。只不过，一旦宗教形成了绝对的影响力，统治者就会向它抛去媚眼，形成政教合一，或者政教共治的局面。

正因为有了埃塞尔伯特的大力支持，使基督教重新传入了英格兰。在威塞克斯国的境内，除了由罗马教会奥古斯丁兴建的坎特伯雷大教堂之外，埃塞尔伯特在伦敦也建了一座举世闻名的大教堂。

各位猜猜看是哪座教堂？你说是西敏寺？错啦，是圣保罗大教堂。

最早的圣保罗大教堂，是公元 604 年开始造的，原先用木头搭建，历经数次的烧毁重建，直到 17 世纪才真正完工。站在教堂的塔尖，你可以俯瞰伦敦的全貌。顺便提一下，当年戴安娜王妃和查尔斯王子，就是在这里举行婚礼的，如今物是人非，王妃的长子也已经长成了秃子。

之所以各地的教堂命运波折，跟日耳曼人信奉的北欧多神教有点关联，每一次异教徒统治者占领英格兰之后，总是要将这些教堂毁坏。不知道是不是因为埃塞尔伯特有远见卓识，又建了一个罗切斯特教堂。

如今的圣保罗大教堂，成为伦敦一个地标建筑，同学们有机会去伦敦旅游，记得一定要进去参观一下。西方巴洛克风格的艺术创造，那种精细和烦琐，庄严和华丽，加上宗教的神圣，绝对会给你不一样的震撼。据说传道者使徒保罗就是在这里殉道遇难的，他也是最早将基督教推广给非犹太人群的使徒，英国的信众都视他为伦敦的保护神。

这里有必要再强调一下，基督教的回归，对于结束七国之乱，有着莫大的推进作用。从诸侯争霸到威塞克斯国王横扫六合，一统天下，再过渡到"诺曼征服"，这个时期的不列颠是一个多民族多文化的国家。

诺曼人其实就是维京人，诺曼征服就是威廉征服，威哥的英勇事迹咱们以后再说。不同的民族文化，各有各的信仰和习俗，正是因为他们找到了共同的信仰，相互融合，相互通婚，形成了一致的社会结构和语言特性，基督教奠定了日后英格兰的统一的基础，稣哥功不可没。

虽然随着文艺复兴和启蒙运动的兴起，尤其是工业革命之后，宗教的影响力变得越来越弱，但是在中世纪的欧洲，包括英格兰，对上帝的信仰，是超越一切的存在。

正如春秋战国时候的诸子百家具有深远的影响一样，想让多民族多文化的英格兰大地上刮起基督教的旋风，绝对是一件非常困难的事情。

基督教通过埃塞尔伯特的推广，在英格兰的土地上开枝散叶，经过了多少次的推倒重来，多少次的立后又废，废后再立，被驱逐和边缘化，绕了很大一个圈子，重新回到了信众们的精神世界里。Come on，Baby。来吧，请你尽情地蹂躏我吧，不要以为我是娇花而怜惜我，我就是打不死的小强！

在这里我讲一个小故事，佐证一下基督教的福音，在英格兰经过了一番风吹雨打之后，最终落地生根，几乎达到了政教共治的局面。

埃塞尔伯特国王死了以后，由他的儿子埃塞尔伯格继位。这家伙成为新的国王以后，荒淫无道，没有了老国王的管束，秃子打伞无法无天，完全可以跟北齐的后主高纬拜把子。

他一登基就下诏，声称要迎娶自己的岳母。这口味不是一般的重，即便放到现在，某国总理娶了大自己二十多岁的老师为妻，也能成为街头巷尾的趣谈。再如神雕大侠独臂杨过，娶了一个只是比自己大四岁而已，又没有什么血缘关系的姑姑，江湖同道口水飞溅，恨不得砍下他另外一条单身十六年的手。

这事儿放在中古时期的欧洲，不管是哪个信奉基督教的国家，都是属于违乱纲常，悖逆天理的丑闻。网上有报道说小伙子去相亲，最后却看上了丈母娘，可人家是老百姓，你身为一国之君，干这种奇葩之事就是不走寻常路了啊！

当时的坎特伯雷大主教不乐意了，就去劝说："陛下，你这样搞可不行啊！

不但令皇室的威名扫地，也让整个威塞克斯国的老百姓蒙羞。昂？你怎么可以喜欢自己的丈母娘呢？这不是扯淡嘛，你如果跟她结婚，生下来的孩子，到底是叫你姐夫还是叫你爸爸？正所谓苦海无边，回头是岸呐……哎哟，等一下，我话还没说完啊……"

国王脱下的靴子已经砸在大主教的脑袋上，破口大骂："滚你个蛋蛋！一天到晚瞎咧咧，事儿挺多的啊你！我要娶谁，跟你有半毛钱关系吗？"

这种事情表面上看是道德伦理之争，演变到最后，其实就是权力的游戏。

国王心想，你跟我在这儿装是吧？我就不信邪了，难道我还非得信你这个基督教不成？他当即下令全面取缔基督教，恢复原来盎格鲁撒克逊人的北欧多神教，然后开始捣毁教堂，驱逐和屠杀基督教的信徒。

局势愈演愈烈，教会中职位较高的基督徒，就开始撤回罗马，或者溃逃到其他的国家。就在基督教徒四散逃命的时候，坎特伯雷大主教却是特别执着，无惧国王的淫威，死活不肯走，颇有些"他强由他强，清风拂山岗；他横由他横，明月照大江"的气概。

以当时大主教的身份，当然不会用教廷来威胁国王，反而是动之以情，晓之以理，劝国王放下屠刀，哈里路亚。

也不知道国王是受到这种"我不入地狱谁入地狱"的精神感召，还是惧怕罗马教廷的实力，最后终于被大主教说服，停止了破坏基督教的活动。

当时坎特伯雷大主教不再躲闪国王飞过来的靴子，见三番五次劝谕未果，就抱着宁为玉碎不为瓦全的决心，最后一次前往宫廷，请求国王弃恶从善："我尊敬的陛下，昨天晚上圣彼得向我显灵了，他责备我，说我的渎职懈怠，才让陛下变得如此不通人情，他举起上帝的鞭子，狠狠地向我抽打……"他老泪纵横，褪下了衣服，背后果然出现一道道横七竖八的鞭痕，皮开肉绽，鲜血淋漓，简直令人触目惊心。

国王倒吸了一口冷气，心想：哎呀我去，狠的人我是见得多了，没见过这么狠的！怎么还带自残的，难道真是圣彼得显灵了？他有点懵圈，心里又惊又怕，觉得此事不可思议。

大主教的谏劝方式颇有成效，国王听见"圣彼得"的名字，确实有点紧张。

圣彼得是耶稣的十二门徒之一，也是大弟子，罗马教廷公认的第一任教皇。他为了传播教义，在罗马各处传教，最后被当权者处死，葬在了梵蒂冈的地下墓室，其声望之隆，和同为基督教殉道的圣保罗齐名。大主教有意无意提到了他的名字，国王突然想到罗马教廷，觉得这事儿还是点到为止吧，不能太过分了。

于是威塞克斯国就停止了对基督教的迫害，基督教得以继续传播教义。

说到这儿，可能同学们会觉得，这分明是大主教的苦肉计啊！嗯，这个见仁见智，不好说得太透彻，嘿嘿，万一真有人晚上梦见圣彼得，被打得哭天喊地的，该往哪儿说理去呢？

那么基督教由罗马人传入不列颠这片土地之前，盎格鲁撒克逊人信奉的宗教到底是什么呢？

同学们可能不以为然，管他们信啥啊，最后不还是被稣哥给按倒了嘛！其实咱们还是要看本质的东西，他们之前的信仰虽然被基督教代替，但时至今日，却影响着整个世界，漫威中的雷神索尔，其实就是来自北欧的神话体系。

盎格鲁撒克逊人是战斗民族，他们崇拜英雄，比如战神提思屋 Tuesday，就是星期二的意思；奥丁 Wendsday 是北欧众神之父，相当于希腊神话中的宙斯，星期三；雷神索尔 Thursday 星期四；Friday 是奥丁的妻子佛瑞亚——主司婚育的女神，当然就是星期五啦。

后来他们用罗马一个掌管农业的撒特图神，命名星期六 Saturday，星期一 Monday 和星期天 Sunday 最好理解，分别是月亮之日和太阳之日。所以说从希腊到罗马，再到北欧，中间有一个传承和融合，只是因为基督教的关系，北欧神话体系受到了挤压。

《魔戒》的作者托尔金老爷子，一直遗憾英国人没有真正属于自己的神话体系，其实英国正是因为其海纳百川，吸收各方文明的优势，具有罗马的城邦民主文明，丹麦维京人的航海文化，日耳曼的骁勇善战和严谨以及恪守纪律的特性，才成就了后来的日不落帝国。至于有没有属于自己的神话体系，我觉得也用不着纠结，乔治·马丁老爷子的《权力的游戏》，也算是对北欧多神文明的一种致敬和眷恋。

在西方的历史长河中，很多战争的起因，并非是单纯的揭竿而起，例如诸侯之间争抢地盘，或者挟天子以令诸侯，其实比较少见，他们的很多战争，都可以归结为宗教的战争。

比如十字军东征，就是由罗马教皇直接发动的。原因就是教皇认为，基督教的圣城耶路撒冷落入了异教徒的手中。当然这只是表象，也是为了师出有名。实际上是因为，当时中世纪的欧洲，远远不如东方富庶。

记得蓝精灵里面的歌词是这样唱的："在山的那边，海的那边住着一群蓝精灵，他们活泼又聪明，他们调皮又灵敏……"当东征的十字军战士身披教皇授予的十字架，向东方进发的时候，他们心里是这样唱的："在山的那边，海的那边住着一群异教徒，他们地广又物博，他们憨厚又可爱……"

他们一边唱着小曲，一边进行掠夺，利用铲除异教徒的理由，堂而皇之地侵略，跟当年克劳狄乌斯的"德鲁伊大扫除"如出一辙。

近代的北爱尔兰，为什么一直闹着要独立？其实跟稣哥有着千丝万缕的关系。欧洲经过宗教改革，削弱了教皇的权力，分成了天主教和后来的新教。西班牙和爱尔兰，就是信奉天主教，而英格兰则信奉新教，所以北爱尔兰人一心想跟英国分家。

因宗教而引发的战争，在中国的历史上极其少见，这是因为西方人的宗教和政治的联系太过紧密，从国王到普通百姓，几乎都沐浴在基督的圣光之下。比如坎特伯雷大主教，对于当时七个国家的王位继承是有发言权的，必要时甚至可以涉政。他就是上帝的代言人，是神与人类之间的心灵使者，所谓君权神授，如果没有上帝的认可，你这个王位，也就失去了合法性。

大主教的身份有点像春秋战国时的周天子，虽然手中并未握有实权，但是他是至高无上的。而麦西亚王国长期独霸英格兰，其中有一个原因，坎特伯雷的大主教，就是麦西亚人。

可想而知，基督教的意义，已经超出了自身信仰的范围，成为统治者的工具，但是两者之间的关系极其微妙，大主教和国王之间的相处之道，必须讲求技巧。而七个国家为了争当霸主，拳脚相加，兵燹不断，老百姓苦不堪言，一直打到最后，剩下了麦西亚与威塞克斯的双雄对垒。

在七国之乱的时期，我们最需要了解的，除了基督教的引路人埃塞尔伯特之外，历史上比较有名气的三位国王，分别是诺森伯兰的爱德温、麦西亚的奥法，还有威塞克斯的爱格伯特。

咱们先来说说诺森伯兰的爱德温。

据历史记载，本来老国王是想将王位传给爱德温的，但是他哥哥通过一系列的优秀操作，硬是把王位给篡夺了过去。可能哥哥对弟弟尚有一丝兄弟情谊，他没有对弟弟痛下杀手，担心弟弟长大以后威胁到自己的王位，就把他流放到东盎格利亚。

爱德温风度翩翩，一表人才，文才武德都是相当了得，很受盎格鲁人的尊敬。同时在他的内心深处，也对抢了自己王位的哥哥耿耿于怀，一直打算复辟。

哥哥听到消息之后，当然是坐卧难安，用尽各种威逼利诱的手段，想逼迫东盎格利亚交出爱德温。不料东盎格利亚的国王却顾全道义，硬是不肯交人，反之还慷慨解囊，协助爱德温夺回了诺森伯兰的王位。

不久之后，东盎格利亚的国王不幸殁于宫廷政变，爱德温当即挥师东进，抢下王位。当时麾下的将领都劝他："温温啊，咱们趁势将东盎格利亚也吞并掉算了吧，反正人都来了，闲着也是闲着。"

爱德温哂然一笑："卿投我以木瓜，我必报之以琼瑶。"

他不但没有乘人之危，落井下石，反而将故人之子，也就是原来遭弑的东盎格利亚国王之子扶上了王位。如此重情重义之人，古今罕有。爱德温这一壮举，在那个战国纷乱的时代，令他声名大噪，更加受到全国子民的爱戴。诺森伯兰日益兴盛，几乎达到了路不拾遗，夜不闭户的程度。

这个时候，邻国威塞克斯国王眼看着爱德温做大做强，茶饭不思，夜不能寐。国王思来想去，决定派人去行刺，以求永绝后患，于是英国版的荆轲刺秦王正式上演。

当时这个刺客前往诺森伯兰，晋谒国王爱德温，一把鼻涕一把泪，说自己从威塞克斯叛逃来此，十分仰慕国王，愿意追随左右。并且他还将威塞克斯的城防关隘地图当作见面礼，一并呈上。

爱德温大喜过望，用颤抖的双手接过地图，岂料图穷匕见，刺客抽出夹在地图里面的短剑，狠狠地刺向了爱德温。千钧一发时，国王的一个护卫官眼疾手快，像盾牌一样挡在了国王面前，爱德温才幸免于难。

历史总是惊人的相似，这个完全就是荆轲刺秦王的翻版。

按理说大难不死必有后福，何况爱德温又是个有情有义的仁义明君。可惜好景不长，生在枭雄辈出的战国时代，讲的是丛林法则。由于诺森伯兰王国蒸蒸日上，形势一片大好，因此也成为各邻国的眼中钉肉中刺，黑暗中有好几双野猫瞳孔般的嫉妒眼神，死死地钉住了他。

继威塞克斯派出的刺客行刺未果，又一个强大的邻国麦西亚，已经蠢蠢欲动。

麦西亚国王让他的老乡，也就是坎特伯雷大主教，宣布爱德温的王位不合法，以上帝之名，联合威尔士的一个王国，侵入诺森伯兰的领地。

爱德温战败身亡，诺森伯兰王位几易其主，终于一步步地走向了衰退。七国乱世的后期，诺森伯兰几乎陷入了无政府的状态，先是作为麦西亚的附庸，后来又被威塞克斯招至麾下，直到最后被威塞克斯统一。

接下来咱们说一说麦西亚的国王奥法，这个人在英国历史上也是赫赫有名的。

第二单元　英格兰的诞生——盎格鲁撒克逊人

麦西亚在七国之中算是个强国，曾经在七国里面称霸百年，屹立不衰，国力最强盛的时候，差一点就把整个英格兰统一。当时除了死对头威塞克斯，其他国家都已经被他搞定。

奥法国王不但能征善战，富有谋略，还是个敛财的好手。他曾经以圣彼得的名义，发明了一种叫"彼得捐"的税，通过这种征税的方式，统治者直接向基督教教会提供资金，来扩大基督教的影响，从而巩固国王的统治。说得好听一点是向上帝输诚，说难听点，就是向基督教教会行贿。

后来的基督教，在英国越来越有钱有势。当然奥法国王之所以这么做，也并不是灵机一动，而是由一起事件触发的，有钱人并不傻，不会留着自己用么？套句葛大爷的说法：地主家也没有余粮啊。

事情的缘由是这样的，东盎格利亚的最后一任国王想跟奥法套近乎，上门求亲。估计东盎格利亚的国王是这样想的，眼看着麦西亚统一了南部，势力越来越大，打我是打不过了，与其坐以待毙被他吞并，还不如先下手为强，娶了奥法的女儿，以后岳父大人见了上帝，这王位不就归我的嘛？想想真是有点小激动。

不费一兵一卒，白捡一个老婆，上哪儿去找这样的好事呢？同学们有门路的话，记得给我介绍一下。

姜还是老的辣，奥法已经看穿了这个上门女婿的想法，但是他看破不说破，笑眯眯地找了一个黄道吉日，将女婿请上门来灌得酩酊大醉，咔嚓一刀就解决了。同时，他连夜派出一支精锐奇兵，轻轻松松地就吞并了东盎格利亚。

我也不知道奥法有没有偷学过"远交近攻"和"上兵伐谋"，人类在兵法上所展示出的智慧，确实让人很难预料。

此事传开之后，全英格兰是人神共愤，强烈谴责，连坎特伯雷大主教也觉得奥法太过分了，乘人之危非君子所为。奥法见自己快被口水淹死了，灵机一动，派手下去了罗马，在教皇面前忏悔，并做出深刻的检讨。他为了弥补自己的过失，愿意每年增收税赋，通过向基督教教会捐钱的方式，来进行赎罪。

英格兰的人民一看交税是交给上帝的，也就没闹出什么大乱子。接着，奥法热火朝天地兴建教堂，大力推行基督教的普及工作，打着积德行善的旗号折腾了一段时间，当初谋杀东盎格利亚国王的事儿，也被人们逐渐淡忘，反倒觉得奥法是一心皈依上帝的虔诚信徒。这就跟当今社会的一些娱乐明星一样，一旦出现绯闻丑闻，赶紧花钱请水军洗地，拼命将光辉的正面形象扯回来。

奥法国王除了擅于权谋，也兴修水利，造福百姓。他后来在威尔士和英格兰建造了一个奥法堤坝，现在还有遗迹留存。

当时的欧洲之父查理曼大帝，正是奥法同一时期的人物。据说查理曼想让儿子娶奥法的女儿为妻，结为亲家，奥法却比较狂妄，态度很傲慢："行啊老铁，我也很想跟你结为亲家哦！不过我有个条件，干脆你女儿也嫁给我儿子呗，大家礼尚往来。"

查理曼大帝一听，顿时沉下了脸，心想我给你点阳光你就灿烂，给你点海水你就泛滥呀？哼哼，吾家虎女，焉能嫁给盎格鲁的蛮犬为妻！于是他就跟奥法闹掰了，甚至停止了与英格兰的一切贸易往来。

最后要说的这位，当然就是七国之乱的终结者，相当于咱们的秦王嬴政，他就是统一七国的威塞克斯国王——爱格伯特。

爱格伯特早年的遭遇，其实和诺森伯兰国王爱德温类似，也是王位被人篡夺之后，流亡到了麦西亚。他虽然受到了奥法的保护，但是奥法却把女儿嫁给了篡他王位的国王，导致二人反目成仇。爱格伯特出走法国，投靠了跟奥法闹掰的查理曼大帝，敌人的敌人当然就是朋友嘛。

查理曼大帝非常欣赏爱格伯特的才华，经常带他参加一些欧洲的重要活动，这也使爱格伯特积累了政治声望和大量人脉。后来威塞克斯的篡位者挂了，威塞克斯人就通过贤人会议，推举爱格伯特来担任国王。

贤人会议，也就是现在英国上议院的雏形，由贵族和基督教的神职人员组成。

海归精英爱格伯特回到了自己的国家，顺理成章地坐上了王位。等奥法死了之后，一个叫伯恩伍尔夫的篡位者，得到了坎特伯雷大主教的支持，把麦西亚的王位给抢了，直接引发了麦西亚王国的内讧。爱格伯特瞅准时机，突然发动战争，一举将其歼灭，紧接着又收复了处于无政府状态下的诺森伯兰，终于统一七国，成为英格兰王朝的第一任君主。

爱格伯特的成功不是偶然，与基督教举足轻重的地位息息相关。所以宗教不仅是人民的信仰，也是统治者的工具，这句一点都没有毛病。一个国家一旦与宗教扯上关系，稣哥的影响力完全可以一呼百应，在中世纪的欧洲尤其明显。

第五章　阿尔弗雷德的传奇

阿尔弗雷德大帝，欧洲的历史学家称它为"英国的国父"，属于英国"鸟生鱼汤"级别的人物。在讲他之前，我们先来说下东部沿海城市惠特比这个城市。因为他在七国之乱的初期，是非常重要的。

打个比方，东北的特色是人参、貂皮、乌拉草，而惠特比就是传说里中世纪吸血鬼的发源地，它有三大招牌：库克、炸鱼、吸血鬼。这里的库克不是那个卖手机的库克，而是大名鼎鼎的英国航海家和探险家——詹姆斯·库克。他曾经以英国皇家海军军官的身份，三次奉命出海，绕着地球转了好几圈，前往太平洋探险。

周作人曾经这样评价北京的小吃："枉做了五百年首都，连一些细点心都做不出，未免丢人。"这句话原封不动送给整个英国，大体不算冤枉。关于英国黑暗料理的段子，网上到处都有，英国菜为什么成为"黑暗料理"，这个与工业革命中平民阶层的经济生活，与蔗糖和油料等产品的生产与流通这些经济史的内容相关。但在惠特比，据说有着全英国最正宗最好吃的炸鱼薯条，这么说吧，惠特比的炸鱼薯条在英国料理中的地位，简直堪比"驴打滚""豌豆黄"在北京小吃中的地位。

但我们这里不说库克和炸鱼，也不说19世纪末因惠特比修道院激发灵感而诞生的吸血鬼小说《德古拉》，因为在七国时期的惠特比，这三者都不存在。在那个年代，在惠特比发生过一件比"甜豆腐脑和咸豆腐脑到底哪个是正宗"还要重要的事情——公元664年的惠特比宗教会议。这次会议讨论双方是以肯特、东昂格利亚、威塞克斯为代表的罗马传统基督教派和以诺森伯兰、埃塞克斯、麦西亚为代表的凯尔特传统基督教派（也叫爱尔兰派）。双方的主要议题有：洗礼应该怎么洗？复活节到底应该哪一天过？怎么过？教士的标准发型到底应该怎么剃？关于发型的议题，辩论双方的Tony老师展开了激烈而很不友好的讨论。罗马派坚持教士剃"冠冕式"发型，以模仿耶稣带荆棘冠时的样子，具体是什么形象，你可以脑补一下你写完博士论文以后的样子。凯尔特教派的教士要将头发剪成从左耳到右耳的一条宽带，大概就是把莫西干头横过来的样子，据说和德鲁伊教传统有关，但为啥要把头发剃得这么猎奇，咱也不知道，咱也不敢问，德鲁伊超凶的。

在当时诺森伯兰国王奥斯威的主持和裁决下，最终罗马派获得了这次争论的胜利。诶，有没有发现什么问题？为什么是诺森伯兰国王？诺森伯兰不是凯尔特那头的吗？原因很简单，奥斯威的媳妇，是一位非常倾心于罗马基督教传统的虔诚的肯特公主。所以"耙耳朵"奥国王非常坚定地站了罗马基督教一边。当然，耙耳朵有耙耳朵的好处，诺森伯兰由此成为英格兰的政治中心，而且很快成为了当时西北欧的学术文化中心。

这个几百年前发生在惠特比的"咸甜豆腐脑"会议，跟我们的主人公"英国国父"阿尔弗雷德有什么关系呢？阿尔弗雷德最主要的功绩在于统一了英国，而政治的统一首先依赖于文化的统一，文化的统一在中世纪又主要表现为宗教的统一，宗教都不统一，光靠武力解决问题，那就叫"征服"，咱们信的都不是一路神仙，怎么在一起过日子啊？

上次我们说到威塞克斯的爱格伯特统一了英格兰，但是英格兰这片土地并不宁静。秦始皇统一六国之后，仍然要面对北方匈奴的威胁，爱格伯特的情况，也跟这个类似。

纵观整个世界史，好像南方人总是打不过北方人，这个估计跟生活环境有关系。南方气候条件温暖，种什么长什么，北方一般都是苦寒地带，环境条件较为恶劣，所以容易养成骁勇无畏的性格。

北方强敌，几乎都是来自斯堪的纳维亚半岛的北欧海盗，主要是丹麦维京人。由于丹麦地理位置的原因，天气比较寒冷，夏天又不热，所以无法积聚可以提供给庄稼地的热量，而且那边山比较多，没有很多平原地带，所以丹麦的农耕条件不行，只能靠海上捕鱼为生。

这时候的丹麦，还没有受到基督教的洗礼，文明的发展也相对落后，属于名副其实的北方蛮族。何况古代的捕鱼条件跟现在也无法相提并论，人口却是越来越多，僧多粥少，就开始闹饥荒，其中的一部分丹麦人，开始往海外谋求生路。

中国的东南一带，几百年前也有背井离乡，去海外打拼的，称之为"闯南洋"，那是真正的外出谋生，自食其力。而丹麦人不是，捕鱼实在是太辛苦了，收成也不稳定，当海盗多省事啊，直接抢不就得了！

哎？办法我是想好了，可我到底应该抢劫哪个国家啊？丹麦人陷入沉思，权衡再三，选择了英国和法国。

离丹麦最近的是德国，出门左拐就行，可是北欧海盗偏偏选择了英国和法国，这是为什么？理由是多方面的，当时的西罗马帝国已经灭亡，一分为三，变成了东法兰克、中法兰克和西法兰克。对应的地理位置分别就是现在的德国、意大利和法国。说白了其实他们都是日耳曼人的后裔。

中国人有一句老古话：一表三千里，一堂五百年。

维京人觉得跟德国毕竟是三千里以内的表兄弟，打断了骨头还连着筋呢，跟英国法国就不用扯亲戚了。还有一个原因，英国和法国相比德国来说，文明开化的程度比较高，富庶发达，非常适合抢劫。

这种情景有点儿像明朝的时候，倭寇来骚扰中国的东南沿海地区，穷人当然要去抢有钱人。而且这群悍匪在英格兰抢了东西还不算完，将当地的城镇村庄，一把火烧得干干净净，倭寇的野蛮程度与他们大同小异。

丹麦人的入侵，让盎格鲁撒克逊人极其愤怒，因为他们一旦战败，必将被丹麦人灭族，正如盎格鲁撒克逊人当初对不列颠人所犯下的恶行，葡萄酒还没有醒完，主人已经被打得满脸是血。

当时英国的国王名叫埃塞伍尔夫，也就是爱格伯特的儿子。

他决定维护正义，打击海盗，确保沿海一带的治安。可是丹麦人的机动性极强，抢完东西就跑回船上，打一枪就换一个地方，抢劫的地点特别分散。而英国海上的军事力量不行，根本没什么像样的舰队，一旦丹麦人跑回海上，英国人只能望洋兴叹。这样一折腾，英格兰就像一片嫩叶，被恶心的虫子不断蚕食，搞得遍体鳞伤。

有句话叫，屋漏偏逢连夜雨，就在埃塞伍尔夫去罗马朝拜的时候，次子埃塞尔伯德竟然通过宫廷政变，把他爹地废了。值得一提的是，老国王去罗马的时候，随身带着自己最喜欢的儿子，也就是后来的真命天子，阿尔弗雷德大帝，当时还只有六岁。

老国王手里虽然有点兵，但是性格比较尿，这场谋权篡位的战争并没有打起来，他与儿子达成协议，将英格兰一分为二，各自统治，爹地管理东部，逆子统治西区。在英格兰没有分裂之前，他们就已经被丹麦人打得晕头转向，现在突然分成了两半，丹麦人顿时手舞足蹈，欣喜若狂："叮咯咙咚呛，今儿的老百姓呀，真呀真高兴！"

他们侵略的行径变本加厉，打得老国王毫无招架之力。西边的逆子埃塞尔伯德居然坐山观虎斗，根本不顾爹地的死活，更可气的事儿，他还跟继母通奸，简直是丧尽天良。

我们先来捋一捋丹麦人入侵的魔鬼步伐。

公元 793 年，一群维京武士杀入不列颠的林迪斯法恩岛，烧杀掳掠，摧毁修道院，揭开了维京海盗侵略的序幕。

此后的几年间，他们不断袭扰英格兰东海岸。公元 865 年，两位丹麦人首领哈尔夫丹和埃瓦兄弟，在东盎格利亚建立了第一个永久性的维京人定居地，之后向英格兰纵深进发，向北攻占了诺森伯兰的首都约克，扶植了一个英格兰人做傀儡。

当时丹麦维京人占领诺森伯兰的消息，震惊了整个英格兰，如同北宋时期女真人入侵汴梁的效果一样。此时的老国王埃塞伍尔夫已经撒手人寰，他尿归尿，脑子却并不傻，死之前立了一条王位继承的规矩：兄终弟及。

也就是说，排行老二的逆子埃塞尔伯德一旦去世，他的王位不得传给儿子，必须让弟弟继承。那么后来埃塞尔伯德多行不义必自毙，被他的弟弟，排行老四的埃塞尔烈德给干掉了。老四继位之后，联合麦西亚王国的兵力，将丹麦人团团围困。

但是身为战斗民族的丹麦人拒绝退兵，喊出了口号："我们不是为了炸鱼而来，我们的征途是星辰大海！"

丹麦人并不是四肢发达，头脑简单的人，他们首先采用了分化的策略，先和麦西亚媾和，答应退兵，从内部瓦解了英格兰的联军，趁机击败了孤立无援的威塞克斯。公元 870 年，丹麦人南下穿越麦西亚，吞并了东盎格利亚，此后继续进攻，势如破竹，兵临城下，威塞克斯王国岌岌可危，面临生死边缘。

不得不说，丹麦人虽然野蛮，但是兵法运用还是挺灵活的。这个时候，终于轮到威塞克斯的大英雄，盎格鲁撒克逊人的传奇国王——阿尔弗雷德大帝，闪亮登场。

阿尔弗雷德是英国人民心目中公认的开国皇帝，正是因为他的出现，才力挽狂澜，从骁勇彪悍的维京武士手中夺回了英格兰。

他这个名字，各位同学必须牢牢记住，因为前面所有的国王，加起来都没有他重要。重要到什么程度呢？比如说你有机会去英国旅游，跟英国人聊到阿尔弗雷德，如果你表示蒙圈，那可就很遗憾了，你这次旅游是来"上车睡觉，下车拍照"的吗？

中国人记老外名字的音译确实有点困难，这里我教你们一招，比如背诵祖冲之的圆周率，古代有一名学童非常聪明，他跑出去玩的时候，正巧看见先生和一位和尚在山顶的凉亭里喝酒，灵机一动，张口就背出"山巅一寺一壶酒"。

我们用谐音来记，"阿尔弗雷德"就可以理解成：爱你是很费力的。

嗯，那么"爱你费力的大帝"出生在约克郡，离现在的牛津大学不远，果然是个王气聚集之地，人才辈出啊。这地方应该风水不错，但是他出生的时候，既没有满室红光，母亲也没有梦到什么飞龙在天的事儿。

因为他是幼子，所以老国王对他很是宠溺，据说他从小学习成绩就很差。幼年被老国王带到了罗马，晋谒罗马教皇利奥四世。教皇见他天庭饱满，地阁方圆，说起话来又伶俐乖巧，心里十分喜欢。

这个跟上次我们说到教皇格里高利，在步行街遇见惊为天使的盎格鲁小孩一样，教皇们好像都特别喜欢小孩子。然后呢，教皇给阿尔弗雷德实行了膏礼，一种只有给救世主才会实行的祈福礼仪，也预示了唯有他才能够担当大任，拯救英格兰于水深火热之中。

据说教皇还给阿尔弗雷德授予罗马执政官的虚衔，估计他看出阿尔弗雷德有帝王之相，日后必将黄袍加身，这位教皇确实有点道行。

一个人小时候学习不好，并不代表他学习能力不行，阿尔弗雷德就是这样一个例子，他虽然淘气贪玩，但是非常聪明。这种人一旦开了窍，必将一日千里，学有所成。

话说有一天，威塞克斯的王后奥斯博嘉，把四个孩子叫到身边，让他们读一本盎格鲁撒克逊人编写的诗集。咱们宋朝才发明了印刷术，所以当时的书本是非常珍贵的，像他们家这种皇室藏书，做工精致，奢华考究，你可以设想一下电影里古老的中世纪魔法书，装帧效果应该和这个相差无几。

几个王子看见这么漂亮的书籍，都想将这本书占为己有，而皇后早已看穿了他们的心思，就诱导他们："哦，孩子们，一碗水或许我可以端平，但是这本诗集咱家就一本，咋整？只要你们谁先学会了阅读，能从头到尾给老娘背出来，那这本书就归他所有啦。"

阿尔弗雷德太爱这本诗集了，二话不说，立马去找了一位老师，刺股悬梁，秉烛夜读，最终摘取了桂冠，赢得了这本精装版的诗集。不得不令人叹服，德哥聪颖机智，天赋异禀，一旦认识到学习的重要性，就是那种全力以赴的人。

于是，阿尔弗雷德开始发愤图强，学习拉丁文以及欧洲各国的历史和文学著作，学得废寝忘食，堪称中世纪的学霸。此外他还是个文艺青年，绘画、音乐方面均有涉猎，最喜欢的乐器就是竖琴，极其沉迷。他这一个喜好，竟然在后来跟丹麦人的战争中发挥了巨大的作用，俗话说得好，艺不压身，多一门手艺，总有用得着的时候。

维京人的入侵，让英格兰陷入危难，阿尔弗雷德投笔从戎，毅然扛起了保家卫国的重任，跟随他的国王哥哥一起对抗海盗。

丹麦人虽然兵临城下，但他们并没有直接对威塞克斯采取行动，具体原因不得而知。战争毕竟是既耗费人力财力的大事，丹麦人平静了两年左右，沿着麦西亚的边境，绕道进入了威塞克斯。他们在雷丁附近，与英格兰人发生了激烈的冲突，双方死伤无数。

几天之后，国王与弟弟兵分两路，一路对付丹麦的国王军团，另一路对付由丹麦诸侯组成的伯爵军团，战斗由白天持续到深夜，同为两大蛮族的后裔，直杀得天昏地暗。威塞克斯大获全胜，俘虏了丹麦一个国王和五个伯爵，永不言败的维京人选择了撤退，这场战争的胜利，让德哥毕生引以为傲。

但是维京海盗可不是吃素的，仅仅过了两周，丹麦人卷土重来。

于是国王重施故技，又兵分两路，实行两面夹击的策略。丹麦人上过一次当，当然不吃这一套，一路冲杀，最终取得了战场的优势，国王也在此役中受伤，不治而亡。

这一年被历史学家们称为"阿尔弗雷德战争年"，威塞克斯在德哥和兄长的共同领导下，与丹麦人打了九次大大小小的战争，大部分都被编入了《盎格鲁撒克逊编年史》。阿尔弗雷德也迅速地在战争中成长，有勇有谋的英雄形象也给他的臣民留下了深刻印象，这也为他日后能够举全国之力对抗丹麦人的入侵，奠定了扎实的基础。

前文我们提到过，按照"兄终弟及"的继承规定，阿尔弗雷德成功继任威塞克斯国王。权力越大，责任也就越大，他当上国王的那一天，同时也扛起了抗击侵略者的千钧重担。就在他上任之初，丹麦人率先发难，收获丰硕战果。尤其是在威灵顿战役之后，孤军奋战的阿尔弗雷德，彻底丧失了赶走维京武士的信心，只能选择以金钱财帛换取和平。

这种局面古今中外无不相同，说白了其实就是缓兵之计。

丹麦人一路蚕食，步步进逼，侵吞了英格兰的大部分的土地，就只剩下威塞克斯王国这座孤城。

五年之后，丹麦人绕过威塞克斯的防守，直接占领了英格兰南部的威尔汉姆。尽管阿尔弗雷德咬牙死战，仍然抢不回地盘，双方再一次选择了和解的方案，包括交换双方人质，丹麦人甚至对着他们信奉的神灵索尔，发誓一定会停止战争。没错，就是漫威里那个雷神索尔。

"蛮族靠得住，母猪也能上树"，丹麦人随后就背信弃义，杀掉了所有的俘虏，连夜转攻德文郡的埃克赛特，阿尔弗雷德被打得措手不及，犹如丧家之犬，逃亡了两三个月，才在萨默赛特郡沼泽的一座小岛上，建立了最后的大本营。

然而德哥并没有认输，凭借着他在英格兰贵族和老百姓心中的威望，与各郡的军事力量结成同盟。这期间流传着一个故事，据说这件事让阿尔弗雷德深受启发，找到了打败丹麦人的办法。

故事是这样的，德哥战败以后，化装成农民逃亡，当时雷雨交加，正好有一个牧羊人收留了他，热情邀请他进屋避雨。恰好牧羊人的妻子外出有事，就让他照看一下炉上正在烤着的生面饼。

不料德哥嘴上答应，心里却一直惦记着怎样赶走可恶的维京海盗，连面饼烤焦了他都不知道。牧羊人的妻子回来，忍不住就怒吼起来："哎呀，什么情况这是？我看你人长得挺帅的，想不到脑子里却全是糨糊，像你这种心不在焉的男人，活该被饿死！"

阿尔弗雷德并没有表明自己的身份，他被这个妇人劈头盖脸一顿臭骂，竟放声大笑，一点都不生气，突然想到了一个拯救英格兰的办法。那他究竟想到了什么办法呢？很多人认为是"火攻"。说明德哥确实有容人之量，拐着弯赞扬了明君大帝的仁义和胸襟广阔。

接下来日子里，德哥在阿瑟尔岛重建辉煌，以外围的森林作为掩护，筑建堡垒，敌人如果不带上 GPS 导航，分分钟都会迷路。而且他还设计了一处秘密通道，三天两头溜出去招兵买马，用游击部队的战术对丹麦人进行袭扰。

其实这种小规模的骚扰，对丹麦人来说就像挠痒痒一样，根本没有效果。但是这些小小的胜利，积少成多之后，在英格兰越传越广，起到了一个凝聚民心的作用。他队伍里的人越来越多，兵力也越来越强，到了后期，打游击战已经不过瘾了，他就开始策划更大的攻势。

接下来这场战役极其经典，阿尔弗雷德集机智和勇气于一身，独自一人潜入虎穴，同时扮演着斥候、奸细、首领的角色，演技爆棚，完全就是武侠小说中开了挂的男主角。

前文已经说过，德哥不单学识渊博，而且还是个文艺青年，特别是在音乐这方面颇有才华。他以国王和统帅之尊，假扮成一个吟游四方的歌手，背着竖琴，大大方方地走进了丹麦人的营地。接着他在丹麦人的营帐之中，弹奏吟唱，用歌声吸引了大批的海盗围观。

这个场景有点像电影"笑傲江湖"里的东方不败，只身潜入浪人营，轻盈地颤动脚趾头，围着篝火拨弹着古阮之弦，他的眼神宛若耀眼的星辰："海盗多可笑，掠夺最无聊，目空一切也好。此生未了，心却已无所扰，只想换得英伦逍遥……"

歌声醉人心神，敌营已被他营造成歌迷见面会的气氛了，一边弹唱，一边暗中观察敌人的粮草辎重，以及周围的地形。等到一切探查完毕，他全身而退，悄悄地开始布置兵力，躲进了舍伍德森林，等待一次进攻的机会。

顺便说一句，这个舍伍德森林呢，就是侠盗罗宾汉啸聚山林的地方。

后来的故事，完全是按照好莱坞大片的剧情走向，主角阿尔弗雷德大帝逆袭反杀，命人放火烧了丹麦军营的粮草，趁乱突袭，最终大获全胜。

胜利的消息传遍了整个英格兰，民众为之沸腾，越来越多的英格兰人加入了德哥的部队，组建了第一批英格兰海上舰队。在英明神武的阿尔弗雷德大帝的带领之下，英格兰打破了灭国的危机，将战争形势彻底扭转。

公元 880 年左右，阿尔弗雷德考虑到丹麦人实在是太多了，他们在英格兰的土地上住了好几辈，想彻底赶走，几乎不太可能。于是德哥就跟丹麦人主动达成和解，将英格兰东北部的一部分地区，让给这些丹麦人定居。但是他有个条件，丹麦人必须皈依基督教，而且不准再对英格兰人进行骚扰。

阿尔弗雷德胸襟广阔，深明妥协之道，他用基督教去同化丹麦人，以土地换和平的方式，终于让战争和骚乱停止，随着时间的推移，这批丹麦海盗彻底融入了英格兰，成为了日不落帝国的一分子。

所以说，阿尔弗雷德能够在英格兰国王中，获得唯一的大帝称号，绝非偶然。这一称号的得来，并不是单纯因为他的军事能力，还有他在治理国家时表现出的智慧、善良和非凡的魄力。

他颁布法典，将一半的收入捐给教会，大力重建被丹麦人摧毁的修道院。在这些努力中，最了不起的还是他对学术的大力促进。他曾召集了一大批的学者，将欧洲的文明，以书籍的形式播撒在英格兰的土地上。在教育方面，贵族子弟和平民一视同仁，他甚至把自己的宅第也改成了学校，《盎格鲁撒克逊编年史》就是在他的鼓励之下完成的。德哥为英格兰真正的统一奠定了基础，可以说是一个集文成武德于一身的，真正的帝王级人物。

英国的大文豪狄更斯，曾经这样形容阿尔弗雷德大帝：

"每当我回想起这位高贵的国王，油然生出敬意。因为在他身上体现了盎格鲁撒克逊人的全部美德……他热爱正义、自由和真理，而英国历史上其他的统治者，几乎没有做出什么贡献，和伟大的阿尔弗雷德相比，他们都应该感到羞愧！"

知识分子一般对帝王将相都是持有一定的怀疑态度，但是像狄更斯这样的大文豪，居然对一千年前的国王做出如此之高的赞誉，由此可见，这位"爱你费力的大帝"在英国老百姓心目中的地位，无可撼动。

第六章　好色国王的情商

上一章我们说到阿尔弗雷德大帝，他是英国人民的开国皇帝，也是历史学者公认的英国国父，所以请大家一定要记住他的名字，多读几遍"爱你费力的"。

这一章节咱们接着阿尔弗雷德这条脉络，继续说盎格鲁撒克逊人，在统治英格兰时代发生的一些有趣的故事。

开篇先说一个历史常识，欧洲所谓的皇帝，和中国的皇帝性质是不一样的。这个英文单词叫作 Emperor，实际上来源于罗马帝国，原先的意思是指军事统帅。而欧洲皇帝主要是指同时统治好几个王国的，才称之为皇帝，统治一个国家的国王只能叫作 King。

我们之所以称阿尔弗雷德为大帝，是为了凸显他对英格兰的重大意义，以及他一生的丰功伟绩。那为啥不将他叫成"阿尔弗雷德大王"？主要是想让他跟普通的国王有所区别。比如西游记，直接喊人家大王，就感觉有点像山大王或者妖精首领的称呼，事实上英文更精准的翻译，确实是阿尔弗雷德大王。

公元 899 年的时候，统治了英格兰二十八年的国王阿尔弗雷德，就跟他的国民 Say 拜拜了，永远离开了他的子民。

虽说阿尔弗雷德给了丹麦人一块地，让他们消停下来，希望大伙儿能够安居乐业。但是我们用脚趾头想都可以想得到，两个民族之间的融合，不可能单靠某一位有人格魅力的国王，短短的二三十年，想达到你侬我侬的境界，必然要经过一番激烈的拉锯战，在冲突和融合之间徘徊，循序渐进。

阿尔弗雷德主动让给了丹麦人一片土地，这种事情如果发生在春秋战国，早就被老百姓们骂进了棺材。中国人信奉的是"楚虽三户，亡秦必楚"，血海深仇，寸土必争，而盎格鲁撒克逊人讲究的是"识时务者为俊杰"，我干得过你，就使劲干，打不过你就妥协，哎呀，哥们少安毋躁，来来！咱们坐下来开瓶波尔多的拉菲，通过谈判来解决。

阿尔弗雷德逝世之后，接下来的九任国王，基本国策就是维护丹法区的治安。

所谓的丹法区，也就是指丹麦人所居住的地区，即现在英国的约克郡及其周边一带。一直到后来的1016年，克努特大帝统治之前，这一百多年的时间里，没有什么惊天动地的事情发生，军事行动和战役也是寥寥无几。基本上双方都是各人自扫门前雪，莫管他人瓦上霜，倒也经过了一段时间的太平世道。

话虽如此，但是继任的国王也不可能无为而治，必须要采取一些积极的防御措施，毕竟维京人是战斗民族，笃信暴力，尊奉战斧里面出政权的道理。他们之所以答应和平共处，当然是惧怕德哥的手段，那个竖琴一弹起来，樯橹灰飞烟灭，惹上这种人，必定是个两败俱伤的局面。

那如果继任者是一个软蛋呢？对不起，我们天生就是海盗，"我们的征途是星辰大海"，这句口号他们立马就会呼喊出来，对英格兰的内陆开始虎视眈眈。

在冷兵器时代，没有和平共处的格局，只有在两方实力相当的情况下，才能达成共识，你不犯我，我就不来骚扰你。

当时阿尔弗雷德的王位传到了其子"长者爱德华"的手上，年轻的国王也是一位励精图治、富有远见，且具有战略眼光的统治者，在父亲的关隘要塞体系之上修筑防御工事，加强了对丹法区的进击。在推行这一战略的时候，爱德华也得到了姐姐的帮助，他的姐姐正是邻国麦西亚的王后。

盎格鲁撒克逊人不像丹麦人那样重男轻女，所以当麦西亚的国王埃塞尔烈德去世时，爱德华的姐姐埃塞尔弗莱德，开始临朝听政，顺理成章地成了麦西亚的统治者。

她身披战袍，亲自率军出征，修筑了一系列战略地位重要的要塞，绝对是一位巾帼英雄。正所谓将门出虎女，阿尔弗雷德的女儿确实也不是吃素的，并没有给她老爹丢脸。于是兄妹二人开始跟丹麦人争抢地盘，以战养和。直到公元918年，姐姐去世之后，爱德华统治了麦西亚和威塞克斯。

当时在英格兰定居的维京海盗，除了丹麦人还有挪威人。

挪威人在公元919年，从爱尔兰入侵约克郡，跟维京老乡大打出手，杀得天昏地暗。双方打了七八年，伤痕累累，一时之间难以恢复元气，所以爱德华之子埃塞斯坦继位后瞅准时机，在公元 927 年突然起兵，从挪威人的手里夺回了约克，确定了在北方的统治权。

此时，"兄终弟及"的继承法依然有效，埃塞斯坦去世后，他 18 岁的弟弟爱德蒙继承了王位。

为啥我要提起这位呢？因为这里面有一段历史，当时英格兰出现了一个非常有争议的人物，通常认为他是一个佞臣。他的名字叫作邓斯坦，此人虽然是出身贵族，从小接受坎特伯雷修道院的教育，但是为人嚣张放肆，轻浮佻挞，对权力欲望的执念也很深。而他的出现，却影响了后面好几任国王的命运。

他在爱德蒙国王手下担任神职人员，算是近臣，平日里张牙舞爪，经常得罪人。国王看在眼里，心生厌恶："这家伙一天到晚嘚瑟得很，整天在我眼前晃来晃去的，搞得我饭都吃不下去！不行，我得想个法子办了他……"

于是国王找了个神职人员办事不力的借口，将邓斯坦削职查办，贬为庶民。

我觉得吧，但凡成大事者，无论英雄还是枭雄，都有一种能屈能伸的性格，老邓被国王炒了鱿鱼之后，并没有放弃对权力的留恋，他痛定思痛，跑去森林玩起了修仙，过起了与世隔绝的生活。

老邓在森林里建了一个又矮又小的小木屋，简直可以跟狗窝媲美，站起来伸不直腰，睡觉也伸不直腿。但他不以为苦，每天除了睡觉，就是念经祷告，向上帝表示虔诚。这是典型的凯尔特教派的作风，也就是苦行僧式的修道。

这一出确实是个高招，也不知道老邓是从哪儿得来的灵感。

二百多年前，距英格兰万里之外的长安城，就有一个叫卢藏用的人，也是靠这招修道之术发家致富的。卢藏用考中进士，没有去平康坊寻欢作乐，而是转头去了终南山隐居，用修真这一方式给自己镀金，等待朝廷的征召。

唐朝的时候，终南山里住了很多修道之人，大家口耳相传，消息很快就能传出去了，但是英格兰的森林潮湿阴冷，除了路过的旅人，基本上没有人知道小木屋住着一位下野的高官。

他要是有个手机多好啊，分分钟就能上抖音，点击估计破百万。可惜当时没有互联网，他只能这样熬着，日复一日，年复一年，城里人一传十，十传百，说森林里住着一位虔诚的圣徒，常年过着清苦的日子，大伙儿心生好奇，都去拜见他，几乎挤破了他的小木屋。

老邓心中窃喜，深知自己的计划成功，这几年晨霜夜雨，餐风饮露，西北风老子可没少喝，总算迎来了咸鱼翻身的日子啦。

当粉丝们一批批地围在他跟前的时候，他盘腿而坐，表情庄严肃穆，将这几年挖空心思编好的段子，一个个呈现出来："咳咳，诸位有所不知，此处森林住着几位面目狰狞的魔鬼，本大仙曾用烧红的铁钳，烧掉过魔鬼的鼻子……尔等不必惊讶，也不必害怕，因稣哥托梦于我，赐予我一身神奇的法术，等吾吃饱睡足，定让你们见识见识。"

那个年代的人都比较单纯，科学知识相当匮乏。邓斯坦的粉丝越来越多，他的事迹也越传越邪乎，一时之间，声名远扬。

说来也巧，爱德蒙被刺杀，继位的爱德瑞德刚好也是他的粉丝，就学刘备三顾茅庐，将他请到了宫廷里面。当国王见到老邓的庐山真面目，惊讶地瞪着他："咦？你不是我哥的手下邓斯坦么，怎么突然成仙了？"

此时如果邓斯坦的回答稍有不慎，必将前功尽弃，但是姜还是老的辣，他早就拟好了一套说辞，去王宫的前一天晚上，已经背得滚瓜烂熟："此邓非彼邓也！今日站在陛下眼前的人，已得到了上帝的救赎……就让往事随风都随风，都随风，心随你动噢噢噢，昨天花谢花开不是梦，不是梦，不是梦嗡嗡嗡……"

他吟唱"往事随风"之时，鼻音沉稳，面不改色，与国王侃侃而谈，讲起了在野外修仙的事儿，怎样跟上帝取得了联系哒？如何得到稣哥的无边法力哒？说得绘声绘色。国王震惊无比，完全被他给说懵了，对老邓佩服得五体投地，立即发出诏令，敕封邓斯坦为威塞克斯的国师。

从此以后，老邓权倾朝野，骄气日盛，不但控制了坎特伯雷大主教，还将国王的权力也紧紧掌握在手中。他主张实行凯尔特教会的那种苦行禁欲，除了繁衍子嗣之外，其他的鱼水之欢一律杜绝。幸亏基督教没有辟谷这个修行方法，不然国王早晚都得饿死。

国王驾崩以后，老邓就将国王侄子爱德威扶上了王位，作为他的傀儡。

爱德威登基的时候刚好是十六岁的花季，情窦初开，正处于那种"为了爱情不管不顾，荷尔蒙的分泌任我掌控"的年龄。

爱德威爱上了自己的表姐，按理说在那个时候表亲结婚不算什么大不了的事情。但是一来因为爱德威年龄小，做事忒没轻重，在登基加冕典礼那天，还跟自己表姐腻在一起。邓斯坦勃然大怒，和坎特伯雷大主教奥多一起，把小国王生拉硬拽地揪回了教堂。二来邓斯坦作为一个修道士，是反对近亲结婚的。但关于第二点，历史上也有很多不同的看法，比如狄更斯认为，邓斯坦之所以反对这场婚姻，跟宗教信仰关系不大，单纯是因为他专横跋扈、玩弄权术，加上脑子不好使。接着他还爆了几个猛料，说老邓小时候发高烧，烧坏了脑子，有点轻度妄想症的倾向。年轻的老邓也风流过，爱上了一个年轻姑娘，后来这段感情无疾而终，老邓看破红尘投身教会，当了一辈子单身狗。从此他落下了一个心理变态的毛病，看到年轻人爱得死去活来就打心眼里感到不痛快，大有一种"愿天下有情人都变成兄妹，是前生注定事我非插一杠子"的反社会人格。

爱德威当然很没面子，就怀恨在心，总想找个机会把老邓给收拾了，以泄心头之恨。

功夫不负有心人，机会终于等来了。爱德威趁老邓出国访问期间，人不在本土，就胡乱编造了一个罪名，禁止邓斯坦回国。从这一点看，爱德威国王远没有咱们的汉献帝聪明，政治智慧实在太过稚嫩。邓斯坦大人权势滔天，和曹孟德不相上下，这样搞岂不是搬起脚丫子砸自己的石头？Sorry，我一激动话都说错了，这叫搬起石头砸自己的脚丫子！

果不其然，邓斯坦被年轻的国王在背后捅了一刀，顿时暴跳如雷，教唆坎特伯雷大主教煽动群众，大肆宣扬爱德威的恶行，指责国王不但荒废政务，疏于国事，居然还跟自己的表姐搞上了，这简直就是英格兰的耻辱！

老邓一不做二不休，派人把王后给抓了起来，用烧红的烙铁戳在王后的脸上，就好像他的修仙故事一样，摆出一招金鸡独立的姿势，手里举起正义的铁钳子，仿佛正在虐待魔鬼的鼻子。

然后他逼迫国王立即下诏书让他回国，并且必须与公主离婚。爱德威迫于淫威，不敢造次，只好答应了老邓的要求。

毁容之后的姐姐被流放到外地，日子过得极苦，但是她对国王的感情却很真挚，坚决要回到国王的身边。等她养好了伤，脸上的伤疤也愈合了，就急忙忙赶回去找她的丈夫。但是她在返回王宫的路上，却被邓斯坦派来的打手抓住，挑断了她的脚筋，并且带来了老邓的警告："我就是带个话，不会为难你的，如果你能爬着回到王宫，邓大人就允许你和国王在一起。"

啊，这不是开玩笑呢么？就算是走路，走到王宫起码也得一个多月，何况是爬着去？最后这位公主痛苦地死在了回家的路上。邓斯坦回国之后，直接发动了宫廷政变，将自己亲手扶持的国王废掉，年仅二十岁的爱德威也被老邓弄死了。然后他又重新扶植国王的弟弟爱德加登上了王位，他被称为"和平之王"。

爱德加初登大位，也是花季一样的年龄，但是他和哥哥不一样。此人胸怀大志，长大以后，建立了一支强大的海上舰队，连维京人也慑于他的威名，不敢与他抗衡。在他执政的期间，苏格兰、威尔士，还有爱尔兰，基本上都得向他俯首称臣，某种意义上来说，整个不列颠群岛第一次被英格兰统治，就是发生在他的时代。

当时不列颠全岛野狼横行，常常咬伤人畜，给人民的财产和人身安全造成了很大的威胁。正是在他的任期，果断提出灭绝四害的政策，狼群彻底灭绝，造福了英格兰的百姓。

同学们这里就会有疑问了：哎？既然这个爱德加也是被老邓扶植上去的，他不也是个傀儡吗？难道他有康熙弄死鳌拜的勇气？

嗯，答案是没有。老外国王跟我们中华帝王的想法不太一样，他想的不是我怎么去弄死你老邓，独揽朝纲大事，而是想我应该如何利用你的力量，更好地去统治整个国家呢？爱德加想要的就是一种平衡的状态，也就是王权和神权的平衡，什么叫傀儡呢？当神权大于我的王权时，那我才是傀儡。

爱德加在位时间较长，他统治的时期，英格兰可以说是国富民安。

原因就是爱德加想得非常通透，完全洞察了政教合一的统治模式。他知道邓斯坦的心思，无非就是想名垂千古，他一个基督徒，不可能会来篡夺我英格兰的王位。既然如此，不如大家分工合作吧，你来掌控人民的思想，我来搞定军事政务，皆大欢喜，天下太平。

咱们可以从一件小事上面，看出他的政治逻辑。

爱德加这个人，比较风流好色，有点像《天龙八部》里的段正淳，见一个爱一个。段王爷会在花前柳树下，吟诗作对，看见又大又圆的月饼，爱不释手，但是爱德加一旦看上哪家姑娘，没有耐心去玩暧昧，他只需要结果。

有一次他就看上了一个修女，也不请人家吃顿晚饭，二话不说，直接霸王硬上弓。邓斯坦闻讯之后，气得浑身发抖，亵渎神圣可是大罪，想不到爱德加也不挑地儿，作案现场竟然还是在教堂里，混账啊混账，这事儿要是让王公大臣们知道了，那还得了？他这个国王肯定被废。

这个时候呢，爱德加并没有像他的哥哥那样死板，为了国王的尊严去跟邓斯坦死磕，得不偿失。他采取了负荆请罪的办法，将自己的王冠摘下来，低头向邓斯坦认错，发誓以后一定清修禁欲，希望老邓别把事情搞大了。

老邓一看国王都把王冠摘了下来，内心十分感动，他得到了一种犹如罗马教皇般的满足，权衡再三，也就原谅了国王，没把这个事儿捅出去。爱德加虽然风流成性，好在他做人比较审时度势。当时老邓已经得到了他的虚名，获得了"圣邓斯坦"的称号，人生如此，夫复何求，所以睁一只眼闭一只眼，也就不再去理会爱德加这些风流韵事。

接下来这个故事，也说明爱德加在风流情史方面，保持了一贯不肯转弯的作风，从来不按套路出牌。段正淳跟他一比，简直就是彬彬有礼的正人君子。

话说又有一次，他下榻到一个贵族的家里，伯爵大人好酒好菜的招待国王，他是吃着碗里看着锅里的，相中了人家的千金小姐了，照着他的脾气，当晚就非要让那个千金小姐侍寝。

伯爵大人当时就懵圈了，心想，加加你这是在搞笑吗？哪怕你跟我们家孩子，多约会个几次，然后给她个名分啥的也行啊，你第一次见面就要冲锋陷阵，我又不是开妓院的老板，名誉还要不要啦？

于是伯爵大人就想了一个办法，挑了一个姿色上佳的侍女去服侍国王。

因为当时也没电灯，一到晚上黑灯瞎火的，烛火比较昏暗，气氛弄得还挺有情调的。爱德加已经急不可耐，当然不知道狸猫换了太子，就直奔主题，颠鸾倒凤，一觉睡到第二天早晨，才发现上当受骗了，想不到昨天晚上睡在自己身边的竟然是一侍女。但是由于昨天晚上玩得很尽兴，他也就没有责怪伯爵大人，反而将侍女接回了宫，也算是金屋藏娇，收获了一名情妇。

当时他娶的第二任王后，名叫艾尔芙雷达，无论是姿色之出众，还是心肠之狠毒，都与段王爷的妍头康敏不相上下，堪称名副其实的蛇蝎美人。爱德加与她相识的过程，可谓戏剧性十足。

艾尔芙雷达是德文郡一个伯爵的女儿，倾国倾城，艳名远播，王公贵族无一不想拜倒在她的石榴裙下。同学们听过"你是光，你是电，你是唯一的神话"这首歌吧？当时大街小巷唱的就是：艾尔芙雷达，You Are My Super Star！

爱德加遍尝美色，以阅尽天下佳丽为己任，对艾尔芙雷达也是渴慕已久，只可惜缘悭一面，从来没有见过这位像光像电像雷达的美女。

他忙于国事，就让手下的一个宠臣阿瑟尔伍德作为先锋，前往伯爵家里打探一下，看看那个艾尔芙雷达，是否真如传说中的一样，沉鱼落雁，闭月羞花。

阿瑟尔伍德奉命前往伯爵家里拜访。不看不知道，一看吓一跳，他被艾尔芙雷达的电眼击中，迷得神魂颠倒，当场就做了个色胆包天的决定，打算捷足先登，将美女占为己有。

他回去以后，爱德加心急火燎地追问："雷达姑娘长得怎么样啊？身材好不好啊？"

阿瑟尔伍德装作十分惋惜的样子，叹了口气："唉，真是浪得虚名啊！她一张脸黑不溜秋的，全是密密麻麻的青春痘，还是个水桶腰，简直就是个雷婆转世……如果他们家不是贵族，我估摸着，这辈子她都甭想嫁出去！"

国王一听，心里凉了半截，道听途说的事儿果然是不可信。

阿瑟尔伍德趁热打铁："我觉得伯爵大人很恐慌，似乎担心陛下瞧不起他，依卑职之见，我得为陛下做点事，勉为其难娶了这个雷达小姐。一来我也想去沾沾伯爵大人的富贵之气，这二来嘛，也好让伯爵大人宽宽心，感受到陛下的龙恩浩荡。"

爱德加对阿瑟尔伍德相当信任，忍不住哈哈大笑，说你要是担心高攀不上，哥给你加官晋爵，你娶个雷婆回家，以后再也不必担心刮风下雨啦。

他对这位近臣恩宠有加，丝毫没起疑心。于是阿瑟尔伍德顺理成章地将这个美女娶回了家。只可惜纸包不住火呀，国王举行宫廷舞会时，阿瑟尔伍德从来不带老婆参加，爱德加就起了疑心，突然找了个借口，说想去阿瑟尔伍德的家里做客。

阿瑟尔伍德当场傻眼了，但是君命不可违啊，他就跑回家对年轻的妻子坦白："加加要来我们家做客，你就当帮老公个忙呗，把妆化得丑一点，衣服穿得邋遢一点，千万别让他看出来你是个绝色美女啊！"

艾尔芙雷达愕然半晌，气得七窍生烟：嘤嘤嘤，原来老娘可以做王后的呀？想不到我一生的幸福，居然毁在了你个混蛋手里！她对丈夫假公济私的行为相当愤慨，等到爱德加莅临府邸的时候，艾尔芙雷达涂脂抹粉，盛装打扮，就像是一只开屏的孔雀一样，热情洋溢地迎接国王到来。

爱德加一见到艾尔芙雷达，顿时腿脚哆索，眼珠子都差点掉了出来，哗哗哗的口水流了一地。他明白自己是被手下的宠臣阴了，表面上却不动声色，非常沉得住气，并没有在晚宴上表现出对阿瑟尔伍德的敌意。

第二天，国王邀请阿瑟尔伍德外出打猎，在小树林里趁他不注意的时候，背后一刀，结果了骗子的性命。之后不久，爱德加就将英格兰的海伦女神——艾尔芙雷达娶进了王宫。

爱德加国王三十三岁的时候就驾崩了，此后邓斯坦又立了一任国王，殉道者爱德华。

这里我插一句，你们有没有发现，怎么英格兰到现在还没有出现几世几世的国王呢？情况是这样的，英国国王出现几世的称谓，是从诺曼王朝开始的，追根溯源，现在英国女王伊丽莎白二世的祖先和"征服者威廉"之前的国王，都没有什么关系，所以在这之前，不会有几世几世的称呼，这里的殉道者爱德华可不是爱德华一世，同学们千万别搞错了哦。

那么爱德华为什么会被称作殉道者呢？并不是说他为了基督教奉献了自己的生命。

前面说的美女王后艾尔芙雷达也生下了个孩子，而爱德华并不是她亲生的。皇后变成了太后，她当然千方百计想把自己的儿子立为国王。但是这个时候呢，老邓还活着，这位仁兄不愧是在森林里修过仙的，确实比一般人长命。英国人没有立长立嫡的规矩，由于爱德华比较宅心仁厚，天性纯良，没有什么害人之心，所以还是由老邓拍板，拥立他为新一任的国王。

有一天，爱德华骑马到多塞特郡狩猎，听说太后住在附近的科夫堡，为了表示友善，就前往拜访。他撇开随从，独自一人策马来到城堡，美女太后心想，你自己送上门来的，此时不杀你，更待何时？于是她热情地接待了国王，暗中却指使武士刺杀。国王身负重伤，急忙骑马跑路，由于他失血过多，在马背上昏迷，而他的脚却被钩在了鞍鞯上，最后被狂奔的坐骑拖拽而亡，死得极其凄惨。

因为爱德华国王实行仁政，优待子民，所以老百姓对他非常爱戴，听到了国王惨死的讯息之后，全国震惊，纷纷谴责抗议太后无德。美女太后深感愧疚，就广修教堂来赎罪。修教堂就是为了让基督教在英国传播福音，所以，国王爱德华又被称为殉道者爱德华。

在克努特大帝之前，还有两位国王，一个就是美女太后的儿子埃塞尔雷德，绰号"决策无方者"，还有一位就是美女太后的孙子埃德蒙，人称"刚勇者"，反而比他爹地勇猛。

在埃塞尔雷德登基八九年以后，邓斯坦去世了。这位辅佐了七任国王的老臣，究竟是一位"圣徒"还是"佞臣"，就请同学们自己判断吧。

我们这一章讲的，是英国在公元900年到公元1000年发生的事情，仍然是盎格鲁撒克逊人统治的时代，而下一章，盎格鲁撒克逊时代就宣告结束了。这种结束，并不是被人灭了族，而是国王换成了外国人，老百姓依然是盎格鲁撒克逊人。

刚才提到的两位国王，会上演什么样的故事呢？威塞克斯的王朝又是如何被外族终结的？所有的一切，都将在下一章揭晓。

第七章　认尿懦弱的人怎能当国王？

英国的历史说到现在，差不多已经说了一千多年了。

从诺曼王朝开始，英国才算是真正与欧洲接轨，变得越来越强大，日不落帝国的雏形也终于出现。那么后面发生的老多事儿，却要用去比前面多出好几倍的篇幅来讲，人类的文明就是这样，进入文明之前的历史，日子就这样流水账一样过去了。进入文明之后，尤其是和其他文明发生联系和冲突以后，历史就像突然加速的列车一样，重要的事情一件接一件地发生，历史变得好看了。

上章我们讲到美女太后艾尔芙雷达，为了将自己的亲生儿子扶上王位，稳固政权，杀掉了国王殉道者爱德华，只可惜慈母多败儿，这位年轻的国王从小被母亲宠溺，却是个十足的草包，盎格鲁撒克逊王朝的结束，就是拜这位大哥所赐。

艾尔芙雷达为儿子精心构制了美好的一切，殊不知她谋杀先王的恶行，已经给臣民们树立了极坏的榜样。所谓上梁不正下梁歪，英格兰教会就出现了大量的腐败行为，修士们忙着娶妻生子，敛财蓄物，人与人的信任已经完全没有，淫乱之举也比比皆是。只许州官放火，不许百姓点灯么？他们的想法这么理直气壮，当然就肆无忌惮了。

当时三朝元老邓斯坦，早已预见了教会腐败的苗头。

他曾经大刀阔斧地对教会进行改革，其中包括重新修订基督教的清规戒律，严禁修道士娶妻生子；强调要有苦行僧的精神；禁止神职人员卖官鬻爵；杜绝教会之中的任人唯亲。

这一整套措施操作下来，教会的面貌虽然有所改观，但是也触及了贵族们的利益，如果贵族们的思想发生变化，政局很可能会面临崩盘的结果。

在阿尔弗雷德大帝时期，为了坚决抵御外辱，威塞克斯王朝招兵买马，导致了封建贵族的快速崛起，势力盘根错节。到了好色皇帝爱德加的时代，藩镇割据的纷争愈演愈烈，爱德加出于制衡的考虑，就将一部分政治资源投入教会，支持他们广收信徒，赠予教会更多的土地，这也是他和老邓和平相处的原因之一。

但是这些行为不可避免地带来了副作用，教会和贵族之间的矛盾非常尖锐，到埃塞尔雷德被美女太后扶上王位时，他面临的局面不比康熙皇帝好多少，可谓内忧外患，错综复杂。但是玄烨的雄才大略，他一个草包怎么可能学得会？跟人家一比，提鞋都不配。

埃塞尔雷德亲政的时候，整个英格兰有点"山雨欲来风满楼"的意思，王室、贵族与教会之间的矛盾日益凸显。加上他王位合法性也一直受到质疑，使得整个威塞克斯王朝，已经到了土崩瓦解的危险边缘。

丹麦人这个外患更加不能忽略。

在公元 980 年左右，丹麦人已经从蛮族部落，迅速崛起成统一的王国。他们不再是张牙舞爪的海盗，而是一个拥有海上无敌舰队的帝国。他们联合同宗同族的挪威人，对英法两国开始了新一轮的侵扰和掠夺。

国王爱德加除了风流好色之外，其实军事才能和治国理政的能力相当出色，他在历史上有个称号叫"和平之王"，意思就是说，他让贵族与教会相处融洽，同时也能与丹麦人和平共处。在国王和老邓的共治下，英格兰完全可以抵御丹麦人的入侵。可是他的儿子上台以后，一个又尿又笨的邋遢大王，让英格兰颜面扫地，无地自容。

他根本就不会打仗，手下好几个将领，也都是原来被同化的丹麦人后裔。咱们用脚趾头想一想，两军对垒之时，对面突然跑出来一个说家乡话的，几句话一聊，居然是同村的亲戚啊！好吧，等会打完约个地方，说说二大爷他侄子的表哥的外甥，现在生活过得怎么样？你给我带个话呗，舅舅谁也不服，就服他！

估计埃塞尔雷德不太喜欢读历史书，因为西罗马帝国，就是因为大量使用日耳曼人做雇佣军，最终导致亡国。

仗打输了以后，他就派人去跟丹麦人谈判，议和的条件，就是以金钱换和平。

这个钱呢，就是历史上让英国人引以为耻的丹麦金，前前后后一共交了十一次，总共 27 万英镑。

当时的 1 英镑相当于现在的六千多倍，合计下来就是 16 亿英镑，约合人民币 135 亿。那么这些钱从哪里来呢？当然是苛捐杂税，搜刮民脂民膏啊！当时的英格兰就一二百万人口，分摊到每个人的头上，简直是不堪重负。国耻又摊上了家恨，整个威塞克斯王室民心尽丧。

然后，埃塞尔雷德又干了一件非常愚蠢的事情，简直就是雪上加霜。

这件事儿的源头，还得从他父亲爱德加时代说起。

爱德加国王曾经雇用了一支丹麦军队，这支雇佣兵在老国王时代还比较遵纪守法，等到埃塞尔雷德登基以之后，丹麦帝国强势崛起，当时英格兰缴纳那个屈辱的丹麦金，完全把对抗维京入侵的士气给阉割了，怨声载道，民不聊生。直到今天，"丹麦金"在英语中，仍然是懦弱屈辱和目光短浅的代名词。

这时候丹麦人后裔的雇佣军，心里就打起了小算盘，哎呀，咱们祖国强大了啊，终于扬眉吐气了，以后在步行街上走路，我一定要带着风！

于是他们就开始寻欢作乐，违法乱纪的行为也屡禁不止。更让人气恼的，这群丹麦人原本是海军出身，天天洗澡，人长得英俊帅气，皮肤也是又白又嫩，就跟 T 型台上的男模似的。只要他们一在步行街出现，微风拂动长发，英格兰的小姑娘们心跳加快，放声尖叫，完全可以组建明星粉丝团。

美女投怀送抱，他们当然是来者不拒，就让很多英格兰的男人戴了绿帽子。

久而久之，这些事儿就传到了埃塞尔雷德的耳朵里。国王大发雷霆："我每年要交这么多钱，你们这帮畜生不知感恩，居然还来搞英格兰的妹子？金钱美女你们一个都不留我，这胃口也太大了吧？是可忍，孰不可忍！"

他一气之下，誓要将英格兰境内的丹麦人全部斩草除根，管他平民妇孺，一个不留。可是这项法令一出台，却让当时的局势变得更加糟糕了。

丹麦国王叫作思维恩，他有个妹妹嫁给了英格兰一个公爵，在这次屠杀丹麦人的政策中也被波及。俗话说得好，你打狗也得看主人啊！思维恩听到这个消息之后，倾巢出动，挥师南下攻打英格兰。

说起这个思维恩，他绰号叫"八字胡王"，是个六亲不认的主。

当时他跟父亲"蓝牙王"哈拉尔反目成仇，二话不说，爷俩直接开战。对，就是你知道的那个"蓝牙"，"蓝牙"技术就是用这位丹麦国王的外号命名的。哈垃尔打不过年轻力壮的儿子，就逃进森林，被思维恩的养父逮了个正着，一刀咔嚓。思维恩连父亲也敢怼，正愁找不到借口入侵英格兰呢，你把她妹妹弄死了，不是正好撞在他枪口上吗？

面对丹麦人的大军压境，埃塞尔雷德这个庆货一看苗头不对，居然让大儿子留在英格兰阻挡敌人，自己带着小儿子爱德华逃到了诺曼底。

他这个情况有点儿像北宋的徽钦二帝，埃塞尔雷德临走之前，把大儿子埃德蒙叫到身边，语重心长地说："宝贝啊，外面的世界很精彩，我想去看看，家里这摊事儿，就交给你全权负责了。乖，听话啊，我得赶紧走了，赶时间呢！"

他把手里的烫手山芋一扔，带着王后和小儿子爱德华，来了一场说走就走的旅行，跑海峡对岸的诺曼底度假去了。王后正是诺曼公爵的女儿，埃塞尔雷德逃到老丈人家里寻求庇护，当了一次甩手掌柜。

丹麦猛人思维恩在英格兰叱咤风云，地盘越占越大，最后成了英格兰之王，但是没折腾多久就挂了，于是英格兰贤人会议考虑再三，又让厄包埃塞尔雷德回国，继续统治英格兰。

烂泥始终是糊不上墙的，埃塞尔雷德回国之后，躲在深宫不问国事，居然把国政事务全权委托给了自己的女婿——麦西亚的郡长埃德里克，英国历史上一个臭名昭著的人物。

与此同时，思维恩的次子克努特，继承老爹遗志卷土重来。此人神勇无敌，颇具王者之相，很快占领了英格兰的北部，对威塞克斯王朝步步进逼，一路蚕食吞并。国王与女婿一见形势不妙，根本不理会英格兰的人民猛戳他们的脊梁骨，立即向克努特俯首投诚。

就在克努特的铁蹄踏入伦敦城外之时，埃赛尔雷德见大势已去，郁郁而终。

此时，被老爹坑惨的埃德蒙，受命于危难，登上了王位。

埃德蒙骁勇善战，能力远胜其父，他组织招募威塞克斯义勇军，共同抵抗丹麦人，不仅解了伦敦之围，而且直接追击丹麦人于肯特郡，大获全胜。英格兰的百姓欢声雀跃，尊称他为"刚勇者"，丹麦军队只要一听到"埃家军"的名字，望风而逃。

刚才提到的那个埃德里克，听闻埃德蒙的战绩，顿时喜出望外：噢买噶德！原来我小舅子这么能打啊！他赶紧调转枪头，连蹦带跳地冲进战场，与埃德蒙一齐围攻克努特。

埃德里克这根墙头草风向转得这么快，克努特恨得咬牙切齿：我去年买了个表！老子打不过刚勇者，还收拾不了你么？他一怒之下，调头去打埃德里克的老窝麦西亚。

埃德蒙见姐夫有难，立马追杀上去，双方在阿欣顿山下展开了一场鏖战。

咱们中国有句古话，叫"穷寇莫追"，可惜埃德蒙当时没有机会当遣唐使，不能过来留学，对兵法上的认知，就有点经验不足。兔子急了还咬人呢，何况北欧海盗后裔的克努特？他可是吃狼肉长大的猛人啊！所以这一战，埃家军没有占到任何便宜，渐渐落了下风。

而姐夫埃德里克呢，充分发挥了见风使舵的本领，临阵倒戈，又去舔克努特的脚趾头了。埃德蒙手下一批贵族精锐，均在此战中阵亡，在将少兵寡的情况下，他只得与克努特议和。除了割让城池之外，承诺继续上贡丹麦金。

就在这一年的十一月，天空下着蒙蒙细雨，埃德蒙突然内急，就跑去花园的茅厕解手。他姐夫的儿子在其父亲的授意之下，埋伏在厕所门口，用麻袋套住了国王的头，干掉了自己的亲舅舅。埃德蒙英勇无敌，没有战死沙场，马革裹尸，反而死得如此之窝囊，都是拜埃德里克所赐。

公元 2005 年 BBC 举办了一次"千年以来十大最渣英国人"的评选活动，卖国求荣的埃德里克差点荣登了榜首，可以说他在英国人的心目中，确实是个实至名归的人渣。

据说，埃德里克暗杀小舅子以后，就去向克努特邀功请赏。克努特得知详情之后，微微一笑，语气非常平静："没有问题的，我亲爱的朋友！你对帝国的贡献有目共睹，理应得到拔擢。我会让你的地位远远高过英格兰的贵族，他们注视你的时候，都必须抬起头。"

埃德里克一听高兴坏了，哈哈哈，寤寐思服，求之不得！

克努特没有食言，挥了挥手，下令立即处死埃德里克，然后将这位人渣的头颅，悬挂在伦敦最高的堞雉上面，果然让他享受到了俯视众生的感觉。

克努特并不傻，一个连小舅子都下得去手的人，留在身边后患无穷。他此举意在笼络民心："大伙儿都瞧仔细喽，出卖英格兰的叛徒，已经被偶就地正法啦，以后谁敢侮辱英格兰，就是这个下场！"

说到这里，细心的同学可能会有疑问：哎？克努特是维京蛮族的后代，征服英格兰之后，应该采用铁腕手段，将英国变成丹麦的殖民地才对啊！

其实不然，欧洲各国都皈依了基督教，大家其实都算上帝的子民，能动嘴尽量不动手。如果克努特一味蛮干，同为日耳曼后裔的盎格鲁撒克逊人，他们也不是吃素的，要不是出了埃德里克这个英国版的吴三桂，你也没这么轻松对吧？英格兰一旦出现遍地开花的反抗力量，丹麦人势必难以应付。

由此可见，克努特的政治头脑非常清晰，对时局也判断正确，在他砍下埃德里克的脑袋之后，兵不血刃地占领了整个英格兰。公元 1028 年，克努特又获得了挪威的统治权，如此一来，他集英格兰、丹麦、挪威三国的权杖于一身，成为北海帝国的克努特大帝，名垂青史。

那么克努特是如何通过合法程序，登上英格兰王位的呢？

这里有几个步骤，克努特本来是想把国王的小儿子爱德华送到瑞典去，让瑞典国王找个机会把他干掉，但是瑞典国王为人比较正直，你少跟我扯，这种伤天害理的事儿，我可干不了！于是他就把爱德华送到了匈牙利。

克努特见第一步棋走错，就想出了第二步。他收买了一些英格兰的贵族，替他做假证，编造当初和埃德蒙停战和解的时候，埃德蒙答应死后由他继承王位。接下来第三步，他索性娶了屎包国王的王后，配合他实施怀柔政策。时间一长，英格兰人觉得他也算是半个英国人了吧，只要我有酒喝有澡堂子泡，谁做国王不是一样？

于是，克努特在公元1016年，顺理成章地当上了英国国王。正是因为他的统治，英格兰不再实行种族政策，丹法区逐渐消失，维京海盗们当然也失业啦，丹麦人和英格兰人这两个民族，终于融合在一起。

另外还有件事儿也值得一说，那时候在英格兰几乎人人皆有信仰，家家户户都是要去罗马朝圣的。以前去罗马教廷，德国是必经之地，必须交纳昂贵的过路费。由于克努特和德国皇帝的关系搞得不错，德国就把英国人的过路费给免了。

这对英格兰人来说，绝对是喜事一件，觉得这个上门女婿真心不错。你说节假日的时候，如果高速公路免掉过路费，司机们肯定加满油，一脚油门踩下去，珠穆朗玛峰他也敢上。

只可惜，克努特大帝的时代终究是昙花一现。

当时的英格兰和丹麦挪威，在地理上隔着一个宽阔的北海，不像法国那样只隔着一条海峡，所以说，这个显赫一时的北海帝国挺孤立的，跟丹麦之间也没啥缘分，全靠帅哥克努特的颜值撑了二十多年。

克努特为了维稳，承诺以后英格兰的王位，由第二个王后埃玛所生的子女继承，埃玛就是屎包国王埃塞尔雷德的老婆。

哪知道天有不测风云，等到克努特双脚一蹬，正室的儿子却登上了王位，由此引发英格兰国内极大的不满，最后两派达成妥协，把英格兰一分为二，各玩各的。

克努特的两个儿子也不给老爹长脸，一个病死，一个酗酒而亡，让远在匈牙利的爱德华王子——也就是屎包国王的幼子，回到英格兰继承了王位。这个爱德华，被后世称作"忏悔者"，也是阿尔弗雷德大帝和威塞克斯王朝的最后一点血脉。

为什么叫他忏悔者呢？

因为他是个非常虔诚的基督徒，每天像一个忏悔者似的祷告。在他之后，阿尔弗雷德大帝就断了香火了，生了两个女孩。当时的英国，女人可没有王位继承权的啊，一直到后来玛丽一世登基，才正式确认女性也可以当国王。

爱德华的外公是诺曼底人，他很小的时候，厎包国王带着他逃到了诺曼底，所以爱德华最喜欢唱的一首歌，就是《外婆家的澎湖湾》。

由于他从小一直说法语，在他统治英格兰的时期，法语成了官方语言，而且王宫中的服饰啦，车马仪仗队伍啦，都变成了法式，就连坎特伯雷大主教，也被换成了诺曼人。

国王这一做法，让他身边的戈德温公爵非常不爽，总想着谋权篡位。戈德温公爵在英格兰的势力很大，颇孚众望，而且还是正宗的英国人。爱德华国王却只有两个女儿，没有男孩可以继承王位，将来摆明了是要便宜别人的。戈德温一想，不对啊这个，便宜别人倒不如便宜我！

他就把女儿伊蒂丝嫁给了国王，盘算着女儿能生一个"小戈德温"出来，结果呢事与愿违，爱德华戒心很重，从来不跟伊蒂丝圆房。

戈德温家族的发迹，主要是在克努特时代。当时克努特当上英格兰国王之后，就开始去攻打瑞典了，戈德温随同征战，在一次战役中孤立无援，仅凭着一身血勇气概，打败了骁勇善战的瑞典人。所谓识英雄重英雄，克努特一看戈德温这么勇猛，就特别信任他，这也成就了戈德温家族的崛起。

爱德华的政治嗅觉还是挺敏锐的，他看出了戈德温的野心，就想利用诺曼人的势力来打压戈德温，双方因为一件事开始反目成仇。

当时国王邀请波洛尼亚公爵来英格兰做客，途经多佛时，与当地人发生冲突。爱德华下令戈德温去惩罚多佛人，但是戈德温并不鸟他。爱德华心想：哎？我说话不好使了是吧？你翅膀硬了是吧？于是君臣之间就打起了内战。

戈德温吃了败仗以后，整个家族被流放到了外地。过了一年，戈德温带兵重返英格兰，扳回一局，夺回了原有的公爵领地。爱德华一看他势力太大，还是选择了妥协，同意与他平起平坐，共同把持朝政。

但是没过多久，戈德温就去世了。

他有个儿子叫哈罗德，比他爹可低调多了，平日里结交各种英国权贵，为人处事跟他老爹完全是两个套路。他对国王毕恭毕敬，经常发表言论，说起谋权篡位这种事儿，一副深恶痛绝的样子。

可是爱德华并不傻，不叫唤的狗更会咬人哦！于是他偷偷立下遗嘱，要在百年以后，传位给诺曼公爵，也就是他教父的儿子威廉，遗嘱写完以后，就悄悄地送去了诺曼底。

哈罗德并不知道国王的所作所为，巧合是之前他们家族有几个亲戚，留在诺曼底当人质，哈罗德去协商要人的时候，威廉公爵想做个顺水人情，寄望哈罗德能助他日后登基，就跟他套近乎："哈罗哥们！得嘞，人质我全还给你了，以后我当上英格兰的国王，还要仰仗兄弟出把力啊！"

哈罗德一听，当时心里拔凉拔凉的，原来老不死的爱德华已经背着我，把王位传给了"杂种威廉"。补充一句哈，这个"杂种"可不是我在骂人，威廉是私生子，在历史上的外号就叫"杂种威廉"。他表面上强颜欢笑，拍着胸脯对威廉说："威哥！咱们一家人不说两家话，这事儿包在我身上啦！"

威廉还是不放心，眼珠子一转，不但将闺女嫁给了他，并且逼着哈罗德跪在教堂的神坛旁边发誓，必须全力协助岳父获得英国的王位。

人在矮檐下，不得不低头。哈罗德为了稳住威廉，当场发下毒誓。完事之后，威廉笑嘻嘻地打开神坛，哈罗德伸出脑袋一看，差点把隔夜饭给吐了出来，原来神坛下面全是腐烂的骸骨和大大小小的骷髅头。威廉拍了拍他肩膀，龇牙笑道："瞧见没有？这些都是基督教圣徒的遗骸，你在他们的灵前发誓，一旦违背，必遭天谴。"

哈罗德打了个冷战，信誓旦旦地说："岳父大人啊，小婿对你的敬仰，犹如滔滔江水延绵不绝，又如黄河泛滥，一发不可收拾！此事人神共鉴，我肯定办得你舒舒服服！"

就这样，哈罗德带着自己的族人和新婚妻子，回到了英格兰。他回去以后，加快了夺权篡权的步伐，东奔西走，联合贵族党羽和王公大臣，就等着国王一死，马上通过贤人议会，推举他成为新一任的国王。

嗯，世上无难事，只怕有心人。爱德华驾鹤西归之日，宫廷之中哀声一片，哈罗德却是一路欢歌，45°角仰望苍穹，热泪盈眶地登上了英格兰之王的宝座。

等威廉知道这件事儿，生米已经煮成熟饭了，隔着一条英吉利海峡，远水也救不了近火啊。威廉简直是赔了女儿又折兵，大骂哈罗德背信弃义："哈罗德你个狗娘养的畜生！说好的毒誓呢，你就不怕骷髅头晚上飞过来咬死你吗？"

哈罗德不慌不忙地回应："我尊敬的岳……哦不，亲爱的威哥，我登上王位是民心所向，人心虽未厌，天意亦难知。况且，那是你逼我发的毒誓，作不得数！"

事情到了这一步，无可挽回，威廉彻底愤怒了，他开始整饬兵马，准备进攻英格兰，夺回本应属于自己的王位。于是，英国历史上最著名的"威廉征服"拉开了序幕。

　　威廉征服，在英国历史上也叫作诺曼征服，那么威哥此行顺利吗？他是如何征服英格兰的呢？这是一个逆袭成功的故事。

第三单元

诺曼王朝
——英国历史的分水岭

United
Kingdom

第八章　威廉一世的逆袭

接下来的英国历史就进入了一个非常重要的分水岭，那就是诺曼王朝的建立，由于它的建立者威廉一世是诺曼底人，因此历史上将这一时期，称之为"诺曼王朝"。

诺曼底人其实是维京人的后裔，在阿尔弗雷德大帝时期，维京人就不断地骚扰法国边境，法国人民苦不堪言。于是当时的国王效仿阿尔弗雷德大帝，将诺曼底这个地方赐给了维京人，以平息战乱。而维京人是来自北方的民族，所以法国人将这块土地命名为诺曼底。

"诺曼"这个词在法语里就是北方的意思，诺曼底的位置相当于现在法国鲁昂的所在地。

那么我们为什么将诺曼王朝，称之为英国历史的分水岭呢？

打开欧洲地图，你就可以发现，英国实际上是远离欧洲大陆的一个非常边缘化的国家，从最早期的古罗马入侵，到盎格鲁撒克逊人的统治，再到丹麦人的融入，英国人实际上都是自己跟自己玩，和整个欧洲历史仍然处于脱节的状态。

但是威哥统治英国之后，这一情况开始改变。

威廉一世不仅是英国的国王，还是诺曼底的统治者，这就让英国和欧洲各国，特别是跟法国产生了剪不断理还乱的关系，互相扶持，互相利用，英国就变得越来越猛，放开了手脚四处侵略，才有机会成为后来的日不落帝国。

"日不落帝国"这个称呼，在人类历史上比较著名。

全世界都有大英帝国的领土，当帝国殖民地的太阳落山了，我家菜园子还在享受阳光普照呢，谁不服气的？都给老子站出来！你瞧仔细了啊，我们国家的太阳是永远不会落山的！

可想而知，大英帝国霸权的辉煌，用日不落三个字来形容，确实非常有气势。

那么诺曼底人威廉，是如何从盎格鲁撒克逊人手里夺得英国的统治权，从而坐上国王宝座的？

上述前文，当"忏悔者"爱德华驾崩之后，戈德温家族的哈罗德就迫不及待地通过贤人会议，戴上了英格兰国王的王冠，而此时身处诺曼底的"杂种威廉"公爵，在得到这一消息之后就坐不住了。他派人前往英格兰，大骂哈罗德背信弃义，并催促哈罗德赶紧退位，你曾经宣誓效忠于我，现在给我来这么一出先斩后奏，你眼里还有我这个岳、岳、岳父吗？！

可是哈罗德压根就没有让位的打算，他回复威廉："我亲爱的威哥，你是不是太搞笑了？你一个诺曼人，哪有资格继承我们英国人的王位啊？再说了，我是全国民众一致票选出来的国王，放眼整个英格兰，谁认识你？你算是那根葱啊？现在木已成舟，你就早点洗洗睡吧，别瞎合计了，哪凉快哪待着去！"

这番话给威廉气得眼冒金星，暴跳如雷，哪里咽得下这口气，所以决定跟哈罗德死磕到底，一定要弄死他。

我们先来讨论一下，究竟谁更有资格继承英国的王位呢？

如果按照我们中国人的传统思维，可能很多人会站在威廉的一边，毕竟先王的遗嘱为大，这事儿人尽皆知，做人要是不讲信义，跟畜生有何区别？

当时的欧洲大陆是封建君主制，国王拥有最高国家行政权，即"普天之下，莫非王土；率土之滨，莫非王臣"，爱德华留给威廉的这份遗嘱，放在欧洲大陆的国家当然有效，但是如果站在英国人的角度来看，威廉这个继承资格确实是有问题的。

因为英国实行的并不是封建君主制，而是贵族民主制。

何为贵族民主制呢？意味着当国王提出一个想法，这个想法并不具备法律效力，必须经过贵族们的集体协商。如果贵族们觉得没啥大问题才可以施行，反之则PASS。显然爱德华留下的这份遗嘱，并没有征得贵族们的同意，而且让一个诺曼人当英国的国王，明摆着对这些贵族十分不利，所以英国本土一边倒倾向哈罗德。

按照这个格局，威廉哥想合法登上国王宝座，就必须满足三个条件：第一，先把自己彻底变成英国国籍。比如威哥可以效仿前辈克努特，娶了前任国王的遗孀，成功获得英国国籍；第二，同意按照英国人现有的国家制度来统治，稳定贵族们的情绪。

那么第三条，现在王位已经被哈罗德占据，想要抢回来，就只有诉诸武力了，狗急了还会跳墙呢，更何况王位这东西又不是商品，可不能拱手让人。

于是威哥开始紧锣密鼓地集结人马，准备讨伐背信弃义的哈罗德。

虽然哈罗德和英国贵族们不吃遗嘱那一套，但是威廉手里的这份遗嘱，犹如一份创业计划书，让他顺理成章地创立了诺曼底创业有限公司，并成功出任第一任CEO。你还别说，诺曼底创业有限公司从一开张便占尽了天时地利人和。

我们先来说天时，当年法国人将诺曼底这个地方赐给维京人的时候，就等于在自己的枕头边放了一个定时炸弹。维京人的野蛮有目共睹，他们骨子里流淌着征服侵略的血液，小小的一块诺曼底如何能满足他们的胃口？

于是不安分的诺曼人跨过边界，开始在整个欧洲地盘上肆意横行，曾经还一度攻到了意大利，后期的那不勒斯王国，包括西西里都是诺曼底人建立的，可见这个时期诺曼人的辉煌，整个市场大环境非常有利于威哥的此次创业。

与此同时，老天爷又给威哥助了一把力。

诺曼底有一个邻国叫不列塔尼，是当年盎格鲁撒克逊人抢劫不列颠的时候，被驱逐的不列颠人在此定居，繁衍生息之后而形成的公国。因为地理位置上和诺曼底非常靠近，所以两国经常因为领土问题发生战争冲突。当不列塔尼公爵得知威廉要攻打英格兰的消息后，欣喜若狂，企图将诺曼底占为己有。

偏偏事与愿违，就在这个时候，不列塔尼公爵突然挂了。这叫无巧不成书，老天爷的眷顾让威哥涕泗横流，他没有了后顾之忧，对逐鹿英伦更是信心倍增。

再说人和，当不列塔尼公爵去世之后，他的儿子小公爵继位，威哥便拿着诺曼底创业有限公司的计划书前来游说："首先，我对你爹地的去世深表遗憾，你节哀顺变的时候，能不能看一眼我手里这份遗嘱？我可是合法继承人啊！而且我有信心拿下英格兰，你入股不？等咱们上市之后，我在英格兰给你分块土地，比你现在住的鬼地方可大多了！我再给你建造个宫殿别墅，标配三个大型卫生间……"

不列塔尼的小公爵比他爹地聪明多了，觉得你要是赢了，我就跟你分地，你要是输了的话，嘿嘿，我就在你后面插上一刀。三个卫生间有啥稀奇的？我得找人去定制一张长宽都是四十米的大床！

二人促膝长谈，立刻达成合作意向，小公爵同意给威廉的公司入股五千人马。

可是这五千人马远远不够出征的标准，于是威哥离开不列塔尼之后，又踏上了游说之路。他这次找的人是他的岳父，当时在法国枢密院里当一把手。

岳父借用自己的影响力，给威哥介绍了一大票欧洲上层贵族，他同样以丰厚的回报，来引诱这些潜在的投资人。可是很多欧洲贵族对威哥这次出征，仍然持有怀疑态度，这份"计划书"到底靠不靠谱，他们心里没底。威哥就搞了一个股权优惠的政策来引诱贵族，也就是先期入股的人，分得土地最多，后面入股的呢，分到的土地就会变少，总之就是这些地皮啦，资源有限，大伙儿自己掂量。

利益大小有了分别，到底比"大锅饭"更香，他这么一折腾，贵族们顿时两眼发光，唯恐自己吃亏，义无反顾地扮演天使投资人的角色。

紧接着，威哥又快马加鞭来到了罗马，开始忽悠罗马教皇："教皇大人，英格兰这个地方的基督教徒们也太猖狂了，他们从来就没把您放在眼里啊！一切教会事务，甚至主教的任免从来都没向您汇报过，哎？这口怨气你也得吞得下去的啊？"

教皇对威廉的战争不是很感兴趣，笑着说："小老弟，你眨个眼睛我就知道你想干吗，你直接说重点的，我老人家耳背，你口齿最好伶俐一点，把我的好处一五一十地说清楚。"

于是威哥将遗嘱掏了出来，慎重地说："您瞧，我手里有一张合法的遗嘱，此番我决定去征服英格兰，您老人家就给我投点资呗！要是顺利拿下英格兰，我肯定让那些主教都听候您的差遣，而且必须制定规矩，让他们定期给罗马总教交钱。"

教皇一听到"钱"字，觉得这场战争确实是很有道理，嗯，理由非常充分。

他立即宣布，将英国国王哈罗德驱逐出基督教，并把一面上帝的旗帜，一串带有圣彼得遗骨的项链赠送给了威廉老弟。

教皇的投资要比借人借钱更实在，因为这就使威哥的侵略带有了宗教色彩。这就给威哥乐坏了，这是上帝的旨意，上帝都站在我这边了，那些犹豫不决的贵族公爵，我还怕个毛线啊！

这还没完，除了教皇给威廉站台，神圣罗马帝国的皇帝亨利四世也出来支持他了。

亨利四世昭告天下，说威廉去征服英格兰的时候，任何国家胆敢侵犯诺曼底，神圣罗马帝国将与其为敌。我擦，这就相当于现在你正准备创业，马云和王健林几个重量级的大佬集体发微博，上面只要打上四个字"支持威哥"，还怕别人不给你投资么？

所以之前那些犹豫不决的公爵们纷纷上门，来找威哥入股。不仅法国人找他，连意大利、德国这些国家的公爵伯爵男爵们，都兴致勃勃地跑过来，一定要给他投资。

就这样，威哥征服英国的这个创业项目，搞了六万多人，大小战舰弄了七百多艘，相当于直接B轮融资，就差一步进C轮上市了。

正当威哥信心十足带领他的部队，准备一路北上攻打到英格兰南部的时候，英国和法国之间的英吉利海峡上，却刮起了山崩海啸般的北风。

沿海地区风大，舰队从南出发，要到北边的英格兰南部，这个风向明显不对，庞大的威廉军队也因此在海岸边滞留了相当长的一段时间，甚至有几艘战舰在狂风的肆虐下，永远地埋葬于此。

当时的人多多少少都会有一些迷信，很多人一看威哥出师不利，就开始各种各样的猜测，一些贵族投资人甚至开始打退起堂鼓，哎呀，这事儿可不对劲啊，我看还是别玩了，赶紧撤资为上。

历史在关键时刻总是惊人的相似，中国有诸葛亮借东风，这时候的威哥孔明上身，也借了一回南风。

在众人的注目下，神父颤颤巍巍走上神坛，周围是猎猎作响的战旗，神父瘦弱的身躯在风中摇曳，仿佛下一秒就会被风吹走，但是他毫不畏惧，目光坚毅如炬，用瘦弱的双手将镶有圣彼得遗骨的项链高高地举起，高声呼喊："神圣的主啊，你最忠诚的仆人即将征服英格兰，如果这是神的旨意，就请您赐给我们南风吧！来吧，您用南风狠狠刮死我！"

刚刚还在呼啸的北风真的开始减弱，接着风向标慢慢改变，南风来了，南风真的来了！这种神奇的事情很难解释，我觉得吧，改变风向完全是空气流动所导致的，我物理学得不太好，也不用去纠结科学含量了。此时神迹降临，在所有人欢呼雀跃中，威哥振臂一挥，大部队开始向英格兰进发。

哈罗德并不知道威廉成功借到了南风，还以为他仍然受困于南部海峡，此时他也无暇顾及，因为还有一个大麻烦正在等着他解决。

因为征服英国的创业计划不仅威廉独有，当时的挪威国王也有这个想法。

只不过挪威国王并没有加入威哥的创业团队，而是独自组建军队从英国北岸登陆。于是哈罗德将其所有军事力量都集结到南岸，去对抗挪威国王的入侵。一番厮杀之后，哈罗德赢了，挪威人被赶了出去。

这里有个小插曲，就在哈罗德庆祝胜利的同时，威廉在英国佩文西登陆成功，刚踏上英国国土的威哥难掩兴奋之情，甩开随从一路小跑起来，没想到他腿脚酸麻，跑步的姿势不对，没跑出多远，重重地摔了个大马趴。

身后不明真相的士兵正在吃瓜，突然瞧见威哥的滑稽动作，大感好奇，纷纷交头接耳："什么情况，老大这是摔跤了？"

"怎么可能？老大是神的使者，搞不好是脚趾头卡住了。"

"刚上岸就摔一跤，这也太不吉利了……"

威哥自己也感觉这次糗大了，这不是影响士气么？好在他头脑反应快，冷静几秒之后，他随手抓住两把沙子，亲吻了一下海滩，然后站起来把沙子举过头顶，做出了一个胜利者的姿势，仰天大喊："英格兰，我们来了！此刻我虔诚地跪在您的脚下，就是要想让您知道，我，将是英格兰的征服者！"

士兵们瞧见威哥的举动，顿时蒙圈，啊？原来我威哥是要亲吻这片土地啊！这个摔跤的动作真是太帅了！于是士气大振，将士们斗志昂扬，跟着威哥振臂高呼：英格兰，我们来了！

借着天时地利人和，上岸后的威廉军队迅速占领英国南部一些有利的区域，以保证部队的供给需求，一切准备就绪，只等和哈罗德决一死战了。

此时哈罗德在得知威廉成功登陆的消息之后，马不停蹄从约克赶回伦敦，行程非常快，只用了大约四天左右的时间，搞得整个部队非常疲惫，战斗力直线下降。

于是哈罗德写信给威廉，希望能达成和解："亲爱的威哥，你大老远跑来，我也没啥好东西招待你，不如我送你一批价值连城的珠宝，你还是先撤兵吧，人为财死，鸟为食亡，你给那些公爵们分一分，他们不会有意见。"

其实哈罗德不是傻，他写信的真正目的是想拖延一下决战时间，好给自己的部队争取更多的休整机会。

威哥肯定不吃哈罗德这一套啊，就算他答应，公司背后的那些金主们也不会同意啊。我融资都拿出好几个亿了，比起近在眼前，广阔富饶的土地，钱财就是一坨屎！你哈罗德给的这点钱，还不够我申请工商执照的费用呢！

于是威哥果断回信，口气很硬："贱人哈罗嘚瑟！我现在给你四个选择，要么你小子自愿让位于我，我还可以保你荣华富贵；要么你英格兰向我俯首称臣，从此成为诺曼底的附庸国；要么咱们一起去罗马教皇那儿公平仲裁，一切听从上帝的安排；要么啥也别说了，请举起你的剑，我们战场上见！"

"行，那咱俩就别磨叽了，约地方磕吧。"

哈罗德见威哥喊他"哈罗嘚瑟"，恼羞成怒，干脆直接翻脸，决战的地点定在英国东南部一个靠海的城市——黑斯廷斯，也就是英国历史上最著名的黑斯廷斯战役。这场战役对欧洲之后的历史发展，起到了非常重要的意义。战争的结果毋庸置疑是威哥取得了胜利，从此，"威廉征服"四个字，改写了英国历史。

那么这场著名的战役，威哥是怎么赢的呢？

其实依照当时哈罗德的军事力量，并不弱于威廉的杂牌军，最后战败的原因，简单分析主要有以下几点：

第一点，之前哈罗德的人马从伦敦杀往约克去打挪威人，然后又从约克急撤回伦敦，再集结到黑斯廷斯，几乎没有一丝喘息的机会。在这个时候仓皇对战对哈罗德来说没有一点优势，哈罗德弟弟也曾劝说："哈哥，咱们是主场，威廉的部队刚刚登陆，不熟悉地形，而且是背水一战，肯定是希望速战速决。越是这样，咱们就越是不能着急……嗯，以我之见，不如耗到冬天再打，等人马休整够了，再打他个落花流水也不迟。"

可惜哈罗德并没有采纳弟弟的意见，而是固执己见，他认为就应该趁着刚打完挪威人的热乎劲儿，一鼓作气歼灭威廉的部队。

第二，在大战前夕，哈罗德的士兵是比较疲惫的，哈罗德爱兵如子，就给士兵们放了一天假，让他们好好休息一下。结果很多士兵晚上喝嗨了，第二天一集合，现场一片酒气，一个个东倒西歪。

而威哥这边恰恰相反，士兵们严阵以待，他还特意搞了一场法事，全军祈祷，求得上帝的庇佑。然后又召开战前的动员大会，鼓励大家，只要明天的战斗胜利，公司就成功在 A 股上市啦！威哥用胜利之后丰厚的回报来激励士气，士兵们听了当然是热血沸腾，就等开战那一刻的到来。

公元 1066 年 10 月 14 日，威哥与哈罗德的战争就打响了。

当清晨的第一缕阳光照耀这片土地时，旗帜在风中猎猎飘扬，铠甲和盾牌在阳光下闪闪发光，人们高声呼喊着口号，向对方的阵地冲去，这一天的黑斯廷斯注定是不平静的。

盎格鲁撒克逊人和诺曼底人的实力相差无几，战争愈演愈烈，从早晨一直打到黄昏，在如鲜血般的夕阳的映照下，随处可见残肢断臂，战事惨不忍睹，没有人知道谁将获得最终的胜利。

英国人还是挺猛的，哈罗德的部队占领了一处制高点，利用地形的优势自上往下打击对方，而威哥的部队就比较费力，几次进攻都以失败告终。这个时候，威哥耍了一个花招，他佯装失败，下令全军撤退。

哈罗德有些急功近利，他一嘚瑟起来就开始轻敌了，迅速下令，让全军离开优势的制高点，对威廉的军队发出猛烈地追击。不料威哥的弓箭手早已蓄势待发，铺天盖日的箭雨呼啸而来，慌乱之中，一支神奇的长了眼睛的箭，竟然射中了哈罗德的眼睛。没过多久，哈罗德因伤势过重，呜呼哀哉。失去首领的盎格鲁撒克逊人全线溃败，落荒而逃。

月光的清辉撒向大地，就在哈罗德倒下的地方，诺曼底人捧起酒杯庆祝这场伟大的胜利。从融资到上市，公司发展不到半年的时间，创业成功，不得不叹服，当时"杂种威廉"能一雪前耻，无论是其机智还是手段，确实已经相当厉害。

公元 1066 年的圣诞节，威哥在威斯敏斯特教堂，正式被加冕为英格兰国王，史称威廉一世。

这场加冕仪式非常具有戏剧性，当主教大人依次用法语和英语询问诺曼底人和撒克逊人，是否愿意接受威廉成为他们的国王呢？人们欢呼着表示愿意，亢奋的声音此起彼伏，以至于门外守卫的士兵以为教堂里面打起来了，急忙在教堂的周围放起火，然后举起兵器杀进教堂，把正在进行加冕的威哥吓了一跳，还以为是英国人暴乱了呢。

总之，当时的威斯敏斯特大教堂内一片混乱，众人都分不清谁是敌谁是友，加冕仪式在这样糟糕的状况下草草结束。

威廉成功当上英格兰国王之后，第一件事，就是给先前的天使投资人分红。

因为之前英国的大部分土地都集中在贵族手里，威廉就用武力将原先贵族 95% 的土地收回，贵族们该抓的抓，该杀的杀，整个过程也是相当残暴。最后一共收回将近四千名英国贵族的土地，威廉又重新划分成二百份，分给先前威廉公司的创业团队，诚如他承诺的那样，投资回报率相当可观。

正当这些投资人们兴高采烈地数钱时，失去土地的英格兰人开始暴动起义，反抗威廉的残暴统治，你把我土地都没收了，让我躺在树林里过日子吗？他们当然不乐意了。

威哥当机立断，在英国各地兴建各种城堡，以抵御民众的叛乱。例如伦敦的地标"伦敦塔"，就是塔桥旁边的那个城堡，英国绝大多数的城堡都是这个时期建造的。

当时大约有二十万诺曼底人和法国人移民英格兰，有多少数量的移民，就意味着有多少数量的英国人要给他们腾地方，这个时期的英格兰满目疮痍，尸横遍野，威哥已经把这片土地变成了一个巨大的坟墓。

也正是由于这个原因，英国人对威廉的评价并不是特别高，反而一致认为哈罗德才是英雄，连英国的小学生都知道这事。

除了暴力统治，"威廉征服"对于当时的英格兰来说也有一些积极的意义，例如他将欧洲大陆的封建制带到了英国，并且在这个基础上还做了升级。

同学们或许知道，西方有一句名言叫"我附庸的附庸，不是我的附庸"。

意思是在欧洲传统封建制度下，当国王将土地封给手下的伯爵，那么这个伯爵就是国王的附庸，当伯爵再把分得的土地分给他手下的骑士时，这个骑士就是伯爵的附庸，也就是附庸的附庸，但是这个骑士只听从于伯爵的指挥，并不效忠于国王。

显然这种统治观念并不利于国王集中国家权力，于是威哥将这一制度升级为"我附庸的附庸，还是我的附庸"，如此一来，被分给贵族们的那些土地仍然牢牢地控制在威哥手中。

威廉集中王权统治的这一制度，也奠定了数百年后英国称霸世界的基础。

他在位期间，还进行了一项声势浩大的财产调查，要求当时所有英国人，将自己名下的一切财产进行登记在册，精确到几匹马、几头猪，目的为日后国家征税提供一个相对较精确的参考标准。

英国人很恐慌，威哥这是要搞啥呢？他不会这么狠心，要来剥夺我们的一切吧？那他以后生出来的孩子肯定没有屁眼！这项运动当然是虚惊一场，贵族们诚惶诚恐地拧干衣服上的汗迹，给这个财产清册取了一个形象幽默的名字，叫作《末日审判书》。

除此以外，威哥还将法语引入了英国宫廷和上层社会，很多皇室和贵族就抛弃了英语，改说法语，直到公元1400多年的时候，这一状态才渐渐改变。所以我们可以发现，现代英语里有很多单词，其实都是由法语演变而来的。

第九章　争权夺利和十字军东征

上述前文，威哥征服英格兰之后，为了巩固自己的王权，对英格兰施行了暴政统治。他霸占了英国人的土地，分给骑士和贵族，不仅将欧洲封建制度带入了英国，而且对全民施行财产清查，在英国各地兴建城堡，镇压英国人的暴动起义。

历史上对于威廉的评价，类似我们对秦始皇的看法。威哥在上台后的几年时间里，致使英格兰接近二十万人口死亡，相当于当时总人口的五分之一，另一方面，他的所作所为确实也为日后英国的崛起，奠定了非常重要的基石。

威哥对于反抗他的英国贵族，采取的手段极其残忍，在抠掉他们的眼珠子之后，再拉出去肢解。导致英格兰那些贵族谈虎色变，跟他说话都不敢大声。

这种暴戾性格形成的原因，与他小时候的成长环境息息相关。

威廉的母亲是个贫民，老公爵有一次出门打猎，偶遇了威哥的漂亮母亲，一时兽性大发，强行和他母亲发生了关系，所以威哥只能算是老公爵的私生子，他能当上继承人，完全是因为诺曼公爵别无选择，因为老婆肚子不争气，就只有威哥这么一个儿子。俗话说，生得早不如生得巧，智商高不如运气好，威哥的富贵之路当然是注定的。

当时很多贵族并不认可他，称他为"杂种威廉"，处处设计陷害威哥，让他从小生活在担惊受怕的环境里，极度缺乏安全感。有一次他在城堡里睡觉，一名刺客偷偷潜入，但是这位刺客好像是高度近视，眼瞎得很，一剑刺过去，却刺中了睡在威哥旁边的孩子。

按照他父亲的遗嘱，威哥七岁时即位成为诺曼底公爵，公元1047年，十八岁的威哥击败了叛乱的诺曼贵族，得到了教会"神圣休战"的支持，最终巩固了诺曼底的统治。

他在英格兰继位之后，残暴的性格越来越明显："我不是杂种，我是英格兰的征服者！我再说一遍啊，我是个伟人！伟大的伟，不是猥琐的猥！"

他搞了个封建制度的升级版：我附庸的附庸，还是我的附庸。正是这一制度的执行，使英国的阶级基础逐渐固定下来，形成一个金字塔结构，每一层阶级都是在为上一层阶级服务，最终，所有权力都牢牢掌握在顶端统治者的手中。

英国之所以崛起，概括起来不外乎两点。

第一，威廉将主教的任命权牢牢地掌握在自己手中。

前文说过，威哥在组建创业团队期间，为了得到罗马教皇的支持，曾经忽悠教皇，当他取得英格兰的王位之后，让教会服从罗马总教的任命。但是他却违背了当初的诺言，说钱我可以给，但是英国基督教的事务么，嘿嘿，必须英国人自己说了算。

这就引起了罗马教皇的不满，不过教皇一堆烂摊子管不过来，也就没有兴师动众地去折腾："嗯，威哥杂种你很好，非常的好，我现在不来跟你计较，等你吃饭的时候噎死，睡觉的时候闷死，我再来鞭尸！"

当时欧洲各国的基督教会，基本都是服从罗马教皇的命令，这就意味着人民的肉体是国王的，但是精神是罗马教皇的。而威廉成功地甩开了罗马教皇，让人民的肉体精神统统听从威哥，那么相较于欧洲国家，英国就成了王权掣肘最少的国家。

第二点，同学们不要忘记了，诺曼人可是维京人的后代啊！他们统治英国之后，充分发挥了维京人嗜血抢劫的优良传统，一改英国之前被外族入侵的历史，突然摇身一变，开始对外侵略了。哎哟，这不就是三十年河东，三十年河西么？后面再来一句，莫欺英国穷！

而且诺曼底人擅长造船和航海技术，为了侵略和抗衡周边的欧洲大陆国家，英国的海军迅速发展壮大，这也为日后英国的海上霸权奠定了基础。威廉一世的统治，让英国的历史彻底扭转，原本微不足道的边缘国家，开始卷入主流欧洲社会。

如果当年威哥的统治再延长几年，也许英法战争不会打一百年那么久，很有可能结成英法帝国。当然，历史不能重来，正是由于威哥一生杀戮太多，上帝频频招手，迫不及待地将他带走了。

那么威哥是怎么死的呢？

当时诺曼底位于法国境内，法国与英格兰产生了领土冲突，争强好胜的威哥立马集结军队来攻打法国。英军在威哥的指挥下势如破竹，一路攻到了法国首都巴黎，把腓力一世的王城围得个水泄不通。

法国国王腓力一世吓得屁滚尿流，急忙派人向威哥求和："威廉老弟，你来旅游，带那么多兵过来是闹哪样呀！咱哥俩交情这么深，怎么着我也得请你洗浴桑拿，唱个卡拉永远 OK 什么的啊！你先把那些武器放下，公共场合不让带。"

威哥是见过世面的人，根本不吃他这一套："你个两面三刀的家伙，前几天还在背后骂我大肚子杂种，今天就来跟我称兄道弟啦？请我卡拉 OK 啊？我呸！我这个人特别小心眼，最讨厌别人背后说我坏话，谁敢诋毁我，我分分钟捏死他！"

晚年的威哥确实身材发福走样，"大肚子杂种"这种称谓，简直是对他精神和肉体的双重折磨，威廉如何咽得下这口气？收拾小小的腓力一世，还不是跟当年搞哈罗德一样易如反掌！

天有不测风云，就在威哥指挥部队攻占巴黎的时候，意外发生了。他一不小心从马上摔下来，大肚子突然被马鞍撕裂，那肠子呼啦啦地流了一地，死状极其悲惨。公元 1087 年，辉煌一生的征服者威廉，死在了异国他乡，失去首领的英国军队全线溃败。

威廉一世生了四个儿子，其中一个死得早，剩下的三个呢在他升仙之后就开始争夺王位啦。一个叫罗伯特，一个叫威廉·鲁弗斯，第三个叫亨利。当时诺曼领地传给了老大罗伯特，但是威廉一世死的时候，正好老二在英国，威廉·鲁弗斯就假传圣旨，当上了国王，也就是威廉二世。由于他长着满脸红色的胡子，大家都喊他"红胡子威廉"。

生在帝王世家，从来就没什么好事，在权力面前，骨肉亲情淡薄如纸。

比如说玄武门之变，李建成和李元吉就死在唐太宗的手里，四阿哥雍正弄死了八爷。英国历史也是如此，国家尚未稳固，王室内部就开始窝里斗，兄弟反目的事屡见不鲜。

威廉二世登基之后，原先他老爸创业团队里的诺曼底男爵们就不同意了。他们心想，我在诺曼底有封地，在英国也有封地，我在诺曼底要听老大罗伯特的话，跑英国去又要看你威廉二世指手画脚，我到底应该听谁的啊？

男爵们纷纷站出来反对威廉二世，支持老大罗伯特继任英国王位。罗伯特这个人呢虎头虎脑的，性情比较粗犷，当男爵们教唆他去抢回英格兰王位的时候，他跑去找弟弟和解："二弟啊！哎哎等一下，你别跟我红脸啊，我不是来抢你王位的！他们的意思呢，是怕你上台之后给他们穿小鞋，只要你能答应不侵犯他们的利益，你当我当不是一样的嘛，王位还能跑了咋的？大哥当然是双手双脚支持你！"

"萝卜特大……大哥就是大人有大量，这事儿就这么定啦！按照你的意思办。"

兄弟俩商量好之后，手拉着手签了一份和解协议。你说这兄弟俩缺心眼吧，他们倒是把外人的利益考虑得都挺周全的，可是为啥偏偏冷落了老三亨利呢？威哥死后，老三亨利没捞到半点好处，本来心里就很不爽，两个哥哥居然私下签协议把土地瓜分了，就算我这个弟弟是个屁，你们也闻了好多年了是吧？节骨眼上就忘得干干净净了啊？

亨利的心中充满怨恨，但也没有办法，我现在没钱没势的，也干不出来什么大事儿，只能忍气吞声地苟活着呗。没过几年，亨利终于等到了一个让他咸鱼翻身的机会，顺利登上了英国国王的宝座，就是第一次十字军东征，全世界都知道的一件历史大事。

我在这里给大家讲讲十字军东征，到底是怎么回事。

首先，历史上的犹太教，最先分离出来的就是基督教，然后分离出伊斯兰教，这三个教都信奉神的存在，因为人类总是犯错误，所以信徒们经常说，神会拯救我们的。那么问题出现了，关于这个救世主是谁，三个宗教产生了分歧。

当时欧洲的绝大多数民众都信奉基督教，他们认为上帝派耶稣来拯救世界，圣父圣子圣灵是一体的，耶稣就是上帝的化身。而其他两家不信稣哥是神的化身，更不相信稣哥是神派下来的救世主。

稣哥升仙的地方叫"耶路撒冷"，是三个宗教共同的圣地，位于现在巴勒斯坦和以色列，当时的耶路撒冷被土耳其人所统治，他们信奉的是伊斯兰教。

归隐士彼得（不是圣彼得，名字虽然一样，人可别搞错）去耶路撒冷朝拜，发现基督徒凄惨的境遇，十分震惊。他回到欧洲，凭借着他的毅力和口才，就开始在各地宣传，揭露基督徒在耶路撒冷被迫害的事情。

这个消息传播之后，信仰基督教的欧洲人民彻底愤怒了，他们的复仇情绪空前狂热，罗马教皇乌尔班二世也发表了演讲，动员各国的信徒们别再为争抢土地折腾了，我们应该去耶路撒冷，去捍卫我们的宗教信仰！

教皇慷慨激昂的演讲，使欧洲人民团结起来一致对外，不论王公贵族，还是平民百姓，纷纷加入了这场声势浩大的讨伐队伍之中，人数接近七十万。因为耶稣是死在十字架上的，所以每个士兵，会在肩上佩戴十字架作为标记，史称第一次十字军东征。

前文说过诺曼底公爵罗伯特大哥，性情比较豪爽，他毅然参加了东征，而威廉二世也大力支持，让哥哥代表诺曼和英国出征。然而罗伯特这一走，英格兰的格局就悄悄发生了变化。

八月的一天，阳光明媚。

红胡子二哥带着老三亨利去森林打猎，一路高歌：让我们红尘做伴，活得潇潇洒洒，策马奔腾，共享人世繁华！可是他做梦都没有想到，这将是自己最后一次的策马奔腾，而杀他的人，极有可能是他的亲弟弟亨利。

威廉二世尸骨未寒，亨利快马加鞭，赶回英国的首都温彻斯特，并登基为英格兰国王，宣告亨利一世统治的时代来临。

红胡子在位统治英国的这十年，不得人心，英国人都不喜欢这位国王，致使威廉二世的尸体暴露在森林里，竟无人问津，最后还是被一名烧炭工发现，用马车将其送回温切斯特教堂，才使得国王的尸体得以安葬。亨利当然知道杀死哥哥上台并不光彩，为了巩固自己的王位，他需要笼络贵族。于是他上台后做的第一件事，就把威廉二世之前的政策全部推翻。

例如红胡子时代规定，贵族一旦去世，如果继承人还未成年，那成年之前，封地所有的收入都归国王所有。这一政策被亨利改成：只要贵族老头去世，继承人无论是否成年，都可以立刻继位。随着诸多好政策陆续颁布，贵族们都对这位新国王刮目相看，哎？想不到老三还挺仗义啊，跟着他混有酒喝有肉吃，哈哈，哈，生活自在逍遥。

为了让贵族们宽心，亨利主动将这些政策内容落实在纸上，并抄录送往各地的修道院。他这些做法，虽然得到了贵族们的支持，但同时也使得国王的王权被一步一步削弱，一百年后英国历史上著名的《大宪章》，就是以亨利一世这个政策为基础的升级版。

过了不久，罗伯特带着他的胜利之师从耶路撒冷凯旋，听闻老三杀死老二并篡位，此时冷汗直流，气冲冲地跑到英格兰质问亨利一世。

这位萝卜特大的大哥哥呢，由于在耶路撒冷圣战中的英勇表现，让他拥有了极高的政治声望，名声大振。而此时的老三亨利，也不是原来怯懦的小伙子啦，他现在是英格兰的国王亨利一世。二人见面时，都很冷静，并没有剑拔弩张，开了一瓶拉菲，促膝长谈。最终达成了和解，彼此约定谁先死，谁的后人就继承王位。

不过，后来亨利一世还是跟大哥打了起来。

原因是当时亨利一世考虑到英国贵族的势力过于庞大，不仅在英格兰拥有封地，在诺曼底也有，但是他们对国王的忠诚度明显不足，一旦大哥或者三弟死去，对后续继任的王室都不是什么好事。他索性来个大扫除，制定各种罪状开始清扫贵族们的势力。

贵族们当然不能坐视不理，就去挑唆罗伯特来对抗亨利。同学们记得大哥和二哥签协议的事儿吧？罗伯特一根筋地帮外不帮亲，听到贵族们的挑唆之后，还真觉得亨利不对，于是傻呵呵地跑去皇宫找老三评理："小亨亨啊，你国王当得好好的，我又不会扯你后腿，你去搞那些贵族，是闲得慌吗？"

亨利哭笑不得，表示很无语："老哥你是不是傻？如今的贵族势力太大，咱兄弟俩坐镇没啥事，一旦挂一个，嫂子和你弟妹镇得住这群老狐狸么？必须先除掉，以绝后患。"

"胡说八道！这些人都是老爸公司一起创业的元老，知道轻重的，怎么可能瞎搞？咱得给祖宗积点德，别让英格兰的人民寒心呐，你今天就交代一句，大哥说的话好使不？"

亨利一世有自己的主见，并没听从大哥的建议，他就不想惯着这帮贵族们的臭毛病，仍然我行我素。于是罗伯特恼羞成怒，带着贵族跟老三开战了。

老三有个独生子，名字也叫威廉。前文我科普过一次，欧洲皇室给自己子嗣取名的时候，来来回回就这几个名字，为了方便区分，只好加上几世几世的，烦得个要死。比如我们之前说的威廉一世、威廉二世，那么亨利的儿子并不是后来的威廉三世，所以我们这里先将他称为威廉王子。

亨利一世非常喜爱这个独生子，因为威廉王子擅长带兵打仗，就被爹地派去和他大爷罗伯特干仗，大获全胜，之前反抗他爹地的贵族们立马老实了，他长驱直入，直接把他大爷也生擒了回来。亨利一世想起二哥打猎时唱歌的情景，心有愧疚，就将大哥软禁了起来，一关就是二十八年。

经此一役，亨利一世稳坐英国国王的宝座，他在位统治英格兰和诺曼底期间，将国家管理得井井有条。他在二哥威廉二世当权统治的那几年，卧薪尝胆，忍辱负重，读了非常多的书，人们都称他为"好学者亨利"，他也算是英国历史上，历任君主中比较有名的文化人。

亨利一世在维护国家的治安方面也很有一套，他设立了王座法庭，全国溜达去审理那些有争议的案子。全英国第一例造假币的案子，据说就是这个王座法庭审理的，当时的造假币团伙一共九十七人，全部被判挖掉双眼及阉割，处以如此重刑的目的，是因为亨利一世觉得造假币会使国家经济蒙受重大损失。可见早在一千一百多年前，亨利一世就已经深谙经济学的规律啦。

亨利毕竟是个凡人，和所有的国王一样，他也十分好色。

在王座法庭巡回审理案件的途中，亨利见一个爱一个，情妇众多，而且从贫民到贵族，无论长幼，大小通吃。这些情妇也为亨利一世生了一大堆的私生子，可是没有一个具备王位继承权，只有前文提到威廉王子，才是唯一的合法继承人。同学们不禁要问，那威廉王子为什么没有成为威廉三世呢？下一章我会跟你们详细解释。

据说亨利一世六十七岁那年，身体状况每况愈下，开始吃一种叫作八目鳗的鱼，形似鳗鱼，长得非常恶心，最后亨利因为消化道疾病，发高烧而死。

第十章　没有准备好的斯蒂芬

诺曼王朝统治英国将近一百年的时间，一共出现了四位国王，分别是威廉一世、威廉二世、亨利一世以及我们本期要讲的斯蒂芬国王。

哎？这个斯蒂芬国王是从哪冒出来的啊，之前那个拥有合法继承权的威廉王子呢？别急，按道理确实应该是威廉王子继位，可是天有不测风云，威廉王子在诺曼底探亲的途中，跟一帮富二代玩嗨啦，喝得人事不省。而当天晚上海岸狂风暴雨，所有人都劝他先住一宿，等明日天气好转再走，可是威廉王子偏偏不听劝，非要连夜赶回英格兰。

结果船只撞上了暗礁，骁勇善战的威廉王子葬身鱼腹，尸骨无存。

亨利一世悲痛欲绝，为了避免王位落于旁人之手，他就另立遗嘱，让女儿玛蒂尔达来继承。当时的英国和诺曼底都没有女儿继承王位的传统，很多王公大臣和主教们对此表示质疑，啥情况这是？以后她娶个老公，我们得喊那男人王后咩？那不乱套了啊？可是亨利一世管不了那么多，他采取了强硬的手段，逼迫这些大臣们宣誓效忠，坚决捍卫他女儿的继承权利，如若不然，拎出去砍。

他这想法其实不奇怪，当年他这个王位是杀掉他二哥抢来的，名不正言不顺，贵族们不照样臣服么？只要能给各地主教大人和贵族们带来丰润的利益，你们睁一只眼闭一只眼好了，国王是男是女有何关系？

问题是那个年代的英国人，思想上还是相当的保守，男尊女卑很严重，怎么可以让一个女人去统治男人呢？可是亨利一世的手段他们是了解的，为了让你闭嘴，砍下脑袋就行，所以那些王公大臣们心里虽然极不情愿，但迫于亨利一世的淫威，只好暂时答应。

现在轮到两个居心叵测的人出场了，就是亨利一世的外甥，斯蒂芬和亨利。

他们是威廉一世小女儿的儿子，亨利一世在辈分上应该是他们的舅舅。当时斯蒂芬正在王宫里任职，而亨利则是温切斯特教堂的大主教。

这里我先科普一下温切斯特这座城市，它在英国历史上占据着非常重要的地位。在英格兰人迁都伦敦之前，温切斯特就是旧时英格兰首都。这座城市最大的特点，可不是满街的澡堂子哦，而是全城遍布了大大小小的教堂，每座教堂内都安置了皇家墓穴。温切斯特主教的地位仅次于坎特伯雷和约克主教，可见其地位的重要性。

另外，温切斯特还是英国人的国库，关系国家命脉的造币厂也在这里。亨利一世这个小外甥能做上主教的位置，证明他还是相当有能力的。

亨利一世对另一个外甥斯蒂芬，也是喜爱有加，帮他促成了一桩非常美好的婚姻，娶了苏格兰王后妹妹的女儿。也正是这段政治联姻，让斯蒂芬的背景完全不同于其他的英国贵族。

斯蒂芬慷慨大方，乐善好施，无论是平民还是贵族都非常拥戴他，在伦敦拥有极高的名望。最重要的是斯蒂芬与国王的大管家关系非同一般，平日里称兄道弟的，有妞一起泡，有澡一起洗，这也为了他后期上位提供了先决条件。

同学们记不记得中国有句古话？叫"画龙画虎难画骨，知人知面不知心"，斯蒂芬正是一个心藏祸水，两面三刀的人，他的城府之深叫人难以揣测。据说威廉王子发生意外的那晚，就是和斯蒂芬在一起喝酒。咱们可以大胆猜测，搞不好斯蒂芬早有预谋,谎称舅舅病危,威廉王子的心里一直惦记着王位，所以最后就酿成了悲剧。

等亨利一世一挂，斯蒂芬心中狂喜，迅速撕下了他伪善的面具，连夜跑回伦敦，教唆手下煽动群众集会，拥立自己当选英格兰的国王。那些之前质疑亨利一世传位女儿的贵族们，见势不妙，也纷纷站出来公开支持斯蒂芬。

然后斯蒂芬找到坎特伯雷大主教，让主教为他实行加冕仪式。

大主教内心是拒绝的，表情很犹豫："我说老弟啊，你娘舅亨利哥尸骨未寒，你就搞这么一出戏，不太合适吧？"

斯蒂芬也不敢硬来，毕竟坎特伯雷大主教是英国宗教领袖。他就去温切斯特教堂将弟弟亨利拉来，联合其他教区的主教一起施压。但是这位坎特伯雷大主教根本不吃这一套，态度很坚决，死活不肯背叛先王亨利一世的遗愿。

就在斯蒂芬万般无奈之下，刚才那个一起洗澡泡妞的挚友大管家就上场了，对大主教说："主教大人，我有一个惊天的内幕必须告诉你，先王在世时，曾经不止一次提过他这个外甥，我是亲眼所见，亲耳所听，他说斯蒂芬这个小伙子啊，学富五车，有治国之才，应该把王位让给他才对哦，玛蒂尔达还是有点嫩……结果，他还没来得及修改遗嘱，就被鱼刺卡住了，一命呜呼。我侍奉先王多年，何尝不想让主人走得安心呐？我可怜的先王啊……我，我……我的王啊，那根鱼刺卡死我多好啊！"

大管家捶胸顿足，声泪俱下，一把鼻涕一把眼泪，紧紧地抱住了大主教。

他那个鼻涕甩在大主教的身上，行为已经相当失控了，一点都不像是装疯卖傻的人。所以坎特伯雷大主教就动摇了，亨利哥的大管家都这么说了，我又何苦处处为难人家哩？罢了罢了，倒不如做个顺水人情，我就给斯特芬加冕吧。

于是，斯蒂芬顺利登上了王位。他当然知道自己这个国王来路不正，就心虚得很，学着亨利一世上台时的举措，通过放宽政策来拉拢贵族，巩固自己的王权。

只要贵族们得到好处，管他谁登王位？本来是个皆大欢喜的事情，但是格洛斯特的伯爵罗伯特，却对斯蒂芬篡权夺位心存不满。

说起这个罗伯特，他其实是亨利一世的私生子。只因母亲出身低微，深知自己不可能继承王位，心里就不服气：王侯将相宁有种乎？我也是亨利的儿子啊！

他平时与同父异母的姐姐玛蒂尔达走得很近，眼珠子一转，想出了一个背后捅刀子的主意，利用斯蒂芬篡位后急需得到贵族们认可的心态，先假意效忠，然后怂恿其他贵族跟国王提出更多的条件："先生们，我表哥刚上位，宝座还没有捂热，你们要是手脚太慢，以后他冷屁股贴你脸上，说话就没这么好使啦，不如趁热打铁，多要一点好处。"

贵族们觉得有道理，就开始跟国王谈各式各样的条件。斯蒂芬迫于形势，一一答应，但是他并不知道自己正陷入了罗伯特的圈套，反而自我感觉良好，哈哈！只要你们效忠我，这些都不是事儿！稳坐江山，天下太平才是我的人生。

不料贵族们内部产生了派系之争，接二连三地闹事。他们的理由是，原先不支持你的人居然也有封地啊？我把你当爹一样伺候着，好处却少得可怜，你必须给我个说法！这碗水你死活得给我端平喽，要不然老子就造反！

突如其来的变故，让斯蒂芬焦头烂额，为了安抚贵族们的情绪，他开始随意承诺封地，做法相当于现在的一房两卖。贵族们为了抢夺房产证，又开始大打出手，最后竟然演变成了内战，整个国家都乱了套，甚至连周边的威尔士、苏格兰等国家也趁火打劫，强行霸占英格兰的土地。

于是，罗伯特见自己的阴谋达成，立马瞅准机会，开始发布慷慨激昂的言论："啊，英格兰的子民们啊，你们的幸福怎么可以毁在'死滴坟'手里？他就是个二货啊，正在为你们挖坟！他这种拙劣的政治手段，完全没有能力统治英格兰，我们必须将他赶下台，拥立合法继承人玛蒂尔达为我们的女王！请大家擦亮被尘沙蒙蔽的双眼，看清我的口型：女王万岁！英格兰万岁！"

罗伯特公然叛变让斯蒂芬措手不及，二人因此打了一架。结果斯蒂芬出师不利，错失良机，兵败如山倒，被义愤填膺的贵族生擒。大伙儿一看，哎呀，国王都倒台了，咱就别打内战了吧？大吉大利，晚上吃鸡！于是他们纷纷跑去向玛蒂尔达宣誓效忠，人群中也包括了亨利和坎特伯雷大主教。

正所谓树倒猢狲散，墙倒众人推。玛蒂尔达在同父异母的弟弟罗伯特的帮助下，奇迹般地夺回了王位，但由于她还没有举行加冕仪式，还不能算英国第一任女王。

英国史书对罗伯特这个人的记载并不多，我们也无法判断他的动机，他帮助姐姐的目的，也许真的是出于对亨利一世的忠诚，但是不管怎么样，罗伯特确实是结束诺曼王朝最重要的一个人物。

罗伯特在玛蒂尔达掌权之后，不止一次劝姐姐把她儿子小亨利接回英国，因为他打心眼里就觉得姐姐压根就不是搞政治的人。果然，就在玛蒂尔达考虑再三还未行动的时候，就被人赶下了台。

前文讲过，亨利一世非常疼爱这个最小的女儿，也给她找了个门当户对的老公，就是神圣罗马帝国的国王亨利五世。我要给同学们再科普一个历史知识，神圣罗马帝国和西罗马帝国有啥区别？嘿嘿，别看名字挺像，实际上一毛钱关系都没有。

自从罗马帝国分出的东罗马和西罗马帝国以后，罗马皇帝戴克里先撒手人寰，君士坦丁一世就建立了东罗马帝国的首都——君士坦丁堡，也就是拜占庭，位置相当于今天土耳其的伊斯坦布尔。由于土耳其人入侵导致东罗马帝国灭亡，在这之前，东罗马帝国也叫拜占庭帝国。

我们前文还提过欧洲之父查理曼大帝，当时差点就跟英格兰七国之乱的枭雄奥法结为亲家。后来查理曼帝国分裂出东法兰克王国，由于国王奥托一世曾经救过罗马教皇，所以就被授予"奥古斯丁"的称号，加冕为罗马皇帝。那么再到后面，国王腓特烈一世正式将国名改为"神圣罗马帝国"，旨在昭告天下，一切都是神的旨意。

由此可见，神圣罗马帝国与东罗马帝国没有任何关系，后人为了方便区分，就称东罗马帝国为拜占庭帝国。而这个时候，玛蒂尔达嫁给了神圣罗马帝国的国王亨利五世，婚后没多久，老公就过世了，二十六岁的玛蒂尔达跻身大龄寡妇的行列。

亨利一世为了小女儿的终身幸福，可谓是倾尽国力，又给她准备了一份丰厚的嫁妆，包括他们的老家诺曼底，然后风风光光地把女儿嫁给了法国安茹公爵杰佛瑞。一个好消息是杰弗瑞外号"美男子"，坏消息是"美男子"今年十五岁。二人虽然相差了十一岁，但是感情不错，玛蒂尔达生下了儿子小亨利，这个小亨利不是别人，正是未来的英国安茹王朝，又称金雀花王朝的第一任国王——亨利二世。

英国安茹王朝之所以又称金雀花王朝，是因为安茹家族势力在法国势力非常大，拥有众多的土地。而且这个家族的人非常风骚，把金雀花当作族花，每逢出兵打仗，就会在自己头盔上别一朵金雀花，所以安茹家族也称之为"金雀花家族"。

好了，现在有些同学已经迫不及待想问我：既然是民心所向，玛蒂尔达怎么又会被人赶下台的呢？

玛蒂尔达从小娇生惯养，除了花钱打扮，压根就没有统治国家的能力。当罗伯特把她扶上王位之后，伦敦的斯蒂芬党羽开始叛乱，混战之中，玛蒂尔达成功逃跑，但罗伯特就没这么幸运啦，斯蒂芬的手下半路将他俘虏，扬言要将这个叛徒斩首示众。

玛蒂尔达跑回安茹，倒也没有忘记曾经帮助过自己的弟弟，就用手中的人质斯蒂芬换回了罗伯特。只不过，释放后的罗伯特早已被折磨得不成人形，只剩下了一口气，没过几天就两脚一蹬，于是斯蒂芬卷土重来，重新登上英国的王位。

眼睁睁看着王位被夺，玛蒂尔达当然不死心，她日夜铭记，时刻教导儿子小亨利一定要夺回王位。

漫长的历史总有一个过程，此时的小亨利才十六岁，并没有获得骑士封号的资格，因为按照传统欧洲贵族的规矩，必须要年满二十岁。那么讲到骑士，我简单说一下欧洲最低级的贵族称号——骑士，究竟是怎么回事呢？

你们可别小看了这个骑士封号，任何国王都必须经过骑士的成长过程，最终才能获得爵位。古代欧洲贵族的男孩子，从小就要接受严格的教育，从七岁开始只干两件事儿，第一件就是学会怎么照顾女人，把自己变成一名彬彬有礼的绅士；第二件事就是学会打仗，换句话说，会打仗的绅士才能称之为"骑士"，而不会打仗的绅士，老老实实地当你的绅士。

孩童时期，贵族男孩就是个小跟班，具体工作是伺候家族里的女士们。例如伺候女士吃饭，端茶倒水之类。通过七年的训练，男孩子从内心里就具备了怜香惜玉的品行。嘿嘿，说到这里，一些女性朋友是不是有点动心了！

那么从十四岁到二十一岁这个阶段，男孩们就从跟班升级为侍从，开始伺候男人啦，也就是那些已经成为骑士的大人。少年们需要帮他们照料马匹、武器，或者跟随骑士一同去打仗，只不过他们不用真的上战场去厮杀，只需要在一旁观察厮杀的过程就可以。

等到他们年满二十一岁之后，如果表现良好，就可以顺利毕业，成为一名真正的骑士。托马斯·马洛礼的《亚瑟王之死》中记录了一段骑士誓词："永远不蛮横无理，永远不滥杀无辜；永远不背信弃义，对求饶的敌人予以宽恕，对求助的妇人鼎力相助；维护公平的法律，绝不为金钱出战，违者处以死刑。"

骑士发下誓言后，领主会用剑触碰他们的肩膀，授予披风、盔甲和马刺，整个典礼举行完毕，少年们正式成为了骑士。"骑士"这个英文单词，就是从盎格鲁撒克逊语中的"男孩"演变而来。不过类似花木兰的故事，在古代欧洲也时有发生，例如西班牙一个小镇的女人们，为了抵抗入侵者，女扮男装加入了战斗，当时她们也被破例封为骑士。

在古代欧洲，骑士的装束都是戴着头盔，一身戎装，当他们看到女性或者朋友时，会将头盔摘下，以示友好，这一动作逐渐演变成现代绅士的脱帽礼。

小亨利这个时候才十六岁，要想名正言顺地抢回王位，必须先获得骑士封号。于是他跑到了苏格兰，让他的舅父，也就是当时的苏格兰国王大卫给他加封骑士。加封典礼结束后，小亨利马不停蹄，立即带领手下开始攻打英格兰。

原先支持母亲玛蒂尔达的贵族们一看这阵势，唏嘘不已，我去！可以啊小伙子，不仅人长得帅，指挥打仗也是有模有样，奇货可居也！

贵族们当时的心思，跟秦相吕不韦不谋而合，纷纷跑去支持小亨利向斯蒂芬宣战。小亨利与斯蒂芬的对峙，最后的结果是大获全胜。他的胜利不仅仅得益于贵族们的支持，还与他的大媳妇有着密不可分的关系。

说起小亨利的婚姻，其实跟他父亲如出一辙，都是老妻少夫。

他这个媳妇来头不小，也年长他十多岁，人长得美艳动人，还是个会带兵打仗的女汉子，曾经参加过十字军东征，类似咱们中国历史上妇好一般的人物。

在嫁给小亨利之前，他大媳妇还有过一段婚姻，前夫居然是现任法国国王路易七世。当年小亨利还是小鲜肉的时候，去拜见路易七世，不料法国王后一见到他就直流口水，寻死觅活地非要和路易离婚，一哭二闹三上吊，最终如愿以偿，嫁给了小亨利。

这场戏剧性的爱情故事，闹得满城风雨，但是小亨利却从此平步青云。他同时拥有安茹、诺曼底，还有法国的一大片领地，此次出兵去英格兰抢回王位，当然是有恃无恐啦。

斯蒂芬国王还算良知未泯，知道自己这个王位是篡权得来的，而且他在位这些年，英国一直在打内战，整个国家满目疮痍，就不想再和小亨利打了，毅然提出和平解决纷争的方案。

小亨利是亨利一世的外孙，斯蒂芬是亨利一世的外甥，所以小亨利在辈分上管斯蒂芬叫表舅，既然舅舅提出和解，小亨利念在骨肉亲情，就拜斯蒂芬为义父，并同意保留斯蒂芬的王位，承诺等到舅舅去世之后，再由他来继承王位。

人算不如天算，达成和解的第二年，斯蒂芬就嗝屁了。关于他的死因，史料上没有详细记载，不过斯蒂芬死得的确实太过突然，不得不让人怀疑是小亨利在背后捣鬼。当然，历史上未知的真实原因我们也只能猜测，当不得真。

按照停战协议，在斯蒂芬入棺之后，小亨利顺理成章就继任为英国国王了，史称亨利二世。

刚才提到小亨利不仅拥有英国、诺曼底的土地，还从他大媳妇那儿继承了法国一大片土地。从他上台开始，不到一百年的诺曼王朝就此结束，接下来的便是属于亨利二世统治的金雀花王朝，历史上也叫作安茹王朝。

现在我们回过头来，看一下斯蒂芬国王这一生。

我个人觉得，斯蒂芬篡位的动作确实漂亮，一系列的计划犹如行云流水，他先跑回伦敦，教唆不明真相的民众集会，接着利用他弟弟温切斯特主教的影响力，向坎特伯雷大主教施压，再搬出狐朋狗友的激烈证词，可谓一气呵成，手法堪称完美。

但是他最终的失败，却是因为操之过急，没有认清形势，在完成从贵族向国王的角色转换之后，没有迅速进入角色。你做臣子的时候可以展示各种手段，当上国王可不能用这种惯性思维，因为收买人心的策略，随时会被误解成是一种软弱的妥协。如果斯蒂芬当时能表现得强硬一些，哪怕和罗伯特直接开战，结局可能就不一样了。

斯蒂芬的故事也给我们一个警示，不管你在什么位置，也不管你要做什么事说什么话，该低头的时候低头，该挺直腰杆的时候你绝对不能犹豫！英明果断，不亢不卑，路才能走得长远，才能获得应有的尊敬。

彩蛋　骑士精神没那么高大上

此章节不属于英国正史的内容，咱们刀走偏锋，来聊一聊英国贵族中的一个特殊的阶层——骑士。

我特意将骑士拿出来单独成篇，主要有以下两点原因：

第一个的原因，自古以来，骑士在广大女性同学的心目中，就是风度翩翩的将军。比如三国的帅哥周瑜、赵云，气质非凡，家喻户晓；北齐的兰陵王，帅到必须出门戴面具，奸细都舍不得杀他。"骑士"在女性眼里就是帅哥的代名词，一看见金发碧眼，男性魅力爆棚的肌肉猛男，就开始花痴上身，只觉得白马长鬃之上，那闪亮的盔甲就像是钻石般璀璨。更要命的是骑士对女士的谦虚有礼，柔情似水，让她们开始幻想自己是一名高贵典雅的贵妇，在午后伦敦的某一处咖啡厅与帅哥邂逅，然后谈一场死去活来的爱情……

我一巴掌拍醒你信不信的？我真的不知道怎么形容我内心的悲痛，为了广大女性粉丝的幸福，我觉得我有责任、有义务，让你们了解一下，西方社会的骑士精神究竟是个什么玩意！

还有个原因，我们所讲的英国历史，已经进入了金雀花王朝统治的时代，这个时候的英国贵族不仅是王权的追随者、服从者、合作者和维护者，同时他们也对抗王权、挑战王权、监督王权和制约王权。

可以说如果没有英国贵族的特立独行，就不会有英国历史上赫赫有名的《大宪章》《权利法案》以及后来的资产阶级革命，就更不会有大英帝国的崛起，不会有称霸世界的机会。

当时从金雀花王朝开始，英国的贵族们已经和欧洲其他国家渐行渐远，很多英国贵族的"臭毛病"，正是在这个王朝培养出来的。所以我在正式开讲金雀花王朝之前，有必要先做一个背景铺垫，以便咱们更好地了解后面所讲的内容。

在文学作品中，骑士往往是勇敢、忠诚的象征，一听到这称呼就觉得非常高大上。但是这些正面描述，都是被文学作品渲染出来的，骑士并没有你想象中那么美好。我在这里提醒一句，后面所介绍的内容，可能会颠覆你的三观，请未成年的小朋友在家长的陪同下阅读。

现代英国社会仍然存在骑士，只不过已经不属于贵族的范畴了，更多的是一个封号，象征着一种荣誉，跟古代的骑士从经济关系到权利义务体系都完全不一样。

例如当我们提到某某骑士团，那么他所指的，是这个团的成员大多是军人，他们退伍之后还是平民的身份，获得的也只是骑士勋章而已，而古代的骑士，可以获得领主册封的土地，属于贵族阶层最低的一类。也就是说，贵族提升爵位之前，他必须要先获得骑士的称号。

盎格鲁撒克逊人统治英国的时候，并没有形成严格的骑士制度，那个时候的贵族和骑士都被称为"塞恩"，在诺曼征服之后，威廉哥将欧洲大陆的骑士制度引入了不列颠。

古罗马最著名的历史学家塔西佗记载，西欧的骑士制度，源于日耳曼的成人仪式，我们前面说过，盎格鲁撒克逊人，也是日耳曼人的一支。在古日耳曼部落中，骑士的男孩未成年的时候，父亲就会将他托付给另一名骑士，成为侍从。负责照管骑士的武器、服饰、马匹，并在饭桌上切肉并侍候他人。等到男孩成年，全族男子会为他举行隆重的成人礼，主人公出席仪式时要穿着代表纯洁道德的白色长衫，代表战斗和鲜血的红袍，以及代表义无反顾的死亡的黑色外套。部落首领或其父亲授予他一矛一盾，标志着他成为了真正的战士。虽然这并不是后来意义上的骑士，但已经初具了中世纪骑士宣誓仪式和骑士教育的雏形。

但是发现一个问题没有，首先，高大上的骑士先生们有道德，有理想，有纪律，可就是没文化。再者，早期骑士所遵循的道德，也是蛮族部落时代的道德准则，那就是只有武功和不怕牺牲的精神是衡量他们价值的唯一标准。在自己的部落里是英雄，可一出村就成了欺凌弱小、抢劫百姓、强奸妇女、滥杀无辜的土匪恶霸。历史学家威尔·杜兰特曾经这样描述他们："今天在比武大会或战场上英勇奋战的英雄，明天也可能就是一个背信弃义的杀人犯；他可以骄傲地展示他的荣誉，而同时以通奸破坏别人和睦的家庭；能在早上听过了弥撒，下午就去抢劫教堂。"乔治·马丁大大的《冰与火之歌》里面那位"魔山"骑士格雷果·克里冈就是这段话最恰当的注脚。

随着欧洲大陆的教会和王权的发展，统治阶级觉得让骑士们这么无法无天始终不是个事儿，他们通过改革骑士的受封仪式，规定骑士的誓词、权利和义务，迫使这些部落时代的战士们转变成为文明的骑士。到了12世纪，骑士的制度就已经比较完备了。他们一方面在王权的制约下，接受领主封赏的土地，成为封建贵族最底层的一分子；另一方面在教权的制约下，骑士受封必须在教堂完成一系列的仪式，"骑士是上帝的战士"成为一条最基本的准则。

那文学和影视作品中，忠诚、勇敢、尊重女性，勇于为爱情献身，高大而又帅气的骑士形象到底是真的吗？这个，是真的，但骑士大哥献身的对象，仅限于……别人的老婆。伴随文明到来的，不总是生活的便利和优雅，对于大部分人来说，失去的东西也许会更多，举个例子，比如爱情。战士变成骑士，意味着他的婚姻将成为在封建领主之间或为争取继承权或为争取联盟而进行的一种政治或经济行为，唯独与爱情无关。那位不爱江山爱美人的罗柏·史塔克，他的"权力游戏"只能在早早到来的"血色婚礼"上匆匆谢幕。说句题外话，罗柏·史塔克的原型一般被认为是约克王朝的爱德华四世，我们后面会讲到他，提前局个透，他比罗柏要幸运很多。正是因为骑士以及贵族的婚姻普遍成为一种政治筹码，那么偷情便成为骑士阶层中最为普遍的现象，甚至达成了一种共识。有些骑士坦坦荡荡地跟心上人的丈夫讨论这类话题，两人居然惺惺相惜！一位叫佩尔·维达尔的骑士诗人一边将情诗献给她的情人沃克斯子爵夫人，一边对她丈夫说道："婚姻是财产最大值和诱惑最小值的结合，几乎不能产生和维系浪漫的爱情。"沃克斯子爵听罢陷入沉思，居然……说得好有道理哦。

现在还羡慕传说中的"骑士之爱"吗？其实我们今天对婚姻和爱情的看法，在很大程度上与中世纪的"骑士之爱"是有共通之处的，比如说"没有人真正地同时爱两个人；为爱不顾一切；爱情一旦萎缩，死亡在即，很少死灰复燃"，只不过在今天这些箴言所描述的对象换成了配偶而不再是情人。甚至可以负责任地说一句，今天这个时代，可能是人类文明史以来，婚姻与爱情冲突最小的时代。什么，你说文明史以前呢？给你讲个笑话，你可别哭。

20世纪30年代，英国人类学家奥德利·理查德跑到班巴人的部落里生活了一段时间，他给班巴人讲了一个老套的英国传说：一个王子，爬过高山，穿过峡谷，与一条恶龙进行殊死搏斗，终于救出了自己心爱的姑娘，并和她结了婚，从此过上了幸福的生活……班巴人听完一脸蒙圈，又不好意思问，最后，长老代表大家问了这样一个问题："他为啥不找一位别的姑娘？"在古老的氏族部落里，既没有婚姻，更没有爱情！

我们再来说一下中世纪的贵族阶层，当时的社会财富和权势等级，主要由土地的大小来决定，所以贵族阶层一定是跟土地挂钩的。

贵族在英文里是一个很复杂的词，涵盖多个单词，英语用不同的单词来区分不同贵族的等级。比如在盎格鲁撒克逊时期，贵族被称为 Thegn（塞恩），意思是伴侣和朋友。因为最初的盎格鲁撒克逊人是由部落蛮族演变而来的，贵族们和首领一起战斗，他们之间更像朋友或者伙伴的关系。

前面提到的七国之乱之前，英国被大大小小三十多个政权割据，最后演变成七个国家，那些被吞并的小国家的国王，有的就变成了"塞恩"，也就是当时的贵族，这种情况在欧洲其他地方也时有发生。

那么意思就是说，这个塞恩只服从于上级的塞恩，谁也不能越界挖人。后来到盎格鲁撒克逊人统治的末期，克努特人从丹麦引进一种称呼"Ealdorman"，特指伯爵、亲王或者地方统治者等较有权势的塞恩。例如戈德温家族便属于高级塞恩，也就是伯爵。

在盎格鲁撒克逊这个时期，英国没有 Duke（公爵），公元 1337 年以后，爱德华三世在位期间才出现，是仅次于国王的贵族阶级。这种称谓起源于德国，获得这种称谓的人，绝大多数都是王室宗亲，手中控制一大片领地，还拥有自己的公国。公爵虽然表面上对国王俯首称臣，但行政军事上还是各自为政，相当于一个君主的角色。

当然有的公爵也比较例外，例如我们前文提到的诺曼公国，它的最高领导人，威廉公爵的祖上罗洛就是丹麦的海盗，在被法王赐封土地后，才荣幸当上了公爵。

当时贵族权力相当大，主要体现在内政上，这个时期的英国施行贵族民主制，是通过贤人会议来决策国家事务，其权力能决策国王继承人的推选，或者国王的废黜。也正是这种制度，造就了一批像邓斯坦这种权倾朝野的大臣。

但这个时期的英国，在军事体系中，贵族是无条件服从国王的。国王指东，贵族们绝不会往西。所以从严格意义上来说，绝大多数情况下，贵族还是站在国王这边，毕竟他们的土地是由国王赐封的嘛，这么做不仅是为了维护王权的稳定，国家的稳定，也同时捍卫了自己利益的稳定。

但是在盎格鲁撒克逊时期，贵族这种等级概念是比较模糊的，也是后期才出现伯爵称号，之前统一都叫塞恩。而且塞恩与塞恩之间的等级差别不是很明显，也没有一个固定级别，就好像在一家大型的公司，除了顶头上司总经理之外，剩下的全都是清一色部门经理的感觉。

直至威廉哥的到来，诺曼人征服了英国，威哥才把欧洲比较明确的贵族等级制度，完善的封建分封制度带到了英国，又搞了那套"我的附庸还是我的附庸"，等于把塞恩制度全部取缔了，所有的贵族包含骑士都是威哥的直属封臣。

制度调整的结果就是，贵族要按照自己土地面积的大小上缴税费，并提供与此对应的武器和军事力量，也就形成了更为坚固的金字塔统治结构。但是威哥的贵族分封制度并没有坚持多久，并在他死后的几十年里发生了巨大的改变，而这种改变对于整个英国都是具有积极意义的，甚至对英国后期崛起产生了重要的影响，这又是为什么呢？

其实刚才说的那种金字塔的结构并不是单向的，王国和贵族并不是单向的主从关系，而是建立在相互依存基础上的一种契约关系。

比如说，国王会选择一些高级贵族来当大臣，让贵族参与到政治活动中来，国王也会在战事期间，拿钱去赎回被俘虏的贵族人质。这种契约关系在威廉一世和威廉二世统治时期还比较牢固，因为这个时候的土地所有权是归属国王的，当某些贵族没有达到契约条件时，国王有权收回土地，并立刻执行，也可以随时剥夺某个贵族的所有权利。

这种强制性的手段有利有弊，一国之君当然有话语权，反正老弟你安心跟着我混，我吃饱肚子你也饿不死。但是你要跟我不一条心，对不起！你滚到乡下去给我种地，不，地都没得种，封地已经被我没收了！

亨利一世和斯蒂芬上台后，王权与贵族之间的关系就发生了微妙的变化。

因为这两位国王都是篡权夺位，心虚得很，为了巩固自己的王权，开始拉拢贵族，新封了很多伯爵。于是在他们统治的时代，贵族人数暴增，结果却适得其反，很多土地慢慢演变成名义上属于国王，实则归贵族所有。

那这个时候，国王想收回来就难喽！发展到后来的安茹王朝时期，国王暴政统治，把国家搞得乌烟瘴气，英国贵族就开始翻白眼了："眼看你就快没饭吃了，这块面包我得先藏起来……说不定等到下一次饥荒，我能拿出我说话的本钱。"

人性的自私自利，古今中外无不相同，在安茹王朝时代，贵族和国王之间矛盾不断，演变出一个由贵族群体和国王可以协商统治的方式，甚至完全可以由贵族群体来作为主导。

举个例子，假如国王要打仗，准备去侵略别的国家，贵族们就开始商量了："老铁，刚才陛下说的那个事儿你同意不？打下来的话，可能分得到几块肉哦。"

"哦？牛肉还是羊肉？"有些人眼里只有利益，所以就冷笑。

当然傻不拉几的贵族也有，因为没啥文化，他脑子不太转得过来："啥意思？哎呀，兔子肉也可以吃的呀！"

老奸巨猾的贵族就嘲笑他："那你一个人去呗！"

"算了老铁，我得赶紧回家了，炉子上还炖着一锅野菜，最近肝火太旺，吃不得油腻的东西……"

再比如国王说要加税，贵族们觉得可行，那你就收呗，反正羊毛出在羊身上。如果贵族们觉得不行，国王舌头上说出一朵喇叭花来，他们也绝对不交。当群体统治占主导地位的时候，逐渐形成了法制，世界上最早的宪法性文件《大宪章》，就是在金雀花王朝统治时期的英国产生的，并随着时代的变迁不断进行调整。

当新的法律法规出台，会有反对派站出来提出异议，这也推动了议会制度的建立。这个"议会"，跟盎格鲁撒克逊人搞的"贤人会议"大不相同。

议会是众多人的活动，而贤人会议只是一小撮人的集会。

最初参加议会的人，都是来自全国各地的高级贵族，那老百姓们肯定就有意见了，敲锣打鼓地闹，统治阶层一看苗头不对，就把平民百姓也吸纳到议会中来了。由于阶级差别的存在，贵族们不屑于跟下等人一起开会，觉得这些平民粗俗无礼，就演变出英国的两院制度，即上议院和下议院。上院是贵族们的议会，下院就是平民们的议会，双方先各自商量出结论，最后两院代表再坐在一起磋商，复议通过之后，再禀告国王执行决议。

英国贵族的起源，与安茹王朝的进程密切相关，这个王朝在英国的历史上非常关键。我给同学们科普完骑士与贵族之后，下面我们将继续讲亨利二世的传奇故事。

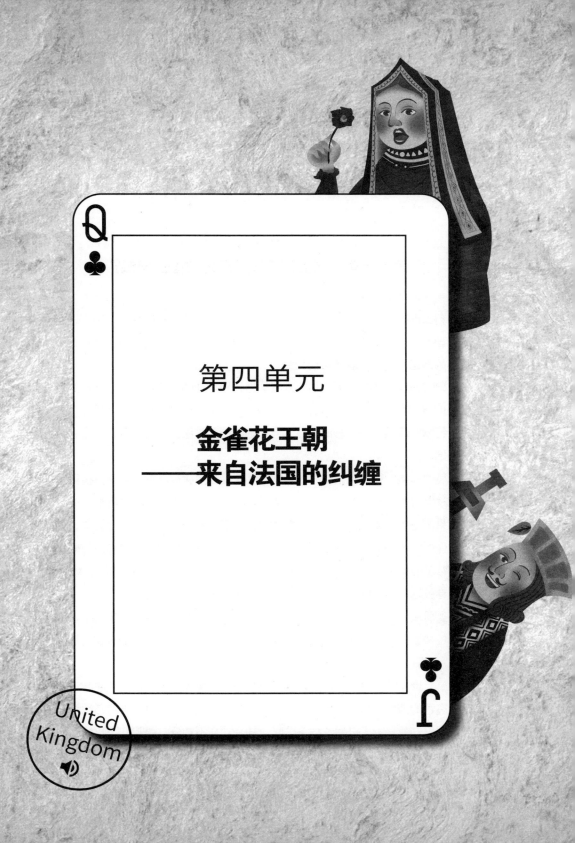

第四单元

金雀花王朝
——来自法国的纠缠

Q ♣

J ♣

第十一章 对上帝忠诚，还是对国王忠诚？

亨利二世因为老婆的帮助，才真正具备了与斯蒂芬抗衡的资格，顺利地当上了安茹王朝的第一任国王。那么我们先来说说他这个老婆到底是怎么回事呢？因为亨利晚年的遭遇，也和他老婆密切相关。

法国阿基坦伯爵在欧洲大陆非常有势力，地盘辽阔，富可敌国。亨利的老婆，也就是伯爵的大女儿，名字叫埃莉诺。她是阿基坦家族领地唯一的合法继承人，也是中世纪欧洲最具传奇色彩的女性。当时她嫁给前夫法国路易七世，完全就是一场政治婚姻。

王后的性格比较外向，从小就是掌上明珠，公主病很严重，每天打扮得花枝招展的，对生活质量的要求特别高。而路易七世呢，生活简朴，是个虔诚的基督教徒，认为如果不是为了繁衍子嗣，就不要放纵情欲了吧？老子每天日理万机的，哪有工夫寻欢作乐？所以结婚洞房之后，王后生下一个女儿，他竟然拒绝和媳妇同房了。

哎？王后就不乐意了，你一个大老爷们，是不是有毛病啊？我家大业大身体好，大好青春就这样被你给糟蹋了，我这不是守活寡么？

那么后来，在第二次十字军东征的时候，王后跟着路易七世一起去了，路上居然跟一位贵族搞上了，这个就挺无语啦，更扯的是按照辈分，这个贵族还是她的叔叔呢。

路易七世惊闻王后出轨，觉得这顶绿帽子戴得也太碔碰了，就气冲冲地去找教皇提出离婚的请求。那个时代，国王离婚可是惊爆眼球的大事，当然必须经过教会的允许。谁知教皇听了以后，摇头苦叹，却是劝合不劝分，跟咱们民政局的公务员有得一拼。他撮合小两口子继续在一起睡，让他俩赶紧生个儿子出来，只要有了继承人，就能维持住这段婚姻。

可是万万没有想到，小两口又生下了一个女儿。在法国，女儿是没有王位继承权的，所以二人的感情也就临近了崩溃的边缘。

当时，咱们的主角亨利二世是安茹的一个小公爵，在拜访法国的时候，埃莉诺王后暗送秋波，看上这位英俊的小鲜肉了，当着路易七世的面，擦口水的袖子都快拧出了水。

她本来就是想跟路易离婚的，所以对眼前这位帅气的小亨利一见钟情。当她了解到小亨利正在为抢英国王位这件事儿头疼，决定帮小鲜肉一次忙，就给小亨利写了一封信："我扯袖子头，君住喇叭口，日日思君不见君，共饮海峡水……只愿君心似我心，定不负小亨亨的相思意。"

英吉利海峡，又名拉芒什海峡，在法语里的意思是袖子，西南宽阔，形同喇叭。

小亨利正准备跟他表舅斯蒂芬开战呢，一看到法国王后的情书，小心肝怦怦直跳。埃莉诺不但貌美如花，最重要的是土地多啊！现在她投怀送抱，我有理由拒绝咩？于是他吹起了小喇叭，风尘仆仆跑回法国，立马将美艳动人的王后娶了。

他们结婚的时候，亨利二十来岁，埃莉诺已过了而立之年。别看亨利年纪轻轻的，政治敏感度极高，出于对前途的考虑，就算叫他娶个八十岁的老太婆，他也义无反顾，眉头都不会皱一下。

不过路易七世并没有把小亨利当回事，他认为亨利不一定能当上英国国王，安茹家族只是法国的一个封臣，影响不大。他自认洒脱，实际上却是最大的输家，因为后来斯蒂芬的大儿子死了，家里实在找不出像样的继承人，而小亨利结婚之后，实力大增，于是斯蒂芬与亨利达成了《温切斯特合约》，让小亨利顺利当上了英格兰的国王。

运气来了，十级台风也挡不住，亨利二世的势力迅速超越路易七世，而且跟大媳妇连生了八个孩子，笑得嘴都合不拢。

说到这里，同学们知道亨利媳妇的背景了吧？无与伦比的强大。这也埋下了她后来教唆儿子对抗老公的伏笔，至于她为什么要反对老公呢？咱们先按下不表，先来讲讲亨利二世上台以后的那些事儿。

这个时候的英国就比较彪悍，可谓空前绝后。首先是亨利的封土，不仅继承了父亲的安茹和都兰，还继承了母亲的诺曼底和马恩，加上他媳妇儿埃莉诺，掌握了一大片法国的土地。紧接着双喜临门，不列塔尼王国的公爵又把自己的独生女儿，嫁给了亨利的三儿子杰弗瑞。可想而知，他那个领土范围，比路易七世大上了好几倍，完全不同一个档次。

此外，亨利二世也是一个非常勤政的国王。

由于斯蒂芬统治时期，打了好几年的内战，亨利二世一上台，就搞出了一系列的政治决策，他不但收拾好斯蒂芬留下的烂摊子，而且开始征收"盾牌税"。这个税的作用，主要是为了减少王室对贵族骑士服兵役的依赖。

我们在上一章讲过，诺曼时期，威廉一世的套路，就是我给了你贵族多少土地，你就得按土地的大小付出相应的军事支持，但是长期依赖贵族服兵役，就会埋下隐患。所以亨利二世通过收盾牌税来养民兵，解散了贵族骑兵，亲爱的骑士们，以后呢，你们就不用积极参与打仗啦，回家守着一亩三分地，当当地主就行啦！这就演变出一个英国的全新贵族——乡绅的出现。

亨利二世生活勤俭节约，但是对于公共建设却一点都不在乎钱。他当时不是在各地视察工作，就是在家和他媳妇生孩子，连生八个，一年接着一年，都没有断过层。老百姓就想了，哎呀，小亨利确实是个好国王啊，咱们以后都可以在家生孩子玩了，都不用去打仗啦！

因为当时亨利的地盘比较大，他经常欧洲大陆到处跑，积极处理政务，那么英格兰的国事，他就交给了大媳妇和一个叫作贝克特的大臣。

这个贝克特的故事，在英国历史上就比较有意思。

据说贝克特是伦敦平民，原先在教会工作，被当时的坎特伯雷大主教看上，觉着这小伙子如此忠诚，又聪明又能干，就把贝克特送到意大利去深造。经过几年进修之后，贝克特才华横溢，学富五车。

然后他回到英国，正好赶上斯蒂芬想立自己的大儿子当国王，需要坎特伯雷大主教的认可。贝克特眨了眨眼睛，劝说大主教："我的哥啊，你可别犯糊涂，这局势咋回事咱还不知道，万一小亨利的老娘玛蒂尔达卷土重来，你不就是猪八戒照镜子，里外不是人了么？"

大主教猛然醒悟，对啊，狮子跟老虎相争，到底谁强谁弱？他觉得这事儿的确不能太鲁莽，上次就是听信了大管家的忽悠，差点得罪了小亨利的老娘。这次我可得小心谨慎！大主教考虑再三，就拒绝了斯蒂芬的要求，打死不出场。

斯蒂芬当时很生气，扬言要把大主教干掉，但是没过几天，他大儿子突然挂了，而后来小亨利的老娘玛蒂尔达，果然回来抢国王了。就这么个事儿，所以亨利听说大主教曾经拒绝为斯蒂芬儿子涂油的原因，完全是出自贝克特的劝阻，心里就想，嗯，这小伙子人不错，很有前途。

于是贝克特被亨利二世提拔重用，位极人臣，显赫一时。不仅担任了国王长子的老师，也就是咱们古代的太子太师、太傅、太保，在中华上国并称为"东宫三师"，而且还当了太子的义父。

亨利对贝克特的信任简直是前无古人，后无来者，又让贝克特当上了英国的大法官。这里我插一句，就是在亨利二世和贝克特这个时期，英国发明了陪审团制度。

贝克特当然深感龙恩，鞠躬尽瘁，帮助亨利二世解决了很多难题。

比如有一次，亨利让贝克特出访法国，临走之前，亨利小声叮嘱："小贝啊，到了法国，你得替我杀杀路易七世的威风，给他展现一下咱们英格兰人的气质！要多少帅哥你尽管开口，一米四九以下的矮子，你千万不要带去丢人现眼。"

你猜贝克特怎么着？好家伙！他搞了个二百多人的游行队伍，后面一排排美轮美奂的马车，英国人身穿爱马仕，挎着 LV 的包包，带着猎犬，每个人肩膀上还蹲一只猴子或者雄鹰，趾高气扬地走在巴黎的步行街上。

当时法国人可没见过这个，我去！英国人这也太时尚太有钱了吧！我跟他们一比，就像乞丐似的！

法国民众低头瞧了瞧自己的衣裳，感觉自己果然是一副乡巴佬的气质，顿时面红耳赤。贝克特出使法国这一遭，给路易七世臊得够呛，顿时咬牙切齿："小亨利你个王八蛋！你抢了我媳妇，抢了我土地，现在还跑来装模作样地羞辱我？此仇不报，我就是你孙子！"

贝克特回国之后，亨利二世高兴得手舞足蹈，觉得太解气了，小贝真是我的左膀右臂啊！于是大力嘉奖贝克特。不夸张地说，当时贝克特的名望，已经是仅次于亨利和坎特伯雷大主教了，甚至可以跟国王一起进餐，一起睡觉。当然，那时候没有好基友的称呼，也就是英雄相惜的意思。

快乐的时光总是短暂的，昔日的好伙伴、好战友，突然闹掰了。哎？这是啥情况呢？呵呵，自古以来，权力纷争一直是让人类最头疼的东西。

事情的起因是这样的，威廉一世当时在创业的时候，答应过罗马教皇，可以拥有任命英格兰主教的权力，可是后来威哥反悔了。亨利二世这么英明神武的国王，当然也不会让罗马来控制英国教会啦，所以当坎特伯雷大主教去世以后，就想让贝克特来当这个主教。

亨利的初衷是信任贝克特，完全把他当作了自己人："小贝啊，主教的位置你来做，由咱自己人掌握民众的思想信仰，心里更踏实。"

不料贝克特死活不肯答应："尊敬的陛下，您对我的赏识，此生足矣。大主教这个位子臣没有能力担当，还是另请高明吧。"

他当时的想法是这样的，如果我当了坎特伯雷大主教，那我的忠诚，以后就不再属于你。我每天去侍奉耶稣哥了，就得跟罗马教皇同穿一条裤子，万一以后政教之间有什么磕磕碰碰的，我不就是猪八戒照镜子了么？

历史上对贝克特确实有点争议，有的人说他因为争权，假惺惺地表示忠诚，也有的人说，其实他就是食古不化，想起大主教拒绝斯蒂芬时的情景，担心会有兔死狗烹的下场。

其实从教会的角度来看，贝克特并不具备担任坎特伯雷大主教的资格，他之前的履历，充其量也就是个二级教士，所以很多僧侣反对贝克特成为坎特伯雷大主教。但是亨利为了巩固王权，不管流言蜚语，硬是把好基友推上了主教的位子。

贝克特到任以后，整个人就变了个模样，一改以前奢华的作风，勤俭寡言，每天晚上坚持给教会里的教士洗脚，让手下鞭打他，以表示对耶稣哥的虔诚。经过一段时间的苦行修炼，贝克特赢得了全英国教会的欢心，那些认为他不够资格的教士一改初衷，觉得贝克特原来真是个圣人啊，他实在是太伟大了！

然后呢，贝克特可能经文读傻了，脑子转不过来，觉得耶稣哥才是这个世界的主宰。世俗太肤浅，太肮脏。关于宗教信仰的问题，我不发表太多意见，人的精神世界里的东西很难解释。

接下来贝克特开始主动出击，以教权挑衅王权，先是没收了一些贵族伯爵的土地。亨利二世收到投诉之后，也没往坏处想，可能这事儿是有什么误会吧？

谁知道贝克特变本加厉，竟将一些伯爵逐出了基督教，剥夺了他们信仰基督的权利。当时英国全民信教，你一旦被逐出教门，就等同于异教徒，那可是全民公敌啊！更夸张的是，贝克特居然公开散布言论：清醒吧，英格兰的同胞们！我们应该服从稣哥，不能听命于凡人！

啊，你这不是公开挑战王权嘛？亨利与他情同手足，仍然没有撕破脸皮，但是后来发生一个事儿，终于让两个好基友彻底决裂。

话说有一次，一名教会的职工强暴了一位妇女，这件事在亨利看来，属于世俗法律管辖的范围之内，应该由法庭来定罪。但是贝克特认为，用世俗来审判教会的人，那是对上帝的亵渎，理应由教会审理。于是二人大吵一架，亨利就问贝克特："小贝你先冷静，你能让这个罪犯接受公正的审判么？"

贝克特斩钉截铁地说，当然可以！结果这个教会职工，仅仅被禁闭了几天，就无罪释放了。亨利翻了个白眼，心里有点发毛了：你这是要造反啊？

教权凌驾于王权，相当于搞分裂，亨利当然要坚决抵制，他就开始反击贝克特，搞出一个英国历史上比较有名的法案，叫作《克拉伦登法案》。

法案的内容，主要是明确教会员工必须遵守英国本地世俗法律，任何教务事务，不能绕过国王直接向教皇上诉。

《克拉伦登法案》，是英国历史上第一次颁布，教权必须要在王权的监管之下的法案。也就是说，之前政教的关系是一层窗户纸，彼此心照不宣，正是由于贝克特的挑衅，打破了这种平衡，窗户纸被捅破了。

贝克特觉得愧对上帝，就向稣哥倾诉自己的无能，痛哭流涕："稣哥啊，我真是没出息，我该死！我没有实现教权历史性的革命，也没有完成教权的统治。我愧对稣哥的栽培，我……去买块豆腐撞死算了我！"

当时英格兰的步行街上能不能买到豆腐，我可不知道，但是他这种想法简直是太疯狂了。而且他还不死心，写信给教皇，恳请教皇能支持他在英国掀起宗教革命，甚至写信给路易七世，希望可以借助法国的力量，完成大业。

教皇看到他的信以后，叹了一口气："我说老弟啊，你洗头的时候，脑子是不是进水了啊？你好好和国王合作不行嘛！哎呀，别一天到晚这么自命不凡，这扯淡的革命真让你搞成功了，你不就成上帝了？"

正巧亨利这时候也来向教皇投诉，说他想罢黜贝克特。

教皇还想多活几年，就开始和稀泥："嗯，小贝的来信我已经收到，你们是一个前脚一个后脚，果然是心有灵犀的好哥们。可是这事儿呢我们管不了，你们自己处理吧！"

亨利二世一听，火冒三丈，我擦！我刚颁布法律，不准绕过王权直接和教皇联系，小贝你是聋的对吧？还想掀起宗教革命？行，弄不死你，我就跟你姓！于是他就以贝克特违反法案的理由，想将好基友逮捕归案。贝克特拒绝接受审判，偷偷跑到法国寻求庇护，这一跑就是五六年。

贝克特刚到法国的头两年，一如既往地实行苦行，并且用自虐来表示对上帝的绝对虔诚。据说他自虐的程度难以形容，一疯狂起来，差点儿给自己弄死。

他给教皇写信抗议，就像神经病一样，写了很多论文，痛骂亨利二世，批判《克拉伦登法案》，但是英国的地盘比较大，事儿老多了，与法国的边境冲突时有发生，亨利二世公务繁忙，懒得搭理这个白眼狼。贝克特觉得抗议也没啥效果，也就不再嚷嚷了，每日里郁郁不得志。

英法两国经过几次矛盾摩擦之后，暂时和解，两国国王的见面和谈，需要去教堂发誓，就把英法两国的一些大主教们召集在一起了。当时英格兰的主教职位依然空缺，严格来说贝克特人还没死，他还是大主教，所以亨利就要求路易把小贝给带过来。

亨利还是挺念及旧情的，觉得过了这么长时间，彼此也该消气了，这混蛋也确实有才，我给你一个台阶下，回到英国就好好辅助我吧。当二人久别重逢时，发生的故事就让人无语了。

贝克特拜见亨利的时候有个细节，亨利二世豁达大度，上前扶起贝克特，眼神很诚恳："老朋友，你在他乡还好吗？可有泪水打湿双眼；你在他乡还好吗？是否想过靠着我的双肩……"

贝克特悲喜交加，说："亨利哥哥啊，我在外流亡这几年，时常想起我俩手拉手在花园里跳舞的情景，日子多么甜蜜啊！现在搞成这样，都是我的错……我别无所求，请您惩罚我吧，不要怜惜我，用鞭子狠狠地抽我！"

咱也不知道他是不是对鞭子有特殊的爱好，反正当时亨利眼圈通红，觉得浪子回头金不换，非常愿意给贝克特一个重新开始的机会。眼看着昔日的好基友就要复合了，你们猜怎么着？贝克特在说完"请您用鞭子抽死我之后"，又补充了一句：但是我们不能违背上帝的荣誉。

亨利一听，什么玩意？你敢不敢再给我重复一句？

不可违背上帝的荣誉，意思就是说在他的心目中，上帝还是最大，我只能听从上帝一个人的命令。亨利觉得贝克特已经无可救药了，简直就是冥顽不灵。他当着路易七世和在场大主教的面破口大骂，呵斥贝克特忘恩负义，一个不懂感恩的人，你还装什么圣人啊？就连路易也大跌眼镜，心想小贝你是不是彪啊？你对圣徒的身份都如此不满意，莫非是想当上帝？

那么这次英法和解，贝克特当然不用流亡了，可以随时回去执掌教务。可是亨利却对他彻底死了心，回到英格兰之后，立马在威斯敏斯特大教堂，让约克大主教给儿子小小亨利涂油加冕。也就是说，如果亨利二世挂了，就由小小亨利继位。这里我插一句，咱们不能称这位小小亨利为亨利三世，因为他还没有正式统治英国。

当时贝克特一听到这个消息，暴跳如雷，因为只有英国最高主教，坎特伯雷大主教才有资格给国王搞这个涂油礼。贝克特兴冲冲地回到英格兰，将那些参加小小亨利加冕仪式的主教一顿臭骂，气急败坏地挥舞他心爱的小鞭子，抽得约克主教皮开肉绽，扔进地牢关了禁闭。

消息传到亨利二世的耳朵时，这天正好是圣诞节。亨利怒不可遏："这混蛋是不是疯了？我怎么养了这么一个忘恩负义的畜生啊！我一定要弄死他，谁来帮我出这口恶气，谁来帮我弄死他啊！"

亨利二世暴跳如雷，说得完全是气话，但是他身边有四个骑士一听，误以为国王在下命令，就屁颠屁颠地跑到坎特伯雷大教堂，指责贝克特的罪行，要他释放约克主教，当面向国王负荆请罪。贝克特拒绝了骑士的无礼要求，双方发生了肢体冲突，结果四位骑士稀里糊涂地就把贝克特给咔嚓了。

我们前面讲过，有些骑士的头脑比较简单，他们一心效忠，却并没有考虑政治上的东西。贝克特可是名正言顺的大主教啊，杀了他势必引起轩然大波，你让亨利如何面对全欧洲教会的谴责？事已至此，英国历史上一个比较有争议的大人物，就这样死在了乱刀之下。

至于贝克特到底是忠诚还是顽固？这些事儿咱们深究不了，不管他属于哪种人，我就是觉得他的精神状态不太正常。

故事讲到这里呢，让我想起了一些人生启示，我们在生活中，对一个人好，往往获得的不是感恩，而是伤害。就好比你每天早上上班的时候，会给地铁站里的乞丐一块钱，时间一长，形成了一种习惯。乞丐认为，你给他钱是理所应当的事，如果突然有一天，你给了他五毛，他就会很生气：怎么不是一块？没带是么？小事一桩！手机掏出来扫个二维码，赶紧的！

有时候人性就是这样，当善良变成了一种习惯，很多人都学不会感恩。

亨利二世的故事非常曲折，他算得上英国历史上难得一见的贤君。贝克特之死，将他推向了全欧洲人民讨伐的风口浪尖，与此同时，儿子们也开始搞叛乱。可怜的亨利二世能否挺过接踵而至的危机呢？我们下一章将继续回味他的曲折人生。

第四单元　金雀花王朝——来自法国的纠缠

第十二章　改变历史的圣光

前面我们说到亨利二世手下的四名骑士，稀里糊涂地把大主教贝克特给干掉了，相当于捅了一个马蜂窝。

亨利的暴跳如雷，欧洲各国当然不会认为他是在说气话，不必解释了，你小子肯定是早有预谋的，故意下令杀害大主教的是不是？天哪！这么丧尽天良，大逆不道的事儿你也做得出来啊？实在是太刺激了！

当时的欧洲，大主教就是神的代理人，权高位重，亨利二世居然把大主教杀了，简直就是爆炸性的新闻，瞬间在欧洲炸开了锅，英格兰好国王的形象也毁于一旦，从模范君主变成了万众憎恨的恶魔。全欧洲的民众都认为亨利二世的行为，堪比罗马皇帝尼禄（就是弑母杀妻的那个暴君），甚至说他比犹大出卖耶稣的罪行更加严重。

据说罗马教皇因为这个事儿，再也不跟英格兰籍的教徒说话了，小样！敢跟我耶稣哥的追随者作对，整不死你我就去卖茶叶蛋！他天天翻起白眼起草文案，要对亨利二世进行处罚。而英国境内好多贵族，也跟在主教大人的屁股后面抗议，想方设法弹劾国王。

亨利哥诚惶诚恐，顶着前所未有的巨大压力，茶饭不思，辗转难眠。眼瞅着内战又要爆发，那些敌对势力如果找到发动战争的借口，凭他一个人的力量怎么撑得住？

法国国王路易七世听闻消息，笑得合不拢嘴："啊哈哈，真是天助我也，恐怕这次只有神仙才能救亨利啦！"

同学们可能觉得，亨利二世这次肯定是要完犊子了。这里我引用一句电影里的台词：神其实也是人，只不过他做了一些凡人做不到的事，所以才成了神。

真正伟大的人，能在犯下错误时冷静思考，并且积极寻求解决问题的方法，而不是慌乱之中做出决定，结果会把事情变得更糟。

我们的亨利哥在当时这种混乱的局面下，表现出来的状态，符合伟大君主应有的水准，可谓是神一样的存在。

那么他是如何逆转时局的呢？

正如路易七世所说，现在只有神仙才能搭救亨利，我没开玩笑，就在这个时候，正是稣哥拉了他一把。这件事儿呢，还得从贝克特被杀之前说起。那时候英国的势力范围，只是在大不列颠这个地方，而不是整个不列颠群岛。同学们应该知道，不列颠还有一个岛呢，就是爱尔兰。

当时爱尔兰正在打内战，有点儿像英格兰七国之乱时期，在其他欧洲国家的眼里，他们就是蛮族，各种势力割据，国家也不统一，基督教也不能安定发展。

爱尔兰有一股比较大的势力战败了，首领流亡到了英国，亨利二世豁达大度，允许他在英国招兵买马，杀回爱尔兰去抢回地盘。没有想到，这位首领卧薪尝胆，通过亨利二世的帮助，真的杀了回去，而且占领了爱尔兰岛大部分的土地，开始自立为王。

咱们中国有句老古话，滴水之恩当涌泉相报，首领当上国王之后，先是支持亨利二世的主张，信仰基督教可以，但不听教皇发号施令。

教皇一想不对了，就写信给亨利二世："老弟啊，爱尔兰闭关锁国，我都不知道那里还有没有我们的教堂，那些教徒远在他乡还好吗？可有泪水打湿双眼？他们在他乡还好吗？是否想过靠着稣哥的双肩……啊'爱慕扫雷'，我有点失态了，不如你去统治爱尔兰吧，你们英国人来管理，我就放心多啦，有劳，有劳。"

亨利收到信，有点不以为然，没好气地说："你别扯淡行不？老子现在被路易七世搞得焦头烂额的，哪有闲工夫去攻打爱尔兰？等我忙完再说！"

那么这个时候，也就是正好贝克特被杀，欧洲各国的矛头全部指向了亨利二世，教皇也勒令亨利前往罗马接受上帝的审判。亨利哥灵机一动，突然率军去攻打爱尔兰了。他大军压境，并没有动手，而是秘密约见了爱尔兰国王，也就是当年落难时得到亨利帮助的那个首领。

爱尔兰国王二话不说，直接宣誓效忠亨利二世。于是爱尔兰变成了英国的领地，亨利二世就把诺曼王朝封建制度带进了爱尔兰，又将爱尔兰的基督教，非常细致地重新规划，建起了很多教堂，并入英国教区实行统一管理。

所以贝克特死后不到半年的时间，爱尔兰的基督教得到了突飞猛进的发展，然后亨利二世写了一个爱尔兰宗教整理的报告，汇报给教皇。

当时教皇一看到这个报告，开心得不得了，立马写信给亨利二世："哎呀呀，我的亨利老弟啊，你真是太伟大啦！这些蛮族孩子终于进入了耶稣哥的怀抱，你简直就是基督教的劳动模范，必须得到万人敬仰！"

就是因为教皇的这封表扬信，亨利二世暂时稳定住了局势，缓了一口气。

这里我要强调一下，因为贝克特之死，这事儿影响实在太大，不是一份报告就能解决问题。但我真心佩服亨利二世的运筹帷幄，这一步棋可谓是一石二鸟，不仅稳住了局势，而且还统治了爱尔兰。最值得我们学习的，就是亨利二世的临危不乱，他当时在这么大的压力之下，如此淡定从容，实在是让人钦佩。

咱们继续往下说，亨利二世稳定住了局势之后，依然很难平息欧洲社会和罗马总教的怨气，所以他回到欧洲之后，与教会达成了一个和解协定，大致内容是说《克拉伦登法案》需要作废，你们英国应该积极主动地参加十字军东征。我们都举办三次了啊，你们英国人咋不参与呢？自己在家偷偷发展，是不是想躲在背后捅我们一刀啊？这样可不行，以后大伙儿有什么活动，你必须参加！

亨利二世迫于无奈，只得答应了教会的条件，他又得到了一个喘息的机会。

但是路易七世可容不下他，就是想借贝克特之死，打压英国的势力。这里我给大家分析一下法国和英国之间，究竟是怎样的关系。

其中一点，亨利把路易的老婆埃莉诺给挖走了，当时一直被欧洲的贵族当作笑谈，只要锄头挥得好，没有墙脚挖不倒，亨利哥的经历还是挺招人羡慕的。再加上前文说的，贝克特带着二百多个英俊的小伙子在巴黎的步行街上走秀，明显就是显摆，这让路易生理和心理上都牙痒难忍，极度不爽。

第二点呢也是主要原因，前文也说过，路易七世不是跟他前妻只生了两个女儿嘛，后来娶了一个王后，又生个女儿。生男生女是概率问题，他也无能为力，这里就有个很让人无语的事儿，他二老婆生的女儿嫁给的不是别人，正是亨利二世的儿子小亨利，也就是说，亨利和路易变成了亲家。直到路易五十多岁的时候，娶了第三任王后，才终于如愿以偿，生下了一个儿子。

路易已经越来越老了，觉着等他儿子继位以后，年纪太小，一定会被篡权或者被其他国家吞并，肯定会把他儿子弄死的，所以在国家未来的这个层面上，路易必须想方设法找寻机会，打压英国。

咱们中华古代帝王家，类似这样的事件屡见不鲜，正所谓"一朝天子一朝臣"，为了让儿子能稳坐江山，必须清扫一切障碍。比如白手起家的朱元璋就是典型，他的疑心病不亚于曹操，在刘邦身上学到一招"兔死狗烹"，从徐达一直杀到冯胜，只有信国公汤和逃过了一劫。

那么我们接着说贝克特之死事件，路易觉得这是一个千载难逢的好机会。但是他有点犹豫，先不要心急，我先看看其他国家的态度，还有教皇的态度，最好是英国发生内战，我可以轻轻松松地坐收渔翁之利。结果，亨利二世通过爱尔兰的归顺和废黜《克拉伦登法案》，得到了一个喘息的机会，让路易七世错失了良机。

同学们只要一对比，就发现路易的智商和亨利完全不在一个档次。

这可是决定命运的关键时刻啊，怎么可以掉链子呢？还在那里转来转去，瞅啥呢你？换我就直接开干，新仇老恨一起算！再来个落井下石，糊弄糊弄这些不明真相的国家，也许英国就被他们瓜分了都说不定。这下好了，等罗马教会跟英国达成谅解，再去煽动别的国家就为时晚矣。

但是路易七世还是不死心，难解心头夺妻之恨，借着贝克特事件的余温，继续挑事儿。你们猜猜他挑的是谁？嘿嘿，不是别人，正是他的前妻，也就是亨利二世的大老婆埃莉诺。

亨利老婆已经五十多岁了，结婚以后也没什么追求，一直在家生孩子。原先阿基坦家族的事务都交给了丈夫管理，所以吃了睡，起来接着吃，就是个闲得发慌的家庭主妇。等她年纪大了，亨利二世就不再亲近她了，还在外面找了个情妇。路易就去找她叙旧，借题发挥："我可怜的前妻啊，我早说过的，男人没一个好东西！你为他生了这么多的孩子，没有功劳也有苦劳啊！可是你瞧瞧，你现在已经是个黄脸婆啦，他还会爱你吗？"

就这番话把亨利的老婆刺激到了，她跑去找亨利大吵了一架，颇有些心慌意乱，抹了抹眼泪："落叶飘零又晚秋，百花尽杀几时忧……我的祖地是金雀花联邦的自治区，而不是英格兰的领土，我现在生孩子的任务已经完成了，我还是回老家去吧。至于你呢，就跟小情人好好过日子，祝你们幸福……"

亨利二世一听，觉得有点莫名其妙："你这是要嘎哈啊？莫非是想跟我离婚？我去！咱俩这么多年风风雨雨，我对你咋样你还不知道么？你是不是疯了，这么大岁数，越老活得越回旋呢啊？"

哎，亨利二世的性格也太直男了，他没有明白女人的心思。女人的无理取闹，无非就是想你哄哄她啊，你说几句甜言蜜语的好话，或者干脆就提起当年那封"我扯袖子头，君住喇叭口"的情诗也好啊，女人心一软，说不定嘤嘤嘤扑你怀里来了。结果老婆听到亨利说她人老珠黄，就气呼呼地摔门而去。

然后亨利老婆开始教唆大儿子小亨利，二儿子理查，四儿子莱奥诺拉去投奔路易七世："孩子们呐！你们都长这么大了，可是你们父王到现在还没有给你们分一块领地，现在他杀了贝克特，可能会遭受天谴，很多国家都会来攻打英格兰。所以，宁可你们父亲下台，也不能让我们的土地被其他国家侵占，为了避免夜长梦多，我和小亨利的岳父说好了，你们去找路易叔叔，他会热情地帮助你们……"

三个很傻很天真的年轻人连夜跑到了法国，纠集了父王最痛恨的敌人苏格兰国王威廉，以及一些国家的公爵伯爵组成一支讨伐英格兰的联军，当然少不了这场阴谋的背后操纵者路易七世啦。

于是小亨利就以给他义父太师贝克特讨回公道的名义，发起了叛乱，逼迫亨利二世下台。

后来这场叛乱的纷争分为两个阶段。

第一个阶段，亨利二世在欧洲诺曼底遥控指挥战斗，英格兰负责各地防务的指挥官可不是盖的，全是忠心耿耿的战士，加上各地老百姓们的同仇敌忾，基本上确保了英格兰领土的安全。

但是战争发展到第二个阶段的时候，苏格兰国王威廉实在是太猛了，不但将英格兰的北部统统拿下，连莱斯特、北安普顿、诺丁汉也全部沦陷。而且局势已经控制不住，眼瞅着就要打到麦西亚了，也就是英格兰中部，亨利二世决定回到英格兰，亲自指挥战斗，这里就发生了一个虚惊一场的小故事。

他在回英国的路上，海上天气非常不好，水手们有些慌乱，禀告国王："哎呀情况不妙啊，咱们的舰队恐怕挺不过这次暴风，有沉船的危险！"

亨利二世坦然自若，稳如泰山，他非常淡定地对水手们说："孩子们，不要惊慌，不要害怕！如果贝克特死也不肯放过我，那么我死而无憾；如果上帝已经原谅了我，我们就一定会回到英国，夺回属于我们的土地！"

上帝确实对他充满了眷顾，舰队顺利地回到了英格兰。亨利二世上岸之后，并没有直接开赴战场，而是去了另一个地方，

你们猜猜是哪？英国历史上著名的神来之笔，上帝救赎亨利二世的故事就这样出现了。这个故事更像是一场 show，精彩的作秀表演，但不管怎样，当时的人认为就是上帝的显灵，拯救了亨利和英格兰。

当时亨利认为，这几年所有的不幸和众叛亲离都是"贝克特之死"引起的，他必须做个了断。所以他下船之后，直奔坎特伯雷教堂，将自己的王冠摘下来，换了一套忏悔者的衣服，然后跑到了贝克特的墓前，匍匐在地，痛哭流涕，不断唠叨他和贝克特在一起时的美好时光。

然后他跪在了上帝面前，当着各位主教的面发誓，绝对没有杀死贝克特的意思，完全是自己的一时愤怒，导致了悲剧的发生。所以亨利请求在场的僧侣，每人抽他三鞭子，足足抽了一下午，那血淋淋的场面吓得很多僧侣都哭了，觉得亨利哥也太狠了吧，比贝克特大主教还变态！

这还没完，亨利二世赤裸着上身，虔诚地跪在贝克特的墓前，竟然不吃不喝，守灵三天三夜。

据说当时上帝也被他感动了，因为英国的天气总是阴天，就在亨利二世跪在贝克特墓前时，一束耀眼的阳光，从乌云的缝隙中穿过坎特伯雷教堂的玻璃，照在了亨利的脸上，就好像蒙上了一圈迷雾般的光环。当时可没有什么电影特效技术，亨利的脑袋竟然开始发光，恍如神灵下凡，面目慈祥，一副庄严宝相，在场的僧侣们个个都目瞪口呆，纷纷下跪叩拜。

亨利的忏悔行为和"一缕阳光照脑袋"的故事，就这样传遍了整个英国和欧洲大陆。

教皇闻讯后震惊不已，出现这种神迹那还得了啊，完全可以大肆宣传我基督教徒的伟大贡献。所以他就代表罗马教会发出声明："请睁开你们被亮瞎的双眼，亨利同志的忏悔已经感动了上帝，所有对英格兰的进攻和诋毁，都是违背上帝的旨意，必须 Stop！"

更巧的事儿，就是在亨利下跪守灵的第三天夜里，苏格兰国王突然被英格兰的一个骑士团偷袭，居然被俘虏了。我去，我也是醉了，这安保条件也太差了吧？

消息传到坎特伯雷，亨利二世压制住内心的狂喜，充分展示出他的冷静与沉稳，说这是上帝的眷顾，让我们尽快结束这场灾难，我们应该感谢稣哥才对。

刚才提到的小亨利和那几个傻不拉几的儿子，听闻父王被上帝救赎，深知此事回天乏术，这场叛乱就此凉凉。于是亨利二世几乎是不战而胜，不费吹灰之力就夺回了英格兰的土地，更猛的是苏格兰也因此归顺了英格兰。

于是路易七世和他前妻操纵的战争，只打了十八个月，就被亨利三天三夜的守灵给瓦解了。这个充满戏剧性的故事，说它是上帝显灵也好，运气也罢，我可没有忽悠你们哦，一个人处于绝境的时候，或者遇到啥糟心事儿，千万别慌，想想亨利二世，冷静下来去琢磨一下其中的利害关系，保持住清晰的判断力，才能更好地解决问题。而路易七世就是个反面教材，实在是太磨叽了，大好的机会摆在眼前，他却犹豫不决，思前想后的，一点气魄都没有！冲上去先干起来不行么？失败就失败呗，亨利哪有实力并吞法国啊？

这章我们讲的，主要是亨利晚年的一些故事，而下一章呢，我们伟大的英格兰君主，亨利二世就要跟我们说 Good Bye 啦，他是怎么死的呢？小亨利有没有继承他的王位？嘿嘿，故事依然精彩。

第十三章　亨利二世的"孝子"们

金雀花王朝开国国君亨利二世的故事，一波三折，这位伟大的英格兰君主是怎么死的呢？同学们肯定会有很多疑问。古代的君王和骑士，一生中都有一个愿望，就是驰骋沙场，马革裹尸。贵族们这种心态一直受到了骑士精神的影响，我觉得无论是在个人还是国家层面，都是一种伟大的精神。

但是自古出生在帝王之家，很多事情都是身不由己的，例如南唐后主李煜就被人评价道：作个词人真绝代，可怜生在帝王家。亨利二世的命运也是如此，各种曲折，各种变故，今天要说的就是关于他儿子们的故事。

前文我们说到路易七世跑去找前妻，教唆亨利二世的三个儿子，小亨利王子和他的两个弟弟发起叛乱，差点打败了老爸。但是由于亨利二世在教堂里一场伟大的哭坟表演，就获得了上帝的救赎，不战而胜。

按照旁观者的角度，这个表演就是一场没有硝烟的舆论宣传战，感动天，感动地，就是为了感动老百姓。

平定叛乱之后，亨利二世选择原谅了这几个儿子，毕竟虎毒不食子嘛，还给他们分了一些财物和城堡。不过他留了一手，依然没有给他们领地。亨利二世当时也才四十岁左右，不算太老，他不给儿子们封地的理由，当然是有说法的，以后所有的事情都是我说了算，听清楚了没？地球太危险了，我觉得你们还是回火星好好锻炼一下吧。

其实亨利二世真是一位好父亲，因为他早就对身后之事做好了安排，由哪个儿子继承他也已经规划好。只不过他那几个儿子年纪太轻，心浮气躁，根本就等不了，总是想方设法想先占据一块领地。

至于那个吹着喇叭娶来的老婆，就没这么舒服了，埃莉诺被亨利二世打入了冷宫，不再过问宫廷国事。英国的"冷宫"不像咱们古代帝王家的冷宫，一关进去就从此不闻不问，下场极其凄惨，可能最后孤零零地死在了漆黑的小屋，连个收尸的人都没有。而英国其实就是限制你的活动范围，当时亨利二世将大老婆关在了索尔兹伯里的一个城堡里，不仅有仆人伺候，而且还可以见一见亲戚朋友和孩子，节假日呢也可以让你在菜市场溜达溜达，但是不能走出城。

索尔兹伯里是英国一个著名的城市，巨石阵就是在这个城市的郊区。另外英国宪法的基础《大宪章》，四件原本之一就保存在这个索尔兹伯里大教堂里。

可是亨利二世这位老婆确实不让人省心，风流成性，死性不改。她被关起来以后还是不老实，不但勾引了一名年轻的贵族，而且又开始偷偷地密谋造反。可能她对小鲜肉也有一种特殊喜好，当年她第一次看见亨利的场面，同学们应该记忆犹新吧？当着前夫路易七世的面，她居然肆无忌惮地跟亨利眉来眼去，流了一地的口水，可真算得上江山易改，本性难移。

后来这位年轻的贵族也没啥好下场，理查一世当上国王之后，无意中发现了母亲的奸情，二话不说，将此人挖眼割鼻，大卸八块扔到野外去喂了狗。

亨利二世的最后十年里，为英国做了很多巨大的贡献，不断完善英国的司法体系，废除了原来的神裁法。比如当时抓到一个杀人犯，先是毒打一顿，然后把犯人扔进水里，如果在不挣扎的状态下，他能自己漂上来就定为无罪；要是挣扎或者自己沉下去了，就判有罪。

这简直就是把法律当作儿戏啊，犯人要是水性了得，杀他个十七八个的，不就是跟玩似的？当时贝克特当大法官的期间，还是有两把刷子的，不仅废除了坑爹的神裁法，还搞出一个陪审团制度。亨利二世在晚年时，就把这个制度进行了一个升级完善，发明了英美现代法律最为重要的一个基础法律——普通法。

什么叫普通法？就是适用全国范围内的统一法律。因为在这之前呢，每个地方使用的法律都不相同，保留了盎格鲁撒克逊时期，通过当地民俗，来制定针对当地特有的习惯法。所以说亨利二世对英国的司法贡献，确有不世之功。

那么，说起亨利二世的结局，他几个儿子一个比一个不争气，轮番上场搞事情，他其实就是被几个儿子活活气死的，一世英名，毁在混乱的家庭教育上。

首先我得先说一下男配角，就是法国国王路易七世。晚年的路易七世，已看破人情冷暖，跟亨利之间再也不谈恩怨，哥俩还经常在一起喝酒聊天。有一天路易喝得醉醺醺的，就跟亨利二世说："老弟啊，我俩这一辈子纠缠不清的，现在回头一看，就像做了一场梦！我们也算是不打不相识了，我知道自己时日不多，很想请你帮大哥一个忙。"

亨利二世正喝得高兴，就义不容辞地答应："大哥，老婆的事情你别跟我计较，国王这个职业也不好做，为了国家荣誉，骑士精神也只好放弃，女人如衣服，兄弟是手足！那我今生欠你的，肯定要还你一次。"

"好！我就跟你直说啦！本来我是想让我的儿子小腓力继承王位，但是他年纪尚小，我担心我弟弟会篡他的位……哎，其实说句心里话，我的娃，我的娃，一根藤上七朵花，我是风吹雨打都不怕！可我最担心的就是你啊，知道不老弟？所以老哥今天求你答应我一件事，给我儿子一条生路行不行？"

亨利二世听路易唱起了葫芦娃，赶紧举手发誓："你也太小看我了啊路易哥，放心吧，我绝对不会动小腓力一根头发，而且我保证让他顺利当上国王，让你们法国衣食无忧，安定团结！"

一听到亨利二世当场发誓，路易心满意足，那晚多喝了几杯竟然中风，没熬几天就呜呼哀哉了。果不其然，路易的弟弟立马跟侄子争抢王位，而亨利二世真的履行了自己的诺言，帮助年轻的小腓力登上了王位，也就是后来对抗反法同盟的腓力二世。

他在法国历史上的地位举足轻重，一场著名的"布汶战役"，不仅打败了志大才疏的英格兰"无地王约翰"，取得了决定性的胜利，而且让法国的领地从此扩张了三倍。

腓力二世颇有雄心壮志，而且为人相当狡猾。他有个绰号叫"狐狸"，可不像路易七世那么好糊弄，表面上他很感谢亨利二世的鼎力相助，但其实暗地里却非常嫉恨这位英格兰的老国王，挖空心思煽动亨利二世的儿子们谋反，他好坐收渔翁之利。

当时亨利二世为了庆祝腓力二世当上国王，搞了一场由英法两国顶级骑士参加的马术比武，场面非常隆重，英法两国的贵族都跑来观看精彩的比赛，将巴黎的街道挤得水泄不通。不料亨利二世手下有一位叫威廉·马歇尔的王牌骑士，勇猛无敌，力压群雄，一个人单枪匹马，竟然击败了所有参加比赛的法国骑士。

小腓力脸色一沉，当然不乐意了，觉得这次比赛让法国丢尽了面子，咬牙切齿地诅咒亨利二世不得好死，到处找机会跟亨利的儿子套近乎。因为亨利二世结婚比较早，在五十多岁的时候，几个儿子都快三十啦，特别是王位继承人亨利王子，一直没有实权，也没有封地，心里当然有想法了。

有一次亨利王子去看望母亲，回来以后突然萌生造反的念头，很明显就是母亲埃莉诺的主意。亨利王子先去询问父亲，希望能让他来管理诺曼底。但是亨利二世认为他年少无知，还是需要沉淀，就拒绝了儿子的无理要求。亨利王子怫然作色，认为他老子就是瞧不起他，这样的父亲根本不配当英格兰的国王，于是他下定决心造反，带着一个骑士团跑法国去找小腓力帮忙。

小腓力有点犹豫，他心知自己没有实力跟英格兰正面对磕，但是可以和稀泥哦，嘿嘿，我要搞得你家鸡犬不宁！于是他就对亨利王子说："你家老爷子真是冥顽不灵，你都快三十岁的人啦，他还把你当小 baby 呢？这样吧，你给我几天时间张罗一下人手，出兵攻打诺曼底这事儿，我一定会给你想办法。"

他先把亨利王子的情绪稳住，然后偷偷写了一封信给亨利二世："亲爱的 uncle，您儿子找我来了，要我帮他起兵造反，在我这里说了老多您的坏话了，还骂您是个老不死的老乌龟！uncle 是不是应该重新考虑一下英国王储啊？我觉得亨利王子难当重任，您赶紧派人来法国给他接走，我一看见他就觉得好恶心！"

亨利二世勃然大怒，肺都快气炸了，这个逆子居然跑到法国人面前丢人现眼，简直就是金雀花王朝的耻辱！

他让二儿子理查德去法国把亨利王子接回来，腓力二世收到消息，立马可以煽风点火："亨利兄啊，你老爸已经立理查德为王储继承人了，正带着人过来抓你呢，我觉得你还是赶紧跑路吧，好汉不吃眼前亏！"

亨利王子被这只狡猾的狐狸忽悠得团团转，慌乱之中撒腿就跑，到处寻求欧洲贵族们的帮助，哪知道四处碰壁，竟无人敢伸出援手。偏偏这时候他又得了痢疾，就躲起来打死不露面，耽误了医治，终于客死他乡。

老爸得知大儿子病死的消息，急火攻心，昏倒了好几次，每次一醒来就以泪洗面，深深地自责，悔恨自己为什么要听信谗言，这就是亨利二世的"第一气"。

小亨利一死，按道理应该是二儿子理查德继位对吧？理查德就手舞足蹈地跑去宫廷，要求老爸给他举行王储继位的涂油礼。据历史书籍记载，当时亨利二世很想把王位传给小儿子约翰，如果过早选出王位继承人，可能又会引起悲剧，所以他考虑再三，没有答应理查德的要求。

理查德愤怒了。哎？你是瞧不起我还是咋的？你是不是老糊涂了，我是你的老二啊！腓力二世唯恐天下不乱，逮到这个机会，又跑去蛊惑理查德："理查哥，咱们打开天窗说亮话，你想要得到这个王位，必须先发制人，操练新兵。干脆咱俩结盟，只要时机一成熟，我定会助你一臂之力！"

当时教皇正在积极游说英国、法国、神圣罗马帝国，想让这些有实力的国家参与第三次十字军东征，英法两国都同意了，亨利二世就想派理查德带兵马去攻打耶路撒冷。

这时候腓力二世又开始使坏了，赶紧去找理查德商量："理查哥，嘿嘿，我突然想出了一个主意，你呢，去找个人来假装侵犯我们法国的领地，我呢就跳出来抗议，我估计吧你老爸肯定得找我谈判，然后我就提出一个条件，让老头子立你为王储。咱俩什么关系啊？现在可是一条船上的兄弟，只要你当上国王，英法两国才能世世代代享受和平。"

他这着棋真是太狠了，不但可以迅速引起亨利父子反目，而且理查德必将铁了心认他这个盟友，以后说什么话都好使。更重要的是冲突一起，舆论肯定是指责亨利二世不对，十字军东征你们也不用去了，让我腓力二世去攻打耶路撒冷，从此建功立业，光耀门庭，这完全就是一石三鸟之计，简直完美！

理查德仔细一想，这办法确实可行。其实这里还有个原因，让他头脑发昏，犯下来一个致命的错误。同学们啊，人生在世，最容易让人犯浑的无非就是金钱权力和美女，而理查德的错误，就是因为爱情。

欧洲皇室里的爱情故事通常都比较狗血，在理查德小时候，亨利二世给他定了个娃娃亲，这个女孩也是欧洲一个国家的公主，名字叫爱丽丝。他与爱丽丝青梅竹马，从小就在一起玩耍，二人情投意合，心心相印。咱们中国有句古话叫"女大十八变"，等爱丽丝长大以后呢，出落得楚楚动人，国色天香，狗血的事情也就这样发生了。

亨利二世在五十多岁的时候，居然爱上这个准儿媳妇爱丽丝，然后就传出了奸情，甚至两个人还偷偷地生下了私生子。这个故事跟杨玉环比较相似，她也是先嫁给了唐玄宗的儿子寿王李瑁，然后被公公册封为贵妃。

那么理查德听闻此事当然非常生气，就按照腓力二世出的主意，找了一个亲信伯爵去法国的边境进行偷袭。然后腓力二世就跳出来抗议了，亨利二世果然上当，提出和解谈判。腓力二世就说行啊！我就两个条件，让理查德当这个未来的英国国王，保障英法两国的和平；同时让爱丽丝嫁给理查德，大家皆大欢喜。

亨利二世一听恍然大悟，原来理查德也参与了啊？气得破口大骂，混账东西吃里爬外，我什么条件都不会答应！理查德见老爸拒绝，也就放开手脚不管不顾了，迅速与腓力二世结盟，开始招兵买马，准备大干一场。

腓力二世确实是挺坏的，不但把人家搞得家破人亡，还破坏英国加入十字军东征的队伍。于是英法两国就大打出手，舆论一边倒都站在了法国这边，这种事情还用辩白嘛？你去偷袭人家的地盘当然是你不对！更奇葩的是理查德这个英国王子，居然帮着外人去打他父亲。

说到这里，同学们是不是觉得有点不可思议？咱们中国帝王家的窝里斗，无非就是结党营私，兄弟之间抢夺王位，哪有帮着外人去打自己老爸的道理？

咱们再退一步，把他们几个人的关系捋一捋。死的那个亨利王子是腓力的姐夫，所以腓力也得喊理查德叫哥哥，他们一起去打姐夫的爸爸，打来打去都是亲戚之间的争权夺利，而这个也正是欧洲王室和贵族的最大特点。我们倒不如将欧洲看作一个超级大国，各路诸侯都是亲戚，都想成为欧洲霸主而已，这样去想可能就比较容易理解。

亨利二世的能力确实大不如从前，战争一开打，英格兰节节败退。

唯有一次反败为胜的机会，就是之前提到的英国王牌骑士威廉·马歇尔，他在一次战斗中与理查德相遇，一番冲杀较量之后，理查德一败涂地。但是老马并没有杀理查哥，而是一剑干掉了他的坐骑，说了一句极具骑士精神的话："儿子背叛父亲的罪行，比骑士背叛领主更严重！今日我不杀你，是因为终有一天，你会遭受天谴报应！"

这么一出放虎归山的戏，决定了亨利二世的命运。

当时理查德对老马钦佩万分，也非常感激他的不杀之恩，但是造反之心他绝对不会动摇，回去之后继续反他父亲。理查德勇猛善战，身先士卒，终于如愿以偿打败老爸，顺利登上了英格兰的王位。

亨利二世一败涂地，精神彻底崩溃，他戎马一生都是在抢别人的地盘，签署有利的条约，而这次竟然败在了自己儿子的手里，气得他浑身发抖，仰天长叹，这就是他儿子带给他的"第二气"。

至于第三气呢，故事就没有这么复杂了。

他在和理查德签停战协议的时候，突然发现所有的儿女，包括他最宠爱的小儿子约翰，也站在了背叛者的一方，而且约翰的名字赫然写在同盟者的名单上，可谓众叛亲离。他想起大儿子亨利，悔恨交加，这种精神上的打击确实是致命的，亨利二世一病不起，高烧不退，临终前也只有他的私生子若夫鲁瓦，守在身边尽孝。

金雀花王朝第一任国王，伟大的英格兰君主亨利二世郁郁而终，据说下葬那天，理查一世见到父亲的遗体，良心发现，懊悔不已，跪在棺材前握住父亲的手痛哭流涕，大骂自己是个畜生。然后就发生了一件不可思议的事情，亨利二世的两个眼睛开始流血，把理查一世吓得够呛，匆匆忙忙将父亲埋葬。

亨利二世一生辉煌，智勇双全，最后却没有得到善终，确实是一种遗憾。

这一切悲剧的发生，都是因为他作为一名父亲没有及时与孩子沟通。或许很多男人都会犯这种错误，很少主动与子女说出心里话，总是表现出一种很坚强很神圣的父权。一旦跟子女产生矛盾，采取的方式往往是沉默的冷战，拉不下那个脸，丢不起那个人。

所以我在这里奉劝各位同学，哪天你为人父母，一定要学会积极地与孩子们沟通，只有宽容和理解，家庭才能和睦；只有信任与关爱，才能与身边最亲爱的人共享天伦。

第十四章　狮心王理查真的吃过狮子心？

同学们，今天我们要讲的是金雀花王朝第二位国王，理查一世的故事。

这位国王在历史上名气极大，如雷贯耳，后世称他为"狮心王理查德"。他之所以能当上英格兰的国王，纯属是因为反他老子亨利二世，这么一位忤逆不孝的国王，为啥英国人民还如此爱戴他？居然还给他起了一个狮心王的称号，难道他真的吃过狮子的心脏么？让我们带着这些疑问，开始精彩的历史旅程。

上一章我们说到，理查哥在腓力二世的算计之下，气死了老爸，然后在威斯敏斯斯特大教堂加冕为王。他登基之后，脑子渐渐反应过来，哎？我怎么感觉这事儿有点不对劲呢？好像腓力这老狐狸才是真正的赢家，他可捞了不少地盘啊！我的荣耀在哪里？我的好处在哪里？

理查哥的性格，有点狂妄自大，他继承了金雀花家族所有领地之后，无论是地位和军事实力在当时确实是数一数二了，心态就有点飘，他根本瞧不起在背后搞阴谋诡计的腓力二世。但是腓力觉得理查哥有啥了不起的？你老子亨利二世那么精明的一个人，都被我算计了，就凭你这个草包能有多大作为啊？于是乎，二人之间的矛盾冲突日渐加重，愈演愈烈，直到最后的反目，这期间双方就发生了一些斗智斗勇的故事，可谓精彩绝伦。

在说他俩的故事之前呢，我得先说一下当时的历史背景。

前几期我给大家讲过第一次十字军东征，欧洲的十字军占领了耶路撒冷，并取得了控制权，建立了一个耶路撒冷王国，然后大部队陆陆续续地回到了欧洲。

过了几十年后，耶路撒冷王国遭受到穆斯林的反击，于是就有了第二次十字军东征。但是第二次东征只能算是个救援，没有啥太大的意义，一些王侯将相，包括路易七世和理查德的老娘，本来他们想扩大耶路撒冷的势力范围，一路打到了叙利亚的大马士革，可惜却失败而回。

那么到了亨利二世的时候，埃及王国的传奇英雄萨拉丁，把耶路撒冷给夺了回去，而且在哈丁战役里，把基督教的一个圣物十字架也给抢走了，所以耶路撒冷重新回到了穆斯林的怀抱，由此也就引发了第三次十字军东征。

当时教皇非常重视萨拉丁这个对手，动员了英国、法国、神圣罗马帝国组成的三国联盟，誓要干掉萨拉丁，夺回耶路撒冷。那么亨利二世死了以后呢，他儿子理查就和法国国王腓力二世，再加上神圣罗马帝国的"红胡子"巴巴罗萨，带着一群奥地利这种小国家的公爵伯爵，开始远赴东征之路了。

理查一世是个狂热的好战分子，他对十字军东征充满了热情，因为当时他是从爹地手里抢来的王位，为了堵住大家的嘴，他就一定要建功立业，树立自己的威望和名声。

这个想法没毛病，但是理查哥搞出来的事情就比较过分啦。

他开始在全英国境内和海外领地加税收钱，为了筹集军费大肆搜刮。咱们前文说过，亨利二世在的时候早就改制了，贵族的骑士可以用盾牌税来代替服役，所以理查就希望有很多钱，去征收更多的民兵。很多人就不乐意了，你就是为了打仗，把我们的幸福生活给剥夺了，收了我们的钱还要我们去替你卖命？这种事情简直是闻所未闻！

理查哥见老百姓有意见，行，那税就少收点吧，现在开始卖官，你给我多少银子我就让你做多大的官，保证童叟无欺，甚至扬言土地也可以卖："哥们，咱们再商量商量，伦敦要不要的？你报个价出来，我看看值多少一平方米。"

他这些公开言论，在英国的历史书上都有记载，其实就是一句唬人的屁话，除了王位神圣不可侵犯，其他东西统统可以卖。就这样，他不择手段地捞钱，近乎疯狂，很快就集结了好几万人的部队。

这个时候，腓力就又来找理查哥了："哥，你跟我姐爱丽丝的婚事，是不是早点儿定了啊？赶紧生个孩子吧！你也老大不小了，万一在东征的路上嗝屁了，连一个继承人都没有，国王宝座就拱手送给别人啦！你千万别生气哦，我不是咒你啊，我一看见姐姐每天以泪洗面的样子，居然把袖子当毛巾，那布料从十万八千里的东方文明古国运过来的，那价钱是死贵死贵的，让我心疼得要命！"

我们上次提到的"爱丽丝"就是腓力二世的姐姐，我没说她是哪个国家的，是怕同学们被搞蒙，借这机会，我先给大家梳理一下他们之间的关系。

前文讲过，亨利二世娶了路易七世的前妻，生下了大儿子小亨利和二儿子理查德，然后小亨利和路易七世第二任老婆的女儿结了婚，那亨利二世跟路易七世不就是亲家了嘛？但是，头晕的事情来了，路易七世第三任老婆的女儿爱丽丝，又和亨利二世搞在了一起，结果爱丽丝，又是亨利二世二儿子理查的未婚妻……我先擦擦汗，舌头也有点累，欧洲皇室这个关系简直比娱乐圈还乱，让人挺无语的。

言归正传，这个时候腓力二世想让理查哥赶紧娶他姐姐，目的就是希望爱丽丝给理查生个儿子。他心里有个小算盘，如果姐姐生个儿子，他就在东征路上找机会把姐夫弄死，英国也就顺理成章地归他统治。

理查一世眼珠子一转，淡定地道："腓力老弟，我现在没空啊，一堆事情等着我去处理呢！我看还是等打完胜仗再说吧……或者干脆这样，你把爱丽丝带过来，这事儿么，我在东征路上抽个空就给她搞定了，儿子女儿一块儿生。"

理查哥也是属于很狡猾的那种类型，其实他暗地里已经找了个小国家的公主，想来一场政治联姻，加强自己的势力。而且爱丽丝以前跟他老爸有一腿，理查哥怎么瞅都觉得别扭，更不想让腓力二世占便宜。腓力有点心急，也没往坏处想，以为理查德这个草包不会有什么心眼，此事肯定十拿九稳，就带上他姐姐去东征了。

那么这个十字军的东征，兵分三路，浩浩荡荡的，同学们别以为他们是去旅游哦，哪有心情走马观花啊？好家伙，这一路上各种耍流氓，烧杀抢掠的，说难听点，他们是一路抢到了耶路撒冷，只要看见异教徒国家的地盘，就一个字抢！而且他们之间有个协议，咱们各走各的，你抢你的我抢我的，抢完之后再集合，分兵以后接着抢。

第一次英法的集合地点就是西西里的一个领地，当时理查的妹妹被他老爸嫁给了西西里的国王，等这位国王去世之后，因为理查妹妹没有孩子，王位就传给了国王的堂兄。那这么算的话，西西里的领地跟你理查哥应该没关系了吧？

"放屁！这里是属于我妹妹的！"理查哥绷起了脸，挥手之间就把这地方变成了英格兰的领地。

自古以来，强盗是不会跟你讲道理的，十字军东征其实就是打着上帝的旗号，到处去耍流氓而已。腓力一瞧理查哥这阵势，皱了皱眉头，说："哥，你也太不讲究了啊，咱可是说好的，一路上有妞一起泡，有地盘一起抢，你不能光顾着把英格兰的旗帜插在墙头上啊，我法国呢？累死累活的，怎么就没我份啦？"

理查哥翻了个白眼，不耐烦地说："哎？你怎么跟菲力牛排似的，脑子还没烤熟是吧？我家的事儿跟你有半毛钱关系？这地方本来就是我妹妹的，我现在只是帮她做出决定而已。我不是为了证明我有多了不起，而是为我老爸争一口气，我妹妹失去的东西，我一定要亲手拿回来！"

腓力二世听他骂自己是牛排，火冒三丈："你可拉倒吧你！你妹妹都没有孩子，懂不懂规矩的？照你这么说，那我得给你出个主意，还是那句话，抓紧时间把我姐姐爱丽丝娶了，能生就赶紧生，万一哪天你两脚一蹬，找不到可以传宗接代的子嗣，完犊子吧你！"

"我娶你妹！"理查哥本来就憋着一肚子的火气，终于爆发，"菲力牛排你个狗东西！我今天就把话撂这儿了，我绝对不会娶你那个该死的姐姐！你还不知道吧？爱丽丝这货给我老爸生过孩子啊,私生子早就被她藏起来了,她儿子管我叫啥?叫我哥哥还是叫我爹地啊？"

腓力涨红了脸，心想我姐这事儿可与我无关，这些丑事要是传出去那就尴尬了，不如内部消化对吧？他有点理亏，不知道应该如何解释，但是理查一世此时已经怒不可遏，直接就跟他摊牌了："我承认，我以前是爱过你姐，但是她已经不是以前那个爱丽丝了！所以我决定娶别人，而且未婚妻已经在路上，过两天就到西西里！现在我给你两个选择，第一，给你 1 万马克，你同意我取消婚约，咱们好聚好散！第二条路，就是你现在跟我开战，咱们拉开场子较量较量，如果你赢了，我立马娶了你姐，西西里这块领地我也双手奉上！我说得够清楚了咩？"

腓力懵了，他确实不知道姐姐跟亨利二世有个私生子，现在这个情况，他的小算盘也搞砸了，而且真要跟理查开战的话，自己还真打不过，理查的兵马可是砸锅卖铁养出来的，下了大本钱的。

于是腓力憋着一口怨气，选择了 A 项，拿着 1 万马克，宣布取消理查哥和爱丽丝的婚约，灰溜溜地走了。

理查一世呢，就在西西里等来了他的公主，举行了隆重的婚礼，继续东征去了，接着在路上随便找了一个理由，又把塞浦路斯给屠城了。当时塞浦路斯也是信基督教的，所以我说十字军东征就是要流氓，一点都没有冤枉他们。还有个原因，为了夺回圣城，他们的路线拉得太远，补给就跟不上来，只得就地取材，又杀又抢的，才能安安稳稳到达耶路撒冷。

理查哥的生意头脑依然在线，抢完塞浦路斯，他就把这地方给卖了，然后部队每人一根大金链子挂脖子上，趾高气扬地继续前进。那么接下来，东征的下一站就是中东的门户阿卡——以色列北部一个古老的海港城市。于是三国联盟开始疯狂攻城，战争打得极为惨烈，双方都死了不少人，仍然拿不下阿卡。那么就在这个时候，理查和腓力的矛盾又升级啦，还多了一个奥地利的公爵利奥波德。

具体的原因是因为分赃不均，当时是腓力与利奥波德先到阿卡，已经打了好几个月，损失比较惨重，想不到理查前脚一到，后脚就把阿卡拿下了，可见理查哥的战斗力确实是杠杠的。

理查一世认为他的功劳最大，阿卡的宫殿应该归他，你们都给我滚犊子，别跟我抢宿舍！他不但把利奥波德公爵撵了出去，甚至将他家族的旗帜也给撕烂了，一脸嫌弃地扔进了垃圾堆。

这种鄙视的态度，对奥地利公爵来说简直就是奇耻大辱。加上先前理查一直跟他们争执，耶路撒冷的国王应该谁当？也就是说，圣城还没抢回来呢，这三位大叔就开始研究怎么分赃了，谁也不肯吃亏。

腓力二世主张一个叫康拉德的意大利贵族来当耶路撒冷的国王，而理查死活不同意，他当然是想让跟金雀花王朝关系好的贵族来当嘛。然后二人大吵一架，腓力咬了咬牙，恨恨地道："好！你理查是老大对吧，我们全听你的！你有钱，你牛！老子我不玩了，你们英国人自己搞，爱咋咋地！"

说到这里，同学们以为腓力是因为一时冲动才跟理查吵架么？哈哈，菲力牛排的脑子虽然没有烤熟，但是小算盘拨起来那是溜得很，他故意跟理查闹僵，就是想杀个回马枪。

当时在攻打阿卡的战役中，佛兰德的公爵挂了。佛兰德的势力范围相当于现代荷兰的南部，比利时及法国南部的某些省份，盛产羊毛。腓力的想法是杀回去把这个地盘抢了，法兰西以后就不缺钱。还有个原因，他估计理查得在耶路撒冷打很长一段时间的仗，倒不如借机回到欧洲，教唆理查的弟弟约翰叛变。

这小脑筋转得可以啊，有三分熟了。既然他执意要回法兰西，理查哥当然没有理由阻拦他，就留在中东继续跟埃及的传奇英雄萨拉丁对磕。但是萨拉丁实在是太猛了，双方你来我往，谁也占不到便宜，其他小国家的领袖觉得这样下去可不是办法啊，搞不好会客死他乡，咱们得开个紧急会议。

他们提出，哎？大伙儿不是推举康拉德当耶路撒冷的国王么？那肯定没有问题的，我们赞成让他留在中东，由他带领十字军好了，咱们撤到后方休整，洗把脸睡几天觉。

理查哥也表示同意，但是他的好战性格是天生的，觉得他还没打过瘾呢，英格兰部得留下来继续战斗。那些小首领翻着白眼，说行吧，反正你有兵又有钱，多我们一个不多，少我们一个不少，你继续玩，继续嗨皮。

然后，欧洲国家原地解散，各回各家各找各妈去了。可是好景不长，这些国家一撤退，未来的耶路撒冷国王康拉德突然被人暗算，据说是被叙利亚的一个恐怖组织杀害。不料腓力二世逮着机会，就开始四处散布谣言，说他得到了可靠的情报，康拉德其实是被理查暗杀的。

神圣罗马帝国的皇帝听闻消息，信以为真，就说这件事儿必须严查，绝不姑息，等理查一世从耶路撒冷回国，我们再审判他。

然而理查哥在军事上的确很有天赋，他留在中东继续战斗，逐渐占据优势，一路推进，直接打到了耶路撒冷的门口。欧洲教会表示震惊，我擦！理查哥也太厉害了，他一个人的孤军奋战，竟然捍卫了整个欧洲社会的荣誉，简直就是战神阿瑞斯再世啊！

英国人听到一片赞誉之声，腰杆子立马挺了起来，嗯，理查哥虽然脾气不太好，但是为我们赢得了面子和尊严，我们交点税倒也值当。

当时的战事局面其实并不乐观，而且英国也发生了一个意外变故，这个我们下回说，最主要的原因是萨拉丁太猛，耶路撒冷怎么打也打不下来，所以理查给萨拉丁写信，希望双方能心平气和地坐下来谈谈。

二人并没有见过面，彼此却有一种识英雄重英雄的感觉，萨拉丁觉着欧洲这些君主全是包子，里面都是菜馅，除了理查哥一个能打的都没有，既然他这么诚恳，我怎么好意思拒绝？于是他同意和谈，说咱们不打了，停战三年三个月零三天，我也允许你们基督教徒，可以在这三年内来耶路撒冷朝拜，绝对不搞暗杀和阴谋。

消息一传回欧洲，人民就沸腾了，教皇热泪盈眶，忍不住抚须赞叹："啊，伟大的理查德啊，你是我的超级英雄！此刻让我为你高唱这首 Love Song。"

和谈结束之后呢，理查一世戴上墨镜，挂上大金链子准备回英国去了，不料半路上突然被人抓了起来。

啊，这是咋回事呢？其实呢，跟他的性格有关系，理查哥恃才傲物，就有点目中无人，根本瞧不起欧洲那些小国家的君主，所以在第三次十字军东征期间，得罪了不少人。刚才说到意大利贵族康拉德被暗杀一事，欧洲很多小国家的国王就怀恨在心，想在理查回家的路上逮捕他。

理查哥为了避免不必要的麻烦，搞了个声东击西的方法，先让部队走大路回英国，自己化装成一个普通的基督教徒，悄悄地走小路。可是他选择走奥地利这条小路，自以为是能瞒天过海，偏偏一点不知道检点，一路上没有五星级酒店的套房，他还不乐意住，立马就被当地的探子盯上了。我去！你说你扮成一个平民百姓，哪来的钱天天住酒店啊？肯定是非偷即盗！

此地的扛把子，正是那个被赶出阿卡宫殿的利奥波德公爵，可想而知，落到我手里你还有什么话可说？哈哈哈，这叫踏破铁鞋无觅处，得来全不费工夫！于是，利奥波德公爵派人抓住理查，一声不吭地将他扔进了监狱。因为利奥波德不愿意声张，想偷偷摸摸就给理查弄死，一雪前耻，那么就发生了理查一世人生中最著名的两个传奇故事。

第一个传奇，就是"狮心王"这个称号的来历。

据说利奥波德在监狱里放了一头狮子，想让狮子去咬死理查。夸张的是理查哥袒胸露乳，请神上身，一招"直捣黄龙"，把自己的手臂伸进了狮子的喉咙！他把手一直伸到了狮子的心口，扯下了血淋淋的心脏，竟然当着利奥波德的面，狞笑着把狮子的心脏给吃喽。

传奇当然是传说演变来的，我可以很负责地说，这种跟狮子搏斗的场面完全就是扯淡！经过后人在文学作品上的加工，"狮心王"这个称号渐渐被世人熟悉，但是真正的来历其实是另有原因，我先卖个关子，咱们以后详细说。

另外一个传奇故事，就是他被抓了以后，谁也不知道被关在哪儿，英国的贵族心急如焚，到处打听理查哥的下落。恰好他有个好朋友，曾经跟理查哥合作过一首原创歌曲，歌词大意是这样的：朋友啊朋友，你可曾想起了我喔？如果你正享受坐牢，请你忘记我喔。

然后他唱给很多人听，希望能找到一些蛛丝马迹。有几个奥地利的人正好在英国旅游，知道内幕的人就觉得奇怪了，哎？理查哥确实是在坐牢啊，他是怎么知道的？事儿一传开，理查一世关押的地点就暴露了，利奥波德迫于舆论的压力，只好放了理查哥。

这个故事呢其实也是扯淡，实际上理查在被关押的时候呢，确实是写过几首诗歌，作为一位英明神武的国王，竟然沦落到如此境地，他内心颇为感慨，就好比宋徽宗被金兵关在牢里一样，控制不住那种帝王的哀伤，抬头仰望高墙上铁窗，写下了"家山回首三千里，目断天南无雁飞"。幸好理查哥吉人自有天相，被关了两年之后，终于被家族派人花重金赎了出来。

那么就在理查哥被关押的这两年里，金雀花王朝最大的敌人，菲力牛排二世却把英国搞得天翻地覆，鸡犬不宁。他们究竟发生了什么事呢？下面我们接着讲理查与腓力互相算计，斗智斗勇的故事，一个是鼻孔朝天，一个是三分熟的牛排，这俩哥们一碰面，那真是棋逢对手，将遇良才。

第十五章　理查一世的怒火

咱们继续讲狮心王理查一世的故事。

在说理查哥之前，我先提两件事。你们知道他当国王的这十年，实际只在英国住了近半年吗？最重要的是，理查哥根本不会说英语。别大惊小怪哦，因为那个时期的贵族都说法语。

前文我们讲过，理查哥的王位是从他老子手里抢来的，然后压迫人民加税给钱，让他参加十字军东征。那么理查哥回到英国以后，依然继续他的横征暴敛，甚至花掉了英国两年的GDP。最后一点，理查虽然被抓，但他还是那个狂妄自大的国王，可是让人大跌眼镜的事情在后面，根据民意调查，理查哥居然是英国人心目中最喜欢的国王，没有之一！等等啊，这是什么情况？

我们带上这些疑问，才能真正地了解故事的内涵。

理查哥被关的这两年，法国国王腓力二世究竟在背后搞了些什么阴谋诡计？咱们得从理查哥没被抓住之前说起。腓力打完阿卡之后，因为分赃不均就跟理查吵了一架，好吧，这游戏我玩不了，你一个人在网吧慢慢玩，我下线闭麦回家去喽！实际上呢他另有打算，一直在策划去抢盛产羊毛的佛兰德，正好这个时候，英国国内出了乱子，又被腓力逮到了一次兴风作浪的机会。

理查哥有两个弟弟，一个是亨利二世最小的儿子约翰，另外一个是亨利二世的私生子，叫若夫鲁瓦，就是临死前在他身边尽孝的那位。

十字军东征之前，理查将两个弟弟留在欧洲，不让他俩回英国，明白的人一看就明白了，就是怕他俩起异心呗！当时理查哥把英国的事务，交给了大法官和大主教去管理，可是这位大法官等理查哥一走，顿时原形毕露，先是架空了大主教，然后趁着国王不在，在英国大肆敛财，搞得民不聊生。

若夫鲁瓦倒是个挺有才干的人，后来还当上了约克主教，声望颇高。他看见大法官如此丧心病狂，心里就很不爽，私底下联合了几位贵族，想将这颗毒瘤摘掉。但是没有理查的命令他不能回英国的呀，所以他就偷偷摸摸地回去了。

问题是大法官这种只手遮天的人物，没点人脉他也跳不起来对不？这时候就有人出卖了若夫鲁瓦，把他回国的消息告诉了大法官。然后大法官派人去抓约克主教，在教堂里将若夫鲁瓦五花大绑，捆得就像个粽子似的，强行拖走。

这个事儿一抖出去，举国哗然。"贝克特之死"的悲痛还没缓过来，怎么可以允许大法官草菅人命？所以舆论一边倒，指责大法官亵渎上帝，人群也涌上街头，抵制大法官的暴行。于是英国陷入了一个无政府的状态，没人出来管治安了，大街小巷全是偷盗抢掠，趁火打劫的悍匪。

就是这个时候，咱们的男二号菲力牛排先生，已经回到了法国，佛兰德也抢完了，他正在闲得没事干的节骨眼上，忽闻英国国内闹翻了天，不禁喜出望外，领着部队直袭诺曼底。

可是他安营扎寨没几天，罗马教皇又来 Stop 啦："哎？腓力老弟，你这事儿就不地道了，人家在前线拼死拼活的，你躲在背后抢地盘？我看你脑子是真没烤熟！哼，你要是不撤兵，我就把法国的基督教关闭，暂停营业！"

腓力不敢跟教皇正面互怼，但是又咽不下这口气，就跑去找理查哥的弟弟约翰，开始挑拨离间："约翰老弟，嘿嘿嘿，你想不想当英国国王啊？你哥现在不在英国，鞭长莫及，你出来主持一下这个混乱的局面吧，顺便把王位给抢喽！"

约翰摸着脑袋，一副不可思议的表情："可是我没这个能力啊，没权没势的，谁会听我号令……"

"你不用前怕狼后怕虎，有我腓力哥哥罩着你呢！"腓力搂住约翰的肩膀，好言相劝，"你要相信自己，你也是老亨利的儿子对不对？不过哥哥我有个条件，安茹家族在欧洲的地盘我统统不要，你帮我拿下诺曼底就行。"

约翰一听就动心了，觉得可以搞搞，只要一个诺曼底就可以当英国国王了，去哪找这么划算的事情？约翰紧紧握住腓力哥哥的手，热情地邀请他去书房详谈，迷茫的小狼终于找到了一只老狐狸。于是，腓力二世开始散播谣言，说理查杀了未来的耶路撒冷国王康拉德，挑动各国君主和公爵出来配合，大肆诽谤理查。

正好理查此时被奥地利公爵秘密逮捕，国王失踪，加上英国的时局已经混乱不堪，约翰就兴高采烈地回到了英格兰，声称自己得到消息，哥哥理查一世不幸遇难，为了顾全大局，他勉为其难来继承这个王位。

但是大伙儿都用怀疑的眼光望着他，小兔崽子胡说八道！你消息是从哪听来的？我怎么不知道？主教们和贵族不同意约翰的说法，主要原因是当时的理查德在十字军东征的进程中，给英国带来了无上的荣誉，而且按照欧洲的传统，嫡长孙要优先于他的叔父，也就说即使理查哥死了，应该由他儿子继位，如果没有儿子，也应该是老三不列塔尼公爵莱奥诺拉继位，如果老三的儿子也挂了，那么最后才能轮到最小的弟弟约翰。

约翰也不反驳，说侄子小不列塔尼公爵是可以继位的，问题是他还太小啊，哪有能力治理国家呢？我先帮他处理一下英国的政局不可以么？

不料大伙儿的态度很强硬，就是一句"当然不可以"。约翰气急败坏，公开宣扬他将与法国国王结盟，谁也别拦着我！腓力二世乐开了花，兵不血刃就拿下了诺曼底，紧接着他帮约翰开始侵占金雀花在欧洲和英国的地盘，指哪打哪，通畅无阻。

你说约翰傻吧，他还能分辨出王位的重要性，你说他精明吧，怎么玩得过腓力二世呢？法国占领的那些地盘，猴年马月才能还给你？

这个时候，理查哥最信任的两个大臣从中东回到了英国。

一个是沃尔特，另一个是威廉·马歇尔。大家还记得这个老马吧？就是亨利二世的手下那个王牌骑士。当初理查哥反他老子的时候，老马曾杀了理查哥的战马，现在他平步青云，变成了国王最信任的手下之一。

两员猛将一回来，瞬息间就稳住了英国的局面，等贵族们安静下来之后，就开始倾其全力去寻找理查哥的下落。经过明察暗访，终于知道理查哥原来是被神圣罗马帝国的皇帝给囚禁了。等会，同学们要问了，理查一世不是被奥地利的公爵利奥波德给抓了么，怎么到神圣罗马帝国了啊？

嗯，上期我们说到，奥地利的利奥波德怀恨在心，在理查哥回国的途中，把他抓了起来。那个时候就算某一国家的国王被俘虏，也不会说直接给他扔进监狱去的，更不用说还弄了个狮子出来现场表演，所以掏狮子心脏吃的说法，纯属子虚乌有。他们的做法，是把俘虏来的国王软禁，好吃好喝照样招待你，但是限制了你的行动自由。

欧洲国家跟咱们的封建王朝想法不一样，不是说抓到个敌人立马给你剐了，他们关注的是抓了你之后，我能换多少钱回来？所以当时欧洲两国一开战，俘虏是很有价值的东西，就等着你用大金链子来赎人呢！而理查身为一国之君，当然是最值钱的啦。

当时利奥波德确实牙痒难忍，一心想干掉理查哥，但是他的手下却竭力劝阻，城府比较深的元老贵族就开口了："主公请三思呐，咱们奥地利只是个弹丸小国，怎能与大英帝国抗衡？此次东征让理查德名满天下，若是死在我们之手，必将遭到基督徒的唾弃，英格兰也绝对不会善罢甘休。"

也有些贵族从既得利益出发，觉得元老没有说到问题的重点："行了啊老家伙，咱们痛痛快快地赚点钱最实在！波德哥哥，以我的看法，咱别逞能也别冲动，不但不杀他，还给他养得白白胖胖的！嘿嘿，然后把他卖到神圣罗马帝国去，借刀杀人不是更妙？他是死是活与我们无关，而且他这个身价，起码值我们奥地利十年的开销啊！"

利奥波德听到贵族们的建议，恍然大悟，连夜将理查押走，卖给了神圣罗马帝国的皇帝，海因里希。

上期我们提到过，理查哥跟腓力二世，再加上神圣罗马帝国的皇帝巴巴罗萨，组成三国联盟，带着一群小国家踏上了一条东征抢劫的征途。同学们肯定又有疑问了，巴巴罗萨怎么就变成海因里希了呢？

事情是这样的，因为中世纪的时候，骑士们都骑马穿着盔甲，又笨又重，巴巴罗萨就在第三次十字军东征的路上，突然掉河里去了，半天游不上去。这叫生得伟大，死得奇葩。那么他一死，当然是儿子海因里希继位，而这哥们野心比较大，老琢磨着想搞英格兰一下，踩着别人的肩膀往上爬可能很有快感。

当时欧洲的格局确实有点像三国演义，英格兰、法国、神圣罗马帝国实力最棒，所以利奥波德就把这个人情卖给了海因里希。

腓力二世知道这个事儿以后，疯狂编造理查哥的罪状，目的当然是希望激起欧洲贵族的愤怒，即使绞不死他，也得给他来一个终身监禁对吧。海因里希也收到了这些消息，装模作样地搞了个审判大会，欧洲各国的君主啊贵族啊就都跑来参加这个会议啦，旌旗蔽空，声势浩大，理查一世也正是因为这次审判，才有了"狮心王"的称号。

在审判大会上，理查哥确实是被关在笼子里，但是他的表现却是义正词严，不亢不卑，用许多强而有力的证词为自己辩护，声音充满了磁性，低沉而又坚定，有一种直击心灵的威慑力。在场的贵族听到如此震撼人心的证词，肃然起敬，有些人更是潸然泪下，对理查哥表现出深深的同情。

法庭上理查哥就像是一头高傲的雄狮，对那些抨击和诽谤他的人毫无所惧。在最后的辩词中，理查哥握紧双拳，目光坚定："吾熊熊之心，唯以英格兰为重，始终不渝，天人共鉴！我在这里郑重声明，除了上帝，任何人都没有资格审判我！"

贵族们情绪激动，浑身的汗毛根根直竖，哇塞！理查哥实在是太帅了！你看他的眼神，你看他的愤怒，仿佛拥有一颗狮王的心，魅力无可取代！喔，狮心王理查德！你是我们的偶像！我爱你！

同学们，现在你们应该明白了，理查杀狮的故事其实跟武松打虎是一样的，都是经过了后人的艺术加工，在历史上并没有发生。

理查哥以优秀的表现，慷慨激昂的辩词，为金雀花王朝赢回了尊严，欧洲的贵族们强烈要求海因里希释放这位伟大的国王。教皇察觉到舆论的风向一边倒，就出面斡旋此事，最终，海因里希开价 15 万马克（约 30 万英镑）的天价赎金，同意英格兰赎回他们的国王。

这个俘虏的价码在当时创下了历史新高，相当于英国两年的 GDP，但是英格兰的人民同心协力，众志成城，纷纷捐出了自己的私房钱去解救偶像国王，海因里希也被他们的精神所感动，答应先付 20 万英镑，剩下的先欠着。前面提到的沃尔特，终于带着钱将理查哥接回了英格兰。

那么狮心王理查德被评为英国人心目中最喜欢的国王，一点没有悬念了吧?

理查哥回到英国到达伦敦的那天，英国人都疯了，摇旗呐喊，夹道迎接这位伟大的君主，金雀花王朝的子民们自发举办庆祝活动，万人空巷。理查哥又在圣保罗大教堂，举行了一场加冕称王涂油礼，算是一种作秀吧，为了更坚定地树立起他的王权形象。

约翰跑哪去了？就是理查一世那个傻子弟弟，一看他哥满血复活，吓得六神无主，主动投案自首，哭诉自己是受了妖人的蛊惑，虽然罪恶滔天，但是恳请哥哥原谅。

理查哥当时狠犹豫，留着这祸害可能有威胁，但是母亲就劝他，约翰毕竟是你弟弟啊，他一时鬼迷心窍，要怪也应该怪那个该死的菲力牛排才对！理查心一软，就宽恕了约翰。

说到菲力牛排，他的计划彻底泡汤，而且他发现理查哥一回到英国，啥事也不干，也不搞国家经济，就是各种横征暴敛，加强税收，卖官卖地故伎重演，全部砸向军备开支。他立马醒悟过来，敢情理查哥是准备找我算账呢！

当时英国已经没有钱了，国库空虚，可是英国人砸锅卖铁也要支持伟大的理查哥，卖肾他们也愿意，几乎到了近似疯狂的程度。所以理查哥没用多少时间，迅速组建了一支强大的军队，大金链子肯定是不带啦，勒紧了裤腰带，带着兵马粮草返回欧洲，一心报仇雪恨。

他回到欧洲，金雀花王朝海外领地的民众也疯了。据史料记载，理查一世登岸之日，率领着千军万马，犹如王者归来。那种君临天下的气质简直就像是天神下凡，无论队伍走到哪，臣民们皆欢呼高歌，下跪叩拜。歌词大意是：啊！仁慈的上帝啊，谢谢你让我们的战神回来啦，法兰西的国王就要滚犊子啦！

因为腓力二世当时抢了不少地盘，理查哥当然要收复河山，然后就开始进攻法国及其领地。狮心王理查德满腔怒火，带着复仇的火焰而来，看见法国人就往死里打。同学们可以脑补一下当时的场景：理查哥身材魁梧，相貌英俊，一头棕黄色的头发飘扬在风中，他抓到一个法国人就摁倒在地上，骑着敌人的脖子一顿削，各种的电炮再加扇嘴巴子，胯下之人基本上就变成了一个猪头。

欧洲的那些国家，包括神圣罗马帝国和奥地利，一看法国被理查哥打得满地找牙，心里就有点慌，我擦，狮心王真是够猛的啊！他要是收拾完菲力牛排，不得找我们算账啊？

于是乎，他们就纷纷示好理查哥，愿意与英格兰重归于好。当时理查哥还有十万赎金不是没给嘛？海因里希就说了："哥！那钱我就不要了，咱们一家人不说两家话，有用得着小弟的地方，您尽管吱声，甭客气！"

奥地利的公爵也硬着头皮派人来求和："理查兄，我把上次卖你的赃款全部还给你，只求你大人不记小人过，放兄弟一马。"

理查哥这一辈子最爱的就是钱，不是为了挥霍，而是为了打仗。所以他就答应了，同意与这些欧洲国家和好："有首歌唱得很好，往事不要再提，人生已多风雨，纵然记忆抹不去，爱与恨都给我烂在心里……"

更令人想不到的是海因里希意外驾崩，继位的人正是理查哥的外甥，就是当时亨利二世的女儿和神圣罗马帝国的一位亲王所生的儿子。而海因里希没有子嗣，理查妹妹的儿子就当上了皇帝，叫作奥托四世。此人从小在英国长大，与理查哥关系极好，也特别崇拜他这个狮心王舅舅，因此，欧洲就诞生了一个反法同盟。

腓力二世彻底心凉了，这仗怎么打？再搞下去会有灭顶之灾。于是腓力托了很多贵族去找理查哥说情，希望大家能坐下来聊聊。

理查哥一声冷笑："免谈，我就是要往死里削他！"

他的复仇之心很坚决，无非就是想一鼓作气灭了法兰西。但是这个时候呢，跳出来一个人把腓力二世给解救了。说起这个人物，可是大有来头哦，他就是刚刚登基的罗马教皇英诺森三世。此人出身罗马贵族家庭，在历史上非常有影响力，世人尊称其"万皇之皇"。他手段强硬，对大英帝国也产生很大的影响。

英诺森三世当时希望英法两国和解，大家都消消气，耶路撒冷的三年停战期已过，你们需要重新组织第四次十字军东征。由于理查哥是在第三次东征扬名立万的，而且他就是个战争狂人，对第四次东征格外重视，就同意与法兰西和谈，提出的条件跟大张伟那个"嘻唰唰"歌词差不多："嘻唰唰，嘻唰唰！请你拿了我的给我送回来，吃了我的给我吐出来！"

"行行行！哥啊，你说啥都行哎！"腓力逃过了一劫，如释重负地叹了一口气，愉快地与英国签订了为期五年的停战协议，缓解了法国的危机。

英法战争打完之后，理查哥又开始各种的赚钱和征税，因为他要备战第四次东征嘛，当然不敢马虎。正好这个时候，他属下一个封地叫利摩日，当地伯爵突然发现了一个宝藏，赶紧分出一部分，屁颠屁颠地跑去献给理查哥。

哎？利摩日是我的领地，宝藏都属于我英格兰，应该由我来进行分配啊，你怎么能据为己有呢？理查哥质问这个伯爵，满脸的不高兴。

伯爵后悔莫及，我这不是自讨没趣么？当场就想扇自己几个嘴巴子。

然后他就骗国王，我全部都上交了啊，没有私吞。理查哥当然不信他的鬼话，就抽空带兵去利摩日视察。结果那个伯爵做贼心虚，躲在城堡里闭门不出，理查哥哈哈大笑，你这不是此地无银三百两嘛！弟兄们，给我把城堡打下来！

但是，久经沙场的理查哥这一次可谓大意失荆州了，他当时只带了一个头盔，身上并没有穿盔甲，因为就一座城堡而已，他也没放在心上，结果被一支暗箭射中了肩膀。

其实被一支箭射中并没有什么大事儿，战场上时有发生，不足为奇。可是不巧的是那天理查哥受伤是在漆黑的夜晚，当时那个条件哪有明亮的灯光啊？外科医生处理伤口时也没处理好，最终导致这个轻伤演变成了破伤风。

然后他的伤势越来越糟糕，利摩日城堡被攻打下来以后，理查哥把那个放冷箭的弓箭手抓起来了，问他：你为啥暗箭伤人啊？光明磊落点不行嘛！弓箭手大义凛然，咬着牙说："我誓死效忠伯爵，你杀了我的父亲和兄弟，我当然要给他们报仇！"

理查哥也许想起了他的父亲亨利二世，觉得人世间的种种很难去辨别对错，他一时颇有感触，就饶恕了这名弓箭手。然而没过两天，狮心王理查德就是因为这次的箭伤，溘然长逝。他临死之前，吩咐手下，将他埋在亨利二世的脚下，以表示对父亲的忏悔。

哎，正是生死有命富贵在天，谁也无法预料下一秒会发生什么事。理查德一世其实并不是一个好国王，一辈子都是在压迫人民，加税收钱，甚至不择手段地卖官鬻爵，眼里只有一个"钱"字，国家治安什么的他也无心管理。

他也不是一个好儿子，举兵造反，把他老子活活气死；他也不是一个好丈夫，因为他虽然没娶腓力二世的姐姐爱丽丝，但是那个西西里老婆，他碰都懒得碰。

有些历史书上说理查哥其实是个同性恋，我觉得应该是谣言，因为第三次十字军东征的时候，他曾经带着骑士们去嫖娼，总不可能就站在旁边看着吧？

就是这么一个穷兵黩武之人，英国人为啥还特别喜欢他？为什么还在威斯敏斯特宫前立起他的雕像呢？

其实理查一世的形象，在整个英国史学史上经历过一个由正面向负面，又被重新认识的过程。早在 12 世纪末 13 世纪初，有关理查一世和十字军的记述主要集中于英国，撰写这些历史记录的主要是一些教士或修士。他们从教会的立场和捍卫基督教的角度出发，高度评价了理查一世在第三次十字军东征中的突出作用，盛赞他的丰功伟业，关于这一点，甚至连同时期的穆斯林历史学家都予以承认。而到了17–19 世纪，随着启蒙运动和宗教改革的兴起，人们对理查一世的视角开始转变，包括大卫·休谟的《英国史》、爱德华·吉本的《罗马帝国衰亡史》等一些著作，开始指责理查一世在十字军东征中的屠杀，以及他荒于王政、压榨人民的行为。20世纪以后，历史主义思潮开始兴起，历史主义认为评价历史人物，必须把他放到当时所处的历史环境中，以同时代的标准去加以评判。以这种视角去评价理查一世，就会发现他无论是对十字军东征，对英国海外冒险事业，对欧洲与东方的文化交流都产生了非常深刻的影响。

而在老百姓眼里呢，理查一世是"最完美的骑士"。一方面，他在战斗中体现出一股不顾一切的大无畏精神，这种有时候近乎疯狂的悍勇，不仅激起了战士们的敬仰和忠诚，也加强了人民和各国十字军之间的凝聚力；另一方面，在战略战术上，理查哥绝对是一代名将，光凭不要命的精神，可没法和埃及传奇英雄萨拉丁打得难分难解。在个人品质方面，他为人光明磊落，对手下慷慨大方，连差点杀了理查哥的威廉·马歇尔，都被国王的骑士精神所折服。在爱情方面，他一生最爱的女人是青梅竹马的爱丽丝，但由于种种原因没有走到一起，这种求而不得的悲剧，充分满足了吃瓜群众对"骑士之爱"的无限遐想。总而言之，理查一世的种种特质，几乎完美地符合中世纪对一位伟大骑士的社会期待，他不断出现在民间的故事和歌谣中，成为一位传奇英雄。

狮心王查理一世的故事讲到这里也就结束了，至于后来是谁继承了理查哥的王位？阴谋家腓力二世又是如何算计英国的？英国人的命运会不会发生天翻地覆的变化？这些种种疑问，我们都将放在下集再说。

第十六章　无地王约翰给法国的神助攻

各位同学，今天的开篇我得先帮大家回顾一下，诺曼征服之后，英格兰的几位国王都是谁？首先是咱们鼎鼎大名的威哥，威廉一世；接着是他的儿子威廉二世，然后就是威廉二世的弟弟亨利一世，加上外甥斯蒂芬插了一脚，最后传到了亨利一世的外孙亨利二世手里。

亨利二世来自法国安茹家族，也叫金雀花家族，所以他登基为王，英格兰就进入了金雀花王朝。咱们前两期说到亨利二世的儿子理查一世继位，由于理查哥没有儿子，那么在他驾崩之后，就轮到他的弟弟啦，也就是英国历史上最奇葩的一个国王——无地王约翰。

这个无地，不是说他无敌哦，而是没有土地的意思。

金雀花王朝真是人才辈出，头两位国王，亨利二世和理查一世，一个治国有方，一个能征善战，而这个"无地王约翰"让英国人大跌眼镜。他不会管理也不会打仗，却是一位超级败家的小儿郎。咱们要是说起败家国王谁最强？约翰就是宇宙无敌第一家！可谓是前无古人，后无来者。

他败家到什么程度？亨利二世与理查一世在欧洲大陆所建立的地盘，比法国大了很多，其中还没有包括英国本土的面积。可是这位约翰大哥，可算是古今罕见的人才，当上国王没几年，英格兰的地盘几乎全部丢失，还被迫签署了世界上第一部《大宪章》。这部宪法也是日后英国君主立宪制度的基础。

到底是什么原因，促使无地王约翰签署这个《大宪章》呢？

前文提到狮心王理查德去世之后，如果他没有立过遗嘱，那么下一位国王，理应由他的侄子布列塔尼公爵阿瑟继承。但是理查哥在临终前，他母亲去见了他最后一面，苦口婆心劝儿子修改遗嘱，将王位传给弟弟约翰。

这位母亲不是别人，正是亨利二世的老婆，被关在索尔兹伯里城堡的埃莉诺。因为她与阿瑟母亲关系不好，婆媳向来不和，觉得如果把王位传给阿瑟，下一任太后搞不好会垂帘听政。只不过理查哥受了箭伤之后，迷迷糊糊的，身体早已抗不住，挥舞手臂一通比画，话也说不清楚，一口气喘不上来就睡过去了。

当时威廉·马歇尔也在场，觉得此事牵连太大，顺位继承人应该是不列塔尼的阿瑟，但是老妖婆这么一劝，好像理查哥同意改成约翰。那事情就不好办了，如果支持阿瑟的贵族造反怎么搞？所以老马决定，国王驾崩的消息暂时不要传出去。

然后老马约上沃尔特，二人连夜跑去找坎特伯雷大主教商量这件事。

大主教听完老马的建议，眼皮子直跳："What？小约翰这人脑子进过水，而且他是造过反的，当国王如何服众呢？"

威廉·马歇尔的骑士精神，天下闻名，他当时觉得理查哥可能是赞成老妖婆建议的，而且阿瑟才十二岁，他们孤儿寡母的也起不了什么风浪，如果贵族们不支持约翰，大不了派兵镇压，大家都是为了英国的安定团结，王位应该是有能者为之。他的想法也有道理，约翰毕竟是成年人，在时局的判断和决定上，应该比阿瑟冷静。

大主教一想也对，就同意了老马的说法，慎重地道："老弟啊，现在你是英格兰的三军统帅，拥立约翰当国王我必须无条件地支持你。但是，我有个预感……我觉得未来所有的后悔，都抵不上我们今天这个错误的决定。"

这句话说得太有水平了，后来发生的一切都应验了这个预言。约翰当上金雀花王朝的第三任国王之后，英国的命运就一落千丈，从原来反法同盟的主动，变成了尴尬的被动。因为老对手实在太强了，腓力二世的智谋能碾压约翰好几个来回。

腓力二世统治法国快二十年，城府极深，亨利二世与理查哥看见他都大伤脑筋，凭你小小的约翰，要啥没啥，怎么可能搞得定这只老狐狸？所以我说有些骑士头脑简单，并不是空穴来风。再说老妖婆埃莉诺，都快八十岁的人啦，安享晚年不好么？非要去操心王位继承的事儿，我也真是很无语。

腓力二世听闻约翰登基，顿时乐开了花，做梦笑出了猪叫声，吃饭的时候好几次呛到气管。那他想找约翰的麻烦，总得先找个理由吧，于是他就去找阿瑟的母亲，一番义正词严的打抱不平，目的就是劝布列塔尼的贵族造反。

然后呢，腓力将小阿瑟接到了法国，不但让自己的女儿跟他定亲，还特意去找了个家庭教师，鼓励他好好学习。接着，他马不停蹄地跑到杜兰、马恩这些地区，煽动金雀花王朝领地的贵族们一起叛乱。

贵族们并不是傻子，他们之所以会动摇初心，当然是因为小阿瑟被挤下了王位，让他们升官发财的机会成了泡影。不过，毕竟理查哥留下来的部队还是很猛的，而且威廉·马歇尔也预料到这些人会造反，提前做好了防御措施，贵族们的小打小闹很快就被压住了。

与此同时，腓力的计谋也被阿瑟的母亲识破，她赶紧召回阿瑟，让儿子归属国王约翰，都是一家人咱就别打打杀杀了对吧？同心协力壮大英格兰才是头等正事。娘俩宣誓效忠之后，就回布列塔尼继续过开心日子了，同学们觉得，哎？这个约翰还行的，挺讲道理的，不像是个智商余额不足的家伙啊！

搞笑的事情发生了，约翰突发奇想，我刚当上国王，得舒舒服服过几天安稳的日子才对，而且反法同盟的盟友们也都去参加十字军东征了，不如趁这个机会找腓力哥谈一谈停战的条件。

然后这个傻蛋主动去找腓力二世了，非常诚恳地说："腓力哥，咱们要是扯近了也算是亲戚了对吧？我给你2万马克，我老爸和二哥的地盘我也可以全部还给你，咱们低头不见抬头见的，以后别搞来搞去了，大家和平共处！"

当时欧洲有很多地盘虽然都是英国的海外领地，比如安茹、阿基坦、杜兰，包括诺曼底这些地方，名义上其实都是法国的附属国，但是约翰就用了一晚上，主动跟腓力签署了《勒古来条约》，竟把他父王和王兄用了近一百年创下的基业，拱手送人，眉头都没有皱一下。

腓力二世当时也蒙圈了，这完全是中彩票的概率啊，幸福来得太突然啦！他一时悲喜交加，又惊又怕："英国出了这么一个二货，我应该高兴才对，为何我的小心肝儿会有那么一点小怕怕？"

约翰确实是诚心诚意的，不玩虚的，一回到英格兰就开始找贵族们筹那两万块钱。贵族们一听，吓了一跳："什么玩意？你……你咋把谈判谈成了是我们给钱呢啊？领地也还给他们……啊噢，来人呐！不好了啦！快去传太医，国王的脑子坏掉了啦！"

合约都已经签了，这件事儿当然赖不掉，贵族们见木已成舟，长叹一声，也只能听天由命了。

腓力二世拣了这么大一个便宜，每天走路都带着风。他当然也不能食言，让英法两国度过了几年短暂的和平时期。而英国碰到个昏君，经济一直搞不上来，约翰为了维持王室的奢靡生活，就开始压榨贵族。比如说加收"盾牌税"，比他爸他哥收得还狠，贵族们怨声载道，敢怒不敢言。

后面还有更荒唐的事，约翰当时看上了一个贵族的女儿，那姑娘只有十三岁，本来已经订婚，等长大就得嫁给法国的一名伯爵，但是约翰先将原配王后休了，然后威逼贵族把女儿嫁给他。法国伯爵听说了这事儿，立马去找腓力哭泣，让腓力给他主持公道。

腓力二世正愁没理由撩闲呢，哈哈，你自个儿撞我枪口上来啦！他就想了个花招，按照《勒古来条约》的规定，安茹家族在名义上是法国的附庸，那么他就要求约翰以"安茹公爵"的身份前往巴黎，接受这次抢亲行为的仲裁。

哎？约翰一想，我堂堂一国之君，让我去巴黎不就承认是你的封臣了么？你觉得我是二愣子呀？小样！约翰死活不肯去，腓力二世就单方面宣布，没收约翰在法国的所有领地，并且主动交给布列塔尼公爵阿瑟来管理。

而且腓力还专程去找了小阿瑟："孩子啊，一晃你都十六岁了哎，雄鹰的羽毛也已经长出来了，我就封你做光荣的骑士吧！拿出你的勇气，去英格兰抢回属于你的王位！"

小阿瑟年轻气盛，老狐狸的尾巴他哪里瞧得见？八字还没一撇呢，他倒先当起了傀儡，公开宣布与腓力结盟，招兵买马，联合外人去抢夺王位。这一路厮杀，小阿瑟带着美好的憧憬和愿望，连连取胜，占据了很多英国的海外领地。

约翰可没有他老爸和哥哥们那么能打，试图与侄子和解，但是小阿瑟表示坚决不同意：“哼哼，除非你把王位让给我，否则一切免谈！”

小阿瑟的思路比较清晰，神不知鬼不觉地打到普瓦图，目的就是去抓他奶奶。这个奶奶不是别人，就是约翰的母亲老妖婆埃莉诺。她就是劝二叔理查改遗嘱的罪魁祸首，所以小阿瑟恨之入骨，想抓奶奶当人质趁机要挟约翰。

约翰听说他老娘被围困了，心急如焚，立刻派威廉·马歇尔前去救援。常言道，老将出马一个顶俩！小阿瑟见老马横枪立马，威风不减当年，心里就有点慌，说了一句：“廉叔老矣，尚能饭否？”

老马哈哈大笑：“贤侄啊，我看你手执火尖枪，脚踏风火轮，以为自己是哪吒咩？来来，你我大战三十回合，让你瞧瞧我的饭量！”

结果可想而知，当年六十几岁的赵云，一杆龙胆亮银枪也是舞得虎虎生风的，老马可是欧洲公认的战神啊，小阿瑟哪能是他的对手呢？一个回合就被生擒了。

小阿瑟被俘虏了以后，约翰来找他侄子谈心：“大侄儿啊，你别被菲力牛排给忽悠了，他就是想挑拨我俩！我劝你别起幺蛾子啦，回家找你妈吃奶去吧，做个安分守己的好市民。”

年轻人图样图森破，头脑非常简单，说啥也不同意，说这个国王的位置是你抢去的，必须还给我。哎？这不是耍小孩子脾气嘛？叔叔都给你台阶下了，还这么嘴硬死扛有意思嘛？我要是还留着你小命，日后必成大患！

于是，约翰杀心顿起，将法国那些贵族，包括情敌在内统统干掉。据说小阿瑟是约翰亲手掐死的，身上绑了一块大石头，给扔进了塞纳河。

后来小阿瑟的尸体被人发现，消息不胫而走，欧洲那些领地的贵族满腔义愤，约翰连自己侄子都杀，简直太没人性了啊！布列塔尼人悲愤之下，誓要给小公爵报仇，就去找腓力二世借兵。腓力故伎重演，在法国搞了一个法庭，传唤安茹公爵约翰到庭受审。他当然知道约翰不会去的，正好就是向英国宣战的理由。

约翰当时在诺曼底，北面是大海，西边是布列塔尼人的复仇火焰；南边是普瓦图的民间叛乱；东边是腓力二世疯狂的进攻，可谓腹背受敌，眼看诺曼底就要沦陷，可是约翰天天跟13岁的小娇妻翻云覆雨，对眼前的战局漠不关心。

理查哥在世的时候，曾在诺曼底的塞纳河旁，建了一个超级的大堡垒叫作盖亚尔堡，花了好几十万镑巨资打造的，就是用来防御法国人的进攻。约翰觉得这个城堡啊固若金汤，绝对不是豆腐渣工程，至少能保证五十年不破。结果，法国人半个月就攻进来了。

腓力二世一鼓作气打到鲁昂，约翰才意识到问题的严重性，准备放弃抵抗，跑回英格兰再作打算。威廉·马歇尔劝他再坚持一会，约翰死活不答应："哎呀！丢就丢呗，屁大点事儿！法国人花上一年时间抢的地盘，我一天就能抢回来！"

啊？这个时候他还在满嘴跑火车呢！老马心里顿时凉了半截，恨不得抽自己几个耳光。我估计当时他也是追悔莫及，想不到英国在欧洲的地盘就这样断送在约翰手里，当初要是听了坎特伯雷大主教的劝告，就不会落到今日的下场。

约翰回到英国以后，大张旗鼓想抢回欧洲的地盘，但是贵族们的信心却开始动摇了。因为他们的地盘分布各地，而腓力差不多已经控制了整个法兰西，如果一如既往地支持约翰，欧洲的利益就要放弃，如果狠心投靠腓力，英国的领地从此玩完。

贵族们无从选择，干脆静观其变，两边国王都不去得罪。正好这个时候，上次我提到的教皇英诺森三世，又给约翰出了一道难题。

英诺森这个教皇，在历史上比较有名，而且手段极其强硬。他一看英国力量被削弱了，坎特伯雷大主教也去世了，就想趁机夺回基督教在英国的主教任命权。但是约翰表示拒绝："我老爸定下的规矩，绝不能败在我手里！现在前线战事紧迫，你们基督教会的负责人也应该承担起责任，给我们交点税。等我渡过了难关，再考虑以后的事情！"

英诺森傻眼了，我擦，上帝还得给你交钱？滚犊子吧你！他一气之下，就将约翰除名，逐出了基督教。

约翰不以为然："谁稀罕你那破玩意？我被法国搞得焦头烂额的，哪还有空去搭理上帝？老不死的你省省力气！"

过了段时间，教皇见约翰没反应，想出一招更狠的，直接把英国的基督教关停，调走了所有的主教和神父。这下就乱套喽，当时欧洲是全民信基督教的，教会一旦关停，教堂也就不营业了，那老百姓就做不了礼拜了哦，赎罪忏悔也无人过问，那我们死了以后咋办？坐上驶往地狱的马车么？

然后，英诺森又让自己的门徒去找腓力二世："尊敬的国王，主人让我给您带一句话，耶稣哥托梦给他，说，如果约翰执迷不悟，就必须选出一个最合适的人来替代他。"

腓力二世眼珠子一转，哦，我懂我懂，教皇的意思是让我以上帝的名义，去拯救处于水火之中的英国人民，哈哈，当然没有问题！

腓力有了教皇的支持，如虎添翼，立即在诺曼底集结部队，准备向英国本土发起猛烈的进攻。英诺森还是不放心，连夜拟写了一条欧洲教会的通告，逼迫约翰退位。

约翰一看玩这么大啊？这老不死的太狠了！他此时已无路可进，只得向教皇服软，同意交出坎特伯雷大主教的任命权，并宣誓效忠罗马教皇。英诺森开心坏了，嘿嘿，英格兰以后变成了罗马教会的一块领地，这可是我的功劳！约翰虽然脑子很水，但也算得上孺子可教也。

如此反复折腾之后，英国的国王就变成了罗马教皇的一个封臣。嗯，同学们看到这儿，觉得约翰这个厾包已经无药可救，简直傻到姥姥家去了！其实不然，约翰这步棋，是他毕生之中最清醒的一次。

孙子兵法里有一招，叫"投之亡地然后存，陷之死地而后生"，约翰主动宣誓效忠罗马教皇，目的就是先把英国保护起来。你们换个思路想一想，我现在效忠教皇了，别说是你法国，欧洲任何一个国家只要去进攻英国，那就等于是向教皇宣战。明白了吧？因为他俩现在是封君和封臣的关系，所以，约翰跟教皇的距离就拉近了，私下协商了很多互惠互利的条件，甚至其中还包括了偷袭法兰西。

所以这个人呢，你别看他平时傻里傻气的，有时候可能会做出一件，让你刮目相看的大事，而活在乱世之中，成败也就一念之间。

腓力二世一切准备就绪，就等教皇一声令下，他就可以手舞足蹈冲英格兰去抢钱啦，不料约翰暗中与教皇勾结，趁机组织了五百艘舰队，突然偷袭，打得腓力措手不及。

但是他除了提出严正抗议之外，又不敢向教皇宣战。于是约翰落井下石，开始动员国内的贵族们捐钱，一雪前耻，从法国人手里夺回地盘。

贵族们正在犹豫的时候，发生了一处戏剧性的转折。原先反法同盟的小伙伴们从耶路撒冷回来了，他们都是以前理查哥的铁哥们，荷兰、葡萄牙，还有那个盛产羊毛的佛兰德，加上神圣罗马帝国的奥托四世也表示要灭掉法国，英国贵族们备受鼓舞，觉得这下肯定是有肉吃了，就砸锅卖铁给约翰交钱。

于是反法同盟搞了三万多人的部队，浩浩荡荡地往法国进发。

腓力二世被约翰偷袭之后，元气大伤，他勉强凑齐了一支队伍，加上民间组织的民兵一万多人，总共不到两万，腓力可以说是抱着鱼死网破的决心，来面对这场浩劫。

公元 1214 年 7 月的一个清晨，天气闷热，英法两国打响了欧洲历史上，非常著名的一场以少胜多的战役——布汶战役。

细节我就不多说了，腓力二世取得了决定性的胜利。主要的原因，是当时反法同盟的协调性不行，他们的军事配合就像幼儿园的小朋友过家家，缺乏理查哥那种可以一呼百应的将领。

这场战役，直接导致金雀花王朝在欧洲大陆所有领地的丧失，而且让法国成为欧洲最强大的国家，没有之一。

约翰灰头土脸地回到英格兰，依然不死心，继续要求贵族们卖肾捐手机。

贵族们终于毛了，暗中搞出了一个贵族党派，强烈要求国王停止征税，一共写了四十九条要求。当时不叫大宪章，叫男爵抗议书。那么约翰老毛病又开始了，一副不以为然的样子："我是国王！而且有教皇给我撑腰，打输一场战争有啥大不了的啊？你们必须加税，必须交钱！我看谁再叽叽歪歪的，老子给你套上麻袋扔河里去！"

矛盾终于升级，贵族党开始鼓动全国各地的民众示威游行，抗议国王的暴政统治，迅速将伦敦的局面控制住了。保皇党一看不妙，就劝国王赶紧跟贵族党和谈，老马也四处奔波，积极与贵族党们展开对话。

约翰被迫无奈，在公元 1215 年与贵族党们签下了男爵抗议书，从四十九条加到了六十三条，后来改名为《大宪章》。

当时约翰签署的时候，想的无非就是缓兵之计，咱们等这阵风一过去，给它废掉不就行啦？我急个毛线呀！

但是就是这个大宪章，后来成了英国君主立宪的重要基石，同时也是世界上的第一部宪法性文件。它限制了国王的权力，比如加税的实施，必须经过贵族们投票决定，给予国民自由。经过历史的变迁，"国民自由"逐渐扩大到百姓群体，国民有参与政务和监督国家政务的权利。

大宪章的签署，轰动了整个欧洲。哇塞！限制王权，监督王权，这些可是史无前例的事儿啊！贵族们觉得迎来了春天，举国欢腾，但是万万没想到，英诺森三世私下与约翰合计，公开发表演讲，强烈要求废黜大宪章。约翰有恃无恐，撕了大宪章，拒不承认条约的合法性，脑残患者也终于引发了英国的大内战。

当时贵族们的想法是跟腓力二世合作，只要推翻约翰，就让腓力儿子路易当英国的国王。路易比他狐狸老爸更好战，一听这消息，欣喜若狂："啥？让我去当英格兰的王？哇哈哈！我要是不给约翰的门牙打掉，我就爬着回家！"

约翰遭遇到内忧外患，深感大势已去。他借酒消愁，郁郁寡欢，不久之后就染上了痢疾，一代无脑无地王，终于在公元 1216 年 10 月 19 日病逝。

但也有传闻，说约翰是被毒死的，他吃了一种叫狼头草的植物，中毒的症状与痢疾一样，而且传说死后会变成狼人。我觉得吧，就算他变成狼人也是个傻狼。

因为他把欧洲的地盘都丢完了，所以他的遗体不能跟老爸和二哥葬在一起，就埋在了英国中部的伍斯特市，这也正好映衬了他的称号"无地王"。伍斯特是英国的历史名城，有机会去旅游的小伙伴们，记得观察一下，有没有一个愣头愣脑的狼人出没，随便拍个照片谢老师看看哈！

这章我们讲的是英国国王"无地王约翰"的故事，同学们熟记两个至关重要的大事件。一个是布汶战役，让法国成为欧洲头号强国，直到拿破仑死了以后，法国才开始衰败。

另外一个就是《大宪章》的签署，我再次强调，大宪章对世界格局的影响可谓空前绝后，除了它是首部宪法之外，也让伦敦成为英国的金融中心，更激发了日后英国人群策群力征服世界的力量。

历史风云就像是娃娃脸，说变就变，每个载入史册的人物，他的经历通常都是一波未平，一波又起。有些同学要开始提问啦，老狐狸腓力的儿子路易有没有当上英国国王呢？英国的命运又将何去何从？莫急，莫急，我将在下一章，带给同学们一个满意的答案。

第十七章　《大宪章》和英国议会

我们说起超级无敌败家子约翰的智商，无限唏嘘，英国人当然也挺无语的，都不太好意思提起他的名字，可是他被迫签署的这个《大宪章》，在你了解英国历史的同时，必须要明白它所带来的几点深远意义。

咱们先说第一点，就那个时代而言，全欧洲甚至全世界，都处于封建制度的统治之下，诺曼征服之后，国王具备了无上权力，土地分配和苛捐杂税都由国王说了算，然后由基督教会来监督贵族们的言行。而大宪章的出现，国王的权力就被限制了。

以前国王一觉醒来，一拍脑门："哎？今天好像很闲呐，大伙儿跟我去找隔壁老王打一架！"

贵族们脸上陪着笑容，赶紧吩咐自己领地的骑士兵团做好准备。等国王穿好袍子，伸出手要贵族们掏钱的时候，现场立即鸦雀无声。可是他们不敢抗旨啊，这是要砍头的！就算是勒紧裤腰带，瘦成皮包骨也得上。

但是大宪章的出现，规定除了明确的司法判决之外，你国王不能随便抓人了哦！隔壁老王是死是活不关我事，可是你要施行收税的政策，大家得坐下来谈，投票解决。像监禁贵族，没收财产这些事儿也必须有理有据，不可滥用王权。这就说明，大宪章的建立，让英国的封建制度率先发生了变化。

接下来第二点，《大宪章》正是通过制定和颁布成文的首部宪法性文件。

上期我们说过，宪法是管理当权者的法律，这里体现出一个精神，就是法律在上，王在法下。以前都是君权神授，国王是代表神来统治国家的，现在人民要求你依法来统治国家，不是代表神，更不能将你的意愿强加在别人头上。

也就是说，当国王一觉醒来，心血来潮想去打隔壁老王的时候，他得停顿一下啦，嗯，我想去打人，但是没有路费，诸位爱卿有何良策？

口气明显变化了有没有？这是一种协商的口吻。贵族们就开始考虑利益关系了，你想打谁没关系，你是国王啊，当然你最大！可是我觉得在没有路费的情况下贸然去打架……这个事儿嘛，陛下先别急，我去找张三李四问一下。

当然你不可能故意去跟国王作对，因为国王也有死忠粉，比如忠心耿耿的威廉·马歇尔，他就属于三朝元老，只要在国王床榻边点个头，周围几个脑袋肯定不敢晃荡。

我再说第三点，关于"国民自由"。

这里的国民在那个时代也叫自由民，特指贵族精英阶级，后来的自由民逐渐演变成包含社会底层的人，也就意味着之后的英国，任何合法公民都可以组织反抗暴政统治。

同学们理解了吧？你看西方人一旦发生不爽政府的事儿，动不动就示威游行的，追溯根源，都是因为大宪章给惯出来的毛病。

然后第四点，就是国民拥有了被协商权，而且还可以监督王权，甚至可以反抗暴政，反抗压迫。

比如说贵族阶层对国王的一项法令有异议，需要国王在规定时间内与贵族们协商解决。贵族们当然不可能绷着脸，会好言相劝："陛下，那旮旯的风味烤肉好吃不好吃，生意红火不红火的咱不去管，先派人去采购，跟采购员签订质量保证之后，再去征收营业税，大臣们有肉吃又有钱收，屁颠屁颠就把事儿办喽。"

那这里就出现了好几个部门，例如管理委员会、质量监督局或者税务监管机构，可以多方面开发贵族的既得利益，这也给后来的"议会制度"做出了重要铺垫。

综合以上四点来总结大宪章的意义，就是大宪章的出现，标志了英国封建制度的衰落或者是转型，确立了法律至上，王在法下的精神，为立法机构打下了一个良好的基础。同时，大宪章还为17世纪英国资产阶级革命的重要文件《权利法案》提供了依据和蓝本，最终导致君主立宪制的开启，从而使英国人民率先进入了资本主义时代。

其实大宪章也随着历史洪流，多次修改并重新颁布，作用时大时小，甚至有时候完全被人遗忘。但是一到关键时刻，国王一觉醒来时，脚够不着地了，欲望又开始膨胀，大宪章就立马跳出来，杜绝国王的滥权枉法。

可以说，大宪章就像是个紧箍咒，只要国王一不听话，贵族们就搬出来念念有词：嘛哩嘛哩哄……这种情况一出现，国王基本上就开始发疯："天呐！我要这铁棒有何用？我有这王位又如何啊！啊啊我了个去！"

说到这里，《大宪章》的历史意义，我就不用继续解释了，各位同学理解就行。那接下来我就要回答同学们的疑问了，法国的路易究竟有没有当上英国的国王呢？嘿嘿，大家不必乱猜，老狐狸的儿子并没有得偿所愿。

"无地王约翰"死时，他长子亨利才九岁，那么我们的大忠臣威廉·马歇尔，在这个关键时刻又出现啦。可惜他这次选的国王依然不咋地，也是废柴一个，你们在翻看英国历史的时候，一不留神，可能连他的名字都找不到。

当时老马抱着九岁的小王子亨利，来到格洛斯特大教堂，坎特伯雷大主教正在喝茶，他就比较尊重这位三朝元老，同意给小亨利加冕。由于约翰在位时已向罗马教皇效忠，所以小亨利也向大主教实行了效忠礼。

他这个登基仪式没有以往奢华，也没有文武百官的祝贺，连王冠也是从王后头上借的，非常时期，一切从简。亨利三世顺利继位英国国王之后，保皇党们就拥立老马为第一摄政大臣，也就是护国公。

我擦，四代元老了啊！从亨利二世到理查一世，再从约翰到亨利三世，老马此时已经七十多岁啦，依然不遗余力地效忠君主，确实令人钦佩。

后来英国人为了纪念他，在伦敦泰晤士河旁圣殿大教堂（Temple Church）立了一座雕像。有机会去英国旅游的小伙伴们，可以去瞻仰瞻仰老马的雕像，就在门口。

同学们，听完谢老师的历史之后，你们如果出去旅游，游览那些名胜古迹时，历史知识如数家珍，这旅游的钱你也算没白花对吧？哈哈！

言归正传，威廉·马歇尔本身就是贵族，非常了解那些叛乱贵族的需求，就给他们写信："吾本骑士，躬耕于诺曼，苟全性命于乱世，不求闻达于诸侯……各位同僚啊，请听我一言，约翰确实有错，眼看着大好河山支离破碎，我也是痛心疾首！但是我们作为臣子的，不管怎么着，也不能联合外人来欺负自己人啊，情何以堪呐？我相信，亨利三世绝对不是反货，他一定会给大家创造一个美好的英国！"

贵族们对老马的忠肝义胆向来服气，话都说到这份上了，面子当然要给。于是他们纷纷放弃了叛乱，回去支持亨利三世。但他们仍然有些担忧，路易已经冲到了英国的边界，并且占领了英国北部的一些区域，岂能无功而返，不战而退？

"待老夫去会会这只小狐狸！"

七十岁的老将威廉·马歇尔横枪立马，率领贵族骑士开赴前线，英格兰第一骑士，宝刀未老，果然有常山赵子龙的风范！这一路打得法国人闻风丧胆，抱头鼠窜。

当时新国王亨利三世登基的消息，已在英格兰传开，叛变的贵族也放下了刀枪，所以路易的军事力量就被削弱了，几场战役一打下来，法国部队损失惨重。路易觉得没必要再消耗下去，英国国王的宝座肯定与他无缘，就找威廉·马歇尔和谈，讨了一点车马费，打道回国。这个路易，也就是后来的法国国王路易八世。

英国这次内战，前前后后一共打了三年，老马力揽狂澜，最终结束了暴乱，等平定内乱之后，这位四朝老臣也就驾鹤西游去了。他去世的时候，英国贵族和民众手捧鲜花，全体默哀，恭送老英雄的灵柩下葬，场面极其震撼。腓力二世也送来了花圈，无比感慨："我这一辈子，从来不相信有不为利益所动之人，我只服老马一个！Well，他是这个世界上最忠诚最伟大的骑士！"

那么老马去世的时候，王室重任就落到两位保皇党贵族的肩上，老外的名字太长，咱就先称呼他们"张三李四"。在这哥俩的辅佐之下，英国的政治情况开始逐步稳定，因为他俩站在贵族的利益上来处理国家事务，所以大伙儿也没啥意见，后来其中一名辅政大臣张三，去参加第五次十字军东征啦，就剩下了李四哥一人坚守岗位。

亨利三世非常尊重他，敬如慈父。历史上说这个"李四"权倾朝野，但并不是那种篡位夺权的小人。在亨利三世十八岁时，突发奇想，准备带兵去收复祖地诺曼底，李四出来阻拦："陛下，如今世道险恶，你年纪还小，咱们不如韬光养晦，赚了钱以后再作打算。"

既然长辈发话，总得给人留点面子对吧？所以这事儿亨利三世就没有再提，但是跟亨利一起长大的小伙伴们就很不爽，特别是那些贵二代们，包括老马的儿子理查·马歇尔，就经常在亨利三世的耳边吹风："亨利哥，收复河山是我们毕生所愿，你转眼就二十岁的大人啦，可是这老家伙还不让你亲政，是不是有什么企图啊？"

亨利三世一听，哎？好像是这么回事啊，我堂堂一国之君，怎么让你使唤来使唤去的？李四此人居心叵测，我得留个神。正好这个时候，张三从耶路撒冷凯旋，经历了战争的磨炼之后，心态就跟以前大不相同，走路的姿势变成了鼻孔朝天。他听闻国王对李四颇有积怨，干脆来了个顺水推舟，将故友李四扔进了大牢。

接着，张三开始大肆敛财，疯狂抢夺贵族们的地盘，被迫害的贵族就搬出了《大宪章》，强烈要求亨利三世给个说法。亨利三世怎么敢动辅政大臣啊？当然唯恐避之不及，于是英国国内又打起了内战。

俗话说双拳敌不过四手，张三触犯了众怒，引火烧身，一番激斗之后连底裤也输个精光。贵族们陪同特伯雷大主教一起去找亨利三世谈条件，停战可以，但必须罢黜张三。亨利三世无奈，将张三放逐，又签订了贵族们提出的法律文书《莫顿法规》，进一步完善司法体系和土地所有权。

经过这次教育，亨利三世对战争就产生了阴影，只字不提收复诺曼底，视线转移到了女人身上，突然想娶法国国王路易九世老婆的妹妹。当时腓力二世和路易八世都挂了，路易九世觉得我跟你们英格兰没啥仇恨，做个连襟也不错啊，你要是看上了我老婆的妹妹，也算是光耀她娘家门庭对不？于是英法两国的关系渐渐缓和，有些法国贵族呢就通过沾亲带故的关系，投奔了亨利三世。

这些贵族蜂拥而至，目的当然是想换个环境赚钱，当时亨利三世非常欣赏一个叫作西门·蒙特福特的年轻人，不但分给了他土地，还把自己的妹妹热情地介绍给这位哥们。嗯，西门·蒙特福特就是西方议会的创始人，美国国会大厦的众议院会议厅内，就挂着他的浮雕，可谓名垂青史。

英国贵族看见法国人肆无忌惮地跑到英格兰来捞金，一个个拉下了脸。而且亨利三世的妹妹本来嫁给了老马的大儿子，但是他英年早逝，媳妇二十来岁就成了寡妇。当时他妹妹是向上帝稣哥发过誓的，生是马歇尔的人，死是马歇尔的鬼，现在居然跑去跟西门·蒙特福特相亲，这是什么鬼？威廉·马歇尔一门忠烈，你这不是给他们家族上眼药呢么？

还有个更糟心的事，亨利妹妹有一个莱斯特女公爵的头衔，加上继承了死去老公的一些土地，西门·蒙特福特不费吹灰之力，就跻身了英国大贵族之列。贵族们吐出一口老血，又妒又恨，可是亨利妹妹也没触犯什么法律条文啊，她只是背叛了誓言而已。

几年之后，亨利三世又"突然"对妹妹这门婚事后悔了，觉得妹夫的势力越来越大，心里就有点慌。

此时的西门·蒙特福特被派往阿基坦的一个领地加斯科涅，而他采取的统治手段非常强硬，不管贵族平民，他一律六亲不认。当地贵族就跑到亨利三世面前指控西门·蒙特福特滥用职权，亨利三世闻讯大喜：啊哈，我正愁没机会整你呢，你倒是自个儿撞我枪口上来啦！

他立即写了一封信，让西门·蒙特福特提交一份工作报告，趁机将妹夫骗回英国。西门·蒙特福特的马车一到伦敦，一道刺眼的阳光就刺得他睁不开眼睛，卫兵们脚镣手铐一起上，直接将他押到了法庭。

亨利三世就让贵族们在法庭上揭发妹夫的罪行，希望通过纪检委的调查，收集妹夫贪赃枉法的证据，堂而皇之没收封地。纪检委的领导日夜加班，次日在法庭上宣布：西门·蒙特福特奉公守法，无不良恶习。经过委员会及陪审团的商议，一致裁定被告罪名不成立，当庭释放。

各位同学，这要是换在以前，还审个毛线啊！一声令下，土地先给你查封喽，然后直接扔进监狱里去，但是现在的王权有了大宪章的限制，审判贵族必须得经过司法程序。

亨利三世计划泡汤，彻底跟妹夫翻脸，而西门·蒙特福特好像当作什么都没有发生一样，每天赋闲在家，跟一些英国的贵族朋友喝喝茶唱唱歌剧，表面上与世无争，暗地里却一直在拉拢贵族，等待叛变的机会。

又过了几年，亨利三世媳妇的七大姑八大舅都跑来英国挣钱了，宫廷里的法国贵族也越来越多。这样就与英国本地贵族产生了矛盾冲突，双方剑拔弩张，私斗群殴时有发生。更糟糕的是英国又赶上了一次大灾荒，老百姓苦不堪言，国内局面萎靡不振。

这时候发生了一件事儿，西西里岛原先是属于理查德一世统治的，在对法战争中，几经辗转，变成了神圣罗马帝国的领地。当时教皇英诺森四世跟英国关系比较好，就有意无意透露了一条信息，他想把西西里岛卖给亨利三世，开价 14 万马克，也就是 28 万英镑，相当于英国三年的财政收入。

亨利三世对土地归属有一种很强烈的愿望，不假思索地答应下来："当然买！当然要买啊！森哥你真是太够意思啦！嘿嘿，咱就这么说定了，不许赖皮的哦，我买下来给我儿子爱德华当生日礼物！"

说来儿子爱德华的名字，是因为亨利太崇拜"忏悔者爱德华"，而且这是个地地道道的英国名字。之前的威廉啦亨利啦，包括那个理查德啦，其实都是欧洲大陆传过去的。

可这不是一笔小数目啊，倾其国库所有，最多也只能买一片西西里岛的沙滩。怎么办呢？肯定是去征税呗！于是亨利三世就召开了贵族大会，口气有点硬，一半协商一半恐吓："诸位，征税的钱是用来买岛，并不是为了购买面包和葡萄酒，以后大家每天就吃一顿，熬过三年，前途一片光明。"

"What？要我们每天喝西北风过日子？这不是扯……扯……扯淡么！我熬得到那一天嘛我！"

积怨已久的英国贵族恼羞成怒，他们这几年的忍气吞声，终于找到了一个宣泄的口子，立即发动了宫廷政变。为首的不是别人，正是他的妹夫西门·蒙特福特。前文说了，这些年他妹夫一直很低调，也结交了很多英国贵族，表明心迹，我是英国的上门女婿，我也热爱这片土地。

这叫人狠话不多，他的潜台词就是"我们共同热爱的土地，可不能让昏君践踏"，再加上他驸马爷的身份，居然大义灭亲，英国贵族当然深信不疑，于是纷纷拥护他为贵族首领。

然后，造反的贵族就逼迫亨利三世在牛津签署了《牛津条例》。

说到这里，同学们需要好好记一下，《牛津条例》是继大宪章之后，另一份对英国政治具有划时代意义的文件，而且它直接导致了英国议会的建立。

"议会"在英美等西方国家，属于最高的立法机构。牛津条例诞生后，英国就成立了一个以贵族为主体的国家政务委员会，国王必须依据委员会的建议治理国家。而且英国所有政府职位的任免权都由委员会任命，每年必须举办两次全国性质的贵族会议来商讨国家大事。

因为他这个妹夫的全名叫作西门·德·蒙特福特，所以这个大型会议也被称作为"西门议会"，后来才简称议会。

《牛津条例》还有一条重要意义，所有政府要员要对委员会负责，而不是为国王服务。西门议会还允许乡村骑士和市民代表，进入议会共同商讨国家大事，这就导致了后来的上议院和下议院之分。

亨利三世签署《牛津条例》之后，"突然"想起了老爸约翰，哎？我怎么把森哥给忘记啦？他赶紧去找教皇英诺森四世，以教皇的名义，宣称这份条例无效，然后又去找法国国王路易九世，希望他能站出来挽回王权的最后一线生机。

路易九世也是挺彪的，当场拍桌而起："反了他们！给他三分颜料就敢开染坊啦？来人呐！传我命令，骑士团连夜吹哨子集合，弟兄们跟随亨利哥打到伦敦去，吃香的喝辣的！"

于是，法国部队连夜进发，与英国的贵族军队打了一场著名的"刘易斯战役"。

法军的左翼统帅正是亨利三世，西门·蒙特福特吃准他是个纸上谈兵的草包，就带领贵族占据了一座小山，借着有利地形发起了突然袭击。亨利三世一天到晚胡思乱想，老是"突然"蹦出个主意，真到关键的时候，突然就反了。妹夫大获全胜，不仅抓住了亨利，连他儿子爱德华也软禁了起来。

西门·蒙特福特当机立断，代表国王宣布，英国正式执行《牛津条例》，为了伟大的英格兰，我们将誓死捍卫我们的权利。

《牛津条例》确实具有划时代的意义，但是在执行的初期，仍然存在很多问题。当时的西门·蒙特福特是第一届委员会的委员长，也就是说，英国实际统治者变成了亨利三世的妹夫。想不到西门·蒙特福特原形毕露，趁机大捞好处，针对保皇党进行一系列的迫害，甚至私吞贵族的土地。

而原先拥护他的英国贵族非但一分好处没捞到，更令他们感到意外的是，《牛津条例》本来是由二十五个贵族共同制定的，但他们内心仍然承认国王是国家的最高领导人，可是委员长来了个釜底抽薪，不请示国王，也不征求贵族同意，直接就召开了议会。

哎？这是什么鬼？驸马爷根本不是为了匡扶正义啊，他这完全就是谋朝篡权啊！

贵族们觉得自己上当受骗了，就开始策划联合保皇党救出亨利三世。

西门·蒙特福特大权在握之时，把亨利三世软禁在圣保罗大教堂，而爱德华王子，他倒并没有严加防范，所以在一个月黑风高的晚上，爱德华在保皇党的协助下，乔装打扮混出了城，迅速召集散落在法国的贵族发动了"伊夫舍姆战役"。

由于这个时候，西门·蒙特福特已经失去了贵族们的支持，在这场战役中被蜂拥而上的骑士杀死。骑士先将他的脑袋切下来，再把脑袋送给他妻子，接着砍了他的四肢挂在城墙上，以此警示那些蠢蠢欲动的叛乱者。他的尸体最后埋在了伊夫舍姆修道院，用这种悲惨的结局结束了他的一生。

爱德华王子平定叛乱以后，英国的统治又重新回到了亨利三世的手里，经过保皇党的劝说，亨利三世觉得他也不可能再有"突然"的想法了，就同意遵守《大宪章》和《牛津条例》的规定，英格兰终于回归平静。

公元1267年，爱德华王子自告奋勇，参加了第八次十字军东征，可是他前脚一走，威尔士的卢埃林起兵叛乱，不想再做英格兰的附属国。亨利三世似乎是看破了红尘，觉得打打杀杀不是他的追求，就与卢埃林签署了《蒙哥马利条约》，威尔士摇身一变，告别了漫长的诸侯岁月，成为一个独立的王国。

这章咱们主要是讲大宪章的意义和议会的由来，亨利三世虽然在位统治英国五十八年之久，但是在英国历史上，他却是最没有名气的国王。公元1272年，亨利三世死于疾病，爱德华王子正在十字军东征返回的途中，快马加鞭赶回伦敦，顺利即位英国王位，金雀花朝在历经磨难之后，终于又迎来了一位文韬武略的君主。

在说他起的传奇故事之前，我有必要给同学们一个惊喜。公元1996年，发生了一件震撼世界影坛的事，好莱坞的一部电影共获得了十项奥斯卡奖提名，并最终赢得最佳影片、最佳导演、最佳摄影、最佳音响、最佳化妆五项奥斯卡大奖！

看过这部电影的同学已经猜到啦，没错！它就是梅尔·吉布森自编自导自演的史诗级电影——《勇敢的心》。

第十八章　勇敢的心

这章开始之前，我准备让大家回味一部经典的电影，也就是当年横扫奥斯卡五项大奖的《勇敢的心》。

故事主人公，是苏格兰人民心中的英雄，叫作"威廉·华莱士"。就是他带领着苏格兰人民，奋起抵抗英国金雀花王朝对苏格兰的入侵和统治。当然，电影的剧情肯定是经过艺术加工的，不过确实拍得很好看，没有看过的同学千万不要错过哦。

那么我们今天要讲的，就是亨利三世的儿子爱德华一世。他是如何与华莱士擦出历史火花的？他磕得过华莱士吗？他对英国有什么伟大的贡献呢？

咱们先来说说"爱德华"这个名字，它属于正宗盎格鲁撒克逊人的名字。前文说过，因为亨利三世特别崇拜"忏悔者爱德华"，所以给他儿子也起名爱德华。同学们可能要吐槽了，我擦，老外的名字取来取去就这么几个词，一点新意都没有！谢老师啊，你要是崇拜刘德华，你会给儿子起名谢德华不？亨利咋就这么轴呢！

其实这里有一点点讲究，西方人名字在前，姓在后，那么金雀花家族的姓是"安茹"，名字叫作"爱德华·安茹"，发音听起来特别洋气，可能中间还有别的字，比如爱德华·帅古拉斯·安茹，嘿嘿，好听就行，咱们没必要去跟老外较真。

历史上称他为长腿王爱德华，意思就是说他有模特般的好身材，帅气的长腿欧巴！但是他的外号也非常多，比如"残忍的爱德华"，或者"苏格兰之锤"，一个比一个响亮，所以他的辉煌成就，比他老爸亨利和爷爷约翰不知强了多少倍啦！

爱德华干掉西门·蒙特福特之后，为了树立威信，将那些跑英国来捞金的法国贵族全部遣返回国，英国的贵族就非常欣赏这位王子，觉得他是真心诚意在维护自己人的利益。而这时候的亨利三世，其实已经退居幕后，他把国内一切政务都交给爱德华管理，安心做起了太上皇。

但是爱德华闲不住，对打仗有特别的嗜好。据说他出门打猎从来不带弓箭，骑着马直接追赶野猪野鹿，给他追上可就不客气喽，一顿乱砍，砍得猎物血肉模糊的。由此可见，他内心对杀戮有着很强烈的欲望。

伊夫舍姆战役是他的成名之战，此战对稳定英国的局势起到了关键性的作用，贵族们见他这么猛，当然没人敢兴风作浪啦，时间一长，爱德华觉得浑身难受，实在是熬不住了，就去参加了十字军东征，结果他老爸在他回来的路上寿终正寝，与世长辞。

亨利三世这一辈子，也没干什么大事儿，被迫签署了《牛津条例》搞出个贵族的议会制度，他当然是追悔莫及，也把希望寄托在儿子身上。爱德华也比较尊敬父亲，据说他在听闻他父亲去世的消息时，悲痛难挡，晕厥过去好几次。

当时爱德华的一个小儿子得了疟疾，由于医疗环境落后，一般小孩儿染病就很容易夭折。但是他对部下说：儿子没了我可以继续生，可是老爸就只有一个。说完之后，又是号啕大哭。王公大臣们都颇为感动，王子重情重义，又有如此孝心，咱们英国的前景肯定一片光明，得赶紧回国为爱德华举行加冕仪式。

那么刚才提到十字军东征，我再给大家简单科普一下。

历史上到底有几次十字军东征呢？有说八次的，也有说九次的。实际上爱德华参加的这一次，是他姨夫路易九世发起的，因为之前第七次东征失败了，所以路易九世就搞了第八次。

爱德华原先是想跟随姨夫合兵进军埃及，再去打耶路撒冷，但是路易九世在半路上突然改变主意，转道去打突尼斯了。不料部队得了瘟疫，路易九世一命呜呼，那么第八次这时候应该算是结束了。只不过，当时爱德华出发在路上，救援路易九世已经来不及，所以他当机立断，指挥部队继续向耶路撒冷进军。

既然首领替换过了，那性质肯定也不一样，历史上就出现了第九次十字军东征的说法。咱们不管它几次，十字军东征的最后结果，是爱德华与伊斯兰世界签下了停战十年的协议，之后的二十多年里，耶路撒冷王国终于将基督教赶出门外，而十字军东征也彻底宣告失败。所以，爱德华的第九次，就是欧洲天主教国家在中世纪时期的最后一次东征。

说到这里，同学们就一清二楚了，十字军东征第三次是理查德一世，第九次是爱德华一世，那么其他几次，跟英国就没啥太大的关系，只是派了一些贵族朋友去捧捧场而已。

当爱德华从东征路上撤回来以后，先是去了一趟法国巴黎。

因为这个时候，英国在欧洲大陆还有一丁点领地，爱德华也是这块领地的封臣，所以他就去跟法国的新国王腓力三世表白："表哥啊，大姨夫走得匆忙，你节哀顺变吧！现在你是欧洲的老大啦，咱们一场亲戚，我肯定是无条件地支持你，效忠你！我就一个请求，请你以后别搞我英格兰好不？"

爱德华的智商是非常高的，从无地王约翰丢了欧洲地盘开始，再到爱德华一世，已经过了七十年左右，英法关系相对平稳，爱德华心里一直惦记着老爸的嘱咐：抢回法国的地盘，是我金雀花家族的祖训，一代不行就二代，二代不行就三代！老爸的"祖训"爱德华从来都没有忘记，所以他嘴里说效忠表哥，目的是想先稳住腓力三世，他心里其实已经在咬牙切齿：迟早有一天，老子要打回来！

从巴黎回到英格兰以后，爱德华一世在威斯敏斯特教堂正式加冕为王。结果他一上位，又闲不住了，连续干了几件风风火火的大事。

第一件事儿，就是杀害镇压异教徒。

这位哥们嗜杀成性，绝对是个宗教和种族歧视者，而且他参加过十字军东征，对犹太人、穆斯林极其鄙视。当时犹太人在基督徒和穆斯林之间，立场比较中立，他们在英国从事的业务就是放贷款。问题是有些犹太人做生意脑子灵活，有利可图就开始动歪脑筋，暗中制作假币。

呵呵，那时候哪有现在的防伪技术啊？受骗上当的一大群。爱德华一世眼珠子一瞪，给犹太人一顿屠杀，也不管你是做啥买卖的，只要放过贷款就杀你！哎呀，有些犹太人就慌了，我们摆摊卖点菜而已，哪有本钱放高利贷啊？爱德华说，行，那你皈依基督教，就可以继续在英国待着。

但是犹太人的信仰很坚定，几乎没有人愿意背叛自己的宗教，爱德华冷笑一声，开始全国范围驱赶犹太人，不走直接给你扔海里。据史料记载，爱德华统治期间，犹太人大约有超过一万五千人在一夜之间倾家荡产，家破人亡。

有的同学要说了，一万五千也不算多啊！大哥啊，那个时候的英国也就一二百万人，一夜之间啊，你按照英国现在七千万的人口比例换算一下，相当于迫害了四十万的人口，我擦！这还不叫大事吗？

第二件大事，焚书坑儒威尔士。

上一章我们提到，亨利三世与威尔士国王卢埃林签订了《蒙哥马利条约》，让威尔士成为了独立王国。但是条约规定，威尔士国王必须给英国交 5 万镑的赔款，而且威尔士的贵族每年也要向英国交税。

可是威尔士太穷了，一贫如洗的，一个铜板也交不出来。爱德华不露声色，客气地说："老国王啊，你一大把年纪了，五万镑就甭交了，安享晚年最实在！但是呢，你下面那些贵族的税可不能免。"

他这么一说，威尔士的贵族就急眼了，他们心里想，反正这钱我们肯定不可能给，大不了一拍两散，跟英国拼个你死我活！威尔士的地形比较崎岖，易守难攻，贵族们就抱着这个侥幸的心理，拒绝跟爱德华合作。

其实爱德华正中下怀，要的就是这个效果。这时候，恰好威尔士国王的两个弟弟突然带领贵族造反，爱德华就抓住这个机会，召开紧急议会，说要通过武力收复威尔士。

议会顺利通过提案，法国咱打不了，一个小小的威尔士有何难度？于是爱德华心花怒放，一路蹦跳着打到威尔士，先是消灭了老国王卢埃林，然后抓住他两个弟弟，搞了个五马分尸。

威尔士穷乡僻壤，生活条件都很落后，当时卢埃林的统治手段基本是靠洗脑和诗词歌谣来控制威尔士人的思想，经常蛊惑群众，说威尔士人和英格兰人是两个民族。爱德华占领威尔士以后，召集所有会作诗作歌的威尔士知识分子，热情邀请他们到广场上去集合。

这些人站在广场搭建的木台上，不知道爱德华叫他们来干啥，以为是想要他们表演威尔士的民族节目呢，正在交头接耳，议论纷纷的时候，忽然听到爱德华一声令下，卫兵们一拥而上，砍断了木台下的柱子，地上立马出现了一个巨大的泥坑。细节我就不多说了，这些文人雅士稀里糊涂地送了命，爱德华也上演了一出英国版的焚书坑儒。

后来爱德华让自己的儿子小爱德华去统治威尔士，后来就有了威尔士亲王，几乎都是由英格兰王储担任的。我想问问同学们了，你们知道现在的威尔士亲王是谁吗？嘿嘿，就是查尔斯王储嘛，戴安娜王妃的前夫。

那么接下来第三件大事，也就是本章的重点啦，让我们一起来回顾一下，爱德华与《勇敢的心》里面的主人公，威廉·华莱士之间的传奇故事。

首先，我先考验一下同学们的记性，爱德华的曾祖父，也就是金雀花王朝第一代老大是谁？我觉得有些同学可能早已经忘得一干二净，哎，我也挺无语的，亨利二世啊！就是狮心王的爹地，被上帝"一缕阳光照脑袋"所拯救的国王！还是没印象？好吧，就是抢了法国路易七世老婆的那位小鲜肉！

现在记起来了吧，那么亨利二世被上帝拯救的时候，正好苏格兰国王威廉被偷袭俘虏，就臣服英格兰了，也算是英格兰的一个诸侯国，每年都要纳贡的哦。当时两国关系保持得不错，还一起打过法国。后来爱德华的老爸将女儿嫁给了苏格兰的国王亚历山大三世，彼此相处和睦。

可是爱德华继位以后就发生了一件事儿，两个国家就翻脸闹掰了，这才牵扯出"勇敢的心"威廉·华莱士。

话说在一个风雨交加的夜晚，亚历山大三世开了一瓶拉菲，酒精催发了男性荷尔蒙，当时因为他媳妇去世了，所以他就比较饥渴，非要去找情妇，结果半路上出了意外，连人带马摔进水坑淹死了。可是他没有儿子，就留下一个九岁的女儿，名字叫玛格丽特，于是苏格兰的大臣们协商，决定让玛格丽特继承王位。

爱德华知道了这个消息，觉得这机会可不能放过，就想方设法让苏格兰人去推掉与挪威王族的婚事，让玛格丽特嫁给他儿子小爱德华。

亚历山大是爱德华的妹夫，等于小爱德华是玛格丽特的表哥，这完全属于近亲结婚，但是爱德华一世管不了这么多，他的目的很简单，儿子当上威尔士亲王之后，再与玛格丽特联姻，就变成了苏格兰的实际统治者。

但是人算不如天算，九岁的玛格丽特在挪威返回苏格兰的路上，突然生病挂了，爱德华的如意算盘落空，而苏格兰人在国王继承问题上也产生了纠纷，一言不合就开打，分成了两派对立。可是苏格兰的贵族们打来打去，也打不出什么名堂，只好请爱德华出马，替他们挑选一位合适的国王。

我们用脚趾头一想也能知道，谁愿意效忠英格兰，谁来当这个国王呗，这种事情还用得着大费周章么？而且两派的贵族都表示可以继续用以前的方式交往。嗯，行吧，那我就恭敬不如从命啦！爱德华在挑选候选人的过程里，又想出了一个趁火打劫的招数：要求苏格兰所有的司法体系，均归英格兰管理。

苏格兰的贵族一想，哎？不对啊！那咱们苏格兰的国王不就成了傀儡了嘛？以后国内的事儿都得先去汇报爱德华？完了，我们被他耍啦！于是贵族们召开紧急会议，效仿英国的议会制度也搞出来一个议会，目的就是为了削弱新上任的国王权力，免得收之桑榆，失之东隅。

正在这个时候，法国的腓力三世与爱德华突然发生了矛盾。

具体的原因是英国商人在诺曼底的港口被法国人端了，本来是个民事纠纷，但是有个历史遗留问题，英国人觉得你诺曼底原来就是属于我们英国的，凭什么拆我港口？民族情绪一出来，就演变成英国商人和法国商人之间的群体斗殴，事件闹得越来越大。

以爱德华现在的实力，还没到跟法国翻脸的时候，他就派自己的弟弟去法国谈和。他弟弟跟腓力三世是连襟关系，去找小姨子出面调解，希望互相赔个礼道个歉，这事儿就拉倒了吧。

法国王后碍于情面，也不好拒绝妹夫："其实吧，你姐夫就是死要面子……你们英格兰按理说也算是法国的封臣，在法国还有封地呢！不如你回去告诉你哥，先象征性地交出领地，让法国单方面处理纠纷，这样法国人也就不会闹腾啦！然后呢，我再去劝劝我家腓力，等事儿过去了，再把领地还给你哥。"

爱德华这个时候人在苏格兰，也没多寻思，就答应了王后。结果他把领地交出去之后，腓力三世闭门谢客，拒不接见英国使者。爱德华幡然醒悟，啊，我让王后给忽悠了！这是英国在法国最后一块土地啊，我，我爱德华岂不成了千古罪人啦，一世英名将毁于一旦啊！

于是乎，英格兰终于忍耐不住，正式与法国开打。爱德华让苏格兰人也过来帮忙，但是腓力三世也是个老狐狸，先跑去找了苏格兰人，让他们叛变英国。苏格兰人当然有私心，与腓力三世一拍即合，临阵倒戈。

我也是醉了，苏格兰人是不是疯了？爱德华的敌人是法国，你苏格兰这么一折腾，简直就是赤裸裸地拉仇恨啊！全英格兰的人都觉得苏格兰也太不是东西了，之前对你这么好，你说叛变就叛变啊？

既然战争已不能避免，那就开打呗！爱德华最不怕的就是打仗，他冷静拟定计划之后，就开始鼓动盛产羊毛的佛兰德担任先锋部队，先行一步去攻打法国，而他自己御驾亲征，直袭苏格兰。

当时英国发明了一种武器，叫作"弩箭"，威力极大，射速也快，与弓箭相比更不依赖士兵的体力和技术，所以容易形成规模，同学们如果看过张艺谋导演的《英雄》，肯定对秦军箭阵的场面印象深刻，虽然有点夸张，但是大体不错。

苏格兰人怎么吃得消这种东西啊，吓得屁滚尿流，纷纷逃命法国。爱德华就派出一名总督去管理苏格兰，也就是说，苏格兰一败涂地，彻底变成了英国的领地，相当于英国的一个郡。这是爱德华对苏格兰的第一次征服，当时臣服爱德华的有一位贵族叫罗伯特·布鲁斯，大家先记住他名字，后面才轮到他出场。

打完苏格兰之后，爱德华马不解鞍，立即率领部队去支援佛兰德。他前脚刚走，咱们苏格兰的民族英雄——梅尔·吉布森就闪亮登场啦！不对，应该是威廉·华莱士。

此人穷苦人家出身，并不是贵族，但是这哥们天赋异禀，特别能打仗。而且气质与众不同，说起来话滔滔不绝，口水四溅，到处宣传苏格兰人的民族精神："如果战斗，你们可能会死！如果逃跑，至少还能多活一会儿，年复一年，直到寿终正寝……你们愿不愿意用这些苟活的日子，去换一个机会？就一个机会，回到这里告诉我们的敌人，他们也许能夺走我们的生命，但他们永远夺不走我们的自由！为了自由，为了家园的梦想，我们去干他娘的！"

电影里这一番演讲，说得一群人热血澎湃，振臂高呼，在华莱士的带领下，他们迅速占据了失去的村落，开始打起了游击战。苏格兰贵族们听闻消息，大感意外，觉得华莱士这帮人可以啊，还挺能打的哦，不错不错，需要支持一波！于是他们就开始援助华莱士，打着打着，就把苏格兰北部的地区给夺了回来。

中国有句老古话，叫"人怕出名猪怕壮"，人性的欲望和贪婪，古今中外都一样。眼看着华莱士声名大噪，苏格兰的贵族们就开始嫉妒他，心想，你一介平民，也没什么背景，如果让你这样搞下去，搞不好你就要爬我们头上撒野了，这哪行啊？

莫非你还想当国王啊？

于是，苏格兰人内部开始搞分裂了，华莱士倒有点自知之明，你们贵族瞧不起我不打紧，抢回来的地盘都送给你们，我继续打我的游击去！结果这么一分兵就坏事了，苏格兰贵族都是成事不足败事有余的货，没过两天，被英格兰人打得个稀巴烂，刚到手的地盘又泡汤，这也是爱德华第二次征服苏格兰。

华莱士的战术确实很实用，等于就是以零化整，以整化零，坚持跟敌人打持久战。正在这时候的爱德华跟法国的战争结束了，大胜而归，腓力三世通过和谈，也将地盘还给了他。爱德华回到苏格兰亲自管理政务，听说有个叫"华莱士"的土匪很猛，就让罗伯特·布鲁斯带兵剿灭。

这里我要纠正一下《勇敢的心》这部电影，华莱士并不是罗伯特·布鲁斯出卖的，真实的历史镜头是他俩见面之后，罗伯特颇有点惺惺相惜的感觉，就劝说道："华哥，我敬重你是条汉子，但是爱德华是一位英明的国王，你反抗他是没有好下场的！与其做困兽之斗，不如早点投降。"

"投降？我的字典里没有这个肮脏的字！"

梅尔·吉布森怒目圆睁，大义凛然，哦，Sorry！我当年被森哥的魅力深深折服，情不自禁就喊出了他的名字。

罗伯特挺无奈的："可是你的固执会害死你……"

华莱士拒绝了他的好意："我可以死，苏格兰这个民族也可能会灭亡，但绝不能在英格兰人的枷锁下苟且偷生！我死不足惜，但我要为苏格兰战斗到最后一分钟！"

罗伯特老脸绯红，觉得一个小小的平民都有这般爱国精神，而我一个堂堂的苏格兰贵族，却没有这样的决心，实在是愧对列祖列宗。所以他自作主张，偷偷地放走了华莱士。

他回去复命的时候，当然是要撒谎啦，就骗爱德华说华莱士太狡猾了，连他鬼影子也没见着。这个时候呢，华莱士的一个贵族朋友，叫约翰·蒙迪斯，突然跑来通风报信，说他知道华莱士藏在哪儿。

于是爱德华亲自出马，将悍匪团队一举消灭，华莱士也被俘房关押。罗伯特本以为爱德华会跟他一样敬重华莱士，但是没有想到爱德华生性残忍，为了震慑苏格兰人，直接将华莱士押回了伦敦，在塔山（现伦敦 Tower Hill 地铁站）处决了这位苏格兰的民族英雄。

梅尔·吉布森在刑场上慷慨激昂的演讲，以及最后那句颤抖高呼的"Freedom"，震天动地，终被载入电影史册，确实是一段教科书式的精湛表演。

故事讲到这里，电影里有很多剧情还是比较接近的，但是历史的对错，无论从哪个角度看，都有一种必然的结果，没有人可以改变，只不过爱德华当时并没考虑到一个非常尖锐的问题：一个华莱士倒下了，千千万万个华莱士就会站起来。华莱士那句"为了自由"深得人心，反倒激发了人们隐忍已久的民族精神，于是苏格兰四处揭竿而起，要为他们的民族英雄报仇。

而罗伯特·布鲁斯，也成为苏格兰历史上继华莱士之后，又一位举足轻重的反抗斗士，被载入史册。爱德华见暴乱不断，就集结了大部队，誓要彻底征服苏格兰，但是这第三次征服并没有如愿，因为他当时已经六十九岁的高龄，身体状况已经不行，终于在"哈德良长城"附近的卡莱尔城堡病逝。

征服苏格兰的重任，落在了威尔士亲王——小爱德华王子的身上，也就是后来的爱德华二世。

历史总有起起落落，爱德华一世算得上是一位英明的国王，他这一辈子虽然受《大宪章》和议会的限制，但他还能带兵攻打威尔士、苏格兰和法国，证明他有绝对的能力，去平衡军事与内政之间的矛盾。同时他敢与正面对抗法国，也为即将发生的英法百年大战，起到了一个关键性的作用。

那么小爱德华能否扛起他老爸的重任，实现对苏格兰的征服呢？他与法国的关系，有没有发展到剑拔弩张的地步？嗯，同学们肯定非常关心这些内容，但是下面我要说的故事，可能会让你们大跌眼镜！

第十九章　悲惨的爱德华二世

苏格兰的民族英雄威廉·华莱士，在爱德华的眼里只是个山贼草寇，不值一提，而罗伯特·布鲁斯大彻大悟，终于发起了对英格兰统治的暴动起义。爱德华一世集结大军，本想实现第三次征服苏格兰的梦想，可惜上帝将他带走了，历史的重担就落在了第一任威尔士亲王——爱德华二世身上。

说起这位二世，我也是挺无语的，他非但没有老爸的本事，而且不学无术，最

第四单元　金雀花王朝——来自法国的纠缠

终的结局也非常悲惨。

当时爱德华二世率领部队去打苏格兰，结果一到达目的地，只见眼前连绵高山，荒芜一片，那个山路啊七高八低的，崎岖不平，他心里顿时就打起了退堂鼓。

罗伯特的叛军，已经被英格兰的先锋部队打散，都跑到最北部的小岛上去了，爱德华二世突然下令撤军，等于白给罗伯特一个喘息的机会，所以英国的大臣们面面相觑，心想，这小子还真是个废物唉！平时骑马连个长枪也握不稳，英格兰要是想靠他翻身，估计是要完犊子喽！

等爱德华二世回到伦敦，果然是游手好闲，不务正业，居然宠信上一位叫皮埃尔的法国男子。此人长相英俊，魅力超凡，而且每天都要化妆，没有两三个钟头的折腾，都不好意思出门。历史上曾怀疑爱德华二世是个同性恋，我觉得这种猜测是有根据的。

他老爸在世的时候，其实已经发现这个事儿，为了儿子的幸福，就将皮埃尔驱逐出境了，可是爱德华二世登基后，又召回皮埃尔，还封赏了他一大片的土地。为了掩盖他俩的关系，爱德华二世索性把侄女嫁给他，哎呀，真是挖空心思呀！

不过身为国王，总要传宗接代对吧？所以等英格兰的局势一稳定，他就跑去法国，娶了腓力四世的女儿伊莎贝拉。

这位腓力四世，就是腓力三世的次子，在法国历史上也算得上是个风云人物。他不仅敢顶撞教皇，还当着欧洲人民的面，给教皇来了一场审判，直接弄死，然后推荐一位心腹主教当上了教皇。

后面还有更猛的，当时十字军东征时，法国骑士们组成了一个非常厉害的军事组织，叫"圣殿骑士团"，相当于香港的飞虎队、美国的海军陆战队这些特种兵种。圣殿骑士团比较勇猛，他们在东征路上战功显赫，掠夺了不少财富，腓力四世就眼红了，心想，哎？等你们部队壮大了，万一以后来搞我怎么办？我得悠着点，这江山社稷可不能开玩笑！

你们猜腓力四世干了啥？我擦，他居然指控骑士团违反道德罪，下令用火刑将他们集体屠杀，手段极其残忍。然后派人去抄家，东征路上抢来的东西全部充公。这个有点鸟尽弓藏的意思，腓力四世是想下一盘大棋。行刑的那天是星期五，也正好是 13 号，腓力四世一声令下，将圣殿骑士团的战士绑在柱子上烧死，烟熏火燎，天空一片乌黑，伸手不见五指，所以"黑色星期五"就这样被传开了。从此后每逢13 号的星期五就被称为"黑色星期五"，欧洲人也觉得 13 这个数字非常不吉利。

因为爱德华二世要去法国娶老婆，所有就让皮埃尔暂时替他管理英国。结果皮埃尔也不知道低调一点，仗着爱德华的宠幸，每天都在宫廷里横着走，根本就不搭理那些贵族。

贵族们哪里受得了这窝囊气？爱德华二世的堂弟托马斯，跳出来直接开怼："你一个法国人在我们英国耀武扬威的，你是皮痒还是骨头痒？"

皮埃尔的态度当然很嚣张："哎哟，嗓门挺大的啊！华哥临走前可是亲口交代过的，一切事务由我代理，你们不就是嫉妒我貌美如花嘛？爱打扮的男人最好命，你们都给我死远点！"

托马斯挽起袖子，想冲上去揍他一顿，转念一想，打狗也得看主人啊，我得冷静点，硬的不行咱就来阴的！于是他等爱德华结完婚回来，立马联合贵族召开议会，大家投票决定，逼迫爱德华二世赶走皮埃尔。

票数当然毫无悬念，爱德华本来就是个性情软弱的人，无奈之下，他就让皮埃尔去爱尔兰当总督，暂时避避风头。可是他好像已经爱得不能自拔，每晚抱着枕头就能想起皮埃尔，这种心思我可搞不懂，那怎么办呢？爱德华二世就开始做贵族们的思想工作："诸位爱卿，小皮这个人呢虽然脾气坏了点，但是做起事来还是有板有眼的……现在宫廷里杂七杂八的事情一大摞，卫生情况也很糟糕，让小皮来做管家不是挺好的嘛？免得你们劳累。我看这样吧，从现在开始，各个部门的领导官升一级，想去哪儿度假写个报告，来回的车旅费我报销！"

贵族们一想也对，宫廷里鸡毛蒜皮的事情太多，每天擦个地板都能把人累个半死，让皮埃尔那小子来打扫卫生，我们乐个清闲。贵族们就同意国王这个决定了，说让皮埃尔回来可以，但是必须警告他，以后走路的时候注意点，别两个鼻孔朝天。

然后皮埃尔就回来了，可是这哥们依然我行我素，叫我拖地？爱德华这么爱我，怎么可能让我拖地？他公然与贵族们作对，你叫他往东他偏要往西。托马斯实在是忍无可忍，就去跟堂哥说："华哥啊，你这样搞不是办法啊！咱们自己人能忍就忍了，可是贵族们天天说三道四的，要是隔三岔五开议会，恐怕对你名声不利，你还是给他弄走吧。"

爱德华二世一想也对，贵族们搞不好暗中派几个杀手，麻袋一套，爱人可能会被扔进泰晤士河里。于是他考虑再三，就把皮埃尔送去了佛兰德。

当时爱德华已经准备去打苏格兰，可是他走到半路，日夜思念小情人，竟偷偷地跑去佛兰德跟皮埃尔约会。贵族们听闻消息，肺都快气炸了，觉得国王已经无药可救，便集结手下的精锐部队，以迅雷不及掩耳之势，冲进了皮埃尔的家，快刀斩乱麻似的，直接把男狐狸精给阉割了，然后砍下他头颅带到了伦敦。

国王一看小情人身首异处，暴跳如雷，发誓要严惩肇事者，恨不得当场跟他堂弟开战。但是这时候呢，苏格兰的罗伯特·布鲁斯造反成功，继承了苏格兰的王位，并且迅速集结三万人马，开始反击。爱德华二世想直接消灭罗伯特，就准备了十万将士，甚至把爱尔兰的部队也拉过来了，结果他根本打不过骁勇善战的罗伯特。英格兰人一败涂地，自诺曼征服以来，这是输得最惨的一次，严重打击了英格兰人的自尊心。

贵族们摇头苦叹，觉得自己运气不好，跟着这么一位垃圾国王混日子，实在是有辱门庭，这也给爱德华二世悲惨的结局做了一次铺垫。与此同时，罗伯特也犯了一个错误，他胜利以后有点得意忘形，企图占领爱尔兰，然后包围英格兰和威尔士，由于补给出现了问题，阵线拉得太长，他无奈之下就暂时与英格兰和解，并没有一鼓作气打到伦敦。

战事稳定下来之后，爱德华二世老毛病又犯了，开始宠信一名叫斯宾塞的贵族。王后已经没啥想法了，摊上这么一个丈夫，不如买块豆腐撞死得了！堂弟托马斯见他死性不改，这回也是彻底失望了，就公然宣称：我服啦！你们都别劝我，这样的君主我效忠不了！然后他暗中拉拢了一个叫莫蒂默的贵族，派人闯进斯宾塞的住处，一顿打砸，家产也全部没收。

爱德华二世闻讯，赶紧搬出《大宪章》指责堂弟："哎？我说托托，你这可是公然叛乱啊！没有经过合法的审判，就没收了人家的财产，你当你是国王呢？"

"你这话倒是提醒我啦，饭桶确实不适合当国王……你还是让位吧，谁还愿意效忠你这个窝囊废呢？老子早受够了！"

其实托马斯事先已经跟苏格兰人谈好，来了一场里应外合，废话不多说，直接政变。但是托马斯的计划还是以失败告终，很快就被英国的贵族镇压。

他失败的原因我前面已经提过，英国人对苏格兰一肚子的火气，你还去联合外人来搞事情，这不是作死么？托马斯战败俘虏之后，就被法庭判处了绞刑，而托马斯的战友莫蒂默见势不妙，也仓皇出逃去了法国。

一晃又过了几年，法国国王已经是腓力四世的儿子查理四世，最见鬼的事情终于来临了。

当时查理四世觉着他这个姐夫爱德华就是个软柿子，就想了个正当的理由，把英国在法国的地盘全给没收，你不会管，那我来帮你管。爱德华二世当然不同意，就派他弟弟去法国谈判。查理四世比较狡猾，就说："我祖上已有先例，地盘还给你没问题，但你必须来巴黎向我宣誓效忠。"

本来爱德华是准备动身了，但是跑到法国的那个堂弟的战友莫蒂默，心系国王的安危，赶紧写信阻止："我尊敬的陛下，我已收到风声，查理四世可能会软禁你。为了避免发生意外，非常时期咱们得用非常的办法，你把法国的领地传给你儿子，让你儿子替你来法国宣誓，确保万无一失。"

爱德华的儿子就是后来的爱德华三世，没错，他儿子也叫这名字，老外取名字确实没啥创意，经常搞得你晕头转向。那么爱德华的老婆伊莎贝拉，就是查理四世的姐姐，她是知道丈夫"奸情"的，非常痛恨斯宾塞。当她带着小爱德华去了法国，抽空找到莫蒂默，抱怨自己婚姻的痛苦。可是万万没有想到，两个人在法国接触了之后，居然干柴碰到了烈火，爱得个死去活来。

当一个女人爱上一个男人的时候，你们知道的，智商基本等于零。

莫蒂默勾搭上伊莎贝拉之后，就开始打起了坏主意，我现在飞黄腾达了，搞不好以后就是查理四世的姐夫，干吗不趁这个机会干掉爱德华呢？于是他就开始挑动伊莎贝拉去推翻自己的丈夫。

伊莎贝拉满口答应，就去找弟弟查理四世了，一把鼻涕一把眼泪地说："哎呀弟弟啊！爱德华这个畜生，一天到晚就知道在外面风流快活，我这日子过不下去了啦，你想个法子干掉我老公吧？"

"啊？我的娘唉！"查理四世摸了摸脑袋，一头雾水。

但是他转念一想，眼前这个女人毕竟是自己的亲姐姐啊，我胳膊肘肯定不能朝外拐。于是他就去找来几位德高望重的公爵伯爵，暗中组建了一个敢死队，让伊莎贝拉和莫蒂默偷偷地带进了英格兰。

二人回到伦敦，开始大肆宣扬国王的丑事，说爱德华被斯宾塞诱惑，已经无药可救，为了挽回英格兰的尊严，必须将这个狐狸精抓起来。

有些贵族早已对斯宾塞恨之入骨，在那个年代，人们无法接受这种感情。他们纷纷加入王后的阵营，只不过他们并不知道伊莎贝拉是玩真格的，这女人是一心要将爱德华二世置于死地。

爱德华获悉消息大吃一惊，我擦！这次好像有点凶险啊！贵族是靠不住了，我得召集民众来抵抗。他就派心腹在伦敦四处招募新兵，可是老百姓哪知道发生了啥事啊，王后是来救你的，你为啥还和王后打仗呢？他们表示很迷惑。爱德华当然也解释不了，一看苗头不对，立马跑路。他一路向西潜逃，没有贵族愿意伸出援手，结果跑到威尔士的时候，就被小三莫蒂默的追兵给抓住了。

莫蒂默抓住爱德华以后，带回伦敦举行了议会，最后议会决定以国王不作为的理由，任用宠臣为虎作伥的罪名，逼迫他退位。而小情人斯宾塞被议会直接逮捕，二话不说，先咔嚓掉。爱德华见舆论压力一边倒，退位已成定局，不免心灰意冷，同意让十五岁的儿子爱德华三世继位，并且由王后伊莎贝拉和莫蒂默共同摄政，

他打算找个僻静的地方安享晚年，可是老婆和小三怎么可能放过他呢？按照莫蒂默的想法，是要把爱德华软禁起来，让他自生自灭也就算了，但是伊莎贝拉难解心头之恨，派人去折磨爱德华，不让他吃饭。

有一天爱德华早上起来想刮胡子，希望软禁他的贵族给他打一盆干净的热水。其实城堡里那位贵族早就接到了王后的指示，要找个机会除掉爱德华，然后就端来一盆脏水摆在爱德华的面前。

爱德华二世就很不高兴："我说老弟，我好歹是英国国王啊，你知道啥叫尊严不？你今天必须给我上热水！听见没啊？我要是发起火来连自己都害怕的啊！"

贵族眨了眨眼睛，心想这是你自己找死的，可怨不得我哦！然后他耗着爱德华的头发摁进脏水盆里，等爱德华奄奄一息的时候，取出一截烧红的铁叉子，狠狠地捅进了老国王的肛门。

当时这位哥们的眼神是很冷漠的，心理也极其变态，他用这招嘲讽同性恋的方式，终结了爱德华的性命。

说到这里，我很同情爱德华二世的悲惨遭遇，不管怎么样，他始终是个合法的国王，有国王的尊严，也有国王的体面。就算他是个同性恋，没有好好去治理英格兰，但他一直奉行《大宪章》，并没有随意杀害一个贵族。比如他堂弟托马斯被绞死，是因为背叛了英国，而爱德华只是背叛了他的妻子，于情于理，他都不应该落到这么个下场。

爱德华二世的一生，很无奈也很悲摧，那么王后伊莎贝拉和小三莫蒂默的下场如何？爱德华三世的人生又是怎样开场的？咱们中国有一句古话"仇人相见，分外眼红"，哎呀，爱德华三世的脾气老横了，就跟吃了火药似的，就是这位大神跟法国开启了百年英法大战，新仇旧恨一起来！

第二十章　爱德华三世的百年英法战争

爱德华二世是一个悲惨的国王，从诺曼征服以来，他是第一个被废黜的国王，这证明了自《大宪章》签署以来，议会的势力不断增强，甚至可以引导法律的变化。然而，爱德华二世的退位和惨死，却很难说是一场人民的胜利，或正义的胜利。诚然，伊莎贝拉的政变，有为自己的不幸婚姻复仇的因素在里面。而在这场政变之后，后人提到这位婚姻不幸的女人时，却看不到一丝同情和怜悯，甚至大文豪莎士比亚给她起了一个外号"She-wolf"——母狼，这和我们中国古代的一个专门用在女性政治家身上的词很像，那个词叫"牝鸡司晨"。这对一辈子同床异梦的夫妻可能唯独在这一点上取得了惊人的一致——那就是时代附着在他们身上的，让他们喘不过气来的歧视与偏见！对性取向的歧视，对女性的偏见，这些都曾在历史上真真实实地存在过，当然我们不可以用现代的价值观苛责古人，但我始终认为我们学习历史的意义在于，看多了这些历史人物的悲剧，让我们会更加有底气地去坚持，那些我们认为正确的东西。

言归正传，爱德华二世已经翻篇，接下来就是爱德华三世的故事了。这哥们生于伯克郡温莎，父王遭到废黜之后，当时他只有十五岁，被加冕为英格兰国王。

爱德华三世长得挺帅气的，大家都觉得他有一张"上帝的脸"，高贵端庄，富有魅力，深得贵族们的信任。但是他们后来才知道，这哥们性情火爆得很，不仅铁石心肠，而且冷酷无情，居然敢与法国宣战，而且一打就是一百多年！

一场战争打了一百多年，没完没了的，你冷静一想，确实有点让人匪夷所思，难道爱德华三世是吃错药了咩？而且英法战争时，正好赶上欧洲的黑死病，哀鸿遍野，劳民伤财，两国的经济整体下滑，萎靡不振，可是他们却照打不误，精神状态好得很，从公元 1337 年一直打到了公元 1453 年，我去，快一百二十年了啊！不得不说，爱德华三世的号召力还是挺猛的。

那么他们两国之间到底发生了什么事啊？百年英法大战对英国的历史又有什么影响呢？别急，我们先按顺序说。

伊莎贝拉的情人莫蒂默，在爱德华三世登基以后，就设置了一个摄政委员会。

其实就是个摆设，他的目的是将爱德华三世当成傀儡，英国所有的朝政都由他一手操控。

当时爱德华三世娶的王后，是苏格兰国王罗伯特·布鲁斯的女儿，也是莫蒂默牵线搭桥，而且苏格兰额外付给他六万镑作为辛苦费，在莫蒂默的授意之下，苏格兰摇身一变，成为独立国家。

爱德华三世虽然年轻，但是心里非常清楚，莫蒂默就是他的杀父仇人。因为全英国的人都在传言，伊莎贝拉在外偷情，才背叛了他父亲。所以爱德华三世成年以后，就想干掉莫蒂默，自己亲政，可是莫蒂默大权在握，门客众多，想弄死他比较困难，爱德华三世隐忍了好长一段时间，终于等来了一个机会。

莫蒂默为人很谨慎，他跟伊莎贝拉一直居住在诺丁汉的城堡，周围布满了骑士保镖，一只苍蝇都飞不进去。爱德华三世想了个办法，三天两头请城堡的主人喝酒，然后想借机说服对方，在深更半夜的时候，带他通过密道进入城堡。

城堡主人并不是傻子，他知道国王想干吗，就慎重地说："陛下，莫蒂默以前是跟你堂叔混的，剑术一流，你这样冒冒失失地去找他，恐怕不合适……"

爱德华三世哂然一笑："他贱术是不错，没人贱得过这个杂种！但是明枪易躲暗箭难防，为了英格兰，为了我父亲的尊严，你就少废话了！你的任务就是带我进去，我发誓绝对不会让你背黑锅。"

"你让我再想想……"

"好！这瓶酒喝完以后，你要是想不出来，我们就轮流玩个砸脑袋的游戏，看看到底是谁的脑壳硬。"

跟国王互砸酒瓶这种事情，最后的结果主要还是看谁下手狠，所以城堡主人擦了擦满头的大汗，表示这游戏他玩不了，就偷偷地带国王溜进了城堡。

此时，莫蒂默与伊莎贝拉正在梦乡畅游，爱德华三世就像是幽灵似的出现在他们床头，动作利索得很，噼里啪啦几下就把莫蒂默拿下，然后处死。至于他母亲，爱德华也不手软，直接软禁在伦敦的一个隐蔽的住处，每年礼节性地去拜访一次，任其孤独一生，伊莎贝拉的下场也算是凄惨。

爱德华三世上台以后，第一件事就是先搞内政，凡是奢靡腐败之人，一个也不放过。贵族们见他年纪轻轻胆气过人，都非常支持他，觉得英格兰迎来了一名贤明的君主。

接下来他当机立断，开始征服苏格兰。我不知道大家还记不记得他爷爷爱德华一世，当时不是扶持了一个苏格兰的傀儡国王么？爷爷在跟法国开战的时候，这位国王竟然叛变来打自己人，结果战败之后流亡逃去了法国，然后才出现了"勇敢的心"华莱士，和后面的苏格兰国王罗伯特·布鲁斯。

正好，爱德华三世就去找来傀儡国王的儿子，怂恿他去苏格兰夺回王位。这个时候老罗伯特已经挂了，由他儿子小罗伯特继位，爱德华三世就以老罗伯特篡权的名义，开始攻打苏格兰。

但是苏格兰这个民族真是太逗了，只要一看见英格兰人来了，打不过你就假装效忠你，但是你一走，我就继续搞起义。爱德华三世来来回回好几趟，打得筋疲力尽也没有彻底征服苏格兰。

大不列颠的统一和民族融合，实际上是在克伦威尔时期，当然这是后话，我们现在所讲的英国历史时期，特指英格兰，而威尔士、苏格兰，包括爱尔兰都没有真正意义上地融入。

在我们讲英法大战之前，我需要给大家解读一个历史背景，或者说一个历史遗留下来的问题。

因为这个问题，就是英法战争为啥能打上一百多年的根本原因，或者说，这场持久战决定了英国发展的走向，也是英法两国历史的必然结果。从公元1066年诺曼征服开始，再到百年英法战争的结束，在这四百年的时间里，英国这个国家，一定会有两个历史发展的可能。

其中之一，英国疯狂地去抢回在法国丢掉的地盘，与法国周旋到底，直到由诺曼人的后代统一这两个国家，形成一个英法帝国。第二种可能，如果完成不了统一，那么随着时间的推移，一定会产生一个英格兰的民族，包括英国本土的文化体系。

我说的这两种可能，说白了就是英国的历史应该往哪个方面发展的问题。而我个人觉得，历史的变迁总要经历这个过程，无论是哪个英国国王发动英法大战，不是爱德华三世，就可能是后来的理查二世，也有可能是亨利四世对吧？该发生的事情就一定会发生。英法统一，或者演变出两个民族和文化，这是必然的趋势，也是导致英法大战的必然结果。

有些同学仍然有疑问，百年战争之前，英法难道是一个民族吗？这场战争与他们的民族文化又有什么关系呢？

其实你们忽略了在诺曼征服之后，英法之间的微妙关系。

大家发现没有，讲了1400多年的英国历史了，英国人到底是啥民族啊？好像

第四单元　金雀花王朝——来自法国的纠缠

依然有点模糊，就像我们东北一道菜，叫作"乱炖"，各种蔬菜堆在一个锅里煮……英国人就是这道菜，有凯尔特人的基因，罗马人的基因；后来又有盎格鲁撒克逊人的基因，甚至还有北欧丹麦人的基因；到了诺曼征服以后，英国人各种与法国人的通婚，就形成了一个多元化的民族。

这里要强调一点，对于英格兰人来说，民族与人种其实已经没有关系了，诺曼征服以来，各类人种在英国这个地方通过时间的推移，互相融合演化，形成了一个新的民族，而这个民族的统治阶层均来源于诺曼底与法国。

在那个年代，英法更像一个政治共同体，在国家层面上来说，他们应该是诺曼人和法国人共同建立的民族，可以统称为诺曼法兰西。

前面我讲过，当时威廉一世差点拿下了整个法国，亨利二世和理查一世也都在法国占据了很多的地盘。那么在无地王约翰把地盘都败光的情况下，最后的重担子就交到了爱德华三世的手里。总而言之，两国之间的渊源三言两语是说不清楚的，英国国王和贵族全是诺曼人和法国人的后代。

同学们可以换位思考，如果你是英国国王，你应该怎么做？

恩，我们就是从诺曼、阿基坦和安茹这些地方过来的，我们是伟大的诺曼法兰西人，英格兰不过是我海对面的一块领地而已，英国国王也不过是我的头衔之一。但是，从爱德华三世开始，开始发生了一些微妙的变化。

在公元 1400 年之前，英国中上层阶级和贵族说的全是法语，爱德华三世宣布开战之后，英法人民原本以为和以前差不多，不就是为抢个地盘的破事嘛？打累了他们就签个停战协议，大家各回各家，各找各妈。可是令人困惑的是这场战争居然没完没了地打，越打越兴奋，英国人就觉得，不对啊，我为啥这么恨法国人啊？怎么说法语的全变成了敌人？

于是爱德华三世果断下令，以后不许在官方场合说法语啦，我一听见就觉得心烦！

那么到了公元 1353 年，也就是爱德华的孙子理查二世上台，这哥们更狠了，直接废黜法语，说英语必须要从娃娃抓起，不论是贵族学校还是平民学校，全给老子教英语！只要听见谁说法语，就是通敌卖国罪，砍下脑袋当球踢！

所以英国的语言就从法语演变成了盎格鲁撒克逊语，也就是现在的英语，形成了属于自己的英格兰民族和文化。英法百年大战，在英国历史上是非常重要的大事件，标志着英法两国从此分家，英国人是英国人，法国人就是法国人，不再属于诺曼法兰西。

其实英国人当时只是想抢回在法国的地盘，没有考虑太多因素，但是随着时间的推移，地盘抢不回来怎么办啊？必须发动战争去验证一下嘛，如果赢了，实现诺曼法兰西的统一，如果输了，那咱们以英国为核心，去建立一个新的民族和文化，两条路都可以走，何乐而不为呢？所以这也是英法战争的客观原因和必然结果。

关于百年英法战争的导火线，咱们得先从腓力四世的继承权说起。

腓力四世是爱德华三世的外祖父，也就是姥爷，总共生了三儿一女，女儿就是伊莎贝拉。爱德华的三个舅舅都当过法国的国王，可惜英年早逝。继承人突然断层怎么办？议会就决定让腓力四世弟弟家的孩子继位，也就是腓力六世。

他的登台等于标志着法国卡佩王朝的结束，进入了瓦卢瓦王朝，但是爱德华三世非常不满意："我靠，这事儿不对啊！我是亲外孙，他只是我姥爷的侄子，血缘关系没有我纯正，我才是继承法国王位最佳人选啊！"

于是爱德华让外交大臣连夜赶去法国交涉，提出严正抗议。法国的贵族们正在开会呢，一听到爱德华的说辞，顿时捧腹大笑："你小子是异想天开呢？法国王室的女性都是用来联姻的，按照您这个逻辑，你那些七大姑八大姨的儿子们，都有继承法国王位的权利啦？你是存心来捣乱的是吧？腓力六世是我们议会选举出来的，代表的是全体法国人的意见，你算老几啊？赶紧滚犊子吧，别在我们地盘上瞎蹦跶啦！"

爱德华当然恼羞成怒，就向法国宣战了，这也是大多数英国历史书上写的开战原因，但其中还有两点政治原因，书上写得比较含蓄。

其一，之前我们提过好几次，那个盛产羊毛和葡萄酒的佛兰德，一直是英格兰的盟友，而法国人总在暗地里让海盗去袭击他们的商船，破坏英格兰与佛兰德之间贸易往来，这件事情也算是一根导火线。

还有一点就比较重要了，爱德华刚当上英国国王没多久，急于想建功立业，而苏格兰比较狡猾，更像是打不死的小强，根本攻不下来。他内心就比较焦虑，也非常清楚法国人一直躲在背后摇旗呐喊，暗中支持，隔三岔五还策划几场起义，搞得英格兰的边境极不安宁。

一开始我就提醒过同学们啦，爱德华三世的性情火爆得很，他想彻底改变英法两国的关系，追求翻身农奴把歌唱的梦想，唯一的办法就是向法国开战，于是百年英法战争，就这样拉开了序幕。

　　这场战争可以分为四个阶段，第一阶段是公元 1337—1360 年之间，也就是爱德华三世在位期间，刚开始的时候，双方都没想到居然能打这么久，而爱德华也很急迫地想与腓力六世展开最后决战。

　　他为啥这么猴急呢？因为打仗是要钱的啊，当时爱德华发动两次攻击，都是借钱打的，因为英国国会给的钱很少，基本上就是象征性地给你收点税，他是在欠了一屁股债的情况下宣战的，部队里全是雇佣兵。

　　另外还有一个原因，那个时候英吉利海峡是被法国控制的，很难从英国直接输送兵力到法国本土，所以只能花钱去请海外的朋友助阵。

　　结果事与愿违，腓力六世也不是省油的灯，根本就不跟英国人正面冲突，他就是防守，等时间一长你资金链一断，嘿嘿，小样，物资跟不上了吧！他就手舞足蹈地跳出来骚扰你几下。爱德华连国王的金银首饰都典当出去了，负债累累，只能暂时鸣金收兵。

　　不过，你们千万不要以为爱德华甘愿俯首称臣，这哥们回到英国以后，各种动员民众，发表演讲活动各种地筹钱，苍天不负有心人啊，他通过耐心的斡旋，终于说服了国会，开始调动威尔士与爱尔兰的部队，在公元 1340 年，通过"斯鲁伊斯海战"，夺回了英吉利海峡的控制权。

　　当时爱德华的爷爷发明了一种"弩箭"，大家有印象吧？他偷袭法国舰队时，就是弓弩狂射。法国有二百多条战船啊！士兵们几乎全部阵亡，场面异常惨烈，据当地的民众说，那些尸体密密麻麻的，鲜血把大海染红一片。当时流传一句俏皮话，说海里的鲨鱼都会说法语啦！

　　爱德华拿下英吉利海峡之后，吸取了前两次的教训，并没有急于进攻港口城市。他把部队分成了若干小组，白天自由活动，各种烧杀掠夺，尽量在法国制造恐慌。一到晚上，大家就在约定的地点集合，举办篝火晚会，战士们互相分享战利品。

　　他这种类似强盗的作战方式，虽然比较下三烂，但是总算站稳了脚跟，也给英国的贵族们看到了希望，放宽心继续追加投资。

　　公元 1346 年，爱德华亲率大军登陆法国，发动了著名的"克雷西战役"，通过严密的计划部署，加上威尔士人发明的长弩，同时也在英国历史上第一次使用了火炮，以二万兵力打败了法国十二万大军。

　　法国一天之内竟然死了四万多人啊，腓力六世彻底蒙圈。

　　爱德华三世在法国前线作战的同时，后方的苏格兰人当然也没闲着，趁机开始攻打英国本土。幸好爱德华娶了一个好老婆，名字叫菲利帕，是腓力六世的外甥女。也就是说，腓力六世的妹妹是爱德华的丈母娘，你们说这亲戚关系搞成这样，确实令人哭笑不得。

女汉子发起飙来，可不跟你谈停战协议的，她在国内率领军队抵抗苏格兰人的进攻，简直就是大破天门阵的穆桂英，几个回合就将苏格兰的国王生擒，苏格兰人目瞪口呆，下巴都掉到肚脐眼上了，吓得撒腿就跑，一个个逃得比兔子还快。

克雷西战役取得胜利之后，英军加快步伐，开始围攻法国的港口加莱。这里是英国直通法国腹地的大门，只要打开这道门，战争的效率就会提升好几倍。但是加莱太难打了，足足打了一年多，爱德华气急败坏，宣布屠城。这时，法国有五六个德高望重的贵族，请求爱德华放过老百姓，他们愿意献出自己的生命作为交换的条件。

爱德华的媳妇菲利帕及时出来阻止了悲剧，劝说爱德华三思而后行，千万不要为了一时之气而遗臭万年。

爱德华脸色一沉："你说老子会臭？你闻闻我的手臭不臭！老子杀过这么多法国人，再杀几个贵族又有什么关系？"

他刚开始肯定是拒绝的，因为这一年下来，英国损失惨重，他必须要为战士们讨个说法。但是菲利帕，哭着恳求丈夫："您的怒火是要发泄在战场上，而不是对着手无寸铁的老百姓。这几个愣头青摆明了就是想让你引起公愤，到时候全欧洲的人民都来指责你，你出门上个厕所，都有可能被人一脚踩进粪坑里，这种提心吊胆的日子你能忍受么？"

当时欧洲的无业游民特别多，而且招募几个死士也花不了几个钱，爱德华一想也对，大丈夫有所为，有所不为，趁这个机会息事宁人倒也可行。于是他同意不再屠城，并且释放了这几名慷慨赴死的贵族。

后来，英国人为了纪念王后的功德，就在威斯敏斯特宫的花园里，立了一座菲利帕的雕像。

爱德华三世占领加莱以后，继续着眼更长远的目标，他想迅速征服法国，问题是钱跟不上，只能再次回到英格兰，重点发展经济。为了嘉奖那些为了英格兰做出贡献的贵族，爱德华发明了象征英国最高荣誉的"嘉德勋章"。

关于这枚勋章的来历有不同的说法，有一次爱德华在埃尔特姆宫殿与一位女伯爵跳舞，女伯爵可能是太紧张了，舞步抖索，腿上的吊袜带突然掉落，惹起了在场贵族的哄堂大笑。而爱德华却一脸肃容，捡起吊袜带系在了自己的腿上，并当众宣布"心怀邪念者蒙羞"。

另外一个说法，狮心王理查参加十字军东征时，他的骑士团都是系上吊袜带才战无不胜的，爱德华偶尔想起祖辈的事儿，就设计了这枚勋章。

正当爱德华准备摩拳擦掌搞经济的时候，黑死病席卷了整个欧洲，通俗的名称就是"鼠疫"。那个时候医学不发达，患者基本上是救不活的，整个欧洲的人口减少了40%，导致了欧洲经济出现了巨大的萎靡。

在这种情况下，英法两国暂时停战，等到公元1355年左右，黑死病有所缓和，法国的国王已经去世，由腓力六世的儿子约翰二世继位，而爱德华却生了个好儿子，史称"黑太子"的小爱德华隆重登场。你没有看错，也不要埋怨老外取名字的水平，爱德华三世的儿子也叫爱德华……这个小爱德华因为平时爱穿一身黑色的盔甲，英勇善战，气质很像咱们汉朝的霍去病。

公元1356年，黑太子爱德华与约翰二世在法国普瓦提埃进行决战，以区区六千人再次横扫三万法国军队，而且最给他老爸长脸的，是他居然生擒了法国国王约翰二世！

买嘎德！这消息太轰动了，欧洲人民震惊无比。而约翰二世被俘虏之后，爱德华三世对他非常客气，押送伦敦的时候，也受到了英国人民的热烈欢迎。

哎？你说英国人民为啥这么热情？哈哈，其实他们是疯了！咱们的小王子如此勇猛，把强大的法兰西帝国的国王都给生擒啦，简直就是战神转世啊！所以他们夹道欢迎俘虏约翰二世的黑太子，迎接英国最荣耀的历史性时刻。

法国当然也没闲着，赶紧安排查理王子摄政，一边抵抗英国人的持续进攻，一边派人和谈。爱德华三世在谈判桌上虽然语气温和，态度恭敬，但是部队的进攻步伐却一刻也不停留。眼看着英国人马上就要打到巴黎了，好巧不巧，第二次黑死病又开始袭击欧洲大陆。而且查理王子开出了天价的赎金，想救回自己的老爸约翰二世，那爱德华干脆就来了个顺水推舟，见好就收，最终与法国达成了和平协议。

当时法国的赎金大约是150万马克，相当于可以支持英国五年的财政收入。附加条件有两个，法国同意交还亨利二世在位期间的所有英国领地，但是爱德华三世也必须放弃对法国王位的继承要求。

百年英法战争的第一阶段到此结束，法国等于是一下回到了解放前，输得个底裤朝天，灰头灰脸。巧合的是英国丢掉土地的时候，国王是约翰，这次法国丢掉土地的人也叫约翰，后来英法两国再也没有出现过叫"约翰"的国王，可能彼此对这个名字都有点恐惧心理了。

更让人哭笑不得的是约翰二世有个外号，叫"好人王"，他跟英国和解之后，变成了一只曲意奉迎的哈巴狗。当时划分到英国领地的法国人不愿意臣服爱德华，老是挖空心思暴动，约翰二世居然做起了调解员，劝法国人别起义了，乖乖地听英国爸爸的话。而且等他调解完之后，还屁颠屁颠跑去英国向爱德华汇报工作。

这是什么鬼？节操去哪儿了啊？我猜这里面肯定是有猫腻的，有一种说法是说约翰被俘的这几年，结识了一位漂亮的英国贵妇，啊，原来如此，他是打着工作的旗号去私会小情人呢！

不过他这次跑到英国就再也没有回去，死在了当初俘虏软禁他的地方，也算是冥冥之中的安排吧。这也印证了一个铁证，在英法历史上，叫"约翰"的国王都是废物草包。

公元 1364 年，法国的查理五世正式继位，这哥们就没有他老爸这么好欺负了，停战协议的第五年，查理五世先稳定好国内的政局，就开始集结部队等待复仇的机会。

当时爱德华三世年事已高，整天跟情人花天酒地的，已无心恋战，加上黑死病带来的经济衰退也没有转好的迹象，听闻法国人想反击，他当然得全力应对啊，就让黑太子领兵去对抗法国人的进攻。

于是百年英法大战的第二阶段爆发了，从公元 1369 年开始，一直打到了公元 1380 年。可惜黑太子突然染上了重病，无法再上阵杀敌了，父子二人相继去世。然后爱德华三世的长孙理查二世登基，他也成了英格兰金雀花王朝的最后一位国王。

关于"理查二世"这个名字，同学们是不是觉得有点眼熟啊？好像英国历史剧里出现过这个名字哦……嘿嘿，你猜对了！他之所以让人耳熟能详，就是英国历史上最伟大的戏剧家、诗人莎士比亚的功劳。

第二十一章　莎翁笔下的理查二世

开始讲故事之前，我又要给同学们回顾一下"金雀花王朝"的历史啦，大家别急，少安毋躁。

金雀花王朝也就是安茹王朝，从亨利二世到理查一世，再到约翰传给亨利三世，然后就是爱德华一二三世！爱德华三世原想传位给黑太子小爱德华，但是天有不测风云，父子二人一条心，统一大业还没有完成呢，可惜白发人送黑发人。这样黑太子爱德华的儿子理查登基，这就是理查二世。

理查二世继承王位的时候只有十岁左右，面临着风雨飘摇，内忧外患，换成是我可承受不了，可能直接尿裤子啦！他还算有点勇气，指挥英国贵族们跟法国继续磕，只不过，他并没有继承父亲的英勇善战，表现出来的勇气就有点心虚。

莎士比亚创作的历史剧《理查二世》的原因，是想讽喻当朝，警示世人，主要取材于拉斐尔·霍林舍德的《英格兰纪事》。莎翁此书多次被改编成舞台剧，英国广播电视台 BBC 也拍摄过"理查二世"的电视剧，阵容极其强大哦，包括大帅哥抖森（Tom Hiddleston）还有卷福（Benedict Cumberbatch），都是各种小迷妹最喜爱的英国男神哈！大家可以去搜来看看，电视剧的内容与真正的历史很接近，剧名叫做《空王冠》，也称"虚妄之冠"，当王权没落之时，王朝易主，一切皆成空妄。

在英国众多的君王中，理查二世从来不是一个有名的君主，据说他与曾祖父爱德华二世有着相同的爱好，也是个同性恋，结婚以后基本不跟老婆睡在一起，身边老是带着两名男宠。就像《空王冠》里一些细节也在暗示，比如服侍他洗手洗脸那些男人，个个都是小鲜肉。

当然这个事在历史书上是没有正式记载的，传闻而已，咱们就不用去深究了。这哥们的结局虽然没有爱德华二世那么惨烈，但他确实是个悲剧人物，要不然莎士比亚也不会创作《理查二世》这部作品。

理查二世于公元 1377 年登基，在位二十二年，因为爱德华三世十分宠爱黑太子，所以理查的继位就顺理成章。而国家的政权暂时由他三个叔父摄政，分别是约克公爵、格洛斯特公爵与兰开斯特公爵。

其中这个兰开斯特公爵比较有影响力，名字叫作约翰，大家一定要记住这位约翰公爵哦，因为金雀花王朝的终结就是拜他所赐。

约翰是个虔诚的保皇党，非常支持理查二世的统治，如此忠肝义胆之人，为啥会导致金雀花王朝覆灭啊？这事儿说起来就有点复杂了，必须先捋清楚当时的政治环境。

虽然三位公爵非常努力地对抗入侵的法国人，但是作战能力跟太子哥一比，就差得远了，英国根本抵挡不住查理五世的疯狂进攻，所以百年英法战争的第二个阶段，法国人基本完胜，收复了爱德华三世划去的土地，只给英国留下了一些沿海城市。

那么英法打到这个阶段，双方国库空虚，都已经筋疲力尽，于是在公元1380年宣布和解，处于一个绷紧神经的小冷战时期，敌人稍微有点动静，一个个就草木皆兵的，却往往虚惊一场。说白了就是军事对峙，偶尔的边境冲突也是小打小闹，并没有进入第三阶段。所以理查二世继续对外自称法国国王，并且绝不放弃加莱，他当政期间，百年英法战争整整休战了二十八年。

理查二世在位期间，突然发生了一起农民起义，标志着英国最底层阶级，开始提出《大宪章》保证个人权利平等的要求。主要的起因就是爱德华三世发动了对法战争，留下了个烂摊子，而三位公爵为了储备军费以备不时之需，就通过国会向全国征税，不分男女老少，年满十五就必须交纳十二个便士。

对于中产贵族来说，这点钱不算什么，但是底层老百姓无法承受如此重税，民间怨声载道，极为不满，亚当和夏娃男耕女织的时候，哪来的贵族啊？人人都是平等的，没有贵贱之分，凭什么我们要受剥削啊？这就跟"王侯将相宁有种乎"是一个原理，古今中外无不相同。

当时有个铁匠，因为不满意收税的官员扬言抓他女儿去抵税，一榔头敲下去，直接就把这个官员头给打爆啦，压抑很久的民众犹如炸响的春雷，纷纷举起手中武器，一场农民起义瞬间卷席全英国。民众情绪激昂，喊着人人平等的口号杀进了伦敦。

理查二世刚要出门，见街上挤满了密密麻麻的暴徒，惊慌失措地躲进了伦敦塔。然后起义者就开始屠城，凡是看见中产阶级一律抓起来，冲进他们家里去打砸抢。接着，暴徒们又杀进了伦敦塔，把坎特伯雷大主教也给干掉了。

他们的想法是挟持国王，然后杀掉所有的英国贵族和神职人员，来实现人人平等。因为当时基督教在人民心中的地位逐渐发生了变化，在中世纪时，教会也是名副其实的贵族，握有大量财产和土地。

想法当然是好的，眼看着起义计划就要成功了，理查二世在劫难逃，但是剧情发生了意想不到的逆转。当时有个暴徒首领想冲上去抓住理查二世，而伦敦市长正巧就守在国王的身边，情急之下拔剑捅死了首领。

也不知道理查二世是不是看见了鲜血，情商和勇气突然爆棚了，他挺身而出，义正词严地说了一番话："住手吧！善良的臣民们！你们这是咋了？为啥要把我们的国家搞得如此难堪？我是你们的国王，我才是你们的首领，有任何要求，我们都

第四单元 金雀花王朝——来自法国的纠缠

可以坐下来好好商量！"

理查二世就是个小屁孩子，但是这些暴徒却被国王的君威给吓到了，七嘴八舌开始提要求，让国王保护他们的自由权利，不要再加税，同时也希望《大宪章》不能只保护贵族，要做到人人平等。理查二世当然表示同意，就让民众解散，留下几位农民首领继续谈判。

哎，善良单纯的农民伯伯怎么斗得过狡猾的贵族呢？等三位公爵的援兵赶到之后，理查二世立马翻脸不认人，杀掉了那几个农民首领："我感到非常遗憾，你们这些乡巴佬实在是太冲动啦！我真是搞不懂啊，你们天生就是被我奴役的下等人，大家平平安安过日子不好么？干吗非要反抗呢？"

暴乱平息之后，理查二世将那些首领的头颅挂在城墙上示众，然后派出军队维持征税的秩序。农民们手无寸铁，只能忍气吞声地过着被压迫的生活。

当时大忠臣兰开斯特公爵为了争夺西班牙王位，就去进攻西班牙了，那么英国的摄政实权就落到了格洛斯特伯爵手里。因为理查二世对打仗没啥兴趣，对国家政务也漠不关心，整天与两位宠臣混在一起，聊的全是艺术啊文学啊，还给他们哥俩封了侯爵，赏了大片的领地。

最过分的是这哥俩狐假虎威，经常在宫廷上跟这些贵族老臣吆五喝六的，格洛斯特伯爵看不下去了，就联合约翰公爵的儿子把国王两个宠臣给杀啦。

理查二世心里虽然很不爽，但他当时年纪小，没有实力抗衡，而且朝政均由叔叔把控的，国王的权力基本被架空，捏死他就等于是捏死一只蚂蚁。所以理查二世万般无奈，只能继续当傀儡。

过了一段时间，兰开斯特公爵因为没有当上西班牙的国王，就回到了英国，理查二世二十多岁了，就提出要自己亲政。忠诚的兰开斯特公爵肯定是赞成的嘛，就说应该的，咱们都是金雀花王朝的臣民。格洛斯特公爵因为忌惮哥哥的军事实力，就没有吭声。

于是，在兰开斯特伯爵的辅助之下，理查二世总算获得了国王的实权，那几年的英格兰还是有所发展的，减少了不少重税，兴办了很多学院，然后要求官方必须说英语，所以英国人逐渐开始建立了一种区别与诺曼法兰西的文化体系。

但是等理查二世的羽翼渐渐丰满起来，他就开始搞事情了。首先，他派人暗杀了格洛斯特伯爵，又成立了一个十八人的国家事务委员会，宣称要废除《大宪章》和议会制度，把权力再次收回到国王手里。而且他使用了一些安抚的手段，并没有向贵族开刀，包括格洛斯特公爵的土地依然由下一代人继承，所以贵族们觉得这事情他们也不好判断，也就没有发生叛乱行为。

咱们从英国历史上看，那些有理性的国王，通常会选择与贵族和睦相处，为了确保政局的稳定，对限制王权的议会制度也只能默认。但是理查二世的内心世界有点复杂，他是个专横暴虐的国王，曾给自己的墓碑上写上一句"他打倒那些侵犯王权的人"。

他一心想摆脱《大宪章》的禁锢，可能跟小时候的经历有关，三个叔叔的轮番摄政让他束手束脚，感觉到一种担忧和压迫，所以拼命想提升王权的地位，用残酷的手段去打击反抗他的敌人。

莎士比亚的作品中，有几句著名的台词，比如"哪怕波涛汹涌的大海，也休想冲洗掉君王额头上的圣膏"，理查二世的心思，被莎翁描写得入木三分。书中还描述了一件事，对理查二世的命运也起到了关键性的影响，那就是兰开斯特公爵的儿子亨利伯爵，与诺森伯兰的一位伯爵发生了冲突。

他们要求理查二世审理这起纠纷，但是理查二世对这个堂兄弟一直很有看法，因为当年叔叔杀死他两个宠臣时，亨利伯爵也参与其中，看在约翰公爵的面子上，他可是一直忍着的。

最后他的审判结果是将二人各打五十大板，逐出英国。诺森伯兰伯爵其实本来就是法国人，英语都说不利索，理查就趁这个机会把伯爵的地盘给没收了，交到了一个叫伯西的贵族手里。

被放逐后的亨利流亡到了海外，没过多久，他父亲兰开斯特公爵约翰就去世了，恰巧这个时候爱尔兰发生了叛乱，理查一不做二不休，干脆将约翰公爵所有的土地和家产全部充公，投入了对抗爱尔兰的暴动当中。

这个举动触动了贵族们的神经，他们有些惶恐，这么个搞法，随时可能回到万恶的封建时代。于是伯西就让人带信给海外的亨利，让他赶紧回国对抗王权，拿回属于自己的东西。

我也没有搞明白伯西的真正想法，理查刚封了他诺森伯兰的伯爵，他倒打一耙，转身就背叛了国王。

亨利获悉消息以后，震怒无比："我去！他凭什么没收我家的财产啊？还有没有天理了啊！"

在伯西的帮助下，亨利偷偷地跑回了英国，联合了几乎所有的贵族，发誓要抢回自己的土地。贵族支持亨利的原因，主要是认同《大宪章》的规定，也就是说，在没有经过司法审判之前，无论什么情况，都不得没收贵族的家产。何况约翰公爵生前对你这么死心塌地的，这样也下得去手啊，那我们以后岂不是很危险么？

理查二世从爱尔兰回来以后，突然发现贵族们的态度不对劲，正是迷惑不解的时候，伯西就开始怂恿亨利篡位："阿亨，现在贵族们都支持你，这可是天赐良机啊，过了这个村就没那个店了啊，你考虑考虑！"

于是亨利当机立断，发动了宫廷政变，带领贵族们逼迫理查二世退位。

莎士比亚的名著《理查二世》中，理查就是被自己从小玩到大的堂弟，约克公爵的儿子射死的。他这个堂弟也是充满了矛盾和挣扎，不像约克公爵那样审时度势，去冷静地判断时局的变化。当理查二世孤立无援时，他竟然希望父亲的军队能打过来帮助堂兄。约克公爵怎么可能犯糊涂啊？他与亨利为敌，不就是等于与整个英格兰的贵族为敌了么？

当理查二世被俘之后，他曾偷传书信，妄图刺杀亨利四世，但是被父亲发现了，约克公爵夫妇就去恳请亨利宽恕自己的儿子。

亨利沉思片刻，说："我可以原谅堂弟的年少无知，大家都是一家人嘛，你们都是我长辈，就别跪着啦，地板上有点凉！嘿嘿，但我有个条件哦，他必须亲手杀死理查，在亲戚朋友面前表明他的忠心。"

堂弟别无选择，就归顺了亨利四世，举起颤抖的双手，用弯弓射大雕的姿势，亲手射死了理查二世。

其实理查二世真正的死亡原因是被活活饿死的，当时亨利将他软禁之后，别说吃饱一顿饭，甚至连水都不让他喝，他身体一虚弱就失去了抵抗力。然后英国对外宣传理查生病了，因为他干瘪的尸体上并没有明显的伤痕。

由于新国王亨利四世是兰开斯特公爵，所以英国历史就进入了兰开斯特王朝。那么亨利四世这次篡权对英国有何影响？百年英法战争的第三阶段又是怎么爆发的呢？一切答案将在下一单元给同学们详细揭晓。

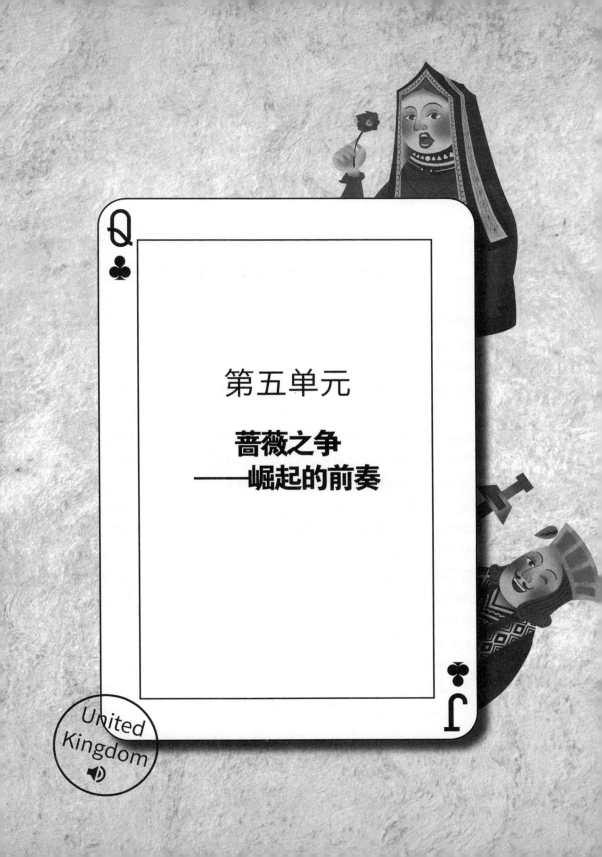

第五单元

蔷薇之争
——崛起的前奏

United
Kingdom

第二十二章　锐不可当的亨利五世

说到金雀花王朝的结束，我想有些同学可能会纳闷，亨利四世的父亲约翰不是爱德华三世的儿子吗？照理说，他也是爱德华三世的孙子，应该是安茹家族的继承人呀，怎么到他这里就玩完了呢？

这个问题问得非常好，很多人对此存疑，我就解释一下这个历史原因。

先说金雀花王朝终结的这个问题，首先我们看当时这种王朝的划分，本来就是后世人为的，这件事儿可没跟亨利四世商量过。不是说亨利四世上台以后，他就能大张旗鼓地宣布：朕的国号以后就叫兰开斯特啦，朕以后就是兰开斯特太祖啦！这样肯定是不行的，因为西方国家的朝代制度跟咱们中国古代不一样。

按照我们古代的朝代更迭规则，例如进入大清朝的时期，明朝已经灭亡，那么以前的明朝法律就全部废除，大清的规矩是剪头发，留辫子，这在英格兰，甚至欧洲，都是从来没发生过的事情。

但是亨利四世登基以后，仍然认为自己是金雀花家族的后人，他必须继续沿用以前的法律统治国家，最多就是将系统升级一下，而且非常自觉地遵循《大宪章》，与贵族阶层保持良好关系。

后人为什么要去划分朝代呢？因为当时主要是根据国王的姓氏来分的。那么问题出现了：亨利四世不也是爱德华三世的孙子吗？他怎么不姓安茹啊？

没错，亨利四世不姓安茹，而是姓泊里布鲁克。嘿嘿，这是几个意思呢？因为咱们中国人读西方的历史，容易进入一个误区，总是喜欢用我们中国的文化去衡量西方。比如老子是谁谁的后代，以此为荣，总是幻想能千秋万代，而西方人对姓氏并没有中国人看得那么重要。

另一个原因，西方人的名字不像中国人那样可以任意拼凑组合，叫来叫去也就那么几个，不是查理就是理查，不是菲利浦就是爱德华，再来个彼得、约翰、亨利什么的，所以一定会出现重名的情况。

大家有没有想过，假设英国人都取一个姓氏，自己儿子和其他亲戚一旦重名，碰到宫里开个紧急会议，你突然喊一声：约翰老弟！我估计得有八个人回头，这事儿不就乱套了啊？

有鉴于此，所以老外只能以更改姓氏来区分。

那怎么改呢？最后他们决定以自己出身的地名作为姓氏，这招可谓一举两得，一来解决了姓氏混乱的麻烦，再者也标明了自己的领地归属，不知道老外的灵感，是不是来自刨地撒尿的小狗狗。

比如安茹是法国的一个地名，亨利二世出生于此，就叫亨利·安茹，它所代表的意思，就是这个"亨利"出生在法国的安茹。而这个亨利四世，全名叫作亨利·泊里布鲁克，意思也就是说，他出生在英国兰开斯特郡的泊里布鲁克，这样就很好区别了吧？

顺便补充一句，老外也有拿中间名来区分的，但是意义不大，在日常生活中也很少使用，都称呼对方的 First Name，翻译过来叫作"第一称谓"，所以很少有人会去喊中间的名字。

这种也是约定俗成的东西，你比如说刘德华，你可以称呼他"刘先生"或者"华仔"，好像从来没有听人喊他"德仔"啊！哎，有人要说了，说周星驰为啥叫星爷啊？那不是中间的字吗？好吧，这是个例外……

话说回来，你以为爱德华一二三世都姓安茹吗？嘿嘿，他们的姓氏仍然不一样。打个比方，出生在伦敦的爱德华是一世，出生在牛津的爱德华是二世，那么出生在剑桥的爱德华，就是三世，只要他们出生地不同，姓氏就全给你改了。

但是后人为啥将他们都划分在安茹王朝？最重要的原因，是理查二世之前的国王，都是堂堂正正继位的，毫无争议，所以都属于安茹王朝，而亨利四世是通过非法手段夺权篡位的，他又是兰开斯特公爵的继承人，那么这个朝代就改称为"兰开斯特王朝"。

如果同学们觉得有点绕，那我就把地名挪到咱首都北京来。比如亨利四世之前的国王最早的封地是在门头沟，那么就叫门头沟王朝，而亨利四世这一支的封地在三里屯，他的名字就叫亨利·三里屯，他也就是三里屯王朝的开国君主啦。

言归正传，这期要讲的主角，就是亨利四世和他的儿子亨利五世。

亨利四世的故事比较简单，既然是篡位上台的，下面的人肯定各种不服气啊。他登基以后的工作自然就是平叛暴乱，这里面最主要的刺头，就是当年帮助他夺权篡位的诺森伯兰伯爵——伯西。

当时亨利四世开始给那些支持他造反的贵族加官晋爵，论功行赏，但是他心里有个小算盘：你们这些吃里爬外的家伙，既然能背叛理查二世，有朝一日肯定也会背叛我！我如果让你们的地盘整大了，一旦兴风作浪，那我岂不是作茧自缚？

他打定主意，在封赏的时候缩手缩脚的，就是有点抠门啦，毕竟这个王位来路不正，他得做两手准备。

由于伯西的功劳最大，亨利四世就封了他一个终身制的大元帅头衔。但是这个头衔是虚的，相当于名誉主席或者顾问，没多少实权，而且还不是世袭的。

伯西满脸不高兴，心里嘀咕："我擦！你这江山有一半都是我打下来的，没有我的出谋划策，你能当上国王啊？"

他觉得亨利四世有点过分了，这完全是"飞鸟尽良弓藏"的感觉，所以他就开始跟国王讨价还价，双方争得面红耳赤的。但是亨利四世也挺强硬，死活不肯加码，最后连国家统治委员会的资格也没给伯西。表面上伯西是忍住了，他也不可能当面跟国王翻脸对吧？但是他心里却生出了怨恨：阿亨你有种！咱们走着瞧！

后来伯西领兵去打苏格兰了，斩获颇丰，不但抢到了很多战利品，而且还抓了好几个贵族。那时候的贵族可是值钱玩意哦，你是可以让对方家长付赎金的，一逮一个准。然后亨利四世就让他把战利品和贵族全部交出来，伯西当然不肯啊，我辛辛苦苦打来的，凭啥全给你啊？友谊的小船说翻就翻，双方终于彻底闹僵。

伯西就跑到了威尔士，教唆大领主格林道尔一起叛乱："兄弟！跟哥哥一起打到英格兰去，事成之后我让你当威尔士的国王！"

前文我说过威尔士的事，它属于英格兰的领地，从爱德华一世开始，威尔士就没有国王。

亨利四世一看伯西动真格的了，心里就有点害怕。虽然国王手上有点兵力，但是伯西这家伙打起仗来确实有两把刷子，而且英格兰北部的贵族都一直在支持他，再加上他还有约克大主教的宗教势力加持，实力绝对不容小觑。亨利四世担心这一仗打下来，胜负难料。极有可能会卷铺盖走人。

于是开战之前，亨利四世试图跟伯西和解："哥们儿，你别闹了吧！你的要求会得到满足的，给我点面子，不要跟我捣乱行不？"

伯西一听，尾巴翘上了天，哎哟，您这是怕了吧，早干吗去了啊？跟我搞事情，不给你点颜色你瞧瞧真以为老子是纸糊的啊！他就觉得亨利四世的承诺不可信，如果现在答应和解，以后肯定没有什么好下场。

当时他的内心有点膨胀，脑子里一直闪现一个疯狂的念头：不会打仗的贵族就不是个好国王！嗯，不如我自立为王，也来一次改朝换代，名字我都想好啦，就叫诺森伯兰王朝，哈哈！

战争一打响，亨利四世只能硬着头皮去迎战，这个时候，他身边带着儿子小亨利，也就是英国历史上另一位伟大的国王亨利五世，率军前往西部的什鲁斯伯里，可是令人意想不到的是他竟然大获全胜。

亨利五世在年轻时就展露出不凡的军事才华，此战之中，他脸上中了一箭，依旧奋不顾身冲上去杀敌，颇有三国夏侯惇"拔矢啖睛"的风采。

其实亨利四世能赢得这场战争，完全是靠运气。

就在两军对阵的时候，由于所有的援军还没有全部到位，所以伯西就单独行动，前往敌方阵地去侦察敌情。我觉得他也是心大，这种任务原本来可以交给斥候去做啊，但是他太高傲了，觉得自己的聪明才智无人能及，半路上突然遇上了亨利四世的主力部队，结果在厮杀的过程中，居然死在了一个无名小卒的手里，一世英名毁于一旦。

伯西虽然挂了，但是威尔士的领主却不认怂，也是个一根筋的硬茬子。他继续着老友未竟的事业到处搞事情，加上英格兰各地时不时冒出一些贵族，高举打倒"伪王"的旗号，造反的声浪此起彼伏，所以亨利四世人生的最后阶段其实就是个消防员，带着兵到处灭火，镇压地方的武装叛乱。

换句话说，亨利四世最后其实是操心操死的，他每天都提心吊胆，担心自己的王冠被人夺走，甚至连王储小亨利也在他怀疑的黑名单上，做国王做到这个份上，等于已经走火入魔。

公元 1413 年，他在四十五岁的时候去世，莎士比亚的剧作中有一句旁白，"有些国王是被废黜国王的冤魂所吓死的"，说的就是这哥们。

亨利四世在位的十四年里，幸亏法国内部也是一团乱麻，党同伐异，争权夺利，根本没有空闲时间搭理英格兰，所以英法之间并没有发生过大的战事。为什么如此风平浪静呢？嗯，同学们可能猜到了，这意味着猛烈的暴风雨即将来临，兰开斯特王朝的第二任国王，亨利五世正式继位！

亨利五世可谓一代雄主，历史排名仅次于亨利二世和理查一世。上次说的那个电视剧《空王冠》，扮演亨利五世的就是英国著名的男影星抖森，那双邪魅的小眼睛确实勾住了不少影迷的心。等会儿各位小迷妹去搜一下这部剧集，嘿嘿，我保证你们一边看一边舔屏。

亨利五世的彪悍之处，就在于他执政之后，英法百年战争的第三阶段正式打响。英国人又开始在欧洲大陆粉墨登场，战绩辉煌，而他御驾亲征法国的那一场战役，完全可以与后来的滑铁卢战役媲美，震古烁今。

话说亨利五世在年轻的时候，也是个不着调的家伙，天天不回家，喜欢花样作死。因为亨利四世在位的最后几年，生怕儿子们夺权，所以就不让他们管理政务。亨利五世闲得没事干，就去结交了一些官二代富二代，甚至连社会上的小混混他也称兄道弟。

他在外面胡闹瞎整，不是在小酒馆里喝酒，就是去打架斗殴逛窑子，王维的诗里有一句"新丰美酒斗十千，咸阳游侠多少年"，差不多就是这个意思。

有时候他玩嗨了，整个围巾往脖子上一套，直接当街抢劫。当然他不缺钱，就是图个刺激，玩儿的就是心跳！后来搞得怨声载道，很多人都来举报，大法官加斯科因就下令将亨利五世和一帮狐朋狗友逮捕归案。

亨利五世被进到拘留所时，并没有说出"我爸是李刚"这种坑爹的话，老老实实交了罚金，抢了别人的钱也都加倍奉还，还低声下气的给人家道歉。大法官一看，哟，这小伙子认罪态度挺好的嘛，好吧，你给我靠墙背一遍《大宪章》，回头让家长来领人。

后来他老子亨利四世驾崩，就轮到他披上皇袍去大教堂涂油加冕了，登基之前，他把以前那帮死党都叫了过来，摆上一桌好酒好菜，热情招待。

朋友们心里都美滋滋，哈哈，哥们儿当上一把手了，咱不得弄个国务卿当当啊？他们心里都幻想着一人得道，鸡犬升天的事儿呢，没想到亨利五世叹了一口气，愁眉苦脸地说："正所谓世事如棋，乾坤莫测，如今我踏入政坛，实乃身不由己……行，我说得简单点，哥们啊！过去那些荒诞的岁月，咱就不要再去怀念啦，我们大家一起来唱首歌，往事不要再提，人生已多风雨……忘了我就没有痛，忘了你也没有用……"

这帮狐朋狗友听到亨利开始唱歌，只觉得头皮发麻，心儿都凉了半截，我的娘！

当初他跟我们一起抢劫的时候，唱的可不是这首歌啊，我记得是"让我们红尘做伴，活得潇潇洒洒"，这算啥子情况？是要跟我们翻脸了吗？

亨利五世看他们表情郁闷，心里也是感慨万千，可谁让自己当上国王了呢，长痛不如短痛是吧。

于是亨利五世就非常慎重地说："现在我已经是一国之君，还有一大堆重要的事情等着我去处理，朋友圈我也只能把你们拉黑啦，看着以前一起嫖过娼，一起分过赃的份上，在友尽之前，我给你们一笔封口费，别在外面胡说八道就行，你们好自为之。"

朋友们一听，话都说到这份上了，咱还有什么不知足的呢？吃好喝好，装好钱袋子，各奔前程吧。从此以后，英格兰再也没有游侠亨利的传说，多了一位英明神武的国王。

亨利五世上台以后，就把以前抓过他的那个加斯科因大法官请来，笑眯眯地说："小老头，你还记得我么？"

大法官仔细一瞧，哎呀我去！这不是以前那个二流子吗？怎么现在成国王了啊？风水轮流转也不是这么个转法呀，完犊子啰，这次栽在他手里，我肯定是要下岗啦！

亨利五世歪着脑袋问他："嘿嘿，当初你来抓我的时候过不过瘾？有没有想过今天我会报复你？"

"哦，尊敬的陛下。"加斯科因擦了擦额前的汗珠，心想横竖是下岗，我也没必要卑躬屈膝了，"秉公执法是我的职责，当初下达的逮捕令，完全遵循国家法律，而且还有您父亲的授权，怎么可能营私舞弊？既然您现在是国王啦，如果觉得我有渎职之嫌，大可通过议会来罢免我！"

亨利五世听了哈哈大笑："瞧把你给吓得！小老头啊，我是逗你玩儿呢。你竟然连我都敢抓，我相信你一定会秉公执法，铁面无私的，英格兰人民也一定会在你的审判中得到公平和正义！"

然后国王就给加斯科因加官晋爵，让他继续当大法官。通过这些事情，可以看出亨利五世非常理智，而且豁达大度，以他的睿智和聪明，预示着他日后必成大器，让英格兰的荣耀再次闪耀欧洲大陆。

紧接着，他大刀阔斧地进行改革，镇压了威尔士和基督教罗拉德派的叛乱，将国内的一切政局琐事全部摆平。

我在这里说一下"罗拉德派"，这个教派原本是天主教的一个分支，诞生于爱德华三世的后期，派系首领威克里夫把圣经翻译成英语之后，就开始煽动群众，到处鼓吹罗马天主教是贵族剥削阶级，不符合基督教的教义。

他认为，教会是不应该唯利是图的，这是罗拉德派的核心教旨，也被视作后来宗教改革的先驱。而基督教的宗教改革之后，这一派的教徒都信奉了新教，这里我就不详细说了。

在亨利五世的统治管理之下，以前他老爸所制定的那些不合理的政策全部被他推翻，重新制定了一系列惠国惠民的新政，英国也因此进入了鼎盛时期。全国上下都对他十分拥戴，觉得国王能够带着他们一起嗨皮一起飞啦，只要步行街上一碰面，就必须先喊一句"厉害了啊我的亨利"，然后彼此再开始唠嗑。

嗯，那咱们就开始起飞吧！于是亨利五世大张旗鼓，宣布对法国宣战。

当时他发动战争当然有很多原因，其实有个心思，知道的人并不多。他老爸亨利四世临死前留下过一部家训，大概意思是说，不要让自己的国民安逸太久哦，因为时间一长，总有些乱臣贼子蠢蠢欲动。你隔一段时间就要去挠一下法国，因为孟子曾经曰过：生于忧患，死于安乐。

亨利五世当时有点疑惑，孟子是谁啊？老爸很生气，你少跟我废话，让你好好读书整天就知道鬼混，不听老人言，吃亏在眼前！亨利五世就觉得老头子说得在理，谨记教诲，趁着眼下英国的局势大好，法国内部也早已乱套，就正式提出了官方声明，重申自己拥有法国国王的继承权。

法国为啥会乱套的？咱们得往前扒拉，当年爱德华三世去世，法王查理五世也步其后尘，两国的政治局面就有些类似，表面上风平浪静的，其实骨子里是山雨欲来风满楼。

咱们上次说起理查二世的叔叔，也就是那三个顾命大臣，约翰公爵就是亨利四世的父亲，那么法国也一样，查理六世登基时年纪尚小，也找了三个大臣摄政，其中奥尔良公爵和勃艮第公爵反目成仇，搞得法国鸡犬不宁。

更悲摧的是查理六世患有精神病的隐疾，成年以后老是犯病，动不动就在宴会上闻鸡起舞。你让一个精神病患者来统治国家，这种事情既恐怖又不靠谱，你说法兰西能落好吗？所以两派之间，斗得你死我活。

最后这个勃艮第公爵撑不住了，于是就去投靠英国，请求亨利五世重启战争，他愿意作为内应，事成之后坐地分赃。亨利五世对"分赃"这事儿轻车熟路，正愁找不到下嘴的地方呢，当下一拍即合，学他太爷爷爱德华三世那一套，要求法国交换英国的祖地，以及继承法国王位。

法国的奥尔良派肯定不干啊，就派人答复亨利五世："我告诉你啊，小五子！你别跟我俩嘚瑟啊，就你们这些乡巴佬，还想着癞蛤蟆吃天鹅肉呢？我看你还是拉倒吧，先自个儿在英国操练操练，再谈打架的事！"

然后他让人给亨利五世送去一箱东西，同学们猜猜是啥？嘿嘿，是一箱网球！他的意思是说，你们英国人得先学会打网球，然后在比赛中战胜我们，这样才有资格跟法国叫板。

说实话，这个时候的英国确实没有法国人有钱，当年贝克特带着二百多人在巴黎步行街上招摇过市的风光，已一去不复返，在他们这些贵族眼里，英国确实是穷乡僻壤。

比如三国也有这么一出戏。诸葛亮曾经派人送女人的衣物去刺激司马懿，意思就是骂他胆小如鼠，跟个娘们似的，你穿上这身裙子我就不打你啦！可是老奸巨猾的司马懿不吃这一套，老子就是闭门不战，你奈我何？

亨利五世哪有这涵养？立马就毛了，整个英格兰的老百姓也感觉遭到了十万点暴击，盎格鲁撒克逊人的血性瞬间被点燃起来。亨利五世逮住这机会，率领一万多精锐士兵强行渡海，准备再次攻打法国的加莱港口。

谁知道出师不利，几场仗打下来，英国人死伤近半，最后只剩下六千来人。失败的原因倒不是战斗力出现问题，而是英国人水土不服，感染了痢疾。

趁你病，我就要你命！三万法军就给了英国人当头一棒，导致英军节节败退。当时英国士气低迷，军心涣散，觉得这回算是玩完了，搞不好要客死异乡了啊？军中也开始散布"上帝不喜欢英国人"的谣言。

其实亨利五世心里也在打退堂鼓，我到底是打还是不打呀？这是个非常严峻的问题。一般人到了这个节骨眼上肯定就犹豫了，但咱们为啥要说亨利五世是个伟大的国王呢？因为他的表现异于常人，迅速召集手下的大臣开了个紧急会议："诸位爱卿，你们先让我一个人安静几天，我准备闭关跟稣哥沟通一下，看看他老人家能不能显灵，帮助我们渡过难关……嗯，没有允许，任何人都不要打扰我。"

大臣们被他说得一愣一愣的，半信半疑地答应，然后他白天跪在十字架下祈祷，一到晚上，就披上军袍装作一名不起眼的小兵喽啰，溜进军营里去了解士兵们的真实想法和心态。

结果很多士兵怨声载道，觉得国王是个骗子，什么尊严什么荣誉都是谎话，他们千辛万苦跑法国打仗，就是来当炮灰！

亨利五世溜达了一圈，把士兵们的底都摸清了，到了决战的那天清晨，天空下着蒙蒙细雨，他站在雨中，游目四顾，凝重地对将士们说："我这几天一直在向上帝祈祷，希望稣哥能给我启示……今天早晨，上帝终于被我感动哭了，所以才下起了雨！他告诉我，只有畏惧死亡的人才会死亡，只有维护荣誉的人才会获得荣誉！今天，我们就要跟法国人决一死战了，如果谁不想打，现在就可以领工资走人。哪怕你们都走了，最后只剩下我一个人一杆枪……我将死战到底，誓不低头！因为我是国王，我的责任就是捍卫英格兰的荣誉！我宁愿战死，也不会放弃！请你们回去告诉家人，就说英格兰的国王绝对不是懦夫，我小五子愿意为了荣誉，战死沙场！"

他说完这番话，全军鸦雀无声，将士们一个个斗志昂扬，热血澎湃。他们肾上腺素迅速激增，每个人都觉得自己就是叶问，可以一个打十个："为了英格兰！为了小五子！我们跟法国人拼了！"

一场闻名古今中外的战役终于打响，与后来的滑铁卢战役并称为战争史上的奇迹，简直是妇孺皆知。当时英国人总共是五千九百人，横扫三万法军，歼敌一万余人，俘虏了包括奥尔良公爵在内的全部贵族，史称"阿金库尔战役"。

你们猜猜英国人死了多少？嘿嘿，才四十多人。

我擦！这也太夸张了吧？难道亨利五世真的感动了上帝？同学们，自古以来以少胜多，出奇制胜的战争比比皆是，但是胜利的一方才死四十个人，确实有点匪夷所思啊！那么英国人真正战胜的原因是什么呢？是因为他们拥有了一件秘密武器。

这件秘密武器就是"威尔士长弓"，它的射程极远，力势极其强劲。而且当时阿金库尔村外的耕地比较松软，在大雨滂沱的作用下，已经成为一片泥潭，亨利五世为了防止军队被敌人包抄，利用两侧树林布阵，五千多人占据了制高点，等法军一围攻上来，万箭齐发，力气稍微大一点的弓手完全可以一箭穿俩。

你可以想想那个场景，耳边全是呼呼的破风声，身边全是噼里啪啦倒下的尸体，法国人阵脚大乱，溃不成军。等他们往后撤退的时候，陷在泥潭里又跑不起来，于是埋伏在树林的英军呼啸而出，将法国人的前锋部队一举全歼。

此役之中，英军阵亡的人也就是约克公爵和萨福克伯爵，其余的都是小喽啰，法国人就不一样了，基本上所有的贵族都已经出动，包括决战之前，精神病查理六世刚刚封了一万多个贵族，这不就是送人头吗？这里简直就是贵族骑士的屠宰场，此战结束之后，法国贵族基本上成了濒危物种。

阿金库尔战役的胜利，在欧洲确实是一颗重磅炸弹，法国的勃艮第公爵把查理六世关进了小黑屋，英法两国也签署了《特鲁瓦条约》，决定把查理六世的女儿凯瑟琳嫁给亨利五世，等到查理六世驾崩，法国的王位也必须传给亨利五世。也就是说，后面只要不出什么幺蛾子的话，亨利五世必将成为英法帝国的最高统治者。

他班师回朝的那天，英格兰全国万民欢呼，人们迎接着凯旋回来的队伍，高喊着"英法皇帝万岁"。于是，亨利五世成为了英国历史上最伟大的国王之一。

但是杜甫有一首诗，我想你们一定也知道，"出师未捷身先死，长使英雄泪满襟"，说的是诸葛亮多次出师伐魏，最终未能取胜，于蜀国建兴十二年卒于五丈原。那么亨利五世的命运也是如此，他在位仅仅九年，就含泪结束了辉煌的一生。

第二十三章　英国输给了圣女贞德

上一章我们说到亨利五世以天纵英姿，发动了英法百年战争的第三阶段。这一时间段，是在公元 1415 年到公元 1422 年之间，并且以几乎可以忽略不计的代价，在阿金库尔的大决战中，击溃了三万法军，让小国寡民的英格兰在整个欧洲大陆彻底风光了一把。

在这场战役胜利之后，英格兰人去欧洲大陆留学或者旅游，走起路来都是带风的，步行街上他们都能横着走，没有人敢拦你，而这一切的民族自豪感，皆拜亨利五世所赐。

我们从头将一将英法百年战争的过程，战争的第一阶段，爱德华三世打了一场克雷西战役，第二阶段就是他儿子黑太子爱德华，打了一场普瓦提埃战役，再到第三阶段的时候，亨利五世又打了一场阿金库尔战役。

这三场经典的战役，英国人都是以少胜多。究其原因，其实还是法国人内部比较混乱，打起仗来，没有多少章法，而且还鼻孔朝天盲目自信，认为英格兰是弹丸小国，根本没把乡下佬放在眼里。

哪知道农村路滑，套路也复杂，法国人接连摔了好几个跟斗。再加上英国人的秘制武器——威尔士长弓，放在当时，法国人的弓箭只能算是小弹弓，而威尔士长弓就好比"诸葛连弩"，具备碾压性的优势。

由于英法两国签了《特鲁瓦条约》，规定查理六世死后，王位由亨利五世继承，那么亨利五世就堂而皇之地进入法国宫廷，独揽大权，查理六世的权力就被完全架空，蹲在小黑屋里混吃等死。

后来法国的凯瑟琳公主嫁给了亨利五世，不多久就生了个儿子，名字也叫亨利，也就是后来的亨利六世。唉，你说英国人是不是缺心眼儿啊？取来取去，全是叫亨利，后面还有一大波亨利袭来。

自从亨利五世摄政法国，一直到他撒手人寰，法国人对他也是感恩戴德的，觉得小五子也办了不少惠国惠民的实事哦，他有资格坐这个位置。而且从血统上来说，亨利五世也是诺曼法兰西人的后代，从某种意义上来说，他当然也是我们法国人。

最重要的一点就是，阿金库尔战役拿下来之后，亨利五世俘虏了一大批法国贵族，并没有杀死他们，而是采取怀柔政策，以礼相待，把原来他们在法国的封地也都还给了他们。这一举动，让法国贵族心悦诚服，都非常喜欢这位深明大义的国王。

在欧洲的中世纪，贵族就是国家的精英阶层，拥有百分百的话语权。经过他们的一顿吹捧，把亨利五世的英明神武说得天花乱坠的，法国的老百姓，才不管上面坐着的国王是谁，只要咱们日子过得舒坦，别动不动征税打仗的，我就心满意足，所以，亨利五世的政绩法国人倒也认可，反而是身为战胜国的英国人，觉得国家的未来堪忧。

这是为什么呢？因为一旦英法两国合并成为帝国，英格兰就相当于这个帝国的一个行省，当时经过罗马文明熏陶的欧洲大陆，无论是文明程度还是经济发展，都远超英国。所以帝国以后的发展重心肯定是在法国呀对不对？巴黎搞得风生水起的，哪还有伦敦什么事情？

事实上，这一次亨利五世发动的英法百年战争，英国国会也没批给他多少经费。他们觉得胜负是未知之数，打仗这事儿毕竟不靠谱，在英国人的心里，更看重的是本土的利益，赢了法国又能怎么样？去到巴黎还是被人家当成土包子，我省点力气在家自娱自乐更好。

不管怎么说，金雀花王朝以来的历代英国国王，一直都有个夙愿，就是希望建立一个强大的英法帝国，这个梦想，如今到了亨利五世这里，似乎已经触手可及。可是上帝怎么能轻易让他买中大乐透呢？小五子，你必须继续征战哦，去砸掉法国小查理这块绊脚石吧。

谢同学趣说 英国史

因为查理六世签署了《特鲁瓦条约》之后，他儿子作为法国王储的继承权也被彻底剥夺，打入了冷宫。你说这事儿人家能痛快答应吗？搁你身上你也急啊！于是小查理王子开始组建抗英义勇军，联合那些不想归顺亨利五世的法国贵族，扛起了反击侵略者的大旗。

公元 1421 年 7 月，亨利五世率军渡过卢瓦尔河，意图重演阿金库尔的辉煌。

当时法国北部都属于亨利五世的统治范围，而且英国的兵力也占据了绝对的优势，一帮法国二鬼子跟他后面煽风点火。小查理就一点一点地从北往南撤，一个城池一个城池地丢，要是再打上个三五年，可能整个法兰西都要被亨利五世征服了，小查理就决定将部队分成前后两个纵队，尽量拖延时间。

而且他派出了很多的侦察兵，留守后方密切注意英军的动静。侦察兵每次都火急火燎地赶来报告："报告王子！敌人还有五秒到达战场！"

小查理冷笑一声，挥了挥手："急个毛线，去把门口那块免战牌挂起来。"

亨利五世见对面一直拒绝应战，气得七窍生烟，小兔崽子跟我玩这套？他立马让人上前骂阵，万般的嘲讽。小查理却稳坐大帐之中，一概不理不睬。

哎呀，这小子挺沉得住气的啊！亨利五世一计不成又生一计，迅速调整战略，转为各个击破，先不打主将，而去扫除盘踞在巴黎周边的敌军羽翼。这一招果然效果显著，亨利五世一路上攻城拔寨，到了第二年的五月，又取得了莫城围歼战的胜利。

正所谓阎王要你三更死，绝不留人到五更，就在这个最关键的时刻，伟大的英国国王亨利五世与世长辞。

公元 1422 年 8 月，亨利五世突然病倒了，一种说法是说他染上了痢疾。以现在的医学水平，痢疾算不了什么大病，但是在十五世纪的欧洲，这种病搞不好就会致命。还有一种说法，当时他患的是"瘘管"，大概的症状就是发炎的脓水倒流进入器官，导致脏器衰竭而亡。

伟大的帝王始终打不过死神，狮心王理查一世也是如此，活得伟大，死得倒霉。你说亚历山大·弗莱明早出生个四百年也好啊，打一针青霉素，亨利五世立马活蹦乱跳。

嗯，现在网上有很多穿越文，你让女主人公带上一箱青霉素，穿越到十五世纪，怎么着也能弄个御医当当吧？书名就叫《女医英妃传》，最后踹掉凯瑟琳王后，跟亨利五世喜结连理，从此过上幸福快乐的日子，哈哈！

据说亨利五世还是个非常虔诚的天主教徒，在他没得病之前，常常祈祷，誓言一旦拿下法兰西，立刻挥师东进，发动第十次十字军东征，夺回圣城耶路撒冷。上帝稣哥热爱和平，当然见不到生灵涂炭，赶紧把小五子给接走了。

亨利五世临终前，在病榻前给几个弟弟交代后事，握住他们的手："我走了以后，法国的地盘怕是兜不住了唉……但是，丢了哪儿都行，唯一不能丢的就是诺曼底！那块土地既是咱们的祖宗基业，又是兵家必争之地。即便吾儿亨利当不上法兰西国王，也无所谓。但是切记一定要让法国人把诺曼底割让给我们，诺曼在手，江山我有！总有一天，英格兰终会称霸欧洲！"

他去世的时候，举国哀恸，包括法国人在内，巴黎是群众在香榭丽舍大道上十里相送，眼睛哭得比英国人还肿。

可叹亨利五利在位仅仅九年，统治法国的时间更是不超过两年，就去天堂报道了，我也觉得有点惋惜。

小五子确实有雄才大略，他从当初放荡不羁的游侠生涯，到洗心革面回归正道，执掌英格兰时也勤政爱民，最后挥鞭入侵法兰西。这一路风行无阻，直达人生的巅峰，堪称国王界的楷模，只可惜天妒英才啊，他才三十四岁就挂啦。

命里有时终须有，命里无时莫强求，古人诚不我欺。活在这个花花世界里，你的所求所欲，都有一个宿命的轮回，该是你的谁也抢不走，不是你的，再怎么折腾都是白搭，倒不如以平常心待之。

这番话看似有些消极，其实说简单点，就是人生重在参与。就好像奥运会的冠军也只有一个，你就算输了，也享受了这个过程是不是？努力过了就不要有遗憾。

亨利五世驾崩以后，他老婆凯瑟琳，改嫁威尔士末代国王的后裔欧文·都铎，他们的后代也就是英国都铎王朝的那几任国王，这些都是后话。当时亨利五世的儿子才九个月大，还在褓褓之中，国家大权自然落到他三个弟弟身上。贝德福德公爵负责管理法兰西，格洛斯特公爵掌管英格兰事务，剩下那个兄弟，负责监管督促亨利六世的成长。

过了不久，名存实亡的法王查理六世也撒手归西，亨利六世在三位顾命大臣的辅佐之下，登上了法国国王的宝座。与此同时，之前提到的法国小查理王子也不甘人后，在法国南方贵族的拥戴下，登基成为查理七世。法国人就分成了两个派系，一方效忠亨利六世，另一派则听命于查理七世。

当时贝德福德公爵跟小五子的感情最深，既然哥哥托孤于他，当然是鞠躬尽瘁，希望能完成哥哥留下来的大业，所以他继续带兵冲锋陷阵，一心想要剿灭查理七世。

这个情况就有点像刘备托孤诸葛亮,军师六出祁山,誓灭曹魏,兴复汉室。

就这样,英法百年战争第四阶段的号角,从公元1422年开始吹响,又打了整整三十年,一直打到公元1453年,英法百年战争才算真正结束。

期间有一位法国历史上最神奇的农家姑娘出场了,她就是圣女贞德。也正是因为有了她的带领,法国人在岌岌可危的形势下反败为胜。

圣女贞德的故事很有传奇色彩,当时英格兰的形势是一片大好,贝德福德公爵突然记起哥哥有一次跟他促膝长谈,提到征服法兰西的办法,主张以夷治夷。因为法国势力最大的人就是勃艮第公爵,只要搞定他,就等于搞定了整个法兰西。

于是贝德福德公爵谨记训导,就去拉拢勃艮第公爵菲利普:"我说菲哥啊,你看现在欧洲的时局这么混乱,我实在是分身乏术,要不你来当法国的摄政王吧?"

菲利普当然知道他是有意来试探口风,婉言谢绝:"德仔,你尽管放宽心,我自己那块地盘都应顾不暇,哪有精力搞这么多事?我可以对灯发誓,绝对没有私心,坚决拥护小六子!"

德仔一看菲利普这么有诚意,心里十分欢喜,就回国劝说弟弟格洛斯特公爵赶紧与菲利普联姻,先用政治婚姻拴住地头蛇,再考虑推进南方。菲利普也相当配合,一听到消息,立马让自己的女儿嫁去了英格兰,而且也积极出兵,帮助英国人去围剿查理七世。

在这种局势下,查理七世的正规军基本上都干没了,只剩下了一些游兵散勇,打打游击战什么的,说白了,就是输得只剩下一条裤衩了。眼瞅着英国人打掉南部重镇奥尔良之后,整个法兰西已经唾手可得,可是就在这节骨眼上,出了一件小三插足事情,让剧情直接跑偏。

当时荷兰有个白富美,在她伯爵老爹死了以后,继承了爵位以及大片的封地,家里堆着满屋子的房产证,绝对属于黄金圣女的级别,大批的官二代富二代都纷纷拜倒在她的石榴裙下。问题是女伯爵的眼光犀利得很,觉得这帮纨绔子弟都没什么前途,偏偏对格洛斯特公爵情有独钟。

可是人家结婚了啊,你这不是搞事情么?但是格洛斯特公爵也彪得很,二话不说就跟勃艮第公爵的女儿离了婚,然后天天抱着白富美沐浴爱河。

勃艮第公爵闻讯脸都气绿了,我在这儿给你们英国人卖命,你是不把我女儿当人看的是吧?老子真特么的贱!他一气之下撤走了部队,让德仔一个人去玩。

德仔一看情况不妙,法国人一撤兵,我口袋这点钱可维持不了多久,他就跑去

第五单元 蔷薇之争——崛起的前奏

英格兰劝说弟弟："你心可真大啊我的老弟！我在法国拼死拼活的，你一天到晚给我瞎捣乱，小五子临死前的嘱咐你都忘记了吗？天天抱着个白骨精，你是想做快活的老神仙啊？"

格洛斯特公爵已被爱情蒙蔽了双眼，哥哥的话死活听不进去。德仔万般无奈之下，只得去跟英国国会商量，希望能将军费开支的问题重新摆到会议桌上。

英国的贵族当然不是省油的灯，赶紧搞出一个国家统治委员会，坚决不同意德仔的提案："我们就剩下这么点日常开销啦，好几天没吃过肉！你千万别打我主意，要钱没有，要命也没有！"

粮草一断，这仗也不用再打了，肯定没戏唱。德仔风尘仆仆赶到法国，想去跟勃艮第公爵道歉，看看有没有挽回的余地。可是找了好几次，勃艮第公爵闭门谢客，没有绑了他已经是相当给面子了。

德仔为了英格兰操碎了心，咬了咬牙，行！没有你们这帮孬种更好，老子照样去干法国人！于是，英法两家合作集团就这样疏远了，最终导致了关系的破裂。

这事儿来回折腾了一年多，正好给了查理七世一个喘息的机会。英军的后援跟不上，奥尔良迟迟打不下来，法国人趁机组织了敌后武工队，两路夹击，收复了巴黎东北部的兰斯城。

大家千万不要小看这个兰斯城，其战略位置相当于楚汉相争时期的汉中地区。查理七世从原来输得只剩下一条裤衩，重新把拆迁房赢了回来。他之所以能满血复活，完全仰仗了圣女贞德的功劳，正是她帮助查理七世改变了战争局势，救法国于水火之中的。

贞德是个穷困潦倒的村姑，从小就会骑马，跟马儿的感情非常好，恨不得吃饭睡觉都待在一块，形影不离。后来她到了合法的打工年龄，就去当地的一个小酒馆里当服务员了，还经常跟一些酒鬼打架，是个地地道道的女汉子。

欧洲的酒馆乌烟瘴气的，我以前不是提过么？从罗马帝国时期开始，就有很多退伍的老兵和骑士混迹其中，一天到晚惹是生非。而且人多口杂，喜欢议论时事，说起查理七世像孙子一样被英国人追着打的时候，大部分人都表示同情，甚至义愤填膺。

贞德也觉得小查理很有魅力，简直就是个不屈不挠的钢铁直男，为了抵御英国佬的入侵，他可从来没有怂过哦！于是贞德打心底里崇拜查理七世，成了他的迷妹，天天为查理七世祈祷祝福。

作为一名女汉子，她也没什么闺蜜，寂寞的时候就去陪伴她的马儿，然后把她所有对查理七世的崇拜，都向爱马倾诉。有一天，她说着说着有点儿犯困，就在马厩里眯了一小会儿。就在她迷迷糊糊的时候，突然梦见上帝身披五彩圣衣，脚踏七色祥云，牵着一匹长着翅膀的白马，笑眯眯地向她走来。

"啊，买嘎德！您是来接我去天堂的么？"贞德又惊又喜。

上帝摇了摇头，慈祥地说："不是，我正好从此地遇过……孩子，我看你骨骼清奇，必定是个打仗的奇才。你继续睡吧，我溜达一圈就走了，等你醒来的时候就会明白，只有你才能拯救法兰西。"

然后上帝念念有词，在她耳边吹了一阵风，好像传授了她一套兵法什么的。等贞德醒来以后，坚信自己是上帝选中的孩子，于是毛遂自荐，去找当地的官员请缨，说她想见查理七世。

官员当时一听就懵了："你是来跟我扯淡的吧？现在油菜花也没开啊，你个丫头片子是不是花痴啊？去去去，赶紧回家吃奶去！"

但是贞德并不妥协，执意说自己得到了天启。看她目光坚定地挽起袖子，官员就有点慌了，这丫头蛮横无理，搞不好性子上来会揍自己一顿。他就赶紧将此事汇报查理七世，说这姑娘确实说得天花乱坠的，酒馆里的人都很支持她。

查理七世觉得这件事儿有点荒唐，我现在忙得焦头烂额的，一大堆战事等着我处理，你们这不是给我添乱吗？但是他转念一想，大千世界无奇不有，现在正是用人的时候，宁可信其有，不可信其无。

他眨了眨眼睛，想出了一条妙计："好吧，咱们就跟她做个游戏，我跟大伙儿穿一样的衣服，站在你们中间，如果她一眼就能把我认出来，那她就是上帝派来的，如果认不出来，哼哼，我就治她个欺君之罪，判处死刑！"

官员心领神会，就吩咐士兵们站在广场上，然后让国王穿上普通的军装，混迹在士兵的队伍里。贞德被带到了广场上，一点都不紧张，胸有成竹地走了一圈，居然一眼就认出了查理七世。

这种神奇的事儿很难解释，查理七世觉得确实有点邪门，慎重地请教贞德："圣女可否帮我解了奥尔良之围？"

"请陛下一定要相信我，小女子会帮您打败英国人的。如果您还是不太相信我的能力，请允许我说出一些你私人的小秘密，以此来证明上帝赐予我的力量。"贞德咧嘴一笑，附耳过去，偷偷地告诉查理七世，"您左边屁股上有一块胎记……"

查理七世倒吸了一口冷气，好家伙！以后洗澡的时候我得当心点。他对贞德的话深信不疑，开心得手舞足蹈。

贞德趁热打铁，向法国人宣告："在兰斯城里面，有一件绝世神兵，只有我能够找到，它会指引我们走向胜利！陛下也必须在兰斯的教堂里加冕登基，才能算是真正的法兰西之王，把英国佬赶出我们的土地！"

圣女贞德这件奇事就这样一传十，十传百，迅速在法国蔓延。查理七世先让她率军去奥尔良，抵抗贝德福德公爵的围攻。结果在贞德的带领下，法国人士气高涨，如有神助，很快就打到了兰斯城。英军早就听闻了圣女贞德的大名，不敢违背上帝的旨意，就放下了武器，弃城投降。

然后查理七世在兰斯城依照贞德的指示，隆重地举行了一次涂油礼，正式继承法国正统，涂油礼的整个过程也由圣女贞德亲手完成。

接着贞德在兰斯城里找到了所谓的"上帝之剑"，一路势如破竹，取得了一系列的胜利，终于扭转劣势，与英军形成了楚汉对峙的局面。

这时候就出现了一个意外，圣女贞德见局面已经被控制，突然说自己要解甲归田了，剩下来的事情要靠查理七世自己去搞定。查理七世一心想尽快收复法兰西，怎么可能放走眼前这个女菩萨呢？就逼着贞德继续上前线打仗，结果就悲剧了，在法国贡比涅的一次冲突中，贞德兵败被俘。

英国人可没有法国人那么天真啦，他们觉得这女人就是个巫婆，绝对不是天使！于是乎，德仔就通过宗教裁判庭，判贞德为异端分子，处以火刑。公元 1431 年 5 月 30 日，贞德在法国的鲁昂被当众处死，壮烈牺牲。

而查理七世在圣女贞德被抓以后，居然无动于衷，并没有派兵前往营救，她牺牲的消息一传出来，顿时燃起了法国人对英国佬的刻骨仇恨，纷纷拿起武器，抗击外辱，很多占领区的法国人，也调转枪头开始支持查理七世。

胜利的天平终于向法国倾斜，公元 1435 年，贝德福德公爵病亡，英王亨利六世才只有十一岁，整个英国濒临崩溃的边缘，内政乱成了一摊糨糊。

查理七世趁此良机，召集人马迅速攻下了巴黎，重新夺回了法兰西的统治权。之后他攻城略地，持续收复失地，到了公元 1453 年，最终把英国人彻底地赶出了法国。可怜的英国人连诺曼底都没有保住，只控制了一个加莱港，百年英法战争，终于落下了帷幕。

关于圣女贞德，我觉得她只不过是查理七世的一个政治工具，并不是什么天启者，可能患有类似妄想症之类的疾病，然后被狡猾的查理七世加以利用，借此唤起法国人的民族仇恨。

统治者的智慧是在一种大压力之下苦思冥想出来的，老百姓很难理解，当查理七世听到官员汇报村姑的情况时，可能心里是欣喜若狂，我擦！这不是天上掉下来一个林妹妹嘛！我将计就计，拿她当个炮灰，搞不好奥尔良城的难题迎刃而解。解不了也没关系啊，反正死马当活马医呗！

结果这场赌局被查理七世押中，法国人民对上帝的崇拜是狂热的。咱们中国人这种招数更是数不胜数，比如秦末的陈胜吴广起义，聪明伶俐的中国人就搞了一套"鱼腹丹书"，又学狐狸叫唤"大楚兴，陈胜王"，说实在的，论创意和主动性，咱们中国人更胜一筹。

所以说舆论战的强大，从古至今都是一个道理，英法百年战争的第四阶段，法国人之所以能够反败为胜，凭借的就是信仰的力量。如果圣女贞德真是上帝的孩子，她被俘之后为啥查理七世选择袖手旁观呢？摆明了就是想激起法国人的民族仇恨，一石激起千层浪。

本章的内容，主要就是讲了伟大的亨利五世驾崩之后，英法百年战争最后一个阶段所发生的故事。那么接下来呢，我们会讲到成年之后的亨利六世、爱德华四世和爱德华五世的继承权之争，英国的内战爆发，史称"玫瑰战争"。

你没有听错，玫瑰象征着爱情啊，难道这几个哥们是为了争风吃醋，大打出手？嘿嘿，同学们先休息了一下吧，广告之后，马上回来。

第二十四章 红白玫瑰战争的特殊意义

一看见我提到"玫瑰战争"，同学们会不会想起张爱玲的《红玫瑰与白玫瑰》呢？嘿嘿，其实这场战争的起因和爱情没有半毛钱关系，但是整个过程里，倒也有一些可敬的情感事迹。

英法百年战争以后，英国的兰开斯特王朝也步入暮年，取而代之的是约克王朝。之所以产生王朝更迭，就是因为这场著名的红白玫瑰战争。

这是一场英国内战，交战双方就是兰开斯特家族和约克家族。因为兰开斯特家族的族徽是红色的玫瑰，而约克家族用的是白玫瑰，又由于玫瑰花属于蔷薇科植物，所以后人也把这场战争，称为"蔷薇战争"。

这场战争最大的意义就是"为他人做嫁衣裳"，两个家族斗得死去活来，两败俱伤，贵族阶层消亡殆半，为乡绅骑士阶层腾出了施展政治舞台的空间，为英国后来的资本主义兴起，提供了肥沃的土壤。

故事当然得先从亨利六世说起，小六子生于公元 1421 年，刚出生九个月大的时候，他老爹亨利五世就驾鹤归西了，所以他在襁褓之中就继承了王位，身兼英法两国国王。

根据亨利五世与查理六世签订的《特鲁瓦条约》，英国人基本上是死皮赖脸地单方面宣布亨利六世兼管法国，其实大部分法国人是不大理会这份条约的。

在小六子亲政以前，英法帝国的统治还算勉强维系，主要是因为有贝德福德公爵掌管着法国政务，德仔的能力虽然比不上小五子，但是深谋远虑，绝对不是省油的灯，要不然英法战争也不会在亨利五世之后，还能持续三十年之久。

公元 1435 年的时候，德仔去世，英国人在法国的统治就出现了问题，法王查理七世趁着死对头嗝屁，开始不断地收复失地。

没过两年，英国的另一个顾命大臣格洛斯特公爵也去世了，英格兰两大国柱相继坍塌，英法两边的事务就全部落在了当时才十五六岁的小六子身上。只可惜，亨利六世完全没有继承他老爸的雄才大略，缺乏统治能力的基因，不要说去开疆拓土啦，连管理国家内部事务也吃力得很，所以他就把大权交给了萨福克伯爵。

这位萨福克伯爵曾经跟着小五子南征北战，在英法战争中战功彪炳，为第三阶段的英法战争立下过汗马功劳，所以小六子亲政之后对他言听计从，信任有加，甚至国王在娶王后的时候，都是萨福克伯爵做的媒人。

王后是法国公爵的女儿，叫玛格丽特，根据莎翁戏剧里的描写，这女人和萨福克伯爵有一腿，然后再安排嫁给小六子。这波操作跟吕不韦的"奇货可居"有点类似，但是历史上并没有明确的记载，我估计是莎士比亚搞出来的段子。

玛格丽特非常有心眼子，是个很聪明的女人，大家可要记住喽，后面发生的玫瑰战争，她的作用非常之大。其实萨福克安排这个婚姻，主要是因为他预见到了英国会在战争中失败，所以想在国王的身边安插一个自己人，方便他日后可以独揽大权。

小六子本来和玛格丽特无缘，全靠萨福克伯爵在中间穿针引线，两个人属于先结婚后谈恋爱。而萨福克一心只想为自己谋取政治利益，愿望很快就达成了，在公元1448年，萨福克伯爵被晋升为公爵。

就在这个时候，英国在法国的战争已经无戏可唱，萨福克公爵还继续利用国王的名义，要求国会加税。美曰其名是为了守住法国的地盘，咱们老国王辛辛苦苦打下来的江山，可不能说丢就丢啊！呵呵，实际上收来的税钱全都入了他自己的腰包。

老百姓肯定不答应啊，纷纷揭竿而起，虽然雷声大雨点小，但是却撼动了萨福克政权的根基，加快了英国在法国失败的步伐。这家伙当然也没什么好下场，果然在公元1450年，遭到了弹劾，被判处死刑。

但是小六子虽然没有治国的本事，做人还是挺讲人情味的，为了保全萨福克，就改成了流放。结果萨福克坐上豪华邮轮驶经英吉利海峡的时候，遭遇了海盗的抢劫，最终难逃一死。

没有了左膀右臂，小六子更加不知道怎么玩了，整天双眼发直，嘴角还经常流口水。他的处境有点像明末的崇祯皇帝，地方上有农民起义，朝堂上又有党派之争，最闹心的是他还完美遗传了外祖父的基因。

大家应该记得吧？他姥爷就是法国那个精神病国王查理六世，小六子遗传了家族的病史，也患上了间歇性精神病。一帮王室贵族眼睁睁地看着他每天流口水，只能摇头苦叹，这种情况还怎么跟法国人开战呢？所以决定与法国和谈，结束了英法百年战争。

部队撤回英国之后，英格兰国内的党派之争，并没有消停，反而是越演越烈。那么这个时候，突然冒出来一位地方上的诸侯，张罗着打算改朝换代，想把小六子赶下台，自己尝一尝当国王的滋味。

这哥们就是来自约克郡的公爵理查德，他爷爷是爱德华三世的次子克拉伦斯。当时他心里琢磨着，小六子这家伙既没有统治国家的能力，又是个精神病，这王位迟早是坐不住的，与其拱手让人，倒不如我来坐！

只不过王位可不是谁想坐就能坐的，英国的大事小事都得通过国会，何况废除国王是天大的新闻，你乱来肯定不行啊。

于是理查德开始翻箱倒柜查旧账，大家还记得爱德华三世的大儿子吧？就是那个喜欢穿黑铠甲装酷的家伙，嘿嘿，对了！就是黑太子。因为黑太子英年早逝，所以王位传给了理查二世。其实这之前王位继承的顺序都很正常，就算当初亨利四世逼理查二世退位，也没什么毛病，那么问题出在哪儿呢？

按照理查德的理解，亨利四世的爹兰开斯特公爵，正是爱德华三世家的老三，也就是他爷爷的弟弟。所以如果论资排辈，理查二世下台之后，如果没有子嗣，就该是理查德的爷爷上，他爷爷上不了他爸上，反正约克家族的人挨个坐一遍，最后才能轮到兰开斯特家族的人。

所以理查德理直气壮地得出了一个结论：从亨利四世到亨利六世，全是违法的！

好吧，你跟一根筋的人没啥好说理的。理查德就开始拉拢很多有实力的贵族，暗中积蓄人脉，随时准备夺权，就等着小六子发神经。结果小六子只是间歇性的精神病，就像段誉的六脉神剑一样的，一会儿好使，一会儿不好使。理查德等了好几个月，胡子都等白了也没见小六子流口水。

玛格丽特王后见理查德举动异常，就觉得很奇怪，跟丈夫说："咦？你这个堂叔整天守在门口东张西望的，到底在找啥东西？我看他的眼神很不对劲，偶尔会发绿光，说不定哪天会搞出什么幺蛾子。"

小六子挠了挠脑袋，也有点莫名其妙。他本来就挺讨厌理查德的，笑起来脸上的肉会抖，一看就不是什么好东西！他打定主意，就把萨福克留下的位置，交给了另一个堂叔萨默塞特公爵，以便制衡理查德。

萨默塞特也属于兰开斯特家族这一支，原本就跟理查德不对付，以前没实力跟人家瞪眼睛，现在有了小六子撑腰，说话的声音立马高昂起来："小德子！上个月的税你们赶紧交上来，别磨磨蹭蹭的！"

"哎哟！几天没见翅膀硬了啊？现在居然敢喊我'小德子'啦？在我眼里，你就是个傻了吧唧的傻子！"

"你，你再骂一句试试！"

萨默塞特恼羞成怒，二人一言不合就动起了手，打得鼻青脸肿的。然后英国宫廷就出现了两大阵营，一方是以兰开斯特家族萨默塞特公爵为首的"红玫瑰"阵营，另一方就是约克家族理查德的"白玫瑰"阵营。

双方的实力一对比，人气上是理查德占优势，因为他手下一大帮兄弟，都是英格兰最大的贵族集团。刚开始的时候，由于小六子精神状态正常，两个家族还能掰一掰手腕，毕竟贵族还是要给国王一点面子。但是没过两年，小六子又发作了，一不吃药，六脉神剑逮谁就戳谁，嘴角的口水根本停不下来，于是理查德就强行要求国会废掉国王。

他提出两个理由：第一，国王老是流口水，话都说不清楚的人怎么管理得了国家？其次，当初亨利四世是谋权篡位登基的，照理我们约克家族才有资格继承王位。

当时的国会，分成上议院和下议院，就算上议院所有的贵族都支持约克家族，下议院的乡绅骑士阶层和民间代表也不一定答应，搞不好是竹篮打水一场空。

果然，国会经过慎重的考虑，拒绝了理查德："大哥啊，就算小六子管理不了国家，可他还有两个王子可以继承王位哦，按照祖训，怎么样也轮不到你啊！看你跑上跑下的也确实挺累，要不先让你搞个护国公当当？"

国王的宝座他肯定是没戏喽，好歹捞到个公公也算不虚此行，理查德只能憋着一肚子火气，等他走马上任之后，二话不说就把萨默塞特公爵扔进了监狱。

可是让他哭笑不得的是没过几天，小六子又恢复正常了，立马把堂叔救了出来，扬言要制裁理查德，这货太不让人省心了，我就练个走神大法，真当我是白痴吗？

理查德一想不对，先下手为强后下手遭殃，我得赶紧行动起来！于是红白玫瑰战争正式开打，理查德就带着一票贵族冲进了伦敦，直接就干掉了萨默塞特公爵。当他身披铠甲，挥舞长矛，一脚踢开宫殿的大门的时候，就看见小六子尿裤子了，理查德哈哈大笑："小六子啊，你可别怪我，我也很想低调的，可是实力它不允许啊！"

就在这个危难的时刻，小六子的老婆，也就是王后玛格丽特挺身而出，上演了好几出美女救精神病的戏码，好比女版的赵子龙，在曹营七进七出。

眼看着老公被擒，她当然心急如焚，为了保住王位以及儿子们将来的继承权，玛格丽特召集红玫瑰家族的勇士进行绝地反扑，不仅平乱了伦敦的暴动，而且一鼓作气杀进了理查德的老巢，竟然大获全胜。

理查德和他的贵族联盟被打了个措手不及，均作鸟兽散。正所谓死党本是同林鸟，一朝扑街各自飞，理查德连夜逃到了爱尔兰，而他儿子爱德华，也就是后来的爱德华四世溜得更快，估计练过韦小宝的"神行百变"，直接逃出国门，跑到了法国的加莱城。这地方说好听点还是属于英格兰管辖的，其实就是英法百年战争最后的一块遮羞布。

但是玫瑰战争才刚刚开始，玛格丽特初战告捷，还没缓过气来，约克家族又重新开始组织兵力，卷土重来。

上次的失利，严格来说是理查德太过于骄傲轻敌，所以这次他率领手下布置周详，来势汹汹，玛格丽特根本招架不住，悲摧的小六子再次被俘，玛格丽特倒是很冷静，慷慨激昂地说："留得青山在，不怕没柴烧！各位盟友，你们可千万不要放弃啊！"

话音一落，她撒腿就跑去北方搬救兵了。

等白玫瑰家族控制住伦敦，趾高气扬的理查德再次要求国会废黜国王，将王位转让给他。但是国会并没有屈服他的淫威，表决依然没有通过，最终双方唇枪舌剑，达成一个折中的方案，答应在小六子去世之后，王位再由理查德继承。

玛格丽特不动声色，迅速拉拢北方贵族的支持，演出了第二场美女救夫的好莱坞大片，扼杀了理查德的王权美梦。当时理查德的心态没稳住，小六子一天不死他就寝食难安，心想我不能坐以待毙啊，玛格丽特这女人是疯的！一个傻子一个疯子，我可吃不消折腾！

于是他匆匆忙忙带上贵族部队往北方进发，想在半路上将心头大患狙杀。所谓狭路相逢勇者胜，玛格丽特虽然是一介女流，但是这娘们打起仗来确实是疯的。双方在威克菲尔德展开厮杀，玛格丽特梅开二度，在玫瑰战争的第三局，以三盘两胜的比分又扳回了一局，而且乘胜追击干掉了理查德，也就是说，对方选手直接被淘汰啦！

玛格丽特砍下了理查德的头颅，高挂城墙，还别出心裁地制作了一个纸质的皇冠，戴在理查德的脑袋上，以此嘲笑他觊觎王位的愚蠢下场。

取得大捷之后，女疯子玛格丽特将军队一分为二，其中一半交给了国王同母异父的弟弟加斯帕·都铎统领。这个都铎的父亲欧文·都铎后来娶了小五子的遗孀，也就是法国的凯瑟琳公主——小六子的妈咪。

女疯子之所以把军队分为两队，主要的想法就是分兵抗击敌军的残余。

因为当时约克家族的阵营也是两支队伍，一支是由理查德的儿子爱德华领导的约克部队，另外一队就是约克家族的党羽，头目是大贵族沃克里伯爵。所以女疯子就让都铎去对付爱德华，堵住敌人的增援，而她自己则领了一队兵马直奔伦敦，前去营救国王老公，再次击溃了贵族的防线，成功救出了小六子。

现在咱们对这个女疯子的能力有所认识了吧？嘿嘿，她对兵法的运用简直已到了炉火纯青的地步，可不是一般的彪悍。

只可惜前方告捷，后方却不给力。爱德华听说爹地死后还遭受了凌辱，怒火中烧，决心与都铎死战到底。所谓哀兵必胜，仇人相见分外眼红，约克家族将都铎打得丢盔卸甲，一路马不停蹄，调头就往伦敦杀去，誓要一报杀父之仇。

爱德华的军事才能比起他老爸理查德，肯定是青出于蓝更胜于蓝，伦敦一战，女疯子招架不住了，被打得一败涂地。但是这次她倒是留了个心眼，早就安排好后续的工作，悄悄地带上老公溜之大吉。

公元 1461 年，爱德华率军杀进伦敦，再次威胁国会，必须让他继承王位。国会那些贵族见他虎视眈眈的，实在是撑不下去了，只好宣布废黜亨利六世，让爱德华加冕称帝，史称爱德华四世。

故事进行到这里，玫瑰战争的第一阶段就打完了，换句话说，就是白玫瑰约克家族战胜了红玫瑰兰开斯特家族，并且摘得王冠，荣登大位，约克王朝也由此拉开了序幕。

小六子和女疯子这对苦命鸳鸯四处逃命，眼看英国已无容身之地，只好跑去苏格兰。

同学们可能觉得奇怪了，哎？苏格兰和英格兰不是天敌吗？这俩活宝逃到苏格兰，岂不是自投罗网么？

事实并非如此，当时欧洲各大王国都是沾亲带故的，苏格兰和英格兰也不例外。比如兰开斯特家族的萨默塞特公爵，和当时的苏格兰国王詹姆斯三世，就有亲戚关系，而女疯子也让自己的儿子和詹姆斯三世的妹妹联姻，所以亲上加亲，苏格兰这个时候就是兰开斯特家族自己人。

另外，女疯子本来就是法国人，偏偏又是个好战分子，一刻也闲不下来，就凭借着娘家的人脉关系，调动了不少法国贵族的军队来支持自己，准备为老公亨利六世复辟。于是两股势力一集合，确定了战斗目标，在公元 1465 年，开始打响玫瑰战争的第二个阶段。

只可惜女疯子开局虽然也捡到了一些装备，但最终依然不是爱德华四世的敌手。毕竟人家刚当上国王啊，血槽都是满的，装备也是顶级的，几场仗打下来，小六子又被俘虏，女疯子施展神行百变，再一次带着儿子逃跑了。

大家看到这里，一定会觉得小六子的命运好悲摧啊，哈哈！加上这次被抓，他也算是三进宫了啊！当国王当到这个份上，还不如买块豆腐撞死算了。

小六子"三进宫"以后，大家不要以为玫瑰战争就此结束了哦，故事还没有完呢！他被关在伦敦塔里，茶饭不思，口水也流不出来，作为一名虔诚的基督教徒，他天天祈祷老婆能够再次组织军队，把他从伦敦塔救出去。

但是这次女疯子确实很累了，觉得打到这个程度了，已经超出了自己的能力范围，只好带着两位王子回到了老家法国。三国第一猛将赵云七出曹营，英格兰女疯

第五单元　蔷薇之争——崛起的前奏

子二救亲夫，中世纪的一个女人勇猛至此，已经足够令人刮目相看了，咱们要求可不能太高啊！

公元 1469 年，故事峰回路转，前文说到的那个贵族头目沃里克伯爵，突然叛变了爱德华四世。

沃里克伯爵其实也是小六子的叔叔，当初小五子托孤，他就是三位顾命大臣之一，沃里克来自英国传统贵族内维尔家族。

爱德华四世能够登上王位，沃里克可以说是功不可没，江湖人称"立王者"。他成为首席 CEO 之后，原来也是有私心的，他想借着政治威望先控制住爱德华四世，然后再想办法夺取国家的统治权。

可是爱德华四世年轻有为，并非泛泛之辈，他可不像小六子那样整天发神经。在刚开始的三年里，沃里克掌握了实权，但是爱德华不露声色，不正面跟长辈硬杠，而是一步步地收回权力，累积经验，开始亲自决断国家政务。

眼看爱德华四世羽翼已丰，越来越不受束缚，沃里克就另生一计，准备将自己的女儿嫁给国王，以后他就可以用老丈人的身份来压制。但是爱德华四世看穿了他的套路，坚决不娶。

沃里克觉得很被动，焦虑地说："这事儿咱们可以慢慢商量，我把女儿嫁给你，既不要车子也不要房子，你房产证上也不用写我女儿名字，你看这样行不行的？"

"当然不行。"爱德华四世微微一笑，也不多说废话，转头就娶了法国伍德维尔爵士的女儿伊丽莎白。

爵士也就是骑士阶层，在当时欧洲的贵族中属于底层，地位比平民高不了太多。伍德维尔在法国虽然很有实力，但是门不当户不对，爱德华四世身为国王之尊，竟然决定迎娶一位骑士的女儿，而且伊丽莎白还是个二婚，顿时引起了轩然大波。

沃里克肺都气炸了，心想我女儿好歹出自王室名门，你这是想打我脸吗？他一气之下，就去找爱德华四世的弟弟乔治，怂恿他去叛变哥哥，并且承诺事成之后，拥立乔治为王。

男人对权力的欲望是天生的，同学们不用反驳我。然后沃里克就与乔治二人联手，发动了宫廷政变，把爱德华四世给抓了起来，接着向国会申请，提议让乔治当英格兰的国王。

国会那些贵族面面相觑，脸都绿了："你们这是过家家呢？今天你来当国王，明天他来当国王，要不要搞个日夜场啊？不如我们在王位上装个打卡机考核得了！

真是岂有此理，你们这是拿豆包不当干粮，拿村长不当干部呀！"

沃里克迫于舆论压力，没敢杀了爱德华四世，就逼着爱德华四世写下一个声明，必须赦免他们的叛乱之罪。刀架在脖子上，爱德华也没办法啊，只得忍气吞声答应。

爱德华四世重获自由之后，苦思冥想，如何保障自己的人身安全？如何将王位独揽？他觉得赵匡胤的"杯酒释兵权"肯定是行不通，地方诸侯个个手握重兵，而且还是世袭，不可能将自己的封地拱手相让。国内这帮势力眼看着指望不上，于是他就把目光转向了海外。

他在朋友圈里翻了半天，最后决定与法国的勃艮第公爵查理结盟。查理的父亲，就是之前跟贝德福德公爵决裂的那位菲利普。

查理有个很彪悍的绰号叫作"大胆"，爱德华四世把自己的妹妹嫁给了他，当了一回便宜大舅子。可是法兰西国王听到消息就不乐意了，前文我们说过，法国的勃艮第家族和奥尔良家族是世仇，要不是格洛斯特公爵见色忘义，休掉了勃艮第公爵的女儿，法国很可能就被小六子拿下了。

当时查理七世已经去世，由他的儿子路易十一继位。

路易十一跟他老爸一样，还是比较有能力的，他骨子里的民族意识很强，绝对不允许外人来搞分裂："就你勃艮第会找小伙伴，我就没有朋友圈了吗？"

于是他也开始刷朋友圈，正好找上了沃里克伯爵。然后沃里克就去法国跟路易十一商量合作的事项，结果正好碰上了女疯子玛格丽特，欣喜若狂的女疯子仿佛又看见了曙光，一个周密的计划由此诞生。

有句话叫好事多磨，世上有很多事情本来就是绕来绕去，又重新回到了起点，三方正式联盟，法王路易十一以复辟亨利六世的名义，再一次向爱德华四世发动了战争。

功夫不负有心人，当沃里克将小六子从伦敦塔里救出来的时候，看见国王憔悴的面容，他使劲挤出了几滴眼泪："六六啊！老臣来晚了，我愧对列祖列宗啊……瞧你把给瘦得，就剩下皮包骨头了……"

爱德华四世兵败之后，灰溜溜地逃去了法国，投奔勃艮第家族，而亨利六世在公元1470年成功复辟，开始大肆屠杀约克家族以及那些贵族帮凶，这背后当然都是沃里克出的主意，从此以后，小六子也就成了他的傀儡国王。

但是沃里克却犯了一个致命错误。

这个时候，勃艮第的查理公爵原想放弃与爱德华四世的同盟关系，找机会跟小

第五单元　蔷薇之争——崛起的前奏

六子握手言和，可是沃里克怀疑他别有用心，婉言拒绝。查理公爵讨了个没趣，索性铁了心支持爱德华四世重新杀回英格兰。战争一开打，想不到沃里克的亲弟弟居然叛变，来了个里应外合，爱德华四世杀入伦敦，最终导致沃里克战死。

好吧，这一次小六子在劫难逃。爱德华四世将他和两个儿子全部铲除，大批兰开斯特贵族与支持者都被斩杀殆尽，至于女疯子玛格丽特，爱德华可能觉得非常时期不能得罪法国人，就放了她一马，关押在伦敦塔里日夜看守，叮嘱守卫千万不要跟她打架。

玫瑰战争第二阶段结束，也宣告了兰开斯特王朝的终结。

绵延三十年的红白玫瑰战争，引起了英国传统上层贵族的互相厮杀，大批王公贵族消失在历史长河之中，这也导致了乡绅贵族以及自由民众的崛起，再也没人愿意去充当炮灰，又要打仗了啊？求求你别喊我啦，让我安安静静地蹲在一边做个吃瓜群众。

故事讲到这里，同学们就非常清楚了，乡绅贵族就是在亨利二世期间由骑士演变过去的，由于当时要交"盾牌税"，骑士们脱下军装，守着自己的一亩三分地开始做买卖，结果在这次红白玫瑰的战争中，传统贵族就被后来的这些乡绅取代了，从而对后来英国的资本主义崛起，起到了至关重要的作用。

当时传统贵族与乡绅贵族最大的区别，就是一个喜欢消费，一个擅长理财，这也就是消费主义和资本主义的区别。在那个时代，当然不存在消费主义和资本主义的说法，上层贵族就是军事贵族，属于和国王坐地分赃的合伙人关系，只不过是国王拿大头，剩下的由他们分。他们通过封地获得税收，然后帮着国王打仗，还可以获得工资和战利品，包括将侵略来的土地重新分配。

这种生存模式跟他们老祖宗的海盗行为并无区别，以前躲在海盗船上分赃，如今是在英格兰的土地上谋求暴利。而乡绅贵族们就看得比较长远，如何追逐利益？怎样才能赚个盆满钵满呢？这种思维模式一旦开始形成，就为日后的资本主义发展做出了良好的铺垫，这也就是红白玫瑰战争的真正意义。

咱们来总结一下兰开斯特王朝最后一个国王亨利六世，他应该是英国历史上最惨的国王，没有之一。

首先他是个精神病，也没有什么励精图治的能力，任由权臣摆布，充当傀儡。他四次被丢进监狱，要不是娶了美貌与智慧并重的好媳妇，也许早就挂了。

不过小六子对英国的教育事业贡献良多，在位期间建了很多学院，比如说剑桥大学有个国王学院"伊顿公学"，就是小六子创立的。这所学校出来的名人非常多，有哈里王子、威廉王子，还有二十多位英国首相，大家有兴趣的话可以去搜一下。

说起教育，我帮大家回忆一下啊，世界上最早的英语大学是哪家，还记得不？对，就是牛津大学，在公元1167年建立，当时的国王就是亨利二世。然后剑桥大学是在公元1209年建立的，当时的国王是最败家的那个"无地王约翰"。

我们回到这段历史，虽然兰开斯特王朝终结了，但是玫瑰战争并没有结束，而且约克王朝没过几年就被覆灭了，这到底是怎么回事呢？

话说爱德华四世坐稳江山以后，依然面临着好几波敌人，第一个就是法兰西国王路易十一。因为这个时候英国依然对法兰西的王位想入非非，毕竟当时投入了那么多的兵力，也占领了那么大的地盘，说不怀念那是假的。

第二个就是苏格兰的詹姆斯三世，这家伙桀骜不驯，一直不肯归顺英格兰。还有一个就是亨利·都铎，他是小六子同母异父的弟弟加斯帕·都铎之子，由于玫瑰战争的时候他站在叔叔这一边，所以当爱德华四世大开杀戒的时候，像他这样的贵族只能流亡去海外。

当时勃艮第公爵查理去找爱德华四世商量："兄弟，我帮你把地盘夺回来啦，也算是功德圆满，我别无所求，只希望你能支持我，去跟路易十一那龟孙子干一架！"

爱德华正愁找不到借口去攻打法国，满口答应，等到联军打到法国边境的时候，查理打起了小算盘，想让爱德华先冲上去当炮灰，他好坐收渔翁之利。

哎？你是不是有毛病？爱德华心里就很不爽，但他也不能认怂啊，所以也不管什么三七路易二十一了，反正我打到巴黎，就可以同时兼坐法国王位，也没你查理什么事！

路易十一见英国人来势汹汹，并没有硬抗，他就提议大家坐下来谈谈，然后把爱德华邀请到巴黎的KTV夜总会，找了一群花枝招展的美女伺候他。几瓶拉菲一下肚，爱德华脚步就开始飘了，路易十一趁热打铁，开始曲意奉承："大哥你看哈，我们两家的关系其实处得挺好的，我跟查理那点儿破事，你就别掺和啦，你们来回的车旅费我都给你报了，不就是几个钱么！你看怎么样？咱们以后不闹了行不行？"

爱德华仔细一想，既然路易这么客气，我在这里起什么哄呢？查理在背后摆我一道，搞不好我跟路易两败俱伤，被他小子拣了个便宜。于是爱德华四世与路易十一签订了和平条约，拿上钱就走人了。

他这次出征法国赚了不少，路易十一还多给了他五万块钱，赎回了小六子的老婆玛格丽特王后。女疯子回到法国以后，极受国人尊敬，最后回到老家安茹颐养天年，在公元 1482 年去世，也算得了个善终。男同学以后找老婆，就要找这样的啊，为了你两肋插刀，刀山火海勇往直前的，那是你几辈子修来的福气哦！

爱德华四世回国以后，就联合一个苏格兰的贵族，推翻了詹姆斯三世。

但是这个贵族是一只皮皮虾，做事情出尔反尔，没过多久，又跟爱德华闹翻了，詹姆斯三世虽然成功复位。但是也没有实力再去挑战爱德华，苏格兰被纳入英格兰的版图，也就是时间上问题啦。

最后剩下的对手，就是正在法国卧薪尝胆的亨利·都铎。他一直都在法国的布列塔尼筹备军队，试图再次推翻爱德华政权。

公元 1483 年，爱德华四世去世，只活了四十一岁，然后由他的儿子爱德华五世继位。由于爱德华五世才十三岁，就暂时由他的叔叔理查德公爵摄政，帮着大侄子管理国家。

可是爱德华四世打仗挺在行，眼力不咋的，他把儿子托孤给理查德，等于把一只肥鸡送给了黄鼠狼。理查德表面上忠心耿耿，但其实骨子里坏得很，一直盘算着怎么谋权篡位，夺取哥哥的江山。

这里有个小插曲，爱德华四世也是命不好，两个弟弟都是野心勃勃，一心想抢他的王位。之前说过的老二乔治，被沃里克伯爵忽悠造反，后来主动承认错误，爱德华四世看在同胞的份上，也就原谅了他，后来乔治戴罪立功，帮着哥哥打败了沃里克。

可是有一天爱德华突然收到了一封预言书，上面写着他所有的子嗣，会被一个"G"字母开头的贵族干掉，而"G"就是暗指乔治。爱德华大惊失色，只好痛下杀手，除掉了乔治。

这招叫作离间计，正是理查德的杰作。爱德华四世也算是个有所作为的国王，最大的错误，就是轻信了理查德这个戏精。他前脚一挂，理查德就公开宣布，爱德华四世和伊丽莎白的婚姻是无效的，原因就是伊丽莎白是二婚，那么小爱德华五世就没有权利当国王了啊，我才是合法的继承人。

国会已经被这几个兄弟整得筋疲力尽，你们一个个的都说自己是合法的，上次我们就建议你们家干脆打卡上班，别折腾了，我们还想多活几年呢。理查德见软的不行，就来硬的了，他派了个暗杀团伙，将小爱德华五世以及另外两个小侄子都秘密杀害，尸体埋在墙里，用砖和土封死，如此恶行简直是令人发指。

更多精彩内容
请见二维码

由于爱德华四世所有直系继承人全部失踪，所以理查德顺利当上了国王，成为理查三世。

英国人对理查三世的印象很不好，原因除了上述的恶行，也是因为在莎士比亚的戏剧中，他被描述成了一个长相丑陋，身有残疾的国王。

等理查德上位，躲在法国的亨利·都铎就以复仇为名，在路易十一的儿子查理八世的支持下，杀回英格兰，发动了第三阶段的玫瑰战争。最终在博斯沃斯一役中，理查三世兵败被杀，成为英国历史上最后一位战死沙场的国王。

此后亨利·都铎登上了英国的王位，由于他属于都铎家族，所以这一王朝也被称为"都铎王朝"，新国王也就是后来的亨利七世，在英国历史上他算是比较有成就的明君。

亨利七世为了缓和政治矛盾，加强自己成为国王的合法性，就与爱德华四世的女儿伊丽莎白举行了婚礼，宣布约克和兰开斯特两大家族从此合并，并用红玫瑰与白玫瑰组成都铎王朝的王徽，约克王朝烟消云散，这场改变英国历史的"玫瑰战争"正式结束。

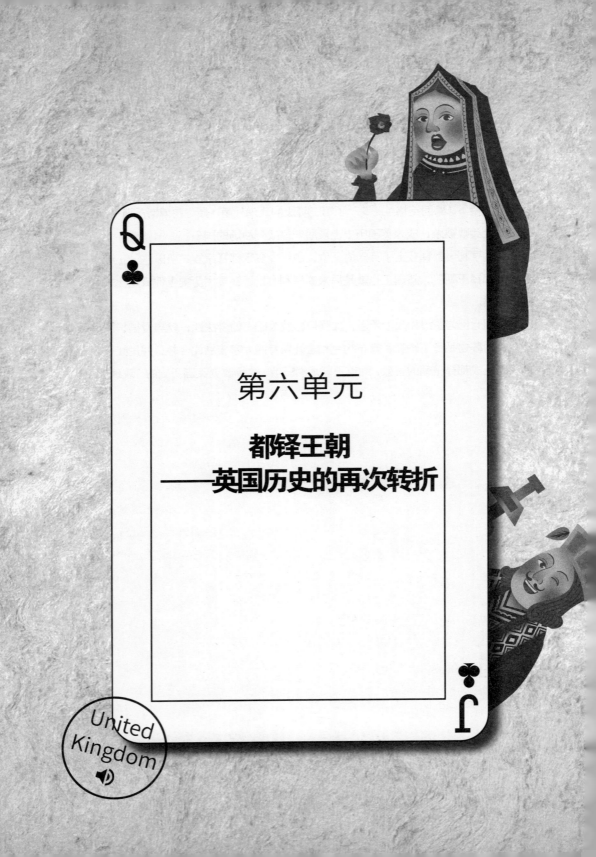

第六单元

都铎王朝
——英国历史的再次转折

United Kingdom

第二十五章　亨利七世的人生思考

英国历史的第一个分水岭，产生于诺曼征服时期，也就是公元 1066 年，威廉一世的"诺曼征服"，使英国与欧洲大陆建立了复杂的关系，决定了英国历史的发展走向。

而在"百年英法战争"和"玫瑰战争"之后，诺曼法兰西文化带动了英格兰本土文化的转型，确定了以大不列颠为核心，建设了属于英国人自己的政治经济和文化的国家。也就是说，英国从此属于真正的独立主权国家了，与法国亲戚没有太大关系。

从现实角度出发，英国国王也不再像以前那样，老是嚷嚷说要抢回自己的祖地，要建立一个什么英法帝国。当然，后续还有英国国王声称自己有法国王位继承权，那其实都是政治需要，英国人进行一系列的威胁恐吓，目的就是给自己争夺点利益。

那么英国历史的第二个分水岭是什么时期呢？嘿嘿，正是本期的主题——都铎王朝。

同学们注意了，它这个分水区域至关重要，可不能一直潜水。这个时期的政治体系和制度造成了社会结构发生了重大的改变，产生了宗教改革、光荣革命、工业革命一系列的巨浪，最终让英国一跃成为欧洲第一强国。

公元 1485 年，人吼马嘶，箭雨纷飞，在"博斯沃思战役"中，理查德三世崩于沼泽之地，而亨利·都铎的部下捡起掉落地上的王冠，戴在了主人的头上。哎哟，亨利七世即位，都铎王朝诞生！

这场景有点像赵匡胤的黄袍加身，历史好像硬是要把都铎这哥们推上王位。好吧，那我亨利七世就却之不恭啦，哈哈，哈！他当时确实是挺得意忘形的，而且这

第六单元　都铎王朝——英国历史的再次转折

· 203 ·

哥们可不简单，在英国历史上有"贤王"之美誉。

但在当时的英国，传统的英国贵族和底层老百姓，对他的评价却不是很高。有骂他暴君的，也有骂他是篡位者的，总之骂得很难听。

为啥英国人会这么情绪化呢？咱们得从西方王位继承制度说起。

古代西方的王位继承，叫作"君权神授"，可不像中国古代那样，说来一个农民起义把皇帝给杀了，那这个农民的首领就能当上国家领袖啦？没那回事！在西方，如果你没有血统的传承，不符合国会制定出来的法理，根本轮不到你当国王，除非你把所有贵族全部清理一遍，并且解散国会。

但是当时西方人的价值观里，就算你有这个实力，你也不会这么做。究其根本就是当时的社会共识是基督教，你长得多帅都没用，你只是个农民首领，你也知道自己不是上帝挑选出来的人。

就好比养宠物狗的圈子，有些小狗狗的价格贵得离谱，为啥这么贵啊？就是血统的原因。几百上千的名犬，一出生就自带血统证书，父系母系是哪儿的？这小狗狗祖上是属于哪一系的品种，都会记录在案。

以前的英国国王，不管你怎么篡来篡去，其实就是相煎何太急，就是狗咬狗。Sorry，我又提到小狗狗了。嗯，说白了他们其实都是亨利二世的直系亲属，纯属于内部矛盾。

同学们明白了，血统才是最重要的王位继承因素对吧，哎？那我们伟大的贤王，都铎王朝的缔造者亨利·都铎，他的血统证书在哪儿呢？

先从他的父系开始追溯。

亨利·都铎只是亨利五世的遗孀凯瑟琳，与威尔士的贵族欧文·都铎再婚所生出来的后代。等于说亨利五世只是他妈的前夫，那么你一想就不对了，亨利·都铎跟他老娘的前任能有啥关系啊？当然半毛钱关系都没有喽，更别提他和亨利二世有啥血缘关系了。

我们再从他母系角度来说，亨利·都铎的姥爷虽然是兰开斯特家族约翰的直系后代，但问题是他姥爷是个私生子，是当年约翰在外通奸生出来的。

欧洲王室有明文规定，私生子不具备王位继承权，何况他还是私生子的后裔？亨利·都铎这个处境就非常尴尬了，血统你没有，出生证明也开不出来，你当个毛线国王？就算你武力消灭了理查三世，兰开斯特家族都捧你，你也当不上老大。

那有些同学不服气了，我管这么多干吗呢，英国国会想跟我搞事情，我直接解散了他们！我找个大主教给我加冕涂油，王冠我也自个儿戴头上，你能咬我一口咩？嗯，你放一百个心，你前脚刚登基，后脚就是各地的起义和叛乱，到时候约克家族的余党抓住机会煽风点火，全英国的贵族都会来搞你。

啊？那亨利·都铎咋办捏？他好不容易组织了这么大个军队，眼看要消灭理查三世了，我擦，消灭完了我却当不了国王？我忙活了一场，居然是赶着加班加点在为他人作嫁衣？我，我这是在扯犊子呢！

但是就在这个最艰难的时刻，他一拍脑袋瓜子，灵机一动，觉得解散国会，干倒贵族这个难度比较大，那还不如奉献自己的身体，去找一个女人……哈哈，同学们别误会，他要找的女人，就是那个具有王室血统的女人。也就是说，他要搞一次政治联姻！

中外历史上，都有许多联姻的故事，打架我打不过你了，我找你联姻，两国谈判的时候喝高兴了，继续联姻。联姻其实就是国与国之间的政治手段，也是一种态度，更是一种借口。

所以亨利·都铎想明白了，想当英国的国王得先找个好借口。他果然不负众望，或者说早有预谋，迎娶了爱德华四世的长女伊丽莎白。名正才能言顺，娶了血统纯正的公主，那自然而然就是王室嫡系。

其中有个藏得很深的目的，可能同学们没有猜到，你说国王这个位子，他能坐几年？他当然得考虑他的后代呀！如果将来他跟伊丽莎白生下的孩子继位呢，母亲的血统总不会假了吧？这跟当年克努特继承盎格鲁撒克逊时期的国王，完全是一个套路，就是做王室家族的上门女婿。

还有一个原因，我们之前讲过，红白玫瑰战争时期，亨利·都铎是代表红玫瑰兰开斯特家族的，但是不管怎么着，红玫瑰在第三阶段的优势很大，全英国人民都知道红玫瑰一定会推翻理查三世的白玫瑰统治。但是，亨利·都铎如果当上国王，他就必须考虑如何稳定自己的政权，第一件事就是彻底终结萧墙之祸，避免红白玫瑰继续内战。所以在战争胜利之后，无论他多么痛恨白玫瑰，他都必须安抚约克家族，娶了伊丽莎白，不仅能让自己合法登上王位，而且还能让红白玫瑰战争彻底结束。

当国王确实是需要智商的，稍不留神就会死得很难看。有些同学可能又要提问了：伊丽莎白不是约克家族的么？在没消灭理查三世之前，约克家族的人咋会同意把伊丽莎白嫁给亨利·都铎呢？还没开打就先送姑娘给敌人，这得有多贱啊？

这事儿就得找理查三世背锅啦！此人在约克家族人的眼中，是个不折不扣的暴君，他把爱德华五世和另外一个王子都给弄死了，在统治英国时期，他又做了很多得罪家族的事，搞得约克家族人人自危，恨不得天空炸个响雷，把这丑陋的"驼子"给劈死！因此战争一爆发，很多白玫瑰纷纷倒戈，投靠了亨利·都铎，这也是导致理查三世战败的原因之一。

既然白玫瑰找好了更好的靠山，那他们总得给主子出谋划策啊，所以这些白玫瑰商量，把伊丽莎白嫁给亨利·都铎，以便他在日后打败理查三世以后，可以合理合法地当上国王。

可以说这桩婚姻早在和理查三世决战之前就已经决定了，这不仅是兰开斯特一党的政治需求，也是约克家族的政治妥协。万事俱备只欠东风，约克家族和兰开斯特家族一合计，伊丽莎白和亨利·都铎的红线就被拴在了一起。

因为这段历史的时间逻辑有点乱，我就做个总结，首先，亨利·都铎是兰开斯特家族的代表，他的军队其实是在法国人的支持下组织起来的。接着兰开斯特家族在玫瑰战争的第三阶段，杀回了英国，并占据了绝对优势，加上一些约克家族的人叛变了理查三世，觉得理查三世不得人心，不想再继续内耗下去。

那在这种情况下，亨利·都铎的胜利就只是时间上的问题啦。但是有个棘手的事情，亨利·都铎没有法理上的继承权，于是叛变的白玫瑰家族把爱德华四世的女儿伊丽莎白嫁给了都铎，以便他在击败理查三世后，顺利当上国王。于是，亨利·都铎就和伊丽莎白订婚了，登基以后才正式举行婚礼。最后，由于亨利·都铎和伊丽莎白的婚姻，让他变成了王室家族的上门女婿，英国国会就同意亨利七世继位，都铎王朝从此拉开序幕。

一个新政权的诞生，必然带来鸡犬升天和血雨腥风，作为英国历史上伟大的贤王，亨利七世自然也是统治能手。

假设你是国王，刚刚登基，在政局不稳的环境之下，你要怎么干？呵呵，肯定有同学会说，我肯定是先巩固王权啊！对，这道理完全正确，可是你要如何巩固王权呢？

哼哼，先把不听话的给抓起来，然后杀掉一批，这叫杀鸡给猴看，然后我再选几个听话的，让他们共同维持政局的稳定。哎哟，中国五千年的文化到您这儿，可能就剩下杀杀杀了！如果杀人能解决问题的话，别人也能杀你啊！

所以说呢，政治真的是一门学问，我们来看看亨利七世是怎么想的。

当时他提出了四个方案，当然也牵扯到杀人的行为，但他比较有针对性。第一点，凡是支持理查三世的残党余孽，必须全部消灭，绝不手软；第二点，红白玫瑰的矛盾需要和平化解，要不以后出了事儿够你折腾；最阴险的是第三点，那些和王室有直接血缘关系的后裔，并且有王位继承权的人，给我满世界去找出来，偷偷地杀，打枪的不要；最后一点，抵御外部的敌对势力，特别是苏格兰和法国经常会在背后使坏，必须要严加防范。

有人认为，剿灭继续顽强抵抗的理查三世余党，花费不了多长时间，理查三世都死了，他那些余党还能蹦跶多久啊？再说他们哪还有什么能耐反抗亨利七世啊？

大家可别小看这些残花败柳，就是这波不投降的贵族，让亨利七世产生了一个想法，正是这个想法，才让他为英国历史的进步做出了很大的贡献。

我们都知道阿姆斯特朗登月时，说过一句"我个人的一小步，是人类的一大步"，指登月对人类所做出的的贡献。而对于英国历史来说，亨利七世计划里的第一步，就是整个英国历史的关键一步。

具体是什么想法呢?. 这话还是得从诺曼征服的威廉一世说起。同学们是否记得威廉一世到亨利三世之前，统治制度是什么？是封建等级制，也叫君主分封制。而从亨利三世开始，统治制度变成了议会君主制，也就是西门·蒙特福特在亨利三世时期，通过签署《牛津条例》而开启的制度。

这两种制度的区别在于，君主分封制度是国王在顶层，他是最高权力的决策者，贵族这一层是最高权力的执行者，封建分封制度下只有这两个阶层来统治国家。

而议会君主制，是由中产阶级和乡绅参与国家统治的制度，决策和执行都在议会，国王只能影响议会，但不能直接做决策。

那这种制度有没有共同点啊？大封建领主世代具备征兵的权力和能力，就是共同点，也就说一旦有军事行动，国王和贵族就会变成合伙人的关系，国王出一部分军队，然后各个贵族出钱出力，大伙儿联合起来搞事。

这样就很好理解了，理查三世虽然死了，但是当时和他合伙开公司的这些贵族，还可以继续做春秋大梦，只要大伙儿联合起来，仍然有希望颠覆亨利七世的政权。

所以，亨利七世在去剿灭理查三世合伙人的时候，意识到贵族可以私建武装这个问题的严重性，他就产生了让英国历史进步的想法：必须削弱贵族势力，剥夺贵族可以征兵养兵的这个权力，建立只属于国王的军队，这是杜绝叛乱并保护王权最直接有效的方式。

这个想法在当时的英国，真的是非常了不起。

剥夺贵族征兵养兵的权力，只有国王可以建立军队，这放在以前，那些国王想都不敢想："这么庞大的部队我怎么组建？而且国王自己组建军队这事，国会也不能同意啊！万一要打仗怎么办？难道我国王自己出钱出力去打仗，那我得拉多少饥荒，欠多少债啊！简直就是胡说八道！"

当初爱德华三世把所有财产都典当了，带兵去打仗，真没有几个国王有这气魄。那亨利七世这个想法，也不是空中楼阁，历史的经验告诉他，贵族武装是一把双刃剑，用好了可以去杀敌人，用不好就会倒转枪口完犊子。

他其实也有点赶鸭子上架的感觉，因为他本身不具备王室血统，就算他平定了叛乱，搞不好以后有些贵族还得高举大旗向他进攻。所以他必须找寻一个主动的方式，从根本上杜绝这些不可预料的事发生，必须尽快地削弱贵族势力，首当其冲就是改变原有的征兵制度，建立自己的军队。

老子以后不和你们贵族玩啦，我自己玩才能立于不败之地！亨利七世下定决心，就宣布贵族不得自行组建武装，不得私建城堡，只有国王才可以组建军队。贵族们只可以担任国王的将军，或者国王任命你率领军队。于是，合伙人关系变成了领导和被领导的关系，从原来分权的议会君主制变成了集权的君主专权制。

"哎？那我们议会跑哪儿去了啊？国王的权力不就凌驾于议会之上了么？"议员们心急如焚，脸上露出难以置信的表情，"买噶德！这还是民主的英国吗？难道《大宪章》上的内容我记错了……"

亨利七世赶紧澄清："咳咳，各位叔叔伯伯少安毋躁，你们千万不要误会，'王在法下'的精神还是要延续的，对于国家行政管理，依然是需要国会来执行的……"

议员们喜笑颜开，原来国王是跟我开玩笑啊，吓得我小心肝怦怦直跳！

英国国会的权力没有变，但是其中有个改动的地方，就是新君主制之下，国王的权力肯定不会像以前那样被国会掣肘。也就是说，亨利七世已经具备了绝对的话语权，实现了高度的中央集权。

当然，这个意义是针对王权来说的，如果针对整个英国，他这个想法的实施会产生什么历史意义呢？

因为我们以前说过，英国那个时候从严格意义来讲其实是个政治共同体，只要一打仗，国王和贵族合伙玩耍，他们之间有个共同的政治目的，只要国王的核心利益是围绕英格兰，那么军队实际上就是国家的。亨利七世这一代，压根就没有要建立英法帝国的想法，因为他不是金雀花家族的直系血脉，他是不列颠威尔士人，他只会以英格兰为核心进行国家发展。所以大家就明白了，国王的军队其实就是英格兰的军队。

亨利七世这些想法的实施，让英国进入了一个高度集权的统治时代，同时也让英国变成了一个真正意义上的主权国家，而且在很大程度上推动资本主义在英国的发展。

那凭啥亨利七世是在平定叛乱的时候产生这个想法的？为啥之前没有呢？瞎扯吧，你是不是把平定这次叛乱的意义过于放大啦？

虽然历史人物的动机不可知，但历史绝不是任人打扮的小姑娘，我们总能找出一点蛛丝马迹，和一些细思极恐的小细节。通过这些历史中遗留下来的事件和真相，我们完全可以窥探到亨利七世当时的心理。

亨利七世在剿灭理查三世的残党余孽之后，在回宫的途中，正好的他的长子出生。大家知道他给他儿子取了个啥名？嘿嘿，亚瑟！传说中的古不列颠最富有传奇色彩的伟大国王，圆桌骑士的首领，一位近乎神话般的传奇人物亚瑟王。

可能西方人也有"为尊者讳"的情结吧，"亚瑟"这个名字，似乎很少被王宫贵族们取名，但是亨利七世居然把他的儿子叫作"亚瑟"，咱们从这个角度分析，为啥亨利七世要给他儿子起这么个名字呢？

我苦思冥想，觉得亨利七世是希望他的子孙后代做真正的英格兰之王，而这个王，必须是凌驾于所有制度和人之上的王。从"亚瑟"这个名字就可以猜到，当时天空一声炸响，亨利七世如梦初醒："老子做不了永恒之王，那就做永恒之王的老子！"

正是通过对这次叛乱的镇压，亨利七世决定禁止贵族组建武装，并且建立了一支属于国王的军队，这使英国变成了真正意义的主权国家，不仅改变了英国的统治制度，还大规模地加快了资本主义的发展，从而极大地推动了英国的历史进程。

正所谓新官上任三把火，亨利三世当然也不例外，他在实施了改革计划之后，犀利的目光就开始扫射敌人。他认为，消灭矛盾和分歧的最好办法，就是彻底消灭白玫瑰家族。

这个我也不想吐槽，前文里刚提到，他是在叛变理查三世的白玫瑰帮助下，才顺利取得王位，那这些约克人没有功劳还有苦劳吧？但是我只能呵呵，亨利七世上台后立马翻脸不认人，开始迫害约克家族。

还是那句话，历史总有惊人的相似，古今中外无不相同。

其实他之所以这样处理矛盾，是因为人性这东西，谁也控制不了，因为他爷爷他老爸全死在约克家族的手里，所以他当上国王以后就想打击报复，完全不考虑政治环境，他一开始就认为解决矛盾的最直接办法就是："我弄死你们这帮约克人！"

而这最终的结局，是约克家族从此与兰开斯特家族合并，统称为都铎玫瑰家族。前面我也介绍过，都铎玫瑰家族徽章的设计，就是把红玫瑰花和白玫瑰花融合在一起。

我们拉回亨利七世的"个人第一大步"，对于他这次改革，我必须再强调一下，其中有一点非常重要的意义，就是资本主义的发展。

如果说亨利二世的乡绅阶级是给资本主义埋下了种子，红白玫瑰战争就是在给种子浇水施肥，然后从亨利七世的年代开始，资本主义正式开始生根发芽。

因为国王自己组建军队得用钱对吧，钱从哪儿来？你指望国会去帮你收税么？他们也得交的啊！国会根本不可能搬起石头砸自己的脚。亨利七世一想，老子自己挣钱养军队总行了吧？哼，我用不着看你们的脸色！

于是乎，亨利七世就开始当上了商人国王。

本来这个"商人国王"的称号是爱德华四世的，在他统治的时候，资本主义已经开始长苗，因为不论是爱德华四世统治的时期，还是亨利七世统治的时期，英国在经历过百年英法战争和红白玫瑰战争，国人已经不想再打仗了，但是国王们为了达到一些政治目的，又不得不打仗。所以爱德华四世颇有先见之明，他想的就是怎么赚钱，不愿受制于国会，可惜他没有想到去建立自己的军队，天空也没有响起炸雷，要不然也轮不到你亨利七世啊，你能不能当上英国国王，还是个未知数呢。

当时爱德华四世说服了国会，将进出口关税变成了王室的独家收入，比如说一些上等的羊毛、皮革和布料出口，他就按重量收税。而且英国这个地方锡矿比较多，锡矿石可以冶炼金属，爱德华四世就找一些代理人替他搞出口贸易。

那到了亨利七世，因为需要钱建立军队，他对赚钱就更加疯狂了，他先学会爱德华四世那一套，哎？效益还不错哦！于是大张旗鼓，与欧洲各国的西班牙、荷兰、丹麦签订贸易协约，大幅提高了一些商品的出口量。

比如说做肥皂用的原材料。出口需求量突然增大了，原先在家种地的那群乡绅贵族一看，我擦，原来搞国际贸易能赚到钱啊？我还种什么鸟地！他们就从农业转向了工业，资本主义就在这个时候日趋成长。

当然，亨利七世的赚钱方式不仅仅是搞进出口，还有其他的花样。

我们下一章说一说亨利七世的后三部曲，也就是化解红白玫瑰的纷争；清除对王权产生威胁的金雀花家族的后裔；并且还要去对付老对手法国和苏格兰。那么他统治的这个时期，欧洲又发生了哪些重大事件呢？且听下回分解。

第二十六章　地理大发现初期的英国

都铎王朝的亨利七世在位期间，会发生一些什么有趣的故事呢？嗯，欧洲和英国发生了两件大事儿，非常非常重要，能重要到啥个程度啊？嘿嘿，可以影响全人类！

我先给个提示，他在位的时间是公元 1485 到公元 1509 年，同学们请记住其中两个特殊的年份"1492"和"1497"，我先卖个关子，等会再告诉大家。

上一期我们说到，亨利七世登基时有四个问题要解决：镇压叛乱；调和红白玫瑰以防再生事端；铲除对王位有威胁的金雀花血脉；最后一项，如何处理外交关系。

第一件事儿我们已经详细地阐述了它的意义所在，这里我简单回顾一下。

其实镇压叛乱本来不是什么大事儿，但亨利七世为了防患未然，杜绝叛乱对于他王权的威胁，所以突然产生了一个念头，就是贵族不得私建武装。后来这个想法的执行，就导致英国的统治制度从议会君主制变成了新君主制（也就是国王专权的制度）。另外，由于亨利的政治利益只围绕英格兰，军队又是国王的，和法国不再有那种藕断丝连的关系，所以英国变成了一个真正意义上的主权国家。

最重要的是，英国资本主义的发展从这一刻起开始提速。由于亨利七世养兵要花钱，所以就逼着自己想办法赚钱，这也推动了英国从农业生产向轻工业生产的转型，因为能赚钱的原材料和商品需要工业加工和生产，所以原先的乡绅从农场主变成了工厂老板。当然亨利七世这哥们自己也垄断了一些暴利的原材料，搞起了出口贸易。

那么在消除叛乱威胁的同时，如何调和红白玫瑰的矛盾，怎么铲除对王位有威胁的人，又怎样搞好外交关系，是摆在亨利七世面前最严峻的问题。

"七哥啊，你任务这么繁重，要注意休息啊！约克家的事情交给我们来处理。还有……你那些原材料，我看也让我们替你销售吧。"

第六单元　都铎王朝——英国历史的再次转折

贵族们挺体谅亨利七世的辛苦，表面上是劝七哥别对约克家族下毒手，暗地里就是想从出口贸易上多捞点好处。亨利七世当然知道他们的心思，哦，喊我喊得这么亲热，你倒是提醒我了，我得先去查查你老婆是不是约克家族的。

其实在最初的时候，七哥没想到要调和两个家族的关系，当初他心里想的，无非就是娶了伊丽莎白后，顺理成章当上英国国王。为啥我这么判断呢？咱们从七哥和伊丽莎白的婚姻就能看出来。

前文提过，七哥在跟理查三世斗争的时候，就和来自约克家族的伊丽莎白订婚了，注意这里是订婚，后来他们这个结婚搞得一波三折的，七哥似乎还不太情愿。

当时他杀掉理查三世以后，白玫瑰约克家族包括伊丽莎白她妈，要求先举行婚礼，但是七哥没同意："你们着啥急嘛？怕我赖账还是咋的？好歹等我先当上国王再办婚礼吧！"

这就好像两家在谈结婚，到底是先领证还是先给彩礼，洽谈得不是很愉快。七哥绷着个脸，两个鼻孔朝天，说话贼冲，根本就不想搭理他这个未来的丈母娘。因为七哥一直就比较痛恨白玫瑰家族的，都铎家很多人都是死于约克家族之手，包括他爷爷和老爸，全是被爱德华四世给弄死的，所以从七哥的主观情感来说，他不怎么待见伊丽莎白。

约克家族也没法子，小胳膊掰不过兰开斯特家族的大腿，因为七哥毕竟手里有兵嘛。但是，他们迟迟不办婚礼，英国人民就疑惑了，七哥这是啥意思？是卸磨杀驴，还是有其他想法啊？

如果七哥不结婚，他既没有血统也没有法理，英国人民肯定是要造反的，特别是伦敦的市民都不怎么喜欢他，一个不爽就开始示威游行，举牌抗议七哥的国王资格，而且伦敦人也比较亲约克家族。

这个时候，国会大部分都是兰开斯特家族的人，一看王位继承权的事恐怕要黄，所以就劝亨利七世："老七啊，你得把政治利益放在第一位啊，别忘了当初是和白玫瑰谈好条件的，他们要是翻脸，不是多生事端么？你可千万别耍性子，小不忍则乱大谋。"

七哥一想也对，杀父之仇以后慢慢算，这个国王的位子得先稳住。然后他就很不情愿地跟伊丽莎白结了婚，宣布从现在开始，红白玫瑰合并，以后就是一家人啦，咱把族徽也变一变，搞个"都铎玫瑰"！这枚家族徽章的样式，设计得还挺洋气，现在在加拿大的军装上和20便士的硬币上也能看到。

结婚以后，七哥基本上就是把伊丽莎白当成了一个繁衍的机器，除了晚上在一起睡觉，其他时间根本没什么感情交流，而且他还在外面找了个情人。

也不知道是谁八卦，两口子不和谐的事儿被人传了出去，伦敦市民就特别同情王后，哎呀，伊丽莎白太可怜啊，她这不等于守活寡了么？大街小巷就炸开了锅。英国人向来比较三八，直到现在，英国人聊起王室的八卦来都特别凶猛。他们可愿意聊那些皇室丑闻、明星劈腿的事儿了，乐此不疲。

七哥摆明了就是故意的，他觉着这还不够毒，为了泄愤，就继续打压约克贵族，教唆国会搞一些莫须有的罪名，趁机对付约克家族的人。

当时的伦敦人对他的看法就越来越讨厌，觉着亨利七世太虚伪了，口口声声说大家是相亲相爱的一家人，怎么一个转身，还在迫害约克家族的人呢？他们就觉着七哥比查三世也好不到哪儿去，肯定也是个暴君！

正当整个英国开始弥漫着不满情绪的时候，就有人想趁着人心惶惶的势头，颠覆亨利七世的政权。避免猜猜这个人是谁？嘿嘿，我估摸着谁也猜不出来，此人居然是七哥的丈母娘！

哎我去，中世纪的欧洲女人都是这么强悍的么？动不动就要搞政变啊？其实他丈母娘挺无辜的，因为她是被人挑唆而已。

这里我要提一句中国的名人名言：王侯将相，宁有种乎？因为亨利七世法理和血统的不纯正性，所以许多贵族的内心其实是不服气的："哼哼，你个外人都能当国王？老天爷真是瞎了眼！老子不用联姻也能过把瘾，咱们走着瞧！"

这位王位的觊觎者，其实是最有资格的，他就是林肯伯爵约翰·迪拉波尔。他母亲是理查三世的姐姐，也就是约克家族萨福克公爵夫人。所以按照王室血统来讲，林肯伯爵才是理查三世的顺位继承人。

他对于原本属于自己的王位被七哥抢走，一直耿耿于怀。这次真是瞌睡送来了枕头，饿了天上掉香饽饽，七哥的丈母娘居然对女婿有意见？哎呀，林肯伯爵眉头一皱，计上心来。

反正大家都是约克家族的人，打断胳膊还连着筋，说起来林肯伯爵跟七哥的丈母娘也是亲戚关系，所以在一个不知名的家族聚会上，林肯伯爵找到了这位表姐："我说亲爱的大姐啊，哎呀我都不知道怎么启齿，你找的这个上门女婿，原来是个白眼狼啊！"

表姐脸色一变："瞎说什么哩……"

第六单元 都铎王朝——英国历史的再次转折

　　林肯伯爵轻啜了一口葡萄酒，摇头叹气地说："当初要不是你带头反对理查弟弟，把女儿嫁给都铎，他能这么轻易就当上国王？现在可倒好，他不仅没论功行赏，还倒打一耙，把咱们老约克家的人搞得提心吊胆的……虽然说现在合并了，但他根本也没当我们当成一家人啊！唉，依我看啊，搞不好以后白玫瑰就要灭族了，你这个太后，恐怕要成千古罪人喽！"

　　七哥丈母娘一听，顿时心里那个焦灼啊，肝火心火噌噌往上冒："大兄弟哇，那可咋办啊？约克家可不能毁在我手里呀！"

　　"嘿嘿，有一句话叫'心不狠家不发'，小弟有一妙计，只需如此这般……"

　　二人挤眉弄眼，咬了老一阵子耳朵之后，七哥的丈母娘就开始接近一些老约克家族的人，策划了一起政治阴谋。

　　那么表姐弟的阴谋是什么呢？无非就是假托一个名号，比如说誓死捍卫王室血统，必须拥护爱德华四世的儿子，或者侄子。

　　这里我提一下，亨利七世的岳母是爱德华四世的老婆，也就是说，伊丽莎白是爱德华四世的长女。那爱德华四世还有两个儿子，一个是爱德华五世，另外一个就是约克公爵理查德王子。可惜，他俩儿子还未成年，就被叔叔理查三世给弄死了，死得挺惨的，据说被变态的理查三世给埋墙里去啦……而爱德华四世的弟弟克拉托斯公爵乔治，虽然因为谋反爱德华四世而被淹死在酒桶里，但却留下了一个儿子——沃里克伯爵爱德华。

　　我们从血统和法理上判断，沃里克伯爵更具备继承英国国王的资格，但是这可怜的孩子据说在七哥迎娶伊丽莎白的时候，被关进了伦敦塔。因为这只是传闻，并没有实锤的证据，林肯伯爵就想，反正爱德华四世两个儿子肯定是不可能复生了，不如就在沃里克伯爵爱德华身上做做文章。

　　类似这种拥护王室后代称王的例子数不胜数，在咱们中国古代的历史上，你随便找几个，都是差不多的尿性。远一点的说西楚霸王，当时他就找了个放羊娃，硬说这就是楚怀王的孙子，然后一群楚人嗷嗷叫唤，情绪异常激动，就跟在项羽的屁股后面起义造反。

　　远在一千多年后的英国，林肯伯爵也在牛津找了一位年轻人，据说这娃是个烤面包的……面包娃名叫兰伯特·西姆内尔，长得英俊潇洒，一表人才，人又机灵文雅，七哥的丈母娘一瞧，顿时心花怒放："这娃咋这么像我那可爱的大侄子呢？你从哪个旮旯挖来的啊！"

于是从这一刻开始，世上少了一个厨子，多了一个王子。

面包娃的出现，就仿佛是平静的水面泛起了涟漪，约克王朝时期的地方贵族和官吏群起欢呼，觉得这是上帝的恩赐，复兴白玫瑰家族指日可待。

林肯伯爵比较沉稳，他还需要进一步扩大自己的力量，于是又渡海来到佛兰德斯，找到一直跟约克家族关系亲密的勃艮第公爵家族，并得到了他们女伯爵玛格丽特的支持。进行到这一步，林肯伯爵和表姐已基本完成他们所有的融资计划，然后耐心等待一个合适的时机。

而我们的七哥在哪儿晃悠呢？他正在镇压各地理查三世余孽的路上。

原本丈母娘是指望这些余孽能够打败七哥的，或者说能给七哥造成一定程度的伤害值，然后她和表弟就可以坐收渔翁之利。想不到这些余孽如同土鸡瓦狗，不堪一击，七哥不费吹灰之力就清扫了战场，得胜还朝。

林肯伯爵觉得再等下去，恐怕黄花菜都得凉："白眼狼就在回家的路上，此时不反，更待何时？"

七哥的丈母娘银牙一咬，振臂高呼："亲爱的英国子民们，我的大侄子爱德华从伦敦塔里逃出来啦！"

英国人民一听，这啥情况？爱德华还没有死？他可是最有资格继承王位的人啊！然后英国这些贵族就回话了："我说太后啊，我们绝对支持爱德华复辟！可是我们只能精神上支持哦，谁打得过老七就谁先上。"

大家别忘记了，当时七哥不是已经搞了制度改革了嘛，英国国内的贵族已经没有军队可以跟七哥抗衡。那咋办呢？因为没有部队，面包娃和林肯伯爵一行人就跑到了爱尔兰找支援。爱尔兰人当然是约克家族的铁杆支持者，啊？原来约克家还有幸存者啊，那还愣着干吗？还不赶紧继承大统！

于是，面包娃在都柏林加冕为王，被称为爱德华六世。林肯伯爵雄心万丈，就开始招兵买马，准备反攻英格兰。

当七哥听闻林肯伯爵造反的消息，火冒三丈："丈母娘是吃错药了是吧？我还没怎么着你呢，你倒是先来弄我了？好吧，我也不跟你废话，开搞！"

公元1487年6月16日，在伦敦西北部的东斯托克，林肯伯爵与爱德华六世终于找上门来，跟七哥兵戎相见。

其实双方的实力挺悬殊的，林肯伯爵就是个纸上谈兵的书生，七哥用金鸡独立的姿势都能打赢。战场上几个来回，爱尔兰人跑得比兔子还快，林肯伯爵在兵败逃命时丧命，面包娃爱德华六世则被生擒，押回了英格兰。

通过这次镇压爱尔兰的叛乱，七哥更加坚信，剥夺贵族的私建武装势在必行，刻不容缓。而且他也思考眼前英国的局面，觉得约克家族的人已经被他收拾得差不多了，正是应该拉拢民意的时候。

于是七哥将丈母娘软禁在伦敦塔，然后昭告天下："亲爱的子民们！我一直把约克家族当自己人，可是太后啊这个老妖婆，她就不让人省心，眼里根本没我这个女婿！为了想篡位，居然找个烤面包的小伙子冒充先王后人，大家说膈应不？幸亏耶稣哥明白事理，简直就是我的苦海明灯，他叫我不要再打内战，必须团结起来，让英格兰真正成为一个大家庭！所以，为了表示我的诚意，这个小孩子我就不杀了！我赦免他的罪行，决定让他来当我家厨子！"

英国民众一听，我擦，七哥如此仁慈，果然是个好国王啊！英国人民颇为感动，支持七哥的人就越来越多。

七哥这么一喊，等于把责任全推给了约克家族。白玫瑰一看无力回天，就想得了吧，以后就老实眯着吧，别再起幺蛾子啦！咱们一门心思搞贸易。

于是乎，红白玫瑰的纷争从这个时候起，彻底结束，时间是公元1487年。

我在这里再跟大家确认一次，一般认为，红白玫瑰战争是公元1455年到公元1485年结束，一共打了三十年，实际上在七哥抓了太后，赦免了假王子之后，才算真正结束。

在他政权稳固之后，就开始大肆分封贵族，有人在论功行赏之时发现，不管是谁，获得的单笔奖励绝对不会多，只是因为受封者总量庞大，才让亨利七世显得格外的慷慨和公平。七哥这种做法有个深层含义，就是用一大批政治安全的小贵族，打乱削弱大贵族的势力。

都铎王朝第一代君王的心机之深，可见一斑。

虽然七哥终结了蔷薇战争，稳固了自己的王权，但是仍然有人亡他之心不死，在1491年，一个得到法国和苏格兰支持的法国商人，自称是爱德华四世的次子约克公爵理查，跳出来反对亨利七世。

七哥丈母娘在狱中暗自垂泪："又是个二货……谁都知道老二被埋墙里了，你从啥地方钻出来的？"

然而这位"约克公爵"，却得到了西欧各家君主的认可，因此对七哥的威胁极大，他曾三次入侵英国，直到公元1497年，被七哥抓获处决，两天之后，关押了十四年之久的沃里克伯爵爱德华，也被下令绞死。至此，约克家族的男性绝嗣，七哥高枕无忧，再也不要担心血统证明书的问题。

搞定叛乱问题之后，七哥就开始动脑筋赚钱养军队，然后持续打压贵族，维护自己的王权。公元 1489 年，他给自己的大儿子亚瑟定了一门亲，对象是西班牙的公主凯瑟琳。

同学们，你们千万不要小看七哥的政治眼光，他的高瞻远瞩令人钦佩。因为这个时候的西班牙正是欧洲强国，他选择和强势的西班牙女王伊莎贝拉联姻，绝对是非常正确的选择。

我来说下这几个好处，首先这个时候，西班牙属于欧洲强国，只要西班牙认同英国的地位，那也就认同了七哥的王位。而且西班牙和法国不对付，他们跟神圣罗马帝国是合伙人，正好与法国有领土纷争。所以七哥一旦加入西班牙的阵营，绝对有利于抗衡法国。

其实七哥最主要的心思还是想"赚钱"，他只要跟西班牙搞好进出口贸易，大把的银子别人抢不去。而且他还想出了第二招赚钱的方法，就是勒索法国。

可能有些同学会一头雾水，七哥想多了吧？法国也不是善茬啊，能随随便便让他勒索？英法百年战争也才过去三十多年，英国人都被法国人赶回英格兰岛了，法国人还会怕你搞花样啊？

究竟是咋回事呢？由于英国和西班牙的联姻，七哥获得了欧洲各国的外交认可，也就是说，英国这个国家的地位被欧洲认可啦，欧洲的大佬热情招手："老英啊，欢迎你加入强国俱乐部！"

那么在公元 1492 年，七哥就开始教唆西班牙和神圣罗马帝国一起出兵法国。大家猜猜七哥这次出兵的理由是什么？没错，还是以前一直提的，要求继承法国王位，让法国交还领土。

只是这次七哥换了个说辞，以前的国王是出于情怀，说要和你法国死磕到底，搞一个什么英法帝国。呵呵，七哥可不这么想，他眼珠子一转，非常有经济头脑，他认为老子如果动真格的，劳民伤财不说，最后还不一定占得到便宜，但是如果我采用恐吓威胁的手段勒索你法国，你会不会掏钱找我和谈呢？

当时法国的国王是查理八世，一见七哥的阵势就慌了："哎我的天呐！大哥啊，你们英国人是咋了？这是阴魂不散，没完没了是吧？你老七也不是金雀花的直系后裔啊，咋还吵吵要王位呢？我就奇怪了，你是怎么搭上西班牙这条船的？你们联合起来欺负我，这不玩赖么？"

"咋的啦？就欺负你咋的啦！"七哥一脸阴笑，身后的西班牙和神圣罗马帝国手持大棒站在远处，虎视眈眈。

查理八世都快哭了，法国人不怕英国人，但双拳难敌四手，恶虎也架不住群狼啊！所以查理八世被搞得很没脾气，实在没办法，就找七哥和谈："七哥，你们英国人消停点行不行？别再作啦，之前都打了好几百年了，还打啊？这么的吧，你赶紧撤兵，我给你钱行不行？"

好吧，正中下怀。于是在1492年，英法签订了《埃塔普勒条约》，大概的意思就是英国放弃法国王位和领土，但是法国必须交钱，而且要连交十五年来换取和平，同时法国也承诺再也不和苏格兰形成同盟，并且允许英法之间恢复贸易往来。好家伙，七哥的欲擒故纵，一下子就捞到了一大笔钱。

故事讲到这里，同学们可能有些着急，你前面说影响全人类的大事就是七哥捞钱的技巧啊？大家别误会，这件大事儿并不是指七哥勒索查理八世，而是与七哥联盟的西班牙女王伊莎贝拉，支持哥伦布访问中国和印度。

也正是著名的航海英雄哥伦布，在十五世纪末，开启了大航海时代！

同学们恍然大悟的时候，有些脑筋转得快的可能又要问了：哎？哥伦布不是去美洲大陆了么，跟咱们中国有毛线个关系？

你们先听我把来龙去脉捋一捋就明白。

当时的时代背景是文艺复兴时期，从14世纪意大利开始，文艺复兴运动与十字军东征也有着非常密切的关系，以后我会单独介绍文艺复兴到底是怎么回事。

那么在文艺复兴的初期，其实全欧洲的价值观没有太大变化，因为还没有发生宗教改革，只是有一部分人比较追求进步的思想，比如说艺术、哲学和其他自然科学，他们有无限的探索欲望。

后来文艺复兴发展到了15世纪末，也就是七哥这个年代，在意大利就产生了另一种说法，说地球是圆的，而且很多人相信，如果从欧洲出发向西航行，就会到达中国。

哥伦布也比较相信这个说法，但是当时大家都不知道有美洲大陆。当时欧洲社会的价值观就是基督教，圣经也就是欧洲人的三观手册。圣经里说世界只有非洲、欧洲和亚洲，压根没提过美洲，所以哥伦布认为，如果向西出海就可以到达亚洲。

我这样说大家明白了吧？哥伦布的原意，只是想探索和建立一条欧洲通往中国的新航线。

然后他就去找了各个西欧国家的国王融资，建造船队出海，其中的投资人之一，就是英国国王亨利七世。

"陛下，你给我投资点钱呗，我去中国和印度，倒腾点丝绸、瓷器、茶叶和香料之类的，但是我会从向西出发，开辟一个更快速的商业交通运输航线，以后你赚钱不是更快了吗！"

但当时的主流世界观不相信地球是圆的，所以七哥就觉得这小子在信口雌黄啊，别想忽悠我！他认为哥伦布根本到不了中国，就没给他投钱。其他国家的君主也不相信哥伦布，而西班牙女王伊莎贝拉听完哥伦布的想法，突然有点心动。问题她也是中世纪人啊，又不是从现代穿越过去的，她仍然觉得不太靠谱，但没有直接否定哥伦布，而是暗中搞了个风投公司的项目评估小组，评估一下这买卖到底能不能做。

评估小组花费了三个月时间，列出了一堆数据，伊莎贝拉决定给哥伦布投资，让他去开辟新航线。双方达成协议，哥伦布在路上可以代表西班牙女王征服一些小国家，并出任该地区的总督，然后同时获得百分之十的分红。

就这样，哥伦布在伊莎贝拉的支持下，组织船队向西进发。小船儿轻轻飘荡在海中，迎面就发现了一些不知名的岛屿。当时哥伦布以为到了印度，但实际上只是加勒比海的巴哈马群岛。

他一上岸，发现当地的土著人肤色比较黑，以为是他们是印度人种的一支，所以就称他们为"Indians"，也就是印第安人。

所以在英文里，印度人和美国的那个印第安人是同一个英文单词。这里我再解释一下，现在英语聊天说这个印第安人叫"Native American"，意思就是土生土长的美国人，就是为了区分印第安人和印度人。但你千万不能说是 Red People（红色的人），虽然印第安人皮肤是红色的，你这么说很容易被扣上种族歧视的帽子啊，大家千万要注意！

遗憾的是，哥伦布到死都认为他到了印度，而不认为他发现了美洲新大陆。后来有个叫阿美利哥的意大利人，证实了这个地方就是新大陆，所以就以阿美利哥命名了这个州，也就是美洲，阿美利哥就是"America"的音译。

公元 1494 年，因为西班牙和葡萄牙为争夺新发现的美洲大陆，教皇就划出了教皇子午线，不过这和英国没啥太大关系，真正扯上关系的是公元 1497 年，对英国来说就很重要了。因为受到哥伦布发现美洲新大陆的影响，西欧国家纷纷开始大航海探索，其中当然也少不了七哥啦。

虽然七哥没有把握住哥伦布，但他找到了约翰·卡博特。此人也是意大利人，所以我说文艺复兴时期，不光造就出很多哲学家、文学家、画家，最重要的是培养出了一堆航海家，约翰·卡博特就是其中之一。

他接受了七哥的投资，发现了现在的加拿大纽芬兰，在公元1498年还到达了现在的美国东海岸，给日后英国殖民加拿大和美国打下了良好的基础。

但是我要跟大家强调一点，这个时候的西欧人开辟大航海探索，目的是想去中国做生意，他们希望和天朝建立贸易往来，不是为了殖民……其实古人的想法都挺单纯的，包括这个约翰·卡博特到了北美以后，都以为是不是已经到了中国了啊？这也是人类社会的一大步。

直到后来的麦哲伦环游世界，和刚才说的那个阿美利哥的证实，才发现原来世界还有个美洲的存在，这才导致了西欧各国开启了全世界进行殖民和掠夺的时代。

也就是说，刚开始的时候，大家只是为了建立新航道，搞进出口贸易，但没想到的是，原来欧洲和亚洲之间还隔着一个美洲大陆。有句话叫"人不为己天诛地灭"，正是人性的贪婪，才引起了资源和土地的掠夺战。

以上就是亨利七世在位期间，欧洲大陆发生的两件大事儿，哥伦布发现美洲新大陆，以及约翰·卡博特的航海线路，为欧洲对殖民地的霸占与掠夺拉开了序幕。

咱们回到英国，七哥通过勒索法国和进出口贸易，属于国王的军队就开始正式建立，但我要说的是，这时候他建立不是常备军，而是一只规模比较小的王室护卫队，如果真打仗，七哥还是比较倾向于招募雇佣军为主。

与此同时，亨利七世开始实行大幅裁员传统贵族，而且不再封新的贵族，实现高度的中央集权。接着，他又开始扶持乡绅和中产阶级，英国就从原来的封建农业生产彻底变成了资本农业生产，利用资本再去搞轻工业生产和交通运输业（包括英国内陆和海洋交通运输的发展），所以整个英国的经济发生了爆发式的增长，资本主义迅速发展。

不过我要提醒大家，那时还没有"资本主义"这个词语，因为人文主义在英国还没有具体的概念，到了七哥他儿子亨利八世时，才开始受到意大利文艺复兴的人文主义影响，逐渐产生了资本主义概念。当时欧洲老百姓的观念还停留在一个守旧程度上，传统英国贵族和底层老百姓都觉着七哥是个唯利是图、贪得无厌的家伙，他们认为赚钱是不对的，应该老实本分地供奉上帝。

由于英国和法国签署了《埃塔普勒条约》，七哥就把女儿嫁给了查理八世的儿子路易十二，所以这个阶段法国和英国的关系比较缓和，直接促使苏格兰失去了一个重要的盟友。

七哥的心思谁也猜不透，他又把自己另外一个女儿玛格丽特，嫁给了苏格兰的詹姆士四世，并签署了《永久和平条约》，这个条约也说明了七哥的统治能力，英格兰和苏格兰可是世仇啊，七哥居然能与敌人联姻并签署永久和平条约，为了赚钱费尽心思，确实也是挺不可思议的，"贤王"这个名号当之无愧。

七哥虽然不是金雀花直系后裔，但他通过联姻手段登上英国王位，在他统治的时期，彻底解决了红白玫瑰之争。由于他决定废除贵族建立武装，军队只属于国王，英国从此走向了君主专权制。

他正好也赶上了西欧大航海探索时代，以极大的热情参与，也为日后英国殖民掠夺抢占了先机。

公元 1509 年，七哥病死，由他的儿子亨利八世继位。

哎？他大儿子不是叫亚瑟么？怎么变成亨利八世了啊？七哥当然算不到他的身后的家事，可是我觉得他应该庆幸。亨利八世作为一名富二代，雷厉风行的宗教改革，迅速提升了西欧的资本主义发展水平，无论是对英国王权的传承延续，还是在国家民族的凝聚力上，亨利八世的政绩有目共睹。

第二十七章 超级富二代亨利八世

这章我们开讲都铎王朝的第二任国王亨利八世。

国王不见得是富二代，尤其是当你的爹地特别能打或者特别能造的时候，大概率会当上"负二代"。比如咱们清朝乾隆皇帝的儿子嘉庆皇帝，对此就深表赞同（和珅默默地点了一个"踩"）。所谓"爱花钱的皇帝千篇一律，会赚钱的爹地独此一家"，亨利八世的老爸亨利七世，是英国历史上最能赚钱的国王，没有之一。

我们前面说过，七哥通过进出口贸易关税赚了一大笔，其实不止于此，他还通过继承权获得了兰开斯特公爵、约克公爵和里士满伯爵的领地，仅王室领地的年收入就从 10000 英镑上升到 40000 英镑。加上关税、个人经商、王室法庭收缴的罚金，以及……出租皇家舰队（这是什么操作），从 1490 年到 1509 年的 19 年间，国王的年收入翻了接近三倍，从 52000 英镑，上升到 142000 英镑。

说到这里，我忍不住要先为伟大的亨利五世惋惜，心里感叹万分，像他这么一位雄才大略的国王，却没摊上一个好儿子。七哥一样有作为，运气却比亨利五世好了不知道多少倍，他生了个敢想敢干的儿子亨利八世。亨利八世在位期间，真是七个不平八个不忿的，敢爱敢恨，敢做敢当！特立独行，唯我独尊，用句东北话来形容："老爆儿了！"

没有亨利八世，英国推行的宗教改革，指不定要等到猴年马月。没有宗教改革，资本主义能爆发式的发展么？资本主义起不来，英国能成为"日不落帝国"么？

顺位继承这个传统，有的时候真的很坑爹，但有时候却造福人类，那按照这个逻辑，英国人民还得感谢亚瑟王子死得早死得巧啊？差不多是这个情况，我觉着不光是英国人民感谢亚瑟王子死得早，亨利八世也得感谢他哥。

呵呵，我给大家介绍一下，在中世纪的欧洲，王室或者贵族家的子嗣，老大是继承王位和爵位的，而老三呢，一般都是到高级贵族家里服兵役，或者当一名低调的上门女婿。最惨就是老二，他一般要送去教会当神职人员，不光是禁欲，还得苦修。如果不是亚瑟王子挂了，亨利八世当不上国王，他也娶不到六个老婆。

对！你没看错，亨利八世在英国历史上是离婚和结婚次数最多的国王。

大家是不是觉着，亨利八世更像一个富二代，也是经常换女伴？

话说回来，亚瑟王子到底是咋死的？这话还得说回公元 1501 年，亚瑟王子正是十五六岁的舞象之年。当年他不是和西班牙女王的闺女凯瑟琳定了娃娃亲么？所以在这两年，七哥连续办了三件大喜事，先是举行了亚瑟王子和凯瑟琳的婚礼，然后把亚瑟的妹妹玛丽嫁给了法国国王路易十二，那么第三件事儿，又把亚瑟的二妹嫁给了苏格兰的詹姆斯四世。

这是多么快乐和幸福的三件事儿啊，儿女的终身大事都搞定了，而且娶得好嫁得也好，七哥原以为可以享受天伦之乐了，但是万万没想到，亚瑟王子和凯瑟琳刚结婚没到六个月，突然暴毙身亡。看来"亚瑟"这个名字分量太重，大儿子身子骨太弱，可能扛不住。

亚瑟王子的去世当然让七哥很悲伤，但是更严重的问题还在后面，七哥要如何去维持和西班牙的联姻关系？

七哥悲痛之下，就去找女王伊莎贝拉商量："亲家母……您看这事儿咋整？"

"我说亲家公啊，我有一句说一句，你这不是坑人吗？我家琳琳这么漂亮这么贤淑的好姑娘，怎么就偏偏嫁给一个无命享福的小子呢？两人还没圆房吧？你说这以后的日子琳琳怎么熬啊？"伊莎贝拉也挺生气的，抱怨自己家的闺女怎么嫁了这么个短命鬼？

七哥眼珠转了转，就想了个主意："这么着吧，我家还有个老二小亨利，跟他哥一样英俊潇洒，尚未婚配，不如……不如就让他替代亚瑟尽一份夫妻情义？"

兄死弟袭这种事儿，王位上当然是可行，可是男女之间的性质就变味了，野蛮民族才干得出来的勾当，我们受过多年宗教熏陶，怎么可能接受啊？岂不是开历史的倒车么？

另外，小亨利在他哥死之前，原本在神学院学习，以后说不定是要去当主教的。相当于小亨利是神的孩子，如果要他还俗当国王，就是把他从上帝的怀抱中抢走。跟上帝抢孩子，还要让神的孩子去娶嫂子？我擦！这简直是对神的亵渎！七哥这波操作有点飘啊！

所以，小亨利和她嫂子订婚这事儿，罗马教皇坚决反对。

七哥为这事儿跑断了腿，头痛得要命，还是伊莎贝拉最终说服了教皇，让凯瑟琳和亨利王子订了婚，她的理由是：凯瑟琳公主与亚瑟王子并没有同过房，所以嫁给还俗的小亨利不算对上帝的亵渎。

然后教皇居然同意了，是的，他同意了，西班牙和英国继续联姻。我严重怀疑，主要还是西班牙的拳头硬，女王挽起袖子就比较好说话。

七哥驾崩之后，亨利王子已经十八岁了，登基接过老爹的权杖，史称亨利八世。

其实在七哥去世的时候，英国人民的内心是万般喜悦的。为啥呢？因为这个时候，英国还没发生宗教改革，之前欧洲的价值观普遍是"劳动"和"工作"，由于圣经里说，富翁能进天堂比骆驼穿针眼儿还难，还说人是因为有罪，才被上帝判罚去劳动的。所以当时的西欧人认为劳动的本质上是在赎罪，赚钱只是一种谋生手段，一旦你赚的钱超出计划，你就应该捐给教会。

说到这儿大家肯定明白了，七哥既然是个大富豪，肯定会被他的子民鄙视呗。他去世的时候，当时的英国举国欢庆。但是，最让英国人欢欣雀跃的事，就是亨利八世登基。

因为亨利八世集红白玫瑰血统于一身，法理也堂堂正正，而且他从小在神学院受过教育，是神的孩子，英国人就以为亨利八世上台以后，会继续带领着英国人民跟随着上帝的指引，最终坐上开往天堂的马车。后来发生的事情，英国人就瞠目结舌了，谁也预料不到，亨利八世比他老子还邪乎，竟然搞了个宗教改革。

亨利八世登基之后，与嫂子凯瑟琳公主还是挺恩爱的，日子过得也很幸福，但是后来俩人就闹掰了，也直接引发了宗教改革。具体是怎么回事儿呢？同学们先别着急，容我卖个关子。

我有个问题想问问大家，十八岁的二王子当上了英国国王，这个历史时刻，如果你是亨利八世，你统治英国的核心目标是什么？

我提示一下，肯定不是宗教改革，因为宗教改革只是一个统治结果，并不是统治动因，当然也不是继续赚钱，他老爸留下的遗产够他花的，而且发展经济也不是国王的核心目标。你们回想一下七哥都干了些什么？然后你闭上眼睛，深呼吸，思考一下这个问题的答案。

想出来了没有？我在上一章就说了，七哥跟西班牙联姻，获得了欧洲对英国国家地位的认可，那最有效的统治手段，就是提升国际地位，欧洲那些国家才愿意跟你交好，愿意跟你扩大贸易往来。所以，亨利八世的核心统治目标就是——如何提升英国的国际地位。

问题是这个地位应该怎么提高啊？难道生个二十个儿子和二十个女儿，然后全部送出去订婚么？太扯了吧，假设这个方法可行，但是他媳妇的肚子吃得消不？就算一年生一个，也得生四十年……

我们得从客观角度来分析，当时英国人口很少，不到西班牙的一半，如果不算上苏格兰和爱尔兰，只算英格兰加上威尔士，英国的土地总面积也只有法国的六分之一，而且又是欧洲的边缘地带，英国要提高国际地位，唯有一个办法，发动战争。

亨利八世血气方刚，而且脾气也挺大，再加上中世纪那些伟大的君主，哪个不是在年轻的时候去沙场操练的？亨利八世肯定也想打仗啊！

那他应该打谁呢？我们来分析一下，是打苏格兰还是法国？因为他周边只有这两家离得最近，只有这两家能打。其实按照正常套路，他很想去打苏格兰，因为能实现不列颠的整合，但是他老爸和苏格兰签了一个永久性的和平条约，他觉得必须慎重行事，我好歹是大英帝国的领袖，不能先动手搞事，况且苏格兰的詹姆斯四世还是我妹夫。

法国行不行？好像没有正当理由，难道继续声称自己有法国王位的继承权？这也太老掉牙了！就在他左思右想的时候，上帝突然给了他一次开战的机会，他妹夫法国国王路易十二，正在攻打意大利的米兰。

嗯，当时的意大利并不是一个主权国家，由几个小国家或者小城邦组成，比如教皇控制的区域叫教皇国，加上米兰公国、佛罗伦萨共和国、西西里、那不勒斯帝国和威尼斯共和国，我就不数手指头了。

因为教皇国在意大利，所以法国攻打米兰公国的事影响到了教皇的利益，教皇就号召欧洲的一些国家组成反法联盟，其中也包含了神圣罗马帝国、西班牙还有瑞士这些国家。

亨利八世是个天主教徒，而且从小也在神学院长大，自然响应教皇的号召，而且英国和西班牙还是政治军事同盟呢，法国这不是正好撞在他枪口了么？所以亨利八世趁着这个机会，加入了"抗法援米"的队伍。

他以保护教皇的名义，向法国出兵，也是英法百年战争过了这么久之后，第一次动真格开打。他妹夫路易十二见英国的大舅子也来凑热闹了，摸了摸脑袋，哎哟，我这是腹背受敌啊，咋办捏？吹哨子叫人吧！

于是路易十二就教唆苏格兰的詹姆斯四世去攻打英格兰："老弟啊，小亨利这混蛋眼里已经没有亲戚了，他已经疯了啊！我们要是不联合起来，他迟早会来搞你！"

詹姆斯四世这个妹夫比较犯二，他被路易十二一忽悠，就撕毁了和七哥签署的《永久和平条约》，并大举进兵英格兰北方。亨利八世见妹夫突然绕到他背后偷袭，顿时火冒三丈："哟？小詹你是要跟我对磕啊？你一个山沟沟里钻出来的乡下人，居然敢跟我超级无敌的富二代装蒜？"

亨利八世当机立断，从法国战线上迅速撤回，气势汹汹杀到了苏格兰。没几下就把苏格兰给干趴下了，甚至将他妹夫詹姆斯四世也直接弄死。能动手咱就别吵吵，老子正愁没借口干呢，哈哈，你咋这么二咧？

詹姆斯四世一死，苏格兰的王位就传给了亨利八世的外甥詹姆斯五世，也就是后来英国国王詹姆斯一世的外祖父。苏格兰这次战败，就再也没有和英格兰叫嚣的资本了，因为新国王还是个婴儿，正在他娘怀里吃奶呢，哪有力气叫唤啊？所以，苏格兰再也不敢吭声。

收拾完苏格兰，亨利八世就没有后顾之忧了，又重新杀回了法国，而且趁着法国多面受敌的情况下，夺取了法国两个小镇。他第一次打仗就收获了两次胜利，极大地增强了亨利八世外交政治的信心。

我们应该如何判断英国打法国的真实意图？到底是国家利益，还是都铎家族的利益？亨利八世夺取法国小镇以后，并没有继续投入兵力，他当时完全可以占据一个地区，但是他打完胜仗以后，回国搞了一个伦敦峰会，把法国、西班牙、神圣罗马帝国这些乱七八糟的国家君主都邀请到伦敦，呼吁各方保持克制，理性面对纷争，力求通过政治谈判手段化解彼此的矛盾，并最终签署了一个《伦敦合约》。

同学们别以为亨利八世真是为了和平才搞这次峰会，其实这个《伦敦合约》就是一纸空谈，啥作用也没有。但是他在谈判桌上嗓门最大，把欧洲那些大佬唬得一愣一愣的，严重怀疑自己上辈子欠了英国人不少钱。不过人家在尽地主之谊，总不能吃他的住他的，你还要质疑他的诚意吧？嗯，亨利八世的脑子当然好使，喊上几嗓子，立马提高了英国的外交地位。

开完多国峰会以后呢，亨利八世背后开始出损招了，继续教唆神圣罗马帝国和西班牙对法国用兵。他喜欢忽悠人的基因，完全就是从老爸那儿继承过来的，任你抓耳挠腮，也不能咬他一口对吧？

当时法国的国王，已经换成了佛朗索瓦一世，因为路易十二没有儿子，所以把王位传给了他的女婿。我估计大家可能没听说过佛朗索瓦，但我说起另一个人的名字，你们就会恍然大悟。

在达·芬奇生命中的最后几年，一直跟着佛朗索瓦一世混，而且那幅举世闻名的《蒙娜丽莎》，就是达·芬奇赠送给这位法国国王的。这就是"意大利文物"《蒙娜丽莎》一直收藏在法国卢浮宫的原因了。我们在学习英国史的同时，也能了解一下西方文化艺术常识。

于是，在公元1523年，亨利八世联合了神圣罗马帝国的皇帝查理五世，又一次去攻打法国了。但是打到一半的时候，查理五世突然关心起意大利的利益，二话不说，直接撤兵玩失踪，放起了鸽子。

"哦，家里有急事了对吧，那我也不玩了呗，我以为多大个事呢……"

亨利八世又不是傻子，一看神圣罗马帝国不打了，慢条斯理地拍了拍裤脚上的灰尘，语气很淡定。此时的亨利八世已经三十多岁了，他仔细一想，如果再通过战争来提升英国的国际地位，好像套路有点过时，所以他左右权衡，决定跟法国停战。

接下来亨利八世又应如何统治英国呢，他是怎样去提升英国的国际地位的？钱，他有；武力值，他也有，显然英格兰的地位还不够。如果用钱和武力来实现当大佬的梦想，好像不太靠谱，亨利八世唯一可以选择的，就是对宗教实行改革。

说起英国的宗教改革，我先普及一个时代背景知识，第一个就是文艺复兴，第二个就是欧洲的宗教改革究竟是怎么形成的。这里有个区别，最早发生的欧洲宗教改革，其实是个民间行为，那后来发生的英国宗教改革，变成了官方行为。完全是两码事，同学们不要混淆，虽然时间上很接近，但是在内容上还是存在差异。

咱们先来讲讲"文艺复兴"。

在说文艺复兴的时候，历史学家们认为中世纪是欧洲最黑暗的时期，由于日耳曼人的入侵，西罗马帝国覆灭，然后日耳曼人之间的几个族系就陷入了互相征伐的战争年代，也包括法兰克人、盎格鲁撒克逊人。与此同时，人民的思想也被宗教束缚，人类科技发展和艺术得不到进步。

这里就很好地引出了"复兴"这个意义。我在上一期提过，哥伦布说地球是圆的，一路向西就可以抵达达中国和印度。而实际上在公元 2 世纪，古希腊人就已经提出了这个假设。只不过在中世纪的欧洲，没有人关心地球是不是圆的，他们关心的是活下去，然后死后进天堂，已经懒得去研究、去探索："地球是圆是方关我屁事？我说它是椭圆的你信不信的？"

所以文学、艺术、自然科学，还有人类思想的前进，这些东西在中世纪的时候都停滞了，然后直到 14 世纪，欧洲人的生活空间扩展了，他们就开始发掘古代的文明资料，学习古人的精神，进行更深层的探索和发现。但是这个复兴并不是复古，而是要借助古希腊、古罗马的知识作为基础，再次推进文明的发展。

哎？那为啥不叫科学复兴呢？

因为当时的科学发现相对于文学艺术来说，没有特别显著的进步和爆发式的发展。就好比后来的工业革命时期，也产生过凡·高这样伟大的画家和一些艺术作品，但是相对工业机器的爆发式的发明和投入使用，艺术对人类的进步显得没有那么重要。而在 14 世纪和 17 世纪，主要是文学和艺术的方面发展得比较猛，所以叫作"文艺复兴"。

那么文艺复兴这场运动是如何被掀起来的呢？其中有一个主动原因，就是十字军东征，这场坑爹的东征其实就是一路烧杀掠夺的过程，西欧人在路上发现了古代艺术品，理直气壮地搬回自己的国家去搞研究。

还有个被动原因，公元 1453 年，东罗马帝国君士坦丁堡，被奥斯曼土耳其帝国占领，东罗马帝国从此覆灭，而这些东罗马流出的古代资料，被西欧人当作了文艺复兴的参考资料。

也就是说，14 世纪初期，文艺复兴就正式开始萌芽，但是在这一百多年的时间里，这颗苗长得比较缓慢，只在文学作品上有些提高，当时出现了文艺复兴"上三杰"——但丁、彼特拉克和薄伽丘。到了 15 世纪以后，大量的艺术作品开始涌现，出现了文艺复兴的"下三杰"，也就是大家耳熟能详的达·芬奇、米开朗琪罗和拉斐尔。

有些同学或许仍然有疑问，文艺复兴为什么是在意大利发起的呢？道理很简单，因为古罗马的发源地就是意大利，另外十字军东征的时候，因为教皇就是神圣罗马帝国的，来自西欧的财力和物力都会在意大利进行分配。可是神职人员缺乏财务知识，于是悄悄地找来意大利当地懂金融的人，协助他们销赃。

原来教皇也是凡人啊！人们发现了天主教徒的真实面目，质疑的思想迅速蔓延。而且当时的意大利还不是一个独立国家，由各个小城邦组成，政体也不一样，有些城邦的君主为了更好地统治，就去巴结那些声望比较高的学者来歌颂统治者。这些学者里就包含给天主教搞财务分派的，所以他们就开始质疑天主教，在外面传播自己不同的宗教观点，因此，意大利当时的进步思想就比较超前。

另外一点，东罗马帝国覆灭的时候，东罗马人带着这些资料去了意大利，因为意大利的这些小城邦高度自治，而且教皇国本来就在这个区域。所以，文艺复兴发生在意大利就不难理解啦！

如果你要问我，现代西方人文主义是如何产生的？这事儿还得从在中世纪西欧人的价值观说起。

宗教就是一种价值观，在中世纪很长的一段时间里，几乎所有人都是"有神论者"，而且作为全体欧洲人民的唯一宗教，天主教就会告诉他的子民："哥们，如果你要去天堂，必须来教堂向上帝祷告。教堂就是通往天堂的一个走廊……"

简单来讲，天主教的神父和主教就是上帝的代理人，你能不能进天堂，得由他们来传达上帝的旨意。老百姓为了进天堂，肯定都得听天主教的安排，好吧，我先跨进这个走廊，前面肯定一片光明。

也就是说，天主教控制了人民的思想，天主教也就是西欧人的三观。

后来有人在思考一个问题：那些活在古代希腊或者罗马的人，比如凯撒大帝，人家信的是众神哦，再比如宙斯啊、雅典娜啊、圣斗士星矢啊、天马流星拳啊这一票的……他们也没有什么教皇教父这些代理人啊，你敢说凯撒没去天堂？你哪只眼睛瞧见的？凭啥天主教就是唯一？

其实这个观点用现在的话来解释，天主教就是有教义教宗的"一神论教"，而古希腊信的那个是无教义教宗的"多神论教"。现在的一神论教不就是基督教、伊斯兰教和犹太教为代表么？

那么提出这个问题的人是谁呢？

他不是什么小人物，而是神圣罗马帝国的皇帝腓特烈二世，生活在无地王约翰和亨利三世那个年代的人。腓特烈二世肯定不是一个无神论者啊，严格意义上来说，他是一个信而不迷神的人，介于有神论者和无神论者中间的一种人。他这种想法在当时比较另类，因为他身边的人可都是坚定的有神论者哦，而且更要命的是这个时期的天主教教皇，正是英诺森三世。

以前我就说过英诺森三世是个猛人，政治手腕非常强硬，当时还把英国变成了教皇的领地。所以腓特烈二世由于政治需要，不敢大张旗鼓地鼓吹这种"信而不迷神"的思想，而是建了一所那不勒斯大学，专门研究进步思想，后来又成立了佛罗伦萨大学。

从这两所大学出来的人经常搞一些联谊会，整天研究天主教。其中二人就是文艺复兴时期的"上三杰"，薄伽丘和彼特拉克。他们越研究越觉着天主教是个反人类的宗教，跟崇尚人性、自我追求的理念完全对不上号。

可是他们并没有发起宗教改革，因为当时的人文主义只是发生在意大利佛罗伦萨，就在一小撮人的身上，没实力啊，说话也不敢大声！直到后来亨利八世这个年代，人文主义才算真正开始影响西欧。

英国的宗教改革是怎么跟人文主义扯上关系的呢？在公元 1510 年，也就是 16 世纪，当时的教皇是利奥十世。这哥们从小就喜欢艺术，恰好文艺复兴的艺术创造达到了一个顶峰，出现了文艺复兴"下三杰"，也就是达·芬奇、米开朗琪罗和拉斐尔。

当时利奥十世对艺术的追求，几乎到了走火入魔的状态，让米哥和拉哥二人在梵蒂冈的西斯廷教堂作画，著名的《创世纪》就是这个时期完成的。正巧，法国跑来攻打意大利，利奥十世搞起了反法联盟，在战争期间和法国进行了一次谈判，利奥十世带着达芬奇一起去的。

结果佛朗索瓦一世也特别喜欢艺术，一听来者是大名鼎鼎的达·芬奇，兴奋得不得了，说啥也得让达·芬奇跟他回法国，为他画一幅肖像。达·芬奇盛情难却，就去法国了，后来他把《蒙娜丽莎》赠送给了佛朗索瓦一世。

接着，利奥十世开始招募艺术家和雕刻匠，并且他自己收藏了许多艺术品。那搞艺术搞收藏肯定得花钱哦，那他钱从哪来的呢？这哥们居然想到了一个贩卖"赎罪券"的办法。

老百姓不是要进天堂么，可是有罪去不了怎么办？你得去教堂赎罪对吧？好吧，现在不用那么费劲，你去教堂买张赎罪券即可，相当于买一张通过天堂的门票，保证你死了以后可以进天堂，不相信的话，你现在死一个我看看。

有些同学难以理解，天主教不是挺有钱的么？咋还卖上门票了呢？

因为天主教的钱，都存放在当时意大利美第奇家族的银行里，利奥十世和之前的一些教皇，很多都是出自这个家族。他们家族在中世纪的意大利非常厉害，对文艺复兴也做出了很多贡献，属于佛罗伦萨的实际统治者。但是到了利奥十世时期，美第奇家族的银行倒闭了，所以神圣罗马教廷的钱也打了水漂，就只剩下了不动产。

为了敛财，利奥十世只能出此下策。他的行为，虽然引起了人文主义学者们的严重鄙视，但是意大利人民群众的思想觉悟非常高，根本就不想搭理他。

不过教廷内部人士的意见却极其强烈，当时神圣罗马帝国有一名神父叫马丁·路德，就写了一篇《九十五条论纲》，批判利奥十世的无耻行为。但是谁也预料不到，正是因为马丁·路德发表了这篇文章，终于掀起了欧洲宗教改革的浪潮。

马丁·路德原先是一个虔诚的天主教徒，但是深受人文主义的思想影响，在不推翻自己的宗教信仰的前提下，他搞出了一个基督新教，也就是后来清教徒信仰的那个基督新教。

新教是什么价值观呢？就是你进天堂根本不用去教堂，根本不用找什么代理人，你有什么罪，自己在家忏悔就行，只要你有诚心，就会被上帝拯救，对于"赎罪券"的说法更是痛心疾首，奉劝人们不要上当受骗。

另外，他还有一个观点，你要想进天堂，必须在你还活着的时候，认真履行上帝交给你的世俗义务，比如工作，如果你一出生就是渔夫，那你就好好打鱼，别老想着去当海盗，然后每天在家祈祷，你死了之后，上帝会给你指明通过天堂的路。

马丁·路德观点的核心，其实就是劳动光荣。于是那些被天主教压迫的底层西欧人民纷纷站起身来，开始反对天主教。他们加入基督新教之后，积极参加工作，可是没过多久，又出现了一个加尔文宗，也是受到了人文主义思想的影响，提倡另一个宗教观点，极大地影响了当时的英格兰和后来的美国。

那加尔文宗的观点是啥呢？就是"预定学说"，意思就是说你一出生，能不能进天堂，其实已经被上帝安排好，但如果你获得的世俗成就越多，证明上帝在观察你，他很喜欢你。所以后来的英国人和美国人就使劲赚钱，文化与财富并存，你的命运需要努力付出。

这就是欧洲的宗教改革，也为西欧的资本主义兴起建立了基础。

说到这里，文艺复兴和宗教改革这两个时代背景已经讲完，咱们在历史的尘埃里找到亨利八世，看看他在干什么。

前文说到英国和法国停战以后，原先英国有一个"罗拉得派"，因为受到宗教改革的影响，开始在英国搞事情，带着一群新教徒天天上街游行。而亨利八世是天主教徒，当然要去镇压，还写文章去批判马丁·路德。

同学们千万别小看亨利八世哦，他是非常有才的一位国王，能文能武，据说英国的著名民谣《绿袖子》就是这哥们写的，"绿袖招兮，我心欢朗；绿袖飘兮，我心痴狂"，也算得上是写情诗的老手。

当时亨利八世批判马丁·路德的文章一发表，教皇利奥十世非常惊讶："哎哟，不错嘛小亨利！不仅能写软性歌曲，还会写宗教论文啊？很有前途！"

他觉得亨利八世的思想觉悟很到位，就给他颁发了一个"信仰捍卫者"的荣誉勋章。也就是说，亨利八世跟罗马教廷的关系还是挺不错的。

但是偏偏在这个时候，亨利八世认识了一位托马斯·莫尔爵士。

这个名字大家熟悉么？没错！就是那位写出了经典名著《乌托邦》的文学家、政治家。也正是因为他，亨利八世受到了意大利人文主义思想的熏陶。

亨利八世看过莫尔爵士一些文章，心生向往："此人才华横溢，必须为我所用。"

于是他就把莫尔爵士招揽身边，每天一起吃饭一起研究文学，经常互相交流对欧洲人文主义的一些看法。莫尔爵士就整天在亨利八世耳边唠叨，说天主教怎么着怎么着，我估计也没啥好话。亨利八世的思想逐渐发生了变化，但是碍于传统的天主教信仰，他也没有什么过激的反应。

历史的发展方向谁也预料不到，其中有一些突发事件，完全可以改变历史的脚步。就在欧洲宗教改革的风声越吹越猛的时候，亨利八世与他媳妇西班牙公主凯瑟琳婚姻破裂，直接导致他在英国以官方的形式，发动了宗教改革。

当时凯瑟琳已经四十了，虽然给老公生了六个孩子，但是五个都夭折，剩下一个玛丽公主。她就是后来英国人特别痛恨的第一任女王玛丽一世，外号叫"血腥玛丽"，为啥她有这么奇葩的外号呢？容我先卖个关子。

依据英国王位继承的传统，凯瑟琳王后还没有生出王子，那老亨利家岂不是要绝后？

亨利八世就开始着急了，他写信给教皇："大哥啊，小弟我最近失眠，觉得可能是被上帝诅咒了，当时我就不应该娶我嫂子，现在搞得儿子也生不出来……这样下去可不行，你得批准我跟媳妇离婚。"

信奉天主教的君主结婚和离婚，必须经过教皇同意，但此时的教皇已经不是利奥十世了，而是克莱门特七世。

因为凯瑟琳是神圣罗马帝国皇帝查理五世的大姨妈，而查理五世为了维护神圣罗马帝国在英国的利益，就教唆克莱门特不要批准，所以亨利八世的离婚申请，被教皇婉言否决。之前打法国的时候，查理五世放过亨利八世一次鸽子，他现在这么一搅和，亨利八世恨得咬牙切齿，觉得这笔账迟早要算清楚。

他就各种跟媳妇闹情绪，而且还爱上了一名叫安妮·博林的姑娘。

安妮的姐姐以前是凯瑟琳公主的宫女，从西班牙一起嫁过来的，亨利八世当然是情场高手，跟安妮的姐姐他也搞过一段时间的婚外情。安妮不仅人长得漂亮，而且特别聪明，很有见识。亨利八世爱得如痴如醉，非要娶她不可。但是他也明白，这事儿教皇肯定不会同意，于是他就去咨询莫尔爵士的意见。

莫尔爵士是个空想派的社会主义者，肯定倡导自由恋爱的呀，他要不是空想派，能写出《乌托邦》那么超现实的作品么？所以他给亨利八世提了个建议："正好！咱们不用管教皇批不批准啦，英国以后也不跟天主教玩儿，效仿马丁·路德，自成一派！"

但是亨利八世觉着马丁·路德那一套观点不太先进，他不太喜欢，恰巧加尔文搞的"预定学说"开始时兴，所以亨利八世以这个观点为基础，就让托马斯·莫尔爵士搞起了宗教改革，这也是现代英国国教安立甘宗（圣公会）的起源。

圣公会的思想虽然偏向于加尔文宗，但是在形式上，保留了原先罗马天主教的管理机制和礼仪。等于大主教还在，只不过思想上出现变化，最重要的区别就是圣公会的领袖是国王，宗教和世俗都由国王来管理，英国实现了真正意义上的政教合一，也让中央集权在英国达到了一个质的变化。

另外一点，英国在欧洲率先以官方形式脱离了罗马教廷，这在当时欧洲的影响力是极其巨大的。因为马丁·路德的宗教改革是先从民间发起，而第一个官方进行宗教改革的却是英国。

亨利八世的贡献大家都看到了吧？可以说这哥们是具有划时代意义的一位优秀国王，英国的国际地位也被他提升了好几个层次。

关于英国宗教改革的来龙去脉，说到这里就告一个段落了，也不是说一夜之间就能改朝换代，宗教改革到公元1550年才初见成效，而且在血腥玛丽继位时发生过各种危机，最终在伊丽莎白一世时期确定。

同学们可能要问我，亨利八世与安妮的婚姻是否顺利？前面你不是说他有六个老婆的嘛，按照排队人数计算，安妮姑娘是第二个！嘿嘿，大伙儿先别急，在讲他六个老婆的故事之前，下期我得先说说他身边四个男人的故事。

第二十八章　四个叫托马斯的男人

亨利八世这个中世纪版的富二代，对英国历史产生了重要的影响，那么影响他一生的又是谁呢？

前文我们提到了《乌托邦》的作者托马斯·莫尔爵士，通过一个最恰当的事件，在一个最正确的时间，让亨利八世下定决心进行宗教改革，除了他之外，还有三个男人，也对英国历史的发展起到了关键性的作用。而且这三个男人的名字，都叫"托马斯"。

我擦，四个托马斯啊？敢情这是动画片《托马斯和他的朋友们》的原型，讲述了一群活泼可爱的火车头，在英国冒险的故事……

我们先来说第一个托马斯，他的全名是"托马斯·沃尔西"。

他是亨利八世的第一任大法官兼外务大臣，担任约克主教，也是罗马天主教的红衣主教。他的作用，其实是发生在宗教改革之前，当时英国联合神圣罗马帝国组成反法联盟，去攻打法国，而沃尔西正是反法联盟的主要缔造者。

查理五世原先是西班牙的国王，等他当上罗马皇帝以后，沃尔西建议亨利八世联合教皇和查理五世去攻打法国，而且他还多次代表老大，去跟查理五世研究搞法国的鬼点子。

沃尔西相当于是亨利八世最亲信的智囊，他的精明能干，也让英国在对法关系上占了不少便宜。可是没过几年他却意外倒台，哎？这哥们做错了啥事？怎么从他

第六单元　都铎王朝——英国历史的再次转折

身上，我看到了伴君如伴虎的感觉？

他的仕途终结，主要是两点原因，当时的欧洲跟咱们战国时代差不多，各国外交政策的基本套路就是"合纵连横"。苏秦曾经游说六国诸侯，要他们联合起来西向抗秦，而秦在西方，六国土地南北相连，故称合纵，与合纵政策针锋相对的就是连横。换句话说，谁实力强大，其他国家就会联合对付你，谁也别嘚瑟。

当时法国实力最棒，没有英国人那么喜欢折腾。英国、神圣罗马帝国和西班牙就很不爽，生怕法国太强大，会对自己造成威胁，所以他们就开始"合纵"。这个套路之前被沃尔西执行得还不错，可是在法国攻打意大利的一场战役中，查理五世竟然把法国国王佛朗索瓦一世给生擒了，然后经过谈判和交纳赎金，两家和解。

地球人都知道，英法属于是传统敌对，你神圣罗马帝国现在跟法国勾肩搭背的，那我英国的外交地位，就会呈现孤立状态，怎么我找谁做盟友？亨利八世一气之下，就怪罪在沃尔西头上，指责他办事不力。

第二点原因，沃尔西在与查理五世组成反法联盟的时候，私下谈过一个条件，因为他当时是罗马天主教的红衣主教，具有继承教皇职位的资格，所以他就让查理五世帮他一把："老查，你也看出来了，我现在是国王的经纪人对吧？如果再搞个教皇当当……呵呵，以后我在英国就可以横着走！你老查有用得着兄弟的地方，尽管开口！"

利奥十世大家记得吧，就是贩卖赎罪的那个奸商教皇。刚开始查理五世满口答应，可是等他跟法国和解之后，立马变卦，让克莱门特七世当上了教皇，等于故伎重演，又开始放鸽子。

沃尔西气得七窍生烟，就在亨利八世耳边吹风，挑拨老大跟查理五世的关系。

本来在外交层面上，英国已经很被动，而沃尔西的私人恩怨，让英国与神圣罗马的关系更为紧张。

亨利八世正在跟凯瑟琳公主闹离婚，派沃尔西去罗马教廷申请，不料却碰了一鼻子灰。亨利八世有气没地儿撒，就非常恼火："哎？我听说你想当罗马教皇是吧？这事儿你咋没跟我说呢？这份离婚申请花了我好几个晚上写的，就算克莱门特看不懂我的文采，难道你嘴上的功夫也不行了么？这么点小事竟然都办不好！"

他的潜台词就是，我要你这铁棒有何用？沃尔西一听这话，明白自己完犊子了。果不其然，亨利八世找了个麻袋，就把沃尔西弄死了，似乎有点儿卸磨杀驴的嫌疑。

但不管怎么说，也就是因为这个托马斯·沃尔西，没处理好英国与查理五世的关系，引发了亨利八世搞宗教改革的诱因。大家可以试想，假设沃尔西能搞好和神圣罗马帝国的关系，教皇也就轮不到克莱门特了，亨利八世的离婚申请当然没有问题。

好了，现在第二个托马斯登场，也就是莫尔爵士。

托马斯·莫尔是一个空想派的社会主义者，属于社会主义的开山鼻祖。空想派其实就是思想实验，并不需要付出实际行动，就可以得到一个理论的现实结果。

我打个比方，你媳妇儿问你：老公呀，我和你妈掉河里了，你先救谁呀？因为她和你妈，不需要承担掉河里的危险，就能知道她在你心中的地位，并且能迅速知道结果，所以你媳妇这个问题就是思维实验，也就是空想派。

空想派和幻想派完全是两回事儿，同学们别搞混啊，幻想派就是可爱的小朋友们脑子里的天马行空，为啥会有爱丽丝梦游仙境这类的作品？嗯，小朋友们想想无所谓，成年人最好克制一下，想太多了容易得"蛇精病"。

莫尔爵士当时受古希腊大哲学家苏格拉底和柏拉图的影响，又身处文艺复兴的时代背景之下，就写出了著名的《乌托邦》理论。他被称为"空想派"，很大的原因就是写了这部作品，在他自己的思维实验中，已经暗示了那种完美的社会制度是不存在的。

但是由于这部作品和他的一些文章，被亨利八世看到，突然从中受到了一些启发，觉着莫尔爵士可以帮助他治理国家。于是就使出了法海的"降妖钵"，收了这个让人又爱又恨的小妖精。

托马斯·莫尔之所以闻名遐迩，其实也是因为得到了亨利八世的重用，他的思想才被后人传播，马克思和恩格斯也是受了他的影响，才将社会主义的思想再次升级。由此可见，亨利八世对整个西方历史的发展，无论从正面还是侧面，都起到了很大的作用。

莫尔爵士于公元 1529 年出任英国大法官，并召开议会推进宗教改革。然而这位托马斯·莫尔也并没有和亨利八世走到最后，他中途下车，心里也纳闷，上帝究竟会不会带他去天堂。

刚开始的时候，莫尔爵士以为亨利八世推行宗教改革，是为了全体英国人着想，是为了社会进步，离婚案只是一个附加值而已，但是经过观察和发现，他觉得国王真的是为了离婚才搞的宗教改革，跟推动社会进步也没啥关系，完全是一己私欲。

当时他很失望，不过仍然对改革充满了信心，空想派好歹也有社会主义的觉悟，就不去考虑国王的想法了，我自己干！我按照自己的套路来玩。

他的政治观点很明确，英国要发展，还是应该提倡合纵连横，尽量别跟神圣罗马闹得太僵，教皇还是有号召力的，他的宗教权力谁也取代不了。

但是亨利八世不以为然："既然要干，就干得痛痛快快，干得惊天动地，别缩手缩脚，瞻前顾后的。那些个教皇主教都是啥玩意儿呢？在老子眼里就是个屁！"

由于莫尔爵士的性格太耿直，在国王发火的时候居然顶撞："老大，你在英国是老大，因为你是英国的国王。可人家是全欧洲的教廷老大，他是大哥大，你是小哥大……两个大大还是有区别的，你千万不要意气用事。"

你的意思是说我不讲"义气"？亨利八世的脑袋嗡的一声，心里跟猫抓似的，就在公元1533年，撤销了莫尔爵士大法官的职务。那么亨利八世为了推行宗教改革，休了凯瑟琳，娶了安妮，邀请曾经的战友莫尔爵士出席安妮王后的加冕礼，可是莫尔爵士没来。亨利八世觉得"义气"这个东西实在太假，隐隐之中就起了杀心。

过了一年，亨利八世出台了一部《至尊法案》，明确了两大重点，一是以后在英国全面推行圣公会，也就是英国国教；二是伟大的英国国王，成为英国国教的最高领袖，实行政教合一。他在加冕成为英国教皇的时候，再次邀请莫尔爵士来参加仪式典礼，并宣誓效忠国王在宗教的领袖地位，可莫尔爵士又一次拒绝了。

好吧，他终于把国王整毛了。亨利八世以"不宣誓即为叛国罪"的理由，在第二年将莫尔爵士斩首示众。

接下来第三个人是托马斯·克伦威尔，在莫尔爵士下台以后，接替了英国大法官的职位。

克伦威尔最早是一名中产阶级的律师，后来因为跟随沃尔西工作，才逐步成为一名政府公务员，他曾配合莫尔爵士召开宗教改革议会，所以被亨利八世看中，并委以重任。

克伦威尔对国王非常忠诚，深得亨利八世信任，之前说的《至尊法案》也是由他起草。他在当大法官的时候，趁着宗教改革之势，建议亨利八世大刀阔斧地进行政府改革，史称"都铎政府革命"。他把原先天主教的那些修道院和教会的地产，全都变成了国王的私有财产，并且可以进行拍卖。

因为受到了七哥"要想站得稳，必须赚得狠"的政策鼓励，这些英国乡绅大搞出口贸易，赚了不少钱，于是乎这些教会的地产被转移到了他们手里。大家不要小瞧拍卖教会地产的事儿，这是自诺曼征服之后，全英国第一次大范围、大规模的财富转移和经济往来。经过这次大拍卖，大大刺激了英国经济的发展。

克伦威尔还对英国两院的制度进行了调整，大力扶持新兴资产阶级和乡绅。

之前我们说过，贵族阶层分"世俗"与"神职"两类，由于宗教改革对原来天主教的神职贵族进行了打压，上议院的势力被削弱了，国家立法的权力转移到了下议院。这些新兴资产阶级、乡绅代表着全国基层的意见，这也就给英国资产阶级创造了发展空间。

另外，这个托马斯·克伦威尔在宗教改革时，还搞起了"摧毁圣像"的运动。

这个影响可就大了啊！大家都知道，天主教教堂里都有圣像，比如圣母玛利亚和基督的受难像，而且英国教堂里，会供着亨利二世时期的"贝克特圣像"。

贝克特的故事同学们还记得不？就是领着二百名英国人，在法国巴黎步行街上招摇过市的那位哥们，后来被亨利二世手下四名骑士给灭了。他也算是辉煌过，当时的英国人觉得这哥们太牛了，也为他塑造了神像。

克伦威尔跑去跟国王商量："陛下，现在你是上帝之下，万民之上的唯一领袖，英国国教除了上帝与你，其他的人，特别是那些被幻想出来的人，都不应该再接受民众的崇拜……而且，这对于你往后继续指导我国人民的思想，也非常有帮助哦。"

亨利八世一听心花怒放，立马拍板："行！咱就留耶稣像，其他的圣母像啦，贝克特像啦，什么七像八像的，通通给老子砸喽！还有，教堂里供奉贝克特的祠堂也必须拆掉！"

于是，全英国开始了一场轰轰烈烈的"摧毁圣像"运动。

说到这儿大家心知肚明啦，为啥现在很多教堂里没有神像之类的呢？电影里就经常能看见？其实就是新教和天主教的区别，也就是亨利八世在位时期，搞"摧毁圣像"运动导致的。

克伦威尔的一系列政策，极大地推动了英国向近代迈进的步伐。我们也可以看出，第三个托马斯在国王决定宗教改革之后，才是实际政策的执行者，之前的那两位托马斯只是宗教改革的决策者。

由于克伦威尔自身的能力比较强，而且特别忠诚于国王，亨利八世也非常宠信他，于是克伦威尔家族在这个时代开始崛起，这也为后来的奥利弗·克伦威尔上台提供了政治背景，也为他后来独裁统治英国埋下了伏笔。

俗话说得好，伴君如伴虎，克伦威尔的下场跟前两位一模一样，最终也被亨利八世弄死。

　　不过亨利八世处死他之后突然后悔了，因为他觉得克伦威尔确实是唯一能帮助他治理好英国的人，过了几年，他就给克伦威尔进行了平反。到底是啥原因导致克伦威尔倒台的呢？嘿嘿，我又要卖个关子啦，因为他的死和亨利八世娶媳妇大有关联，咱们下一章再说。

　　说到最后第四位托马斯·克兰麦，他是英国宗教改革后，第一任坎特伯雷大主教。

　　克兰麦年轻时在剑桥大学上学，受文艺复兴人文主义的影响，开始对天主教的信仰产生了怀疑。后来，马丁·路德在神圣罗马帝国搞了宗教改革运动，他就彻底地抛弃了天主教的信仰，从而产生了自己的宗教主张，也写了很多文章，观点与加尔文宗很相似。

　　之前亨利八世看过不少人文主义思想的文章，莫尔爵士就是通过写文章被国王发掘的。当亨利八世发现了这位对天主教有看法的克兰麦，觉着小麦对于天主教的分析挺有道理，于是就邀请他来聊一聊。

　　励精图治的统治者往往爱才若渴，无非就是想找志同道合的人帮助自己统治国家，毕竟孤掌难鸣，国王也只有两只手，就算日理万机也忙不过来。

　　小麦见到国王之后，一顿白话，口水飞溅，大谈改革的方向，然后他见缝插针，又说起传教士可以自由恋爱这事，当时这个观点，与天主教原先的教义完全背道而驰，但正好亨利八世因为和凯瑟琳的离婚案，搞得头疼欲裂，小麦眼珠子一转，就给国王出了不少鬼点子。

　　亨利八世摸了摸溅在脸上的口水，豁然开朗，觉得小麦这家伙有点意思，不仅文采斐然，口水居然能喷这么远？有这种力度的人绝对能办大事！所以他就决定让小麦跟着莫尔爵士，一起搞宗教改革。

　　当英国脱离了天主教，欧洲大陆顿起波澜，罗马教皇与欧洲其他各国国王以及神职人员，就开始对亨利八世予以无情的抨击。

　　亨利八世胸有成竹，手指头一个个点过去，脸上露着微笑："嗯，就是你了！小麦麦，口诛笔伐这种事儿，你最合适！"

　　于是，克兰麦就用自己的认知和思想，进行笔墨反击，与天主教的人针锋相对，互相打起了笔杆子上的战争。等于让他担任了英国的宣传部部长，兼国务院新闻办公室的发言人。

　　宗教改革搞起来以后，小麦顺理成章地当上了坎特伯雷大主教，英国国教的教义教宗都由他起草。

原先的大主教可是很有权势的，他们代表的是罗马的教皇，与国王是合作关系。但是现在不一样了啊，大主教就是个纯打工的，国王说啥他必须得干啥。总之，托马斯·克兰麦为英国的宗教改革做出了巨大贡献，同时也帮助亨利八世加强了对英国人民的思想统治。

这章内容就是讲了四个托马斯的故事，前面三位都是被亨利八世放倒的，托马斯·克兰麦，却是为宗教改革而牺牲的烈士，于公元1556年，被亨利八世的女儿"血腥玛丽"活活烧死。

他被血腥玛丽囚禁了好几年，还被迫写下了悔过书。但是他铮铮铁骨，不向天主教低头，在刑场上重申了自己的立场，坚决反对天主教复辟。并慷慨陈词："我的右手，写过让我放弃信仰的悔过书，因此它将最先受到惩罚！"

他将右手伸向烈火之中，闻到肉香也一动也不动，安静地看着烧成焦炭的手腕，从容赴死。

当时在火刑现场的民众都很震撼，感觉用如此缓慢的动作来烤手，简直是不可能完成的任务，很多人就偷偷尝试：跟着我左手，右手一个慢动作，右手左手，慢动作重播……同学们别去模仿啊！你根本扛不住的，只有克兰麦这种内心有坚定信仰的人，才能泰然自若。

嗯，四个男人的事情，咱们告了一个段落，那么接下来我就要哈哈哈啦，同学们千万别走开啊，我来说说你们最感兴趣的事，也就是亨利八世跟他六个老婆的爱恨情仇，八卦一下亨利八世惊天地泣鬼神的情感血泪史。

第二十九章　亨利八世的六个老婆

同学们肯定已经急不可耐，我就少说废话，直接八卦亨利八世跟他六个老婆的爱情血泪史。

当你们看见"血泪"两个字，第一反应是哎哟？难道亨利八世嗜杀成性，居然还杀了自己老婆？没错！这哥们觉得杀大臣不过瘾，还杀妻！为啥他对自己媳妇这么残忍，非得往死里削她们呢？就让我们带着这个问题，开始扒一下亨利八世的八卦。

咱们先从他第一个老婆说起。他第一个媳妇，就是嫂子凯瑟琳，西班牙的公主。前文提过，因为凯瑟琳原先是亚瑟王子的老婆，但是天有不测风云，亚瑟王子挂了。为了继续与西班牙保持联姻关系，七哥让小亨利赶紧把嫂子娶了，肥水不流外人田嘛。

嫂子比亨利八世大五岁，两口子生了一个女儿玛丽。据史料记载，玛丽公主长得特别矺碜，一米四九，一脸雀斑。但是他老爸亨利八世英俊帅气，每次看到玛丽歪着嘴巴坐在餐桌上吃饭，他手里的汤勺就会掉在地上，心情很复杂，感觉如骨鲠在喉，饭都吃不下去：这到底是不是我亲生的？

其实当时的欧洲，也是重男轻女的，所以亨利八世肯定不满意玛丽公主，这也是他要和凯瑟琳离婚的一个重要动机。再加上他后来又爱上了王后侍女的妹妹安妮，终于让他下定了离婚的决心。

这个离婚过程其实是很奇葩的，亨利八世派约克主教沃尔西带上亲笔写下的申请，去找教皇克莱门特七世，要求教皇批准这份离婚协议书。教皇表示很困惑，你们也没发生什么丑闻啊，怎么好端端的要离婚呢？

沃尔西就解释说："老兄啊，凯瑟琳原是亚瑟的老婆对吧？他们俩早就进过洞房的，凯瑟琳已经不是处女了，居然骗了我们老大二十多年啊，这个婚姻根本就是无效的！"

教皇一听，皱了皱眉头："你有证据能证明凯瑟琳不是处女吗？"

"啊？"沃尔西满头大汗，"你让我上哪儿去找证据……"

教皇觉得这事儿我也不能随便答应，得有个依据备案才行，他就授权沃尔西在英国通过教会法庭审理，来解决这场离婚案。并且他还派出了两名代理人，去英国调查一下凯瑟琳当时到底是不是处女。

这不扯淡吗？谁还能弄清楚二十年前的事儿啊？我估摸着教皇派这两个代理人的目的，表面上是调查真相，实际上就是想看亨利八世的笑话呢！

开庭的那天，亨利八世和凯瑟琳在教会法庭上对峙，凯瑟琳坚持自己没和亚瑟王子同房，而是以处子之身嫁给了亨利八世。但是亨利八世当然予以否认："撒谎！你就是一个大骗纸！我敢以沃尔西的人头发誓，结婚的那天晚上，雪白的床单上一片梅花都没有落下！"

沃尔西擦了擦额头的冷汗，用无辜的眼神望着老大，哎？您要起誓也别拿我下注啊……

凯瑟琳见老公这么无情无义无理取闹，心里真是恨透了，眼含泪花，跪下来跟亨利八世说："陛下，我追随你二十多年，真心把你当作自己的亲人，我远离西班牙家乡嫁到英国来，当然是一心一意把我所有的一切都交付给你！可是你居然这样对待我？为什么？这到底是为什么？！我作为王后，向来受子民爱戴，也从未给王室抹过黑，你为什么一定要抛弃我！"

她说完这番话，起身拭去泪水，给亨利八世又行了一个礼，追加了一句：我就算死，也坚决不离婚！然后落落大方地离开了法庭。

同学们可以脑补一下当时的场景，我觉得凯瑟琳真是挺委屈的，同时又受人尊敬，我非常同情她。不过我也觉着凯瑟琳并不是处女，因为她和亚瑟结婚的时候，亚瑟身强体壮，很难说没有碰过凯瑟琳。

当时亨利八世在这种情况下，内心其实也有点动摇，觉得媳妇确实挺不容易，怎么着也是自己的结发妻子对吧，风风雨雨的都二十多年了啊，感情肯定是有的。可是他听到凯瑟琳坚定地说"死也不离"，亨利八世就有点恐慌，他想起了新欢安妮，想起了熊孩子玛丽公主，想起了他还没有王子继承英国大统……

作为男人，他的心情是很沮丧的，但是作为国王，他必须坚守自己手中的权力！所以亨利八世一咬牙，什么一日夫妻百日恩的，通通见鬼去！他坚持宣传凯瑟琳不是处女，他们的婚姻无效。由于凯瑟琳中途离场，法庭最终以亨利八世的证词为准，判他胜诉，准予离婚。

说到这儿，同学们要提问题了：亨利八世既然胜诉，后来咋还跟教皇翻脸，搞起了宗教改革呢？

因为凯瑟琳走了以后，写信联系了神圣罗马帝国的皇帝查理五世。查理来自西班牙，是凯瑟琳的大姨侄子，闻讯之后，就教唆克莱门特驳回这次判决。他这么热心，当然不仅仅是为了帮凯瑟琳出头，同时也在考虑欧洲局势，以及西班牙在英国的利益。嗯，他除了会放鸽子，还会背后使绊子这招，鬼主意多得很。

于是，克莱门特驳回了亨利八世的离婚要求，亨利八世暴跳如雷，让托马斯·沃尔西再去找教皇说理："我说老兄啊，我跑来跑去腿都要跑断了！离婚案是你授权的，代理人也是你委派的，白纸黑字可都写着清清楚楚啊，是我们老大胜诉！驳回重审是怎么个意思？你说你挺大岁数的一个人净干这吃了吐的事呢？"

克兰门特表示很无奈："小老弟，此案关系重大，需要从长计议。咱做事情可不能有半点儿马虎，那么多双眼睛盯着看呢，所以必须发回重审。"

沃尔西一听这话就明白了，哦，肯定是查理五世在背后搞鬼，所以他就直接摊牌："嘀嘀，嘀……来之前呢，我们主子交代过，你如果不同意呢，那我们就像马丁叔叔那样，脱离罗马教廷，英国自己人搞一次宗教改革！"

克兰门特见他笑得这么阴险，立马沉下脸来："好哇！你们英国人居然敢吓唬我啊？信不信我现在就把亨利八世逐出教门啊！行，既然你们有想法，那离婚也别重审啦，我今天就表个态啊，离婚肯定不批准！如果你们胆敢脱离天主教，我马上就颁发禁教令！"

沃尔西回到英国，把教皇的原话复述了一遍，把亨利八世气得不要不要的，满腔怒火总得找个发泄口对不，要不身体憋坏了得不偿失。但是克兰门特他咬不动，所以沃尔西就成了替罪羔羊，没过多久就被国王给办了。

既然大家脸撕破了，就别藏着掖着啦！于是亨利八世与教皇、天主教彻底翻脸，让莫尔爵士、克伦威尔和小麦麦正式开搞宗教改革，并且单方面休了凯瑟琳王后，迎娶美娇娘安妮。

当时，凯瑟琳被安排到伦敦的一个宅第里，失去了王后所有的待遇，亨利八世只给她留了一个头衔，叫作"威尔士亲王的遗孀"。凯瑟琳当然不干啊，抗议老公的冷血无情，指责老公的无情无义无理取闹，坚决维护自己王后的名誉。

亨利八世之前去劝她，你就别再坚持啦，至少还能过一个安详的晚年啊！听话，别闹。但是凯瑟琳真是无法接受这个结果，死活不同意。亨利八世就又上火了："好！既然你说我冷血无情，说我无情无义，说我无理取闹，我就冷血给你看，无情给你看，无理取闹给你看！"

好吧，我也不来学琼瑶阿姨的情深深雨蒙蒙了，二十多年的结发夫妻啊，就为了个小三，亨利八世说翻脸就翻脸，不让凯瑟琳见玛丽公主，禁止她出门，禁止她通信，甚至还不给她饭吃。凯瑟琳完全失去了自由和尊严，就跟被打入冷宫差不多。

后来亨利八世托人给她传话，只要她愿意承认他们离婚，就可以重获自由。

但是凯瑟琳实在是太刚了，称自己永远是王后，王冠永远不能掉！由于她的精神和身体长时间受到摧残，终于病倒了，在她人生最后的日子里，写下了两封信，一封给查理，一封给亨利；一封是母爱，一封是爱情。

她在给查理五世的信中，主要是说如果女儿玛丽在英国混不下去了，希望查理五世可以照顾；写给丈夫的这一封信，真叫一个言辞恳切，温柔细腻啊，写了一些回首往事，历历在目，深切地表达了对亨利八世的爱，叫人肝肠寸断，潸然泪下。写完之后，凯瑟琳就撒手人寰，死在了冷宫。后来亨利八世看到了这封信，也是深深自责，痛哭流涕，后悔自己当初不该将媳妇打入冷宫。

不过安妮姑娘可就没这么好心啦！她得知凯瑟琳的死讯，心里一块大石头终于落了地。这时候她已经是王后了，并且给亨利八世生下一个女儿。这位公主的来头可大了啊，她就是开启英国黄金时代的伊丽莎白一世。

接下来，我就给大家说说，亨利八世的第二个老婆安妮是如何逆袭成功，当上王后的。她的故事也是非常有意思，不管男女，只要你是单身狗，都可以在她这个案例中多多学习，为实现嫁给高富帅，迎娶白富美的梦想增加概率。

我在前面几章说过，中世纪贵族的男孩会送到高级贵族家当女婿，或者去服兵役，那生出的那些小女儿，你们猜猜怎么着？

嗯，她们会被送到高级贵族家当侍女，然后等她成年以后，再和贵族家的公子联姻。所以，伺候王室的安妮和她姐姐也是出身于贵族家庭，作为侍女来服侍凯瑟琳王后。

亨利八世最初先是和安妮的姐姐搞在一起，让她变成了国王为所欲为的牺牲品，但是后来他觉着妹子也非常漂亮，就打起了安妮的主意。

安妮可不是一般的选手，比她姐聪明多了。她游历过欧洲，见多识广，比普通贵族家的千金有见识，思想觉悟也高，那些大门不出，二门不迈的贵族小姐根本比不了。

她见国王看上了她，就使了一招欲擒故纵，二人卿卿我我的，如胶似漆，可是一到亨利八世饥渴难耐的时候，她立马喊停，不要啊！同学们别搞错了，不是不要停。

所以亨利八世那种性欲就变成了征服欲，而且安妮阅历比较丰富，在精神和思想上都能跟他产生共鸣，搞得亨利八世欲罢不能。当时他俩扯在一起的时候，他还没跟凯瑟琳离婚呢，也就是将她们姐妹当作情人，可是时间一长，他被安妮折腾得神魂颠倒的，这才非要闹离婚。

亨利八世实在受不了了，心急如焚地问姑娘："你到底想我怎么样？"

"我还能怎么样呀？"安妮幽叹了一口气，故意撒娇，"我俩最多也只能做一对苦命的小情人，你都已经跟我姐没羞没臊的，我们家族的人都没脸见人了啦，你还想睡我呢？"

"要不这样，为了弥补你家族人的损失，我给你老爸加官晋爵，让他挽回面子。"亨利八世摸了摸脑袋。

安妮机灵得很，就咬着嘴唇说："好吧，你一定得先给我个名分才行，要不我宁死不答应！"

亨利八世欣喜若狂，要名分还不简单嘛，我给你封个女侯爵！虽然他当时并没有在意安妮说的"名分"究竟何解，但他也不含糊，二话不说，不但给安妮家族加官晋爵，而且给小情人也封了个女侯爵。

安妮等封赏都到位了，就又嘟着嘴撒娇：亲爱的，你好像是误会我的意思了哦，人家要的是一个明媒正娶的名分……据史书记载，亨利八世这个时候，差不多已经快疯了，完全陷入了爱河，整天茶饭不思，夜不能寐，没有心思管理国家大事。他在饭桌上看见玛丽一脸的雀斑，终于下定决心，好！为了你，我要跟凯瑟琳离婚！

以上就是安妮成功上位的全过程，在这里我给各位同学提个醒。

我觉着啊，人长得漂亮是有资本的，但这个资本有时效性。为啥我这么说？现在的整容科技太发达，漂亮不漂亮的并没有绝对优势，你天生漂亮也不是优势，因为别人可以后天漂亮。有时候人也会产生审美疲劳，你总不能说你把你的脸今天搞成李冰冰，明天就搞成范冰冰对吧？

但是，如果你有见识、有眼界、有文化、有思想，让你的为人处世都变得鲜明出众，那对你一辈子都会有益。若能加上一点运气，万一遇见高富帅呢，配合来点真诚的套路，嘿嘿，找一个优秀配偶的梦想其实不难实现。

安妮的王后之路还算比较轻松，可惜，她的爱情命运也不是一帆风顺。

亨利八世娶了她以后，生下一位伊丽莎白公主，亨利八世当时挺高兴的，虽然又是个女儿，但明显比血腥玛丽要端庄多了，而且他对安妮还是很有感情的。

过了几年安妮又怀孕了，不过孩子流产了，胎死腹中。从他们结婚到现在已经六年，马上七年之痒就要来临，所以这次流产就给安妮的悲剧，埋下了伏笔。

俗话说，心急吃不了热豆腐，亨利八世泡安妮时，那是猴急猴急的，但是时间久了，热豆腐也会变成臭豆腐。因为安妮王后比较爱美，每天都给自己弄得花枝招展的，刚开始亨利八世还觉得挺新鲜，看腻之后就有点疑惑，哎？你每天搞成这样，臭美个啥玩意啊！是给我看呢？还是给谁看呢？

你说男人没事儿找碴，只有一个原因，他腻歪了，每天对着一块花样百出的豆腐，他就觉得心烦意乱。

但是腻歪不代表就要离婚对吧？他跟凯瑟琳都过了二十多年呢，何况安妮在他眼前才晃悠了六年时间。问题是亨利八世最后还是跟安妮离婚了，不仅离婚，竟然还把安妮给处决了！我擦，这是咋回事？

我说一下其中几点原因，第一，亨利八世四十多了还没有王子，这是令人头疼的事儿，那个时候的人哪知道生男生女是什么情况？他们肯定都责怪女人。孩子性别取决于父亲，我估计现在懂的人也不多。所以亨利八世在安妮流产以后，就觉着安妮也是个生不出男孩的女人。

　　那第二个原因就比较讽刺了，亨利八世这哥们死性不改，又看上了安妮的一位侍女简·西摩，也是小贵族家的女儿。也就是说，安妮王后重蹈了凯瑟琳的覆辙，而且是直接报应在自己身上。

　　最后一个致命的原因很曲折，安妮其实是个新教徒，自然会被旧天主教派的人士嫉恨。虽然英国搞了宗教改革，大家表面上都支持亨利八世，但是很多人不可能一夜之间就改变自己的信仰，所以暗地里朝廷也分成了两派。

　　安妮的弟媳是个虔诚的个天主教徒，她和安妮的关系很不好，就陷害安妮，说王后与宫廷内侍大臣有染。消息传到亨利八世的耳朵里，他半信半疑，结果有一次搞王室聚会的时候，安妮的手帕掉地上了，亨利八世就觉得，嗯，果然有猫腻，这是她故意给那位内侍大臣留下的……

　　基于以上三点原因，安妮在没有任何预兆之下，就被亨利投入了伦敦塔。

　　她被关起来的时候，下巴都快掉到了地上，惊讶无比，完全不知道自己做错了什么事。后来她在监狱里才知道，原来自己的罪名竟然是和内侍大臣通奸？我比窦娥还冤啊！

　　她特别憋屈，心想我可不能死得不明不白的，我得给这个老色鬼写封信，表明心迹。我要是一撒娇，说不定他就心软啦！

　　然后安妮就学凯瑟琳的套路，给亨利八世写情书，写得也是旖旎温馨。可是亨利八世为凯瑟琳的文笔哭过一次，安妮的却不合他胃口，觉得这封情书写得华而不实，故事性不强，没有前妻感人。当时他已经从内心里认定，安妮就是在假惺惺地演戏，简直是侮辱斯文。所以他就宣布跟安妮离婚，下令处死通奸者。

　　安妮死时才三十岁，被埋在伦敦塔。以后大家有机会去伦敦旅游，可以去参观安妮的碑，你就可以跟同伴讲一讲这段"安妮与亨利八世"的历史，摆摆谱儿，享受一下他们崇拜的眼神。

　　那么，安妮的孩子伊丽莎白公主，跟同父异母的姐姐血腥玛丽的命运就不一样了，变成了私生子。当时伊丽莎白才四五岁，啥也不懂，亨利八世却对她百般呵护，非常溺爱，很大的原因还是两个女儿的长相问题。

说到血腥玛丽，她就有点愤愤不平，觉得自己虽然不是私生子，却像个孤儿。本以为继母死后，老爸能念及母亲的旧情对她好点儿，可是老爸一点反应都没有，于是她就主动写信给亨利八世，充满了对老爸的期待。

亨利八世回信说："小丽啊，如果你能放弃你的天主教信仰，并且承认我和你妈是非法近亲结婚，就可以获得我对你的恩宠。"

玛丽看到回信以后，有种生无可恋的感觉：我硬件不行，现在又变成了近亲结婚的产物，再加上我还不能信天主教，呵呵，我不知道我还活着干什么！她当时已经二十岁了，大家可以想象一下，玛丽姑娘为啥后来变得如此残暴，居然被称作"血腥玛丽"，完全是因为亨利八世对她母女的精神摧残。

也许玛丽是为了报复，她忍辱负重，接受了亨利八世的要求，从而获得了亨利八世对她的改观。这就给后续她能登基当上英国第一位女王，起到了至关重要的作用，当然这是题外话。

咱们说回亨利八世的爱情故事，在安妮死后的第二天，亨利八世就娶了安妮的侍女简·西摩。

当初她也服侍过凯瑟琳，对第一任王后的印象比较好，而且她也是个天主教徒，非常同情留在法国的大公主。玛丽能回到英国，并且具备了顺位继承的资格，完全就是因为简·西摩枕边风的功劳。

不过简·西摩王后没有安妮那么有思想有文化，她就是个文盲，只会写自己的名字。就是那种很传统，只会做做手工活，非常典型非常保守的英国女性。

她在宫廷里很少与人交流沟通，也不让任何除亨利八世之外的男人靠近她，非常守妇道，生怕自己一不留神就给亨利八世抹黑，所以历史上对简·西摩的记载很少。由于简·西摩得了产后并发症，当时的医疗条件又差，她只当了不到两年的王后就去世了，死时也是三十岁左右。

同学们可能会好奇，她生的孩子是男孩还是女孩呢？

皇天不负有心人，天空雷电交加，这回终于生下了一个男孩儿，乃都铎王朝的第三位国王——爱德华六世。

简·西摩去世以后，亨利八世当时并没有表现出太多的悲伤，反而很兴奋，现在小王子爱德华终于诞生，再加上他搞宗教改革，刚刚镇压了天主教的一些叛乱，国内局势比较稳定，所以死了老婆的亨利八世情绪还行。

这里有个轶事特别耐人寻味，亨利八世死之前，要求把他和简·西摩埋在一起，历史书上的意思，是说亨利八世最爱的女人就是第三任，但我觉得不是因为爱，可能他觉得简·西摩才是无欲无求的媳妇，对她充满了感激之情。

至今为止，亨利八世的老婆已经死了三个啦，接下来第四位媳妇儿的故事就比较搞笑，也正是他这第四段婚姻，给托马斯·克伦威尔的倒台埋下了伏笔。上期我提过一句,克伦威尔的死因,就是因为亨利八世娶媳妇儿没娶明白，才给自己整死的。

亨利八世这位媳妇也叫安妮，我们为了方便区分，就叫她安娜吧，因为她的德文名字就叫这个。没错，安娜来自神圣罗马帝国，是德国一个贵族家的女儿。亨利八世娶安娜完全是出于政治利益，我们先来看下欧洲的历史背景。

当时神圣罗马帝国和法国已经和谈休战，而且查理五世和佛朗索瓦一世走得也很近，英国完全处于政治孤立的状态，亨利八世要怎么做？他必须要联合神圣罗马和法国的敌人，敌人的敌人，就是朋友嘛！

神圣罗马帝国是各种公国联合组成的一个国家，由于当时的时代背景在搞宗教改革，所以有些公国就偏向于新教，而查理五世当然是坚决拥护天主教的，于是神圣罗马内部就因为宗教对立，产生了政治对峙，其中有一位德国公爵，就产生了各种对查理五世的不满。

托马斯·克伦威尔抓住了这个机会，建议亨利八世与德国公爵联姻，借此增强英国的外交政治地位。

亨利八世这个老色鬼，第一个念头是说："哦？公爵家有没有女儿的？你先让人给我搞一张公爵女儿的画像，我看看她长啥样！"

克伦威尔就派人把画像给弄来了。那个年代画像么，大家都懂的，千篇一律，长得都差不多，都经过画家的美图秀秀美化的！亨利八世一看，哟？长得还行啊，你确定没有P过是吧？他摸了摸脑袋，心里还是有点不放心，就微服私访，跑去德国见这位姑娘。

见到德国姑娘，亨利八世倒吸了一口冷气，打了个寒战，当场就蒙圈了。他举起画像反复对比，安娜完全就是个大块头啊，还是个朝天鼻，长得贼凶悍！而且这姑娘从小在荷兰长大，只会说荷兰语，不会说法语，也不会说德语，更别提说英语啦。

亨利八世可不会说荷兰话，那咋沟通啊？给他愁得啊，想一口咬死克伦威尔的心都有。

克伦威尔就耐心地动员老大："陛下，我掐指算一算，如果要判断眼下的欧洲时局，你得娶她。你只有娶了她，才能保证咱们英国的利益！"

"我就问你一句话，你去找画像的时候，见过真人没有？"亨利八世已经咬牙切齿，目露凶光。

克伦威尔连连摆手："没有没有！怎么了啊老大？"

亨利八世缓了缓情绪，觉得不管怎么样，克伦威尔的心思总是在为英国的前途着想，所以他为了预防神圣罗马帝国与法国联盟对付自己，硬着头皮将安娜娶回了家。

然后他每天对着一只朝天鼻，除了头皮发麻，没有任何情欲，只要一看见安娜扭起腰肢，他就心中就对克伦威尔产生出无比的怨恨：好你个狗东西，老子的人生幸福白白葬送在你手里！不过他这种怨恨仅限于私人感情，不至于升级到政治层面。

没到半年，亨利又看上了英国本土贵族诺福克公爵的侄女凯瑟琳·霍华德，那叫一个貌美如花，楚楚动人啊，他二话不说，立马跟安娜提出离婚，准备娶这位小琳琳。

安娜王后人长得彪悍，性格也挺爷们儿，为人处世比较大大咧咧，所以她也不在乎什么爱情不爱情的，同意了亨利八世提出的离婚要求，并且主动要求写信告诉德国的亲戚，说离婚是她提出来的，英国王室里面个个都是人才，说话又好听，特别是亨利八世，非常尊重我，从来都不家暴，一个手指头都不会碰我！希望家族继续与英格兰保持盟友关系。

亨利八世一看，内心极其感动："哎呀我去！安娜你咋这么善解人意呢！那咱俩离婚以后，我就认你当妹妹吧！"

"行啊哈哈！那以后你就是我大哥了是吧！好兄弟！"安娜也不含糊，跟亨利八世击了一掌，结果这俩奇葩就从夫妻变成了拜把子的兄妹了。

安娜和亨利八世的婚姻不到半年，但她得到了国王的恩宠，地位仅次于第六任王后和他两个女儿。她最后也是在英国去世的，度过了平安愉快的一生。

就这样，亨利八世开始张罗与安娜离婚的事情，克伦威尔的好日子也就到头啦。

因为诺福克公爵和女儿都是天主教徒，表面上虽然支持宗教改革，但是内心当然是不会轻易放弃自己的信仰，克伦威尔却是推行新教的一把手，自然与诺福克公爵是对立的政敌关系。而且克伦威尔原先只是个小喽啰，没有什么深厚的政治背景，摇身一变，变成了国王身边最宠信的大臣之一，传统贵族心里怎么可能平衡嘛，当然是看他一百个不爽。

所以，诺福克公爵为了达成自己的政治目的，就安排自己的侄女小琳琳到安娜王后身边当了一名侍女，就是为了勾引亨利八世，进而铲除克伦威尔，光复天主教。

这里我插一句，其实第二任王后安妮·博林和这个小琳琳是表姐妹关系，她们都来自诺福克家族。

当时亨利八世中了美人计，爱上了小琳琳，为了把她娶到手，就经常和诺福克公爵混在一起。于是诺福克趁机开始诋毁克伦威尔，搞了一堆罪名出来。假话听多了也会信以为真，亨利八世脑子一发热，就把克伦威尔给撸了下来，最后还判了他死刑。一代名臣托马斯·克伦威尔，就这样死在国王的荷尔蒙发作之下，死得也是很冤枉。

亨利八世迎娶小琳琳之后，已经五十多岁了，身体也开始发福，小琳琳才二十二，她怎么可能喜欢一个糟老头子呢？暗地里竟然找了一位内务大臣玩起了"做头发"的游戏，不过当时并没有被人发现。

由于诺福克公爵得势，天主教在英国又开始有死灰复燃的趋势，所以新教徒开始采取反击，有一名教徒想去翻翻这个小琳琳的老底儿，结果大跌眼镜，发现了一大波猛料。

原来小琳琳在十三岁的时候，就已经不是处女。她当时和一位音乐老师扯过一段剪不断理还乱的关系，后来还和诺福克公爵夫人的秘书好上了，并私订终身。在那个年代，凡是互相发誓爱着对方，并且发生了性关系，就算婚姻有效，也就是说，不管小琳琳之前是不是处女，她居然属于已婚人士！

这事儿传到坎特伯雷大主教托马斯·克兰麦耳朵里，克兰麦心里咯噔了一下，我擦，给国王戴绿帽子？可开不得玩笑！于是他就把消息告诉了老大。

亨利八世先让克兰麦不要声张，暗中去调查。结果克兰麦一调查，居然查出小琳琳王后还跟内务大臣通奸。哎？不仅如此，她还把之前那个音乐老师给安排在宫廷里当乐师；把那个秘书前夫，安排来当自己的秘书……这不相当于在国王的眼皮底下，养了一群老情人么？典型的作死节奏啊！

亨利八世知道以后，差点没气死，下令把诺福克公爵全家老小都给抓了起来，并且把所有和王后有染的男人全部弄死，必须是大卸八块。

小琳琳当然也难逃一死，被国王斩首示众，死的时候不到二十三岁，她跟亨利八世的婚姻也不到两年。

英国王室的丑闻传到法国，佛朗索瓦一世笑得前俯后仰，立马给亨利八世写了一封信："老哥啊！听说你又离婚了啊……哎？我为什么要说'又'？听说你那个王后挺放荡的，砍就砍了呗，你千万要保重身体，别上火哦！据我的经验观察，有些女人，放荡的性格是天生的，你改变不了的，不会因为他的男人优秀而变得专情。所以你下次结婚，一定要擦亮眼睛啊！"

你们说说这佛朗索瓦欠不欠儿？你吃瓜就吃瓜吧，偏偏还发来评论，这是不把亨利八世气死誓不罢休啊！

由于小琳琳王后的丑闻，以诺福克公爵为首的天主教派，在英国也就偃旗息鼓了，从而使新教在英国得到了很大程度的推广，也算是告慰了克伦威尔的在天之灵。

第五任老婆又挂了，接下来该轮到谁了呢？

凯瑟琳·帕尔……亨利八世的第六任老婆，名字也叫凯瑟琳，大家迷糊不？

老外其实就是个取名废，像什么凯瑟琳、伊丽莎白、玛格丽特、伊莎贝拉啥的都是王室贵族惯用名。

帕尔当然也是贵族出生，而且她父亲还是爱德华三世的后裔，所以跟亨利八世还算有点血缘关系，但肯定不属于近亲结婚，因为这都过去一二百年啦。

可是这个帕尔王后，却是个寡妇，而且已经结过两次婚了，前面两个老公都已经去世。她和亨利八世咋认识的呢？说来话长，这个帕尔的母亲，原来也是第一任王后凯瑟琳的侍女，和第二任王后安妮·博林还有第三任简·西摩都是同事关系。但是当时国王没看上她妈，而是看上了安妮，如果看上她妈，恐怕就没她什么事了……

我们前文提过，简·西摩王后很同情命苦的孩子玛丽公主，帕尔的妈妈也对玛丽很好，所以当时玛丽与帕尔家，还有西摩王后家，都经常互相串门走动，于是乎帕尔就认识了玛丽，而且二人相处得不错，帕尔也爱上了西摩王后的哥哥。

有一天，亨利八世来看女儿玛丽，因为他只有三个孩子，两女一男，所以晚年的亨利和玛丽的关系还算 OK。当他遇到帕尔的时候，种马之心发作，说啥也要跟人家好。但是帕尔已经和亨利八世的大舅哥，也就是第三任王后的哥哥好上了啊，那这种情况咋整？大舅哥认怂，就把帕尔让给了国王。

因为亨利八世人到晚年，岁数大了就比较娇气，一不高兴就会杀人，帕尔也没办法，只好顺从了国王。

亨利八世娶她，其实也是因为帕尔家比较有钱，有大量的地产，是她前任的两个老公留下来的。

有些历史书上说，帕尔是个新教徒。我认为她不是，她应该是天主教。如果她是新教徒，绝对不可能跟玛丽公主走得这么近，因为血腥玛丽当上女王之后，各种杀害新教徒，而帕尔的表现，只是对新教徒们很同情，对新教的思想没有太多的反对而已。

更多精彩内容
请见二维码

在亨利八世晚年的时候，帕尔起到了一个非常重要的作用：说服了亨利八世，让玛丽还有伊丽莎白二位公主，成为英国的假定继承人。啥意思呢？当时英国有"顺位"和"假定"两种继承人，说白了就是 A 方案和 B 方案。

假定就是 plan B，也就是说，当在顺位继承人有子嗣诞生时，假定继承人的继承权就退后，反之，他的继承权就优先。而帕尔的这一举动，创造了历史，自诺曼王朝以来，从来没有把女性变成假定继承人，从都铎王朝开始，由于第六任王后帕尔和第三任王后简·西摩的努力，才让继承规则发生了改变。

当初亨利一世的女儿玛蒂尔达，也当过两天女王，但是那时候并不被英国人认可，因为诺曼人来源于法国，而法国是绝对不允许女性来统治国家的，所以玛蒂尔达并不能成为真正意义上的第一任英国女王。

帕尔和国王在一起的时候，经常围绕宗教问题争吵，但是她比较睿智，一看到亨利八世眼珠子瞪起来立刻闭嘴，所以亨利八世拿她也没有办法。

为啥他俩经常吵架呢？个人认为，其实是帕尔不想和国王同房，她的心一直属于简·西摩的哥哥，她希望亨利八世跟她保持距离。

我这样猜测总是有原因的，因为后来亨利八世死了以后，帕尔和情哥哥又黏在了一起，而且还生了个孩子，这就是铁证。不过帕尔王后也是因为产后并发症死掉的，跟简·西摩是同一种疾病。

公元 1547 年，亨利八世驾崩，他一生的爱恨情仇也画上了终止符。如果同学们问我，亨利八世最爱的是哪一位？从男性角度来说，我觉得第三任的简·西摩只能让亨利八世感激，因为他们在一起的时间只有一年多。

像亨利八世这种唯我独尊、性格自我的人，又是天生的好色，谁是他最想征服的那一个位，其实也就是他的最爱，因为他的占有欲决定了他的爱情。那么谁是他最想占有的人呢？答应已经很明显啦，就是那个最会撒娇的女人，安妮·博林王后。

第三十章 一代巨星国王的陨落

前文我们讲述的是亨利八世和他六个老婆的故事，那这一章终于要终结这位巨星国王，送他踏上开往天堂的马车啦。不终结不行啊！再不终结，他儿子爱德华估计就会很不高兴，你都霸占三章了，我还要不要出场？

嗯，晚年的亨利八世都干了点啥事儿了呢？用腋毛都能想得到，必须跟苏格兰还有法国有关啊！

那么这时候苏格兰的国王是谁？他就是詹姆斯五世。

在詹姆斯四世单方面撕毁和亨利七哥签署的那个长久和平条约之后，他就联合法国跟亨利八世对磕。但是万万没想到，亨利八世从法国撤军回来，打了个响指，就把詹姆斯四世直接团灭。苏格兰王位传到了詹姆斯五世的手上，当时他还是个小婴儿，其实也就是都铎王朝之后的斯图亚特王朝第一任国王"詹姆斯一世"的姥爷，当然这是后话。

英国与苏格兰之间的亲戚关系，我在前文讲过，詹姆斯四世是亨利八世的妹夫，所以詹姆斯五世就是国王的外甥。在亨利八世晚年时，他已经二十多岁了，本来英国与苏格兰是可以和平相处的，但是外甥突然又跟舅舅开战了，原因还是跟宗教改革有关。

我们都知道，托马斯·克伦威尔是推行宗教改革最主要的执行者，他建议亨利八世搞"摧毁圣像"运动，同时没收了英格兰大量的天主教地产，解散了大批的修道院，并把修道院卖给了英国的新资产阶级和乡绅，从而大大刺激了英国的经济增长。

卖掉修道院的钱进了国王的腰包，亨利八世才能跟法国的佛朗索瓦一世干架，至于神圣罗马帝国的查理五世，他都懒得搭理。

詹姆斯五世长大了，也渐渐开始懂事，觉得苏格兰太穷了，跟人家英格兰的贫富差距不是一点半点儿，怎么啥也没有啊？

詹姆斯心想，我要是能坐宾利，开奔驰，再盖个大宫殿啥的，再整个大点的军队来维持国运，苏格兰说不定会变成强国哦！嗯嗯，那得学老舅那一套，在苏格兰搞宗教改革，没收天主教的地产，然后可以换钱……他越想越开心，就派人去找舅舅，咨询一下英格兰搞宗教改革的经验。

亨利八世得知小外甥有这种勤学好问的决心，心里就很高兴，觉得这小子还是挺识时务的嘛，孺子可教！他就热情邀请外甥到约克郡进行会谈。其实他也是为了拉拢詹姆斯，看看是不是能和苏格兰好好相处，联个姻啥的，让这群人以后少跟法国聚在一起扯淡。

于是，亨利八世兴致勃勃地赶到约克，提前预备了豪华仪仗队，并且邀请了一些欧洲的公爵伯爵，为从未谋面的大外甥，举办一个大型的 Party，准备给他接风洗尘。

但万万没想到啊，詹姆斯居然没来，放了亨利八世的鸽子！

你这不等于直接一个巴掌打在舅舅脸上么？怎么说我也是欧洲的顶级君主啊！你一个小小的苏格兰国王，不给舅舅面子就算了，关键你是不给英格兰国王面子啊，况且是你先主动提出向我咨询意见的，这啥情况？

亨利八世非常生气，大发雷霆，说啥也要教训一下苏格兰。当时亨利八世正要处决他第五任老婆凯瑟琳·霍华德，也就是小琳琳王后。事儿一办完，他就挥师北上，进攻苏格兰去了。

哎？那为啥詹姆斯会爽约呢？

他没去的原因，是由于苏格兰天主教的主教们闻讯，詹姆斯要效法宗教改革，心里就有点慌，他们就搞了一笔钱给詹姆斯，求他别去见亨利八世："小詹，你不是缺钱么？没事儿！哈哈，我们苏格兰天主教会有钱啊，只要你不搞宗教改革，要多少给你多少，以后那些爱马仕、LV 啥的你都能买得起。"

詹姆斯一听，觉得既然有钱，改革当然是可以缓一缓。所以他就放弃了与舅舅的会面洽谈。但是他没想到老舅年纪这么大，火气还是那么旺，居然派兵来打苏格兰，吓得浑身哆嗦，赶紧派人去英国安抚亨利八世："二舅老爷啊，你干哈啊！我跟闹着玩儿你非得扬沙子啊？你大人不记小人过，别打我了呗，咱俩可以和谈，我亲自去英格兰给你赔个不是，行么？"

可惜他遇到的是亨利八世，这位属于英国历史上脾气比较倔的国王，你背叛过我一次，我就永远不会信任你。无论你是男是女，你是我的敌人，我就不给你改过自新的机会！哦？这个时候你来求我了啊？对不起，不好使啦！

"你大舅你二舅，都是你舅；高桌子低板凳，都是木头……金疙瘩银疙瘩，都嫌不够；天在上地在下，你娃甭牛！"亨利八世根本不搭理詹姆斯，鼻子里哼着老秦腔，说啥也非要灭了苏格兰。

这次他说服了国会进攻苏格兰，是具备正当性的，因为苏格兰是安全隐患，老和法国勾结，而且英格兰和苏格兰从古到今都是宗主关系。亨利八世觉得必须在他这一朝了结英苏关系！

国会当然同意了，立马给国王拨款。亨利八世征集了两万多人，浩浩荡荡地开赴苏格兰前线。

这里我插一段，因为有些懂英美史的人会说，美国才叫国会，而英国叫议会。那我解释一下，"国会"的英文叫作 Congress，是美国的立法机构，他们有三大系统，就是立法系统、行政系统和司法系统。而英国"议会"叫作 Parliament，除了立法也有行政系统的职能。

美国国会就是源于英国议会，几乎是照搬，所以从广义上来说，称英国议会为英国国会也没毛病，这里所指的"国会"就是英国议会，Parliament 这个词本身也有国会的意思。

詹姆斯又不是傻子，咱实力不足以跟舅舅抗衡，这架肯定打不过，他就去找法国的佛朗索瓦一世帮忙。然而，这个时候佛朗索瓦跟查理五世因为性格不合，两人又开始干仗，刚刚结盟没多久就闹掰了，佛朗索瓦自己都已经自顾不暇了，哪有空闲帮苏格兰对抗英国啊？

再加上苏格兰的贵族不满詹姆斯因为死要钱，跟天主教走得那么近，所以也没什么人愿意支持他，因此，亨利八世轻而易举地战胜了苏格兰。詹姆斯一看完犊子喽，急火攻心就卧床不起。看着苏格兰在他手里亡国，心理压力实在太大了，不过他毕竟年轻嘛，觉得自己还能抗得住，可是压死骆驼的最后一根稻草，从天而降。

当他得知老婆生了个女儿，突然吐出一口鲜血。因为他知道这次战败，亨利八世一定会通过联姻的方式，把整个苏格兰唯一的女继承人嫁到英格兰去，那就意味着，苏格兰将彻底地被英国吞并，所以他最后的一道心理防线没挺住，吐血身亡。

詹姆斯五世的女儿叫玛丽·斯图亚特，跟英国的血腥玛丽可不是一个人，别搞混啊，英国的玛丽公主都已经二十多岁了。

他一点都没有猜错，亨利八世的确是想让苏格兰人把玛丽·斯图亚特嫁给爱德华六世。儿子和外甥是一辈的，但是现在我儿子爱德华要娶我的外甥的女儿，这可就差着辈儿了。西欧人当时为了抢地盘儿啊，把这个辈分关系搞得很乱。

苏格兰人迫于淫威，只能答应，跟英国签署了《格林威治条约》，条约内容就是爱德华和玛丽·斯图亚特结婚，他们的后代就是苏格兰和英格兰共同的国王。

眼看这个时候，英苏关系就要破冰成一家人，法国的佛朗索瓦一世又冲上来捣乱了。他咋搅和的呢？就是资助苏格兰亲法派的贵族开始搞风搞雨，还打起了内战，苏格兰自己内部的事儿都乱了套，导致婚事迟迟定不下来。

亨利八世知道是佛朗索瓦在背后搞的鬼，恨得牙痒痒，加上前面他跟小琳琳离婚时，佛朗索瓦不是写过一封信嘲讽他么？所以亨利八世又说服国会，给他拨款去打法国。

正巧赶上查理五世也跟法国大打出手的，亨利八世就去找神圣罗马帝国握手言和。反正不管谁跟谁闹掰，敌人的敌人就是朋友，这条千古颠扑不破的真理，屡试不爽。

同学们不要觉着这帮人怎么一点原则也没有，反复无常的啊！因为欧洲那些国家，特别是英国，他们眼里没有永远的敌人，也没有永远的朋友，利益才是朋友。比如说现在的英国和欧盟关系搞得很僵，他们从全球视野来看，觉得中国才是合作伙伴，这就是为啥这两年中英关系变得很好，要进入一个中英黄金期的原因。

当时各国的套路基本上都是"合纵连横"，花尽心思搅和你，不让你太强大。你强大对我就有威胁，我就联合你的敌人来压制你。

就这么着，因为苏格兰没把玛丽·斯图亚特嫁到英国，亨利八世就把这账算在了法国的头上。正是由于这次去打法国，有一艘当时号称西欧最彪悍的英国战舰"玛丽玫瑰号"被击沉了，不过不影响亨利八世继续打法国。

后来搞笑的事情发生了，亨利八世跟查理五世联手打法国，打了没两天，二个刺儿头又闹掰啦！

以前都是查理五世放人家鸽子的对吧？嘿嘿，这次报应来啦！亨利八世去打法国之后，一时心血来潮，觉得打得差不多的时候就应该收手了，不能让神圣罗马帝国继续占便宜，万一真把法国给灭了，查理回头咬我一口怎么办？于是他跑去跟佛朗索瓦谈和，骗了法国一点路费，立马撤兵回国。

查理五世当时的反应，就像是吃了一只苍蝇般难受，半夜一个人蒙在被子里偷偷哭泣，边哭边喊着一定要咬死亨利八世。

正是由于这次法国在背后捣乱，才搅黄了爱德华六世和玛丽·斯图亚特的婚事，后来亨利八世又派兵去打苏格兰，但这个时候他已经老了，而且特别肥胖，知道自己活不了太长时间，再加上英国内部搞宗教改革，朝廷里明争暗斗的，搞得他也是筋疲力尽，所以还没有完全征服苏格兰的时候，英国的天王巨星驾崩，终年五十六岁。

好吧，亨利八世精彩的故事基本讲完，他之所以能在欧洲横着走，最主要的原因，先是继承了七哥老爸两样东西。第一个就是七哥留下的巨额财产，让亨利八世成了当时欧洲最有钱的超级富二代；第二个很重要，就是中央集权的统治方针。玫瑰内战之后，英国人民跟随国王一致对外，并且在这个时期，英格兰的民族主义完全实现，形成了一个绝对主权的国家。

正是有了这两点做后盾，所以亨利八世这一辈子就是个说一不二的人，想嘎哈嘎哈，在外部各种肆无忌惮地挑事儿，发动战争，更不用怕英国内部的贵族造反。他接二连三地搞离婚，又抛弃结发妻子，冷酷无情地杀掉了第二任和第五任老婆，甚至还咔嚓了三位对他统治有帮助的"托马斯"大臣。

所以历史上对亨利八世的评价很有争议，有的说他很有作为，也有的说他是残暴并且幼稚的国王，因为他杀这些人，都是由于他的冲动，不管三七二十一地全干喽，完全不顾及后果。

然而我认为啊，亨利八世一点都不幼稚也不冲动，因为他自己说过这么一句话，"愤怒中从不放过一个男人，欲望中从不放过一个女人"。这句话听起来很狂妄，潜台词就是：我不想承受背叛我的风险，我有的是实力，我有钱！国会支持我，人民也支持我！怎么的吧？在我有限的时间里，我有无限的试错机会，总会有一件事我可以做对！

我觉着能名垂千古的人啊，往往只看重结果，无论是好人还是坏人，其实不管当初的动机和过程如何，他最终的功绩结果，宗教改革是成功的，确实为英国资产阶级崛起，营造了非常好的空间和环境。所以这是一种理性，并不是什么冲动。何况这个动机其实根本不龌龊，过程也不猥琐。

各位同学，你们好好思考一下，英国的宗教改革是自上而下的，由官方行为引导，而欧洲的宗教改革是自下而上，由民间行为引导的。作为统治阶层，在中世纪那个年代主动搞宗教改革，我觉得这不是偶然。

你说他为了和凯瑟琳离婚就硬往上改么？显然不是，这只不过是其中一个借口，他考量过自身的实力是否能顶住外部压力，他当然也想过，宗教改革对英国日后的发展是否有利呢？这是经过他慎重考虑，导致的必然结果。

亨利八世在年轻的时候，还没当上国王之前，就已经接触过很多意大利人文主义的名人。他自己就很有才华，文章也写得很棒，又找了个"四个托马斯"来参与制定英国国策方针，你能说英国宗教改革是偶然的么？肯定不是他头脑一热，说为了离婚，拍脑门决定的，必须经过反复论证。从公元 1529 年开始，议会开了七年，他们讨论了无数次，才最终确定下来搞英国国教。

议会不是摆设，是全体英国人民在一起论证的过程，都是经过英国人的深思熟虑之后才搞起的。所以有些人说，亨利八世搞宗教改革是阴差阳错，我觉得决非如此。

除了搞宗教改革，亨利八世还干了一件大事儿。

因为他当时看到西班牙的海军实力极其雄厚，想着我也得发展海军啊，要不然以后会挨打。这可不是小孩子的攀比心态，欧洲这些国家，就一个心思，谁也不要太嚣张，你很容易被削！亨利八世看到了西班牙海军的强大，他也开始发展，正好为英国海军称霸世界做出了基础贡献。也正是这样，英国才有实力跟西班牙的无敌舰队抗衡，最终战胜西班牙。

除了搞宗教改革和发展海军之外，亨利八世把爱尔兰变成了一个王国，并且担任了第一任的国王，这可是属于国际政治上的功绩。

当初在亨利二世征服爱尔兰之后，教皇赐予英格兰国王爱尔兰领主的头衔。那现在你亨利八世已经不是天主教的人了，这个头衔还有啥合法性啊？可是这片大好的领土，亨利八世怎么可能放弃呢，这么着吧，让爱尔兰变成一个独立的国家，关于爱尔兰的宗教信仰咱们以后再说，但是地盘儿是我的！所以爱尔兰成了一个名副其实的王国。

后来在公元 1707 年的时候，苏格兰、英格兰以及威尔士，合并成了大不列颠，公元 1801 年又加上爱尔兰王国。这样就很好理解了，英国全称就叫作"大不列颠及爱尔兰联合王国"。

如果同学们想记住亨利八世的传奇故事，你只要记住他有钱爱打仗，娶了六个老婆，搞了宗教改革，提升了海军力量，成为第一任爱尔兰国王，这些就够你吹上好几天哦！接下来咱们说说他儿子爱德华六世的故事。

爱德华六世继位时才九岁，从小体弱多病，老是感冒发烧。但是爱德华六世非常聪明，而且还勤奋好学，英语、希腊语、拉丁语、法语、德语统统都会，他要是会说普通话，都快赶上谷歌翻译啦。

他的才华当然不是天生的，其中一个原因，是受到了坎特伯雷大主教托马斯·克兰麦的精心教导。更主要的，亨利八世曾给儿子小六子制定了一项很牛的教育计划，他把当时剑桥大学一些有名的人文主义学者，全都聘过来教儿子学习，所以小六子是一名地地道道的新教教徒。

九岁的小六子肯定没有执政能力，所以亨利八世驾崩前搞了一个摄政委员会，一共有十六个人。而大主教托马斯·克兰麦虽然是宗教改革的主要执行者，但是对治国没啥兴趣，也没有管理国家的能力，他在这一段时间的贡献就是推行《公祷书》。

公祷书是啥东西？其实就是圣经的说明书。因为圣经里讲的东西比较难懂，所以克兰麦按照英国国教的教义写了说明书，几经修订，一直沿用至今，英国圣公会在做礼赞的时候都会用到。

但凡幼主继位，总会安排顾命大臣，问题是人一多，肯定是要拉帮结伙的，为了争夺权力，经常搞朋党之争。这十六位顾命大臣，最后也分成了两派，其中一派以萨默赛特公爵爱德华·西摩为首。

大家肯定猜到了，他就是小六子的亲舅舅，母亲简·西摩的亲大哥，而且他二舅托马斯·西摩，也是老爸第六任老婆帕尔的老情人。

那么另一派，以沃里克伯爵约翰·达德利为首，此人是继克伦威尔之后的大法官，咱们小六子的故事，也就发生在这两位顾命大臣身上。

话说这两派都是支持宗教改革的，亨利八世在死之前，肯定不会找有天主教倾向的人当顾命大臣，问题是两派对新教的观点产生了分歧，激进派希望赶紧推行新教，彻底铲除天主教思想，必须迅速在英国全面实现新教信仰，而保守派说咱们得慢慢来啊，不能瞎搞，你一口能吃成胖子吗？其实不管他们表述什么观点，都是为了争权夺势。

当时权势最大的当然是国王的舅舅萨默赛特公爵，而且还当上了护国公。嗯，小六子在亲政之前，实际统治英国的就是他。当上护国公之后，他第一件事情就是先给自己盖了一个超级豪华的大宫殿，这个宫殿现在是伦敦一个著名的旅游景点，叫作"萨默赛特宫"。

话说回来，英国内政分成两派，意见不合，但是在外交上，他们能达成共识，特别是催促苏格兰人完成《格林威治条约》，让女王玛丽·斯图亚特嫁给小六子，完成整个大不列颠的统一事业。

于是乎，摄政委员会的人同意由萨默赛特公爵率军去苏格兰谈判，如果他们同意玛丽嫁给小六子，那就普天同庆，皆大欢喜！如果不答应呢，哼哼，给他们个横尸遍野，废话少说！

前文讲了法国支持苏格兰贵族搞内战，他们苏格兰也分了两个派系，支持新教的亲英派和支持天主教的亲法派。当时的苏格兰太后就是亲法派的，死活不同意女儿嫁给小六子，可是她抵挡不了英国人的铁蹄啊，所以赶紧把四岁的女儿转移到了法国，并且跟法国王太子订婚。

当时法国国王佛朗索瓦一世已经挂了，是跟亨利八世同一年去世的，他王位传给了次子亨利二世，与英国金雀花王朝的开国君主亨利二世同名，大家别搞错。

萨摩赛特得知玛丽被送走的消息，决定攻打苏格兰，可是打了一年多，他就撤回了英格兰。他不是打累了，而是因为英国宫廷有人在背后起幺蛾子，趁他去攻打苏格兰的时候夺取政权。

谁这么大胆呢，敢跟国王的舅舅搞事？不是别人，就是他弟弟托马斯·西摩。

哎呀，二舅居然搞大舅，他是仗了谁的威风啊？呵呵，我在前面提到过了，亨利八世第六任老婆帕尔不就是他老情人么，亨利八世一死，他就娶了小六子的后妈，踩着太后的肩膀，地位嗖嗖往上长。

而且二舅很疼小六子，经常给国王买点糖果什么的，还塞零花钱给外甥。小六子当然开心啊，所以好几次当着大臣们的面说二舅好话："为什么我经常觉得饿，可能正在发育……那你们说说，什么是幸福？我觉得有的吃有的穿才是最重要的。唉，对酒当歌，人生几何，何以解忧啊？唯有我二舅！"

那些顾命大臣一听国王开始念诗，心想情况不对，或许二舅明白国王的心思。他们纷纷去巴结二舅，其中马屁拍得最响的那一位，就是那位沃里克的伯爵，约翰·达德利。

二舅被这些人一顿阿谀奉承，走路开始飘了，觉得自己现在长了这么硬的翅膀，完全可以自由飞翔。于是趁他大哥在外面打仗的时候，开始独揽大权，妄想夺取政权。萨默赛特公爵一收到消息，震惊无比："小兔崽子！你这是自掘坟墓啊！"

他心急火燎地跑回英国，准备阻止弟弟的愚蠢行为。那给他通风报信的人是谁？嘿嘿，正是达德利。同学们奇怪了，我去，这墙头草也倒得太快了吧，真不要脸啊！其实这里面的来龙去脉有点复杂，这件事儿还得在小六子二舅身上找原因。

托马斯·西摩也算是人生的赢家，不仅成功地把小六子的后妈帕尔变成了舅妈，而且还搞大了太后的肚子。可是太后生完孩子，却得了产后并发症去世了，这棵大树一倒，二舅该咋办啊？

他仔细一琢磨，要不我就学亨利妹夫去撩妹吧？找个有权有势的姑娘做靠山，也好继续我的统治梦想。结果他找来找去，找到了小六子的姐姐，伊丽莎白公主。

这哥们我也是挺佩服的，很有远见哦，因为小六子身体一向不好，二舅预测这外甥可能是个短命鬼，血腥玛丽是天主教的，不行，肯定长久不了。最有搞头的就是伊丽莎白，她是新教徒，日后肯定是能当上女王……啊哈，如果我娶了伊丽莎白，说不定我也能当上英国国王哦！

伊丽莎白当时已经十六岁，偏偏他二舅才三十多，而且聪明伶俐，多才多艺，年轻的小姑娘不谙世事，被他二舅给忽悠得芳心大动，差一点儿俩人就抱在一起啦，幸好亨利八世在位时，设立了一个血统保护机制，同学们知道是啥不？

亨利八世的遗嘱中有一条规定，如果两位公主成年之后，未经过顾命大臣或国王的同意，不得私订终身，否则的话，将剥夺二位公主的继承权。大家看见了没，看见了没啊！亨利八世根本不幼稚，也不冲动，而是一位相当英明的君主。

二舅娶完太后又想娶公主，顾命大臣们面面相觑，觉得这哥们心术不正，骨子里都是坏水，英国的未来可不能毁在二货手里，所以他们就暗中策划，想整死二舅。咱先别去计较达德利是为国家还是为自己，反正他就是看不过眼，就悄悄地跑去通知大舅萨默赛特。

二舅一看大哥要回来了，有点做贼心虚，咬了咬牙，我可能等不了啦！万一以后逼我去泡一脸雀斑的玛丽，不如痛痛快快了结我的梦想！于是他准备直接发动宫廷政变，裹挟小六子作为他的人质。但是万万没有想到，他当晚摸进小六子的寝宫，门口突然跑出一条狗，对着他狂吠不止。值班的卫士一拥而上，将二舅五花大绑。

大舅念及兄弟之情，原想给弟弟一条生路，让他退隐乡间好好过日子。可是二舅死活不承认自己篡位，坚持说自己晚上去小六子那是为了保护外甥，而不是要挟持国王。顾命大臣们就转过目光，齐刷刷地望着大舅，意思就是说，如果这种鬼话你都能信，那你也基本上可以从此告别政坛了。

大舅脸色一沉，为了以绝后患，就大义灭亲杀掉了自己弟弟。

正是由于这次平定篡权风波，达德利受到了护国公的赏识，也正是这位达德利，后来竟然把萨默赛特推下了台，而且在小六子驾崩以后，他缔造出一位"九日女王"简·格雷，咱们留到下一章再说。

小六子除了要感谢一只识破二舅阴谋的狗之外，在他当国王的期间，也没啥惊心动魄的故事，他正如二舅预测那样，十六岁就去世了，仅仅当了六年的国王。但是在这六年里，却发生了一些差点儿改变英国命运的事情，几乎引发了都铎王朝的终结。

第三十一章 第一任女王之前的女王

上期我们说到爱德华六世登基，由于年龄尚小，所以他老爸组建了摄政委员会来管理国家，主要是由他大舅，护国公萨摩赛特公爵来把持朝政。

然后出现了一位叫约翰·达德利的二五仔，出卖了国王的二舅。他不但出卖二舅，而且在小六子驾崩以后，塑造了一位"九日女王"简·格雷，差点结束了都铎王朝，可见这哥们还是有点手段的。那他怎么会让简·格雷当上女王的呢？为啥女王只当了九天就完犊子了呢？

话说约翰·达德利出卖了二舅以后，进入了"枢密院"这个英国的权力中心，不过这个时候达德利还是大舅萨摩赛特的跟班儿。

我先给大伙儿说说什么是枢密院。在君主立宪制之前，枢密院相当于国王的一个智囊团，是国王统治国家的咨询机构，很像现在美国白宫的总统顾问团。当然，那时候的枢密院一般都是由一些站在国王立场，位高权重的大臣组成的。如果枢密院的一把手是上议院或下议院的议长，再加上强势的国王，比如亨利八世这种暴脾气的，那么，有些国家大事儿就可以直接绕过议会。

亨利八世的遗嘱明确了摄政委员会的职责，等于帮助爱德华六世行使国王权力，而政府决策必须回到议会上。所以枢密院在理论上来说，没啥存在的意义了。但顾命大臣不可避免地要搞朋党之争，有些摄政委员会的人，就想办法独揽大权。他们利用这个枢密院，直接凌驾于委员会和议会之上，把它从一个咨询机构变成了一个有统治实权的过渡政府。

于是，萨摩赛特公爵就拉拢了达德利等人，用这个过渡政府作为权力中心，来决策英国的政治。

可惜事与愿违，没过几年，达德利又把萨摩赛特给扳倒了，具体是怎么个情况呢？那得说回亨利八世在位的后期。

因为亨利八世整天又打仗又搞改革的，所以用钱的地方比较多，到了他晚年，英国发行的货币开始假冒伪劣，金银含量都不足，导致了英国经济产生了通货膨胀。后来护国公又要去打苏格兰，为他外甥小六子抢亲，更加剧了英格兰北部地区严重的物价飞涨。货币含金量已经很低，现在价格又嗖嗖飞涨，英国北部的老百姓苦不堪言，连生活必需品都买不起。

恰巧在这个时间，由于资本主义欧洲开始发展，羊毛和纺织产品变得供不应求，英国的乡绅和贵族一看，哎呀，这个东西赚钱啊！我还傻乎乎地在家里种地？赶紧转行！他们就把原来的农耕地，圈成了畜牧用地或者改成手工纺织工厂。那么等"江南皮革厂倒闭"以后，搞得很多原先以农耕为生的农民就活不下去啦，以前天主教信仰多好啊，一切井然有序的，现在搞了新教，那些乡绅贵族开始疯狂赚钱，咱们老百姓怎么办啊？

再加上长期的通货膨胀，英格兰北部率先搞起农民起义，开始暴动。苏格兰人一看，英格兰都搞农民起义了哟，那我们就趁此机会反攻英格兰呗！

一时之间，狼烟四起，英国国会为了应对各地的暴动，决定派人去镇压。派谁去合适呢？大舅寻思一圈，嗯，让达德利去吧，这小子人不错，能力挺强的！

达德利果然不负众望，先把北方的起义镇压下去，接着又击退了苏格兰人的反攻，立下了赫赫军功，政治声望大增。达德利确实有点真材实料，玩政治也是好手，他觉得自己羽毛丰满了，不如借这个机会自立山头。他并不是要学二舅篡位，而是一门心思想夺权，于是就拉拢了一些摄政委员会的大臣，形成了自己的朋党，伺机而动，准备扳倒萨摩赛特公爵。

护国公高高在上，觉得没人可以对抗自己，而那些摄政委员会的人，他也根本不会放在眼里。咱们中国有句话，叫害人之心不可有，防人之心不可无，他现在是有心算无心，能不倒霉嘛？所以政治生涯也开始走下坡路。

此时英国的内忧已经够乱了，外患当然也没闲着。

前文说过，亨利八世早年在法国占据了几个小城镇，等他一死，法国军队就蜂拥而至，猴急猴急地想抢回原先的地盘。来得早不如来得巧，正好碰上英国内部在乱套的时候，不仅英国农民搞造反，苏格兰也在大举反攻，这快打成一锅粥了，老天爷开眼啊，正是个大好机会！法国的亨利心中大喜，急忙派兵收回被英国抢走的地区，英法关系再度紧张。

萨摩赛特觉得形势不妙，就想去找法国的老对手，神圣罗马帝国的查理五世联盟。

可是查理五世暗自寻思："现在英国早就跟天主教断绝了关系，而我是铁杆的天主教徒，如果再跟他们联合，好像出师无名。为了帮助他们保住在法国的小地盘，这个收益对我来说毫无吸引力，一点都不性感！哼哼，万一你放我鸽子呢……"

所以他思考再三，没跟英国人联盟。萨摩赛特走投无路，就去找法国的亨利和谈：以后法国不用再向英国交和平费，你们一次交完40万英镑；英国除了加莱港口，其他地方都可以不要。

达德利终于逮到机会，赶紧跳了出来，教唆摄政委员会的大臣，公开反对萨摩赛特与法国和谈："诸位同僚！我认为，萨摩赛特不适合继续当护国公，与神圣罗马帝国联盟一事他搞不定，英国在法国的利益他也搞不定，要他何用？他能带领英国人致富吗？现在英国出了这么多的乱子，完全是由于他制定了错误的政策，不得民心！"

大臣们议论纷纷，觉得萨摩赛特的能力确实是挺差的，要不是仗着他是太后的弟弟，最多也只能捞个公务员，或者当个国会助理什么的，护国公这个职位，他根本扛不起。

他们这样一搞，国王大舅的面子就挂不住了，萨摩赛特见这么多人质疑他的能力，火冒三丈：好！各位观众，现在是表演我真正技术的时候啦！他决心整点儿大事出来，给这群狗眼看人低的大臣瞧瞧！

但是想法很丰满，现实却很骨感。其实萨摩赛特也没啥本事，正应了四个字"志大才疏"。他连自己是什么属性都不知道，几斤几两也整不明白，还一个劲儿地想充好汉。

他干的第一件大事儿，就是在伦敦建萨摩赛特宫。他要建这宫殿干啥用？原来他想在自己的宫殿里建一个法庭，来干预司法。

你说这不是扯犊子吗？想跳过国会，用枢密院独揽大权？国会的人又不是摆设，他们怎么可能答应这种事。然后他在盖宫殿的时候，强拆了当时几个主教在伦敦的宅邸，问题又来了，你这不是属于亵渎神明吗？是谁给你的权力啊？

更二的事儿在后面，他还把一些墓园给拆咯，等于是刨了人家祖坟，搞笑的是，他居然还计划要把西敏寺给拆掉……

同学们知道西敏寺是啥地儿不？西敏寺也就是威斯敏斯特大教堂，征服者威哥就是在这儿登基的，而且埋葬了很多主教和社会名流。虽然西敏寺真正火起来，是在伊丽莎白一世去世以后，但是威斯敏斯特宫就在西敏寺旁边，而且不开议会的时候，这里就是法庭。

当时的英国国王，并没有一个像白金汉宫那样的宫殿，一般他们在各地都有自家城堡或者大庄园，比如像唐顿庄园那种宅邸，或者也像海德公园旁边的肯辛顿宫那种宫殿，规模很小，远没有中国紫禁城那么宏伟庞大。你说萨摩赛特是不是犯二？他现在居然要强拆西敏寺，也就是说，他想把西敏寺的石料搬到自个儿家去，继续扩大他的宫殿。哎？那你搞得比国王家的宫殿还大，你这不就是属于赤裸裸的篡位吗？

更可笑的是，萨摩赛特公爵觉得会有人支持他，以为达德利对他非常忠诚，肯定会跟他穿同一条裤子！万万没有想到，约翰·达德利才是真正的幕后BOSS，背后捅刀子就是他！

结果他这一系列的脑残举措，不仅引起了贵族大臣们反对，还引起了伦敦市民的众怒，纷纷指责护国公的可耻行为。萨摩赛特突然发现自己被孤立了，如梦初醒，想通过武力解决问题肯定也已经不好使，为时晚矣！

萨摩赛特知道大势已去，长叹一声，主动承认自己的罪行。国会见他认罪态度还不错，有一种夹着尾巴做人的意思，就网开一面，赦免了萨摩萨特的死罪，剥夺了他护国公的权力，并且每年必须向英国王室交纳2000英镑的罚款，以示忠诚。小六子还算有点良心，看在他是国舅的面子上，免除了这部分的罚款，但前提是要没收萨摩赛特宫，变成英国王室的宫殿。

达德利护国有功，自然被国王加官晋爵，从沃里克伯爵变成了诺森伯兰伯爵。不过呢，他为人比较谨慎，城府极深，见大舅萨摩赛特没死成，觉得此人不死，后患无穷，一定要想个办法斩草除根。然后他就设了一局，诬陷萨摩赛特贼心不死，煽动北方叛乱。

于是，萨摩赛特在公元1552年，也就是外甥十五岁的时候，被达德利给整死了。等萨摩赛特公爵一死，英国势力最大的人变成了新晋的诺森伯兰伯爵，所以达德利的心态开始膨胀，想法更加大胆，他已经开始考虑下一步计划：怎么名正言顺地结束都铎王朝，缔造一个崭新的王朝。

权力越大，欲望越强。这句话一点都没有说错，那他为啥敢这么想呢？

因为小六子国王得了肺痨，用现代话说，就是肺结核。在当时的时代基本属于绝症，根本治不了，所以达德利明白，小六子肯定是活不成啦，我得赶紧研究一套合法的改朝换代方案出来，保证我的权力不被人并吞！嗯，这位哥们想法非常多，也特别擅长搞新花样，跟国王二舅差不多是一个级别的。他脑子里浮现出一位有王室血统的人，正在向他微笑招手。大家可以猜一下，这个人是谁？我给一个提示，她之前嫁过法国的一位国王。

老外的名字虽然难记，但是英国王室这些人物的关系可不能搞乱。亨利八世的妹妹大家还记得不？没错，这位夫人之前嫁给了法国的路易十二。当时亨利老哥为了提高英国的国际地位，帮着教皇打过妹夫一次。

后来路易十二一死，王位传给了他女婿佛朗索瓦一世，亨利八世的妹妹也成了遗孀，回到英国改嫁萨福克公爵。她其实是玛丽和伊丽莎白之后的顺位继承人，与公爵生下了女儿简·格雷，简·格雷也算是小六子的表姐。

达德利掌权以后，赶紧找了个机会与萨福克公爵联姻。大家别误会哦，他当然不可能去泡国王的表姐，他没有二舅那么不要脸。他是让自己的四儿子娶了简·格雷。他的目的已经很明显，如果玛丽和伊丽莎白没能继承王位的话，肯定就是小六子姑妈当国王。姑妈老大岁数了还当啥国王啊？自然会把王位传给女儿简·格雷，那么达德利不就变成女王的公公了吗？下一代国王肯定是达德利的孙子啊，英国不就变成达德利王朝了嘛！

呵呵，这哥们的目光长远到如此境界，你不得不叹服。

可能有些同学有疑问，为啥达德利觉得，王位一定会传给简·格雷的呢？其中有两点原因，不能忽略。

第一个原因，因为亨利八世和两位公主的妈妈都离了婚，一旦宣布婚姻无效，玛丽和伊丽莎白在法律上就是私生女。所以达德利认为，可以在法律上强行找出拒绝执行亨利八世遗嘱的理由，并且可以通过手中的权力去影响国会，最终跳过这两位公主，让小六子他表姐简·格雷继承王位。

另外一点原因是亨利八世作为国王，死了以后有遗嘱需要被执行，那小六子也是国王，他死了也有遗嘱啊，也需要被执行啊，只要达德利说服小六子把王位传给表姐，不就万事大吉了么！

这里还有个契机，各位同学千万别忘了，因为小六子是新教徒，姐姐玛丽是天主教徒，他们之间很少来往，根本没有什么感情。假设小六子不传位给玛丽，那伊丽莎白也没有资格享受继承人的待遇，一碗水你总得端平啊对吧？从法理上来说，不传她们王位，只能以她们是私生女作为理由，只有小六子有资格决定，把王位传给他姑姑，他姑再传他表姐。

达德利这个如意算盘天衣无缝，小六子居然真的被他忽悠，立下了一份遗嘱：在他死后，王位由表姐简·格雷继承。

好吧，等小六子签完这个遗嘱声明，达德利用颤抖的双手接过来，小心谨慎地塞进内衣口袋，然后天天盼着国王早点死，骗小六子："陛下啊，你这个病其实不是不能治，但是传统的御医肯定治不好，得找民间偏方！我把那些御医全给辞退了，都是一些滥竽充数的家伙，我给你请来了一位民间大师！"

毛线个民间大师啊，其实就是一个农村妇女，也不知道是从哪儿搞来的草药，一顿捣鼓，给小六子喂下了肚。小六子吃了两天，两脚一蹬，找他老爸打扑克去了，所以严格来说，爱德华六世并不是死于肺痨，而是死于中毒。

第六单元 都铎王朝——英国历史的再次转折

达德利见国王终于挂了，并没有放松警惕，为了确保万无一失，他先来个秘不发丧，想秘密逮捕玛丽和伊丽莎白，就故意装病，派人传达消息，说诺森伯兰伯爵很想念两位美丽的公主，希望她们过来看望他。只要公主人一到，赶紧抓起来，该弄死的赶紧弄死，这样一来，简·格雷稳坐王位，达德利王朝也顺利崛起。

玛丽公主听说诺森伯兰伯爵夸她漂亮，咧着大龅牙足足笑了一晚上，第二天就屁颠屁颠出发了。眼看就要走到达德利的家门口，一位神秘的蒙面贵族闪身而出，见四下无人，就塞给玛丽一份密信，说她弟弟爱德华六世已经去世，并且在去世之前已经立简·格雷为女王，所以达德利的邀请恐怕另有目的，望公主迅速撤离是非之地，好自为之，属下告退！

玛丽顿时傻眼了，原来这老家伙故意说我美丽，是想干掉老娘呢？老娘虽然一脸雀斑，但是命硬得很！她逃过一劫，觉得自己吃了这么多的苦，受了这么多的难，焉能善罢甘休？老娘一定要誓死维护继承权！

与此同时，达德利见事情败露，立马通知亲信赶到简·格雷的住所，宣读爱德华六世的遗嘱。当时简·格雷也只是一个孩子，和表弟小六子差不多的年纪，一听说自己变成了女王，脑子里一片空白，哎呀，我是不是在做梦啊！天上掉下来这么一大块馅饼，我牙都还没刷啊！

公元1553年7月10日，简·格雷在伦敦塔的安全住所接受加冕，成为英国女王。

请同学们注意一下时间，我们把镜头转向玛丽。她逃走以后，直奔英格兰东部，也就是诺福克郡。这里是天主教的老根据地，在亨利八世时期，托马斯·克伦威尔的政敌，亨利八世第五任老婆的介绍人诺福克公爵，就是出自这个地方。

玛丽公主马不停蹄地赶到诺福克郡，蓬头散发的，衣服也没来得及换，立即昭告天下："老贼约翰·达德利！威逼我弟弟小六子签署了继承人的遗嘱，他是个卑劣的篡位者！我决定从现在开始，誓死捍卫我的权利，绝对不允许奸臣恶贼践踏我们英国人的尊严！不管你是信天主教还是信新教，大家都是英国人，我以我老爸的名义起誓，我登基之后，会继续沿用我弟弟的法律，尊重你们的宗教信仰，请大家抛弃成见，用勤王救驾的行动，表示你的忠诚！"

她这波宣传，语惊四座，激起了英国人的爱国情绪，不管是天主教还是新教的贵族，都表示要支持玛丽。包括之前达德利的那些党羽们，一看民意都在支持玛丽，纷纷倒戈，背叛了达德利。

公元1553年7月19号，玛丽回到了伦敦。

当然的伦敦市民热情高涨，都一边倒地支持玛丽。此时在伦敦塔的简·格雷知道自己要完犊子了，心情倒也很平静，看来我马上就要从女王变成女士。她见到玛丽表姐的时候，就说了一句话："三八女王节这么快就结束了唉，女王梦也太短暂了吧，我刚刚睡着就醒啦……"

"九日女王"简·格雷被抓以后，当然只有死路一条，但是她死的时候却很有勇气。因为血腥玛丽上台的第一件事，就是恢复天主教。而简·格雷女士跟他的丈夫都是新教徒，血腥玛丽劝他们放弃新教信仰，就留他们一条活路，但是简·格雷的性格很坚毅，拒绝了表姐的无理要求。

血腥玛丽斜了她一眼，说："行吧，既然你们小两口子的态度这么坚决，那老娘就赐你们一死吧。"

简·格雷临死之前，与丈夫小达德利的故事也挺感人。

当时她丈夫要求最后再与妻子见一面，血腥玛丽同意了，但是简·格雷坚决不见，说不想让丈夫因为见到她而软弱，而去改变自己的信仰。

血腥玛丽见表妹这么固执，拂袖而去，没过几天就先处决了表妹夫。当简·格雷见到自己丈夫的尸体之后，哭得肝肠寸断，说他们一定会在天堂再次相见相爱的！随后，她在伦敦塔里被秘密处决。唉，所以说啊，我始终相信，善良、忠诚这些人类的共同价值是超越信仰而存在的，并能穿越时空，打动每一个人。

达德利在干吗呢？当时几乎所有的贵族都背叛了他，全国人民也都支持玛丽。所以他就像当初的萨摩赛特公爵一样，为了活命，放弃了妄想，主动向女王求饶。但是血腥玛丽可不是一般的心狠手辣，她仍然记得旧账，而且达德利这个企图颠覆国家政权的野心，比萨摩赛特公爵更招人恨。在公元1553年，他被国会判处了死刑。当时他希望女王能放过他的家人，血腥玛丽撇下了一句话："哈哈哈！当然没问题，老娘最讨厌的就是看到流血！不过呢，我得先去问问他们是信天主教还是新教的哦。"

玛丽公主正式登基，成了英格兰第一任合法的女王，英国在瞬息之间，变成了一个被恐怖血腥笼罩的国家。她开始大肆迫害新教徒，残忍杀害各种新教思想的主教、贵族以及平民百姓。

之前支持拥戴她夺回王位的人追悔莫及，他们除了用"血腥"两个字来形容女王的残暴之外，再也找不出其他的词语。那血腥玛丽究竟血腥到什么程度呢？我们将在下一章揭晓。

第六单元 都铎王朝——英国历史的再次转折

第三十二章　可悲的血腥玛丽

英国历史上第一任合法女王玛丽一世，江湖人称"血腥玛丽"。在开始她的故事之前，我们在欧洲大航海时代的背景下，先来说个跟英国有关的探险小故事。

前文在讲亨利七哥的时候，也提到过，"地理大发现"从 15 世纪末开始，也就是公元 1492 年起，持续两百多年。这个时段发生的事实在是太多了，但是大多数跟英国无关。因为在大航海的初期，英国不算欧洲的一线国家，只能算是个 1.5 线的，国力赶不上神圣罗马帝国和法国，特别是这个时段基本都是西班牙和葡萄牙垄断了航海路线。所以大航海时代发生的历史故事，跟英国有关系的不多，这里要讲的故事很短，是关于休·威洛比与理查德·钱塞勒这两位英国探险家。

借这个背景前提，我得先解释一下另外一个历史问题，比如说，有些同学问我，查理五世原先不是西班牙国王吗？怎么又变成了神圣罗马帝国的皇帝？这俩国家到底是啥关系？

这个问题回答起来有点复杂，主要是看神圣罗马帝国的皇帝，是不是由西班牙的国王担任。

从政治上来说，西班牙绝对不属于神圣罗马帝国，但查理五世他父亲是奥地利哈布斯堡家族的，这个家族在 15 世纪的时候开始统治神圣罗马帝国，而他母亲是西班牙人，他是先成为西班牙的国王查理一世，后来又被选为神圣罗马的皇帝查理五世。虽然他的名字有点眼花，但是你只要记住，他在西班牙这边是"查理一世"，但是在神圣罗马帝国，他是"查理五世"，也就是说，西班牙的查理一世和神圣罗马帝国的查理五世是同一个人。

再从种族角度来看，西班牙是拉丁人种，神圣罗马帝国是日耳曼人种。所以，这俩地方不是一个民族的，西班牙当然不属于神圣罗马。

但从现实情况上来讲，此时的查理五世是神圣罗马帝国的皇帝，又是西班牙的国王，那个时期西班牙和神圣罗马帝国是同穿一条裤衩的，所以这个时期的西班牙国力就特别猛，完全是傲视群雄的感觉。在查理五世统治西班牙的时候，西班牙的海洋霸权是天下无敌的，西班牙海军也号称无敌舰队。

大家都知道英国有个称号叫"日不落帝国"对吧，其实这个霸气的称号是人家查理五世的。当时的西班牙才叫日不落帝国，英国要到维多利亚时期，才算真正成为"日不落帝国"，比西班牙要晚二百多年，当然这是后话。

说到神圣罗马的查理五世了，那得再说一下法国的佛朗索瓦一世，还有英国的亨利八世，这哥仨啊，都是同一时代的人，并称为中世纪晚期的"三大顶级君主"。因为他们都很猛，不过没一个能活过六十的，活得最久的，就是这个查理五世。查理五世正好与血腥玛丽女王是在同一年去世的，死于公元 1558 年。

大家也可以类比，欧洲这三个国王啊，就像我们三国时期的曹操、刘备和孙权，曹操就是亨利八世，因为他年龄最大，法国的佛朗索瓦像刘备排在老二，查理五世就像孙权，而且后来的历史走向也很雷同，因为曹魏政权的后继者称霸了中国，英国亨利八世的后继者称霸了欧洲。

解释完历史背景，话题转到两位英国探险家的身上。

这两个大哥我估计大部分同学都没听说过，从对人类文明的贡献上来说呢，他俩跟哥伦布和麦哲伦肯定是不能相提并论的，但二人确实为人类商业文明发展，做出了很大的贡献。

当然，他俩当时的动机，说是为了推动人类文明发展那就太扯啦，不可能生来就这么伟大，肯定是为了实现自己的人生成就嘛！历史上有许许多多的例子，对于人类文明的发展，都是想先完成自己成就的"小我"，才会稀里糊涂，不知不觉的完成了社会成就的"大我"！很多必然性的结果，也几乎都是偶然性造成的。

那他俩完成的自我成就是啥？又怎么推动了商业文明的发展呢？

西方大航海运动有一个终极目标，就是开辟一条遥远神秘的东方航线，这哥俩原想整一条从英国东北方向出发，经北海绕道挪威背面，去往中国天朝的路线。

好吧，如果你身边有个地球仪，麻烦你在地球仪上这么一划拉，你就知道这哥俩简直太逗了，我去，眼瞎了啊？居然选出了这么一条荆棘丛生的线路！

唉，但是当时哪有地球仪这种神器呢？他们只有靠自己摸索，一路走到底。可想而知，肯定越走越远啦！但是万万没想到，他们进入了北冰洋之后，居然发现了现在属于俄罗斯的新地岛，并且与沙皇俄国建立了联系。

总算还是有点收获对不对？因此，血腥玛丽亲自同意并颁发的特许状，允许英国的商人企业家，可以对海外其他国家建立属于商业利益集团的垄断贸易权。前提是必须由王室认可，英国王室也以入股的方式参与其中。

但正是因为英国王室的介入，世界上第一家股份有限公司就这样诞生了。

这家公司的名字叫作"莫斯科公司"，主要是做英俄贸易，不仅让英国获得了俄国的物美价廉的蜡、木柴、绳索和兽皮，也为英国的纺织业和毛绒产品开拓了一个重要的国际市场。挣钱还不是最重要的，最重要的是英国和俄国关系的建立，让英国后续前往中亚进行贸易往来创造了条件。

所以，这两位探险家完成的"小我"就是探险进入了北冰洋，帮助英国建立了与俄国的关系。"大我"成就，就是建立了莫斯科公司，世界上第一家股份有限公司。

说到这里，有人就要提出异议了：世界第一家股份有限公司，不是荷兰的东印度公司吗？我告诉你啊，还真不是哦。因为荷兰的东印度公司是世界上第一家IPO的股份有限公司，同学们注意，这里多了IPO三个字母。这三个字母啥意思呢？大家可以自行找度娘。

那么这哥俩最后的结局是咋样的呢？刚才我说了，他俩选的是一条有去无回的荆棘之路。其中一个被北极寒冷的冬天给冻死了，另一个则是回英国的路上遇到了风暴，船沉了。所以英国在血腥玛丽女王时期，失去了两名优秀的探险家。

血腥玛丽登基的时候，已经三十七岁，她执政了五年。但是在这短短的五年里，英国内部因宗教问题，英国社会发生了巨大的动荡，死了很多人。换句话说，英国这血腥坎坷的五年，完全是由一位"蛇精病"在统治。

血腥玛丽在年轻的时候，由于亨利八世和母亲凯瑟琳的离婚案，以及一系列的宗教改革，让她幼小的心灵产生了扭曲。

她父亲不但宣布她是私生女，还要求她承认自己是非法近亲结婚的产物。而这一切的起因，是因为每次吃饭时，她老爸一看见她就想吐。

接着，亨利八世还不让她信天主教。而且在小六子时期，由于萨摩赛特和托马斯·克兰麦激进地推行国教，又让虔诚的天主教徒玛丽产生了愤世心理。所以她这三十七年来遭受到精神迫害，让她的性格变得很扭曲，很偏激，再加上她一脸的雀斑和龅牙，这样一个女人当上国王，大家用屁股想想，都知道准没好事。

其实性格有问题并不严重，可以靠后天多读书，多接受思想洗练，提高自己的认知来弥补这方面的缺陷。如果血腥玛丽聪明好学，认知程度高，思想前卫一点儿，完全可以处理好国家大事，败就败在了她的思想觉悟太低，没有把自己真正定位在英国君主这个角色上，而是把自己幻想成一位美丽的贵族夫人。

血腥玛丽其实就是一个单纯的女人，脑子里除了思考天主教的信仰，剩下的就是自己的人生幸福。什么国家大事儿，什么以大局为重，用她的话来说，就是老娘一点没兴趣！

因为三十七岁的血腥玛丽居然还是个处女，从来没有处过对象，连拉手亲嘴儿啥的都没干过，每当她看到别人在眼前秀恩爱、撒狗粮的时候，心里一个虐啊，就跟猫爪挠了似的。

各位女同学可以换位思考一下，假设换成你是玛丽，当上女王之后第一件事，是不是得赶紧给自己安排一位男同学？然后吃个饭逛个街啥的，再结婚生个孩子哈，享受一下爱情和家庭带来的幸福感？这是非常正常的生活状态。嗯，血腥玛丽正是如此，虽然她已经三十七岁了，但是心态上还是一个情窦初开的小女孩儿，她当上女王就特别兴奋："老娘这回终于熬出头啦！我得找个有能力的老公帮我统治国家，然后我相夫教子，出得了厅堂下得了厨房，然后一家人快快乐乐，幸福生活……"

同学们明白我意思了吧，她当时的思想定位，就是一个贵族夫人的标准，而不是英国女王的定位。

可是她为啥没有去找男朋友呢？其实答案非常简单，因为亨利八世写了个遗嘱，玛丽和伊丽莎白没有私订终身的权力，一旦违约，就失去王位继承权。有些人会说，你这逻辑好像不对，她老爸和弟弟都不在了，等于永远都不能嫁人了么？纯属扯淡！再说她现在是女王啊，大不了继承权老娘不要，找个知心爱人，大胆私奔！

你以为玛丽不想？她做梦都想啊，哈喇子流出来，每天都要换床单。悲剧就是没有人追她，没有人爱她，因为她长得太砢碜了。你别看百度上搜这个玛丽一世的画像，看起来还凑合，但我跟你们说啊，那都是"照骗"，当时给她画像的画家，敢百分百还原给她长啥样不？打死也不敢！他们的作画水平完全可以跟美图秀秀媲美，给你各种天仙般的享受。

血腥玛丽长得已完全突破人类想象的极限，用十年前的话来说就是"恐龙"，用现在的话来讲叫"矮穷胖"，跟她妹妹伊丽莎白的高富美形成了鲜明的对比。我说她一脸雀斑和大龅牙都属于斯文的，很多历史上的描述，简直让人难以置信。

但是她长得寒碜，并不是找不到男朋友最主要的原因，依然是宗教信仰的锅。

因为她当女王之前，贵族精英阶层都跟随亨利八世、爱德华六世、萨摩赛特还有约翰·达德利一样，都信新教，所以天主教的玛丽没有婚姻市场，也是一种必然结果，没有人愿意接近她。

正是长期以来承受着这种心理压力，所以内分泌失调的玛丽上台以后，大刀阔斧地开始实施她的统治计划。

首先，必须找个虔诚的天主教信仰的夫君，然后把国家交给他老公统治，她呢就专心地做一个小女人，好好弥补她白活的这三十七年。接着必须让英国人民重新回到天主教信仰，以她的信仰和价值观为核心，按照她的生活方式活着。

也就是说，在没人追求的情况下，其实玛丽很想当女王，因为她至少在登基以后知道用恢复天主教，来证明自己的三观是正确的。但是她当上女王之后，又放弃不了自己内心那种对甜蜜爱情的向往。

一个人的心理产生左右矛盾的时候，"蛇精病"属性会加重。而且在国家政治这个层面，她这两点需求难以满足，或者说以她的情商和智商来讲，难以处理好需求的平衡。王位、价值观和爱情你全都想要啊？疯了吧你！正所谓"自古忠孝两难全，贵妇女王都一样"，在当时那种环境之下，预示着她的人生终将以悲剧收场。

血腥玛丽除了批准英国王室入股莫斯科公司，还算是一件好事儿，剩下的行为举止，就好像是一场崩溃的"蛇精病"表演。

她刚登基的时候，还是比较谨慎的，并没有心急火燎地恢复天主教，也没有搞宗教迫害运动，因为她心里也明白，承诺尊重国民的信仰自由，不能操之过急，要不很可能和简·格雷同样的下场。

所以，她第一件事是相亲找对象，首先看上了德文郡伯爵。

德文郡在英国的西南角，现在英国有一个美丽的海滨城市叫"普利茅斯"，就在德文郡。普利茅斯是英国重要的出海港口，公元 1620 年，英国殖民美国的第一艘船"五月花号"，就是从德文郡的普利茅斯港口出发的。

德文郡伯爵当然是纯种的英国人，而且具备英国贵族的绅士精神，风度翩翩，长得一表人才，如果玛丽和他好上的话，英国人肯定是一百个同意。虽然他是新教徒，但他每次去觐见女王的时候，玛丽的内心就跟一只小鹿似的撞来撞去，手腕要扶住王座的把手才能坐稳。

她心里也想过，甭管什么信仰不信仰的，只要赶紧和帅哥双宿双飞，老娘不要王位也可以！但是问题来了，你单相思能行么？你得问问伯爵帅哥，愿意不愿意跟你好才行啊。

结果德文郡伯爵帅哥每次觐见女王，都不敢抬头，只要眼角瞄到一眼玛丽的容貌，回家得吐上好几天才能缓过气。而且他居然有了一个心上人，也就是血腥玛丽的妹妹，伊丽莎白公主。

"这个相亲原本是给老娘准备的，怎么男方看上了我妹妹啊？"玛丽气得暴跳如雷，开始嫉妒伊丽莎白的美貌，当着妹妹的面摔盘子砸碗的，张牙舞爪。

伊丽莎白的性格比较隐忍，看见姐姐发火，只好忍气吞声，不跟作怪的丑人一般见识，所以也算是风平浪静。然后玛丽对德文郡伯爵大失所望，心头的小鹿也不跳了，渐渐疏远帅哥。后来她在搞宗教迫害的时候，把伯爵帅哥给抓了起来。一顿毒打。

好吧，血腥玛丽继续相亲。

这回看上的是谁呢？是罗马天主教的一位红衣主教，名字叫波尔。红衣主教是仅次于罗马教皇的一个神职，波尔在竞选教皇失败之后，回到了英国，当时正值亨利八世搞宗教改革，天主教失势了，波尔无可奈何，觉得自己可能不适合这行，我还是回家种地吧。

血腥玛丽觉得帅哥伯爵既然不靠谱，我得找个信天主教的夫君。于是她就看上了波尔。可是，波尔这个时候都已经快六十岁的人了，整整比玛丽大了两轮，他当时就翻白眼了，我一个老头子，一只脚都踩在棺材板上啦，你眼瞎的啊，居然能看上我？

但是他毕竟是红衣主教出身，智慧和境界都比较高，微微一笑，婉言拒绝了玛丽的想法，脸上的表情非常淡定。

因为玛丽是天主教徒，就比较尊重这位大哥，觉得他一直正视着自己的眼睛，并没有恶心呕吐的不良反应，既然我们做不成夫妻，那我得提拔你一下。后来她在英国发动宗教迫害时，把信仰新教的托马斯·克兰麦给咔嚓了，让波尔当上了坎特伯雷大主教。

玛丽两次相亲都没有成功，又长大了一岁，已经三十八了啊，她心里确实有点着急，于是就写信给她大表哥，神圣罗马的查理五世："大表哥啊，妹子我命苦，没人敢要哇，要不我俩凑合凑合得了？"

查理五世耳朵里嗡的一声，差点从椅上摔下来，慌忙回信："嗯？丽啊，我俩是不是有什么误会？我跟你凑合不了啊，你嫂子虽然死得早，但是我都这么大岁数的人啦，来不了，真来不了……咳咳，这么的吧？我儿子，也就是你那个大外甥，已经二十七了还没对象，不如你跟我儿子凑合凑合得了，这不属于亲上加亲么？"

于是查理五世就安排他儿子菲利普迎娶血腥玛丽，其实就是表哥动员表妹嫁给表哥的儿子，嗯，贵圈真的很乱。

菲利普虽然是查理五世的儿子，但他还有一个身份是西班牙的王储，后来继承了王位，史称腓力二世。他和玛丽结婚，不算辱没了女王的身份，玛丽心里那个高兴哦，口水根本停不下来：哇塞，天上掉下来个小鲜肉啊，竟然比我小十一岁哦，这是老娘上辈子修了多大的福才修来的！

她赶紧联系查理五世："哎呀，我的大表哥啊，你说你这人咋就这么温柔体贴呢！咋就这么懂我的小心思呢！你赶紧的，把你儿子赶紧送英国来，你放心吧，我肯定会好好照顾我这个大外甥！"

玛丽说啥也要嫁给这位小鲜肉，但是英国人民能同意么？他们又不是傻子，跟查理五世打了这么多年交道啦，哪里会不知道查理五世那两面三刀的劲头子？你查理不就是想通过联姻，吞并英国么！所以国会不同意这门亲事儿，拒绝让菲利普来英国。

但是查理五世多精啊，他立马派人给英国上下两院的国会议员送钱，贿赂他们同意英国女王与西班牙联姻这事儿。这招好使不？老好使了！古语有云，有钱能使磨推鬼！Sorry，不管鬼推磨还是磨推鬼，其实道理都一样，有钱就是大爷。

英国国会当然同意了，但是有条件的。

菲利普只有国王头衔没有实权，英国的任何法律、习俗、宗教信仰都不能变更；未经女王同意，菲利普不能带女王出境英国；未经国会同意，二人的子嗣都不能出境；最重要的是，后代除了可以继承英国王位之外，神圣罗马帝国必须把比利时、卢森堡还有法国的勃艮第交给英国。

因为当时这些地区都在查理五世的手里，老查理眼珠子一转，先把婚结了再说，以后的事慢慢来呗！既然双方谈拢，菲利普就准备来英国迎娶玛丽，不料半路杀出个程咬金，英国人一些贵族突然叛乱，要营救"九日女王"简·格雷。

简·格雷死于公元 1554 年，当时她还被关在伦敦塔。

为啥这些人要搞叛乱呢？因为虽然国会同意了这门婚事，但是老百姓不乐意，特别是那些新资产阶层的乡绅，怕神圣罗马帝国的势力影响英国的宗教改革，会让天主教死灰复燃。这样一来，以前他们从亨利八世手里买的那些教会地产，极有可能会被抢走。唉，有没有人真的是同情简·格雷呢？

于是，血腥玛丽就在她登基的第二年，终于大开杀戒，镇压了"反对英西联姻"的叛乱，顺带着把表妹简·格雷给杀了。

阻力消除了，血腥玛丽如愿以偿，嫁给了西班牙的菲利普王储。那大家猜猜看，菲利普能看上这位骨骼特异的玛丽女王么？

我告诉你们，老般配啦！菲利普长得那叫一个惊险啊，跟玛丽简直就是天造一双，地设一对，要不然这婚咋结得这么痛快呢？也正是这门婚姻，最终导致玛丽在英国发动了宗教迫害；也正是这门婚姻，给玛丽的悲剧人生奠定了不可以逆转的基础。

他俩到底发生了啥事呢？别急，听我继续白话。

菲利普虽然长得奇丑无比，但是他一看到玛丽的尊容，就有一种生无可恋的感觉，歪着嘴巴，话都说不出来。因为他没想到自己的媳妇居然能比自己长得更丑，他也终于明白，为什么法国的亲戚经常要说"没有最丑，只有更丑"，原来一直是在暗示我要坚强。

他当时没有吐，但是眼角隐隐泛起泪花，为了权力和利益，他一咬牙一跺脚，闭着眼睛跟玛丽进入洞房。玛丽梦寐以求的一刻终于实现，这给她幸福得，简直是不要不要儿的，半夜三更经常笑出猪叫声。

结婚以后，玛丽特别爱菲利普，小老公要啥她就给啥。但是菲利普始终开心不起来。长相这关勉强能忍一忍，因为他没有实权，统治不了英国，所以刚结婚没多久，菲利普就开始跟玛丽撒娇，让媳妇想办法让他获得统治实权。

玛丽当然要惯着她小老公啊，一看小老公不高兴了，就开始跟国会撒娇，非要让老公掌握英国的实际统治权，那肯定是不可能的嘛，国会又不用每天对着你这副大龅牙。

菲利普见目的没达成，就威胁媳妇："丽丽啊，咱俩结婚都快一年了，我待在这儿一点意思都没有！而且你们国家都信新教的，我是天主教徒啊，我找不到我的人生目标，我收拾下行李，明天回西班牙去！"

玛丽一听急眼了，悍妇属性立马展露："你要是敢回西班牙，老娘就打掉你的牙！"

但是她骂归骂，心里很疼这位外甥小老公，发火也是说明她心里着急，没主意可想。后来她觉得小老公搞不好会偷偷摸摸逃走，为了让菲利普安心待在英国，她一不做二不休，干脆重振天主教的威风！

然后她就开始在英国搞起天主教那一套，比如在教堂刻神像，动员民众搞弥撒。英国国教在英国发展已经有二十多年，宗教形式基本上已经稳定，玛丽女王突然又要搞天主教，民众当然不可能答应啊！于是血腥玛丽威胁当时的坎特伯雷大主教托马斯·克兰麦，让他带头示范信仰天主教。

啊？我一个国家宗教改革的领头羊，你让我背叛信仰不是要我命么？克兰麦肯定不乐意。玛丽就把英国国教的高级人员通通给抓了起来，并且任命之前红衣主教波尔取代克兰麦的位置。但是不管你换谁，要民众再去信仰天主教绝对不可能，于是英国人民产生了宗教对峙。

血腥玛丽见民众这么顽固，隐藏在内心的"蛇精病"属性终于被再次引发，暴戾值高涨，噼里啪啦杀掉几个议会的新教徒，又强行搞了一波宗教复辟。好吧，黄河之水决堤，新教徒纷纷开始暴动。

玛丽也没惯着他们的毛病，就开始各处抓新教徒，包括妹妹伊丽莎白也给抓了起来。然后宣布剥夺伊丽莎白的继承权，准备处死伊丽莎白。她这么对妹妹完全是出于嫉妒，而且想给她母亲凯瑟琳报仇，当初母亲就是被伊丽莎白的母亲安妮搞下台的。

对妹妹都能下得去手，更何况其他的新教徒？

所以当时许多新教徒就被火刑烤死，这还不够，她还把人家新教徒的祖坟也给刨了，把遗体挖出来扔大街上示众。后来，玛丽逼迫托马斯·克兰麦签署承认天主教和罗马教皇权威的文件，威胁他如果不签，不仅你会被烧成焦炭，更多的新教徒也会死！

克兰麦一听害怕了，就签了这份承认天主教在英国复辟的文件。签完之后，玛丽就让克兰麦发表公开演讲，承认自己抛弃新教信仰。但是克兰麦临场变卦，宁死不屈。在他上刑场的时候，突然仰天大笑，把自己的右手伸进火里烤，慷慨就义。

英国宗教改革的大功臣，四位托马斯中的最后一位，终于也完成了历史的使命。

血腥玛丽原以为搞了天主教复辟，就能让小老公爽，但是菲利普的梦想，却是统治英国的权力。玛丽当然想满足他，但是国会不同意啊，正好这个时候，查理五世招菲利普速回西班牙，要把西班牙王位传给他。菲利普一看在英国也没捞到啥便宜，还娶了这么一个丑八怪似的老婆，心里也着急要回去西班牙继承王位。

玛丽一看小老公要走，特别伤心，一把眼泪一把鼻涕，骗菲利普说自己怀孕啦，孩子没爸爸多可怜呀！其实她怀个毛孕，就是编瞎话为了挽留他。起初菲利普以为她真怀孕了，欣喜若狂，又有点担心孩子生出来到底是像爸爸，还是像妈妈？急得团团转。

其实我觉得他多虑了，像爸爸像妈妈有啥关系？品种已经决定好啦，都是一副鸟样。当然，这种复杂的心情，做爸爸的人肯定深有体会，反正就是各种的激动。后来，他知道老婆根本没怀孕，原来是骗他的啊，他气急败坏，直接抬屁股走人。

但是在他走之前，却救出了两个人。

他救出来的第一个人就是伊丽莎白。为啥他要救伊丽莎白呢？不是因为菲利普看上小姨子了，这点自知之明他还是有的。因为当时苏格兰的女王玛丽·斯图亚特嫁给了法国国王亨利，而玛丽·斯图亚特是伊丽莎白之后的英国假定继承人。

也就是说，如果血腥玛丽杀掉了自己的妹妹，并且在女王没有子嗣的前提下，等于亨利八世的后代全死光，那么可以继承英国王位的人，就剩下了亨利七哥女儿的后代，也就是苏格兰的玛丽·斯图亚特。

同学们别把名字搞混，苏格兰的女王虽然也叫玛丽，但是血腥玛丽跟她不是同一个人，而是她表姑。

西班牙和法国是敌对关系，如果苏格兰玛丽在未来继承了英国王位，那到时候法国的势力就会增强，菲利普是绝不可能让这种事发生的，所以他必须保住伊丽莎白的性命。

那他救的第二个人是谁呢？就是约翰·达德利第五个儿子罗伯特·达德利。他在伊丽莎白一世时期非常重要，而且差点儿跟伊丽莎白结婚。别看菲利普人丑，但他这个人比较讲义气，当时他是受朋友之托才救出罗伯特的，后来罗伯特常常对人说：我欠了腓力二世一条命。

血腥玛丽眼睁睁地看着菲利普离开英国，终日以泪洗面。她原以为菲利普是真心爱她的，没想到最后还是落了个被抛弃的下场。于是乎，玛丽女王觉得这个世界太不公平了，就变本加厉地杀害新教徒，以排解心中的怨念，她的"蛇精病"属性再次升级。

此时的英国正笼罩在血腥恐怖的氛围中，不过没过多久，菲利普又回到了英国。玛丽以为菲利普回心转意了呢，跳起来用粉拳捶打小老公的胸口，龇着牙强颜欢笑，拧起水桶腰，摆出一副娇羞的模样。

哪知道菲利普这次来英国，不是要跟她好好过日子的，而是动员她出兵攻打法国。玛丽的脑袋就像小鸡啄米，当然傻呵呵地答应，甚至压上了全部的身家，与菲利普联合一起进军法国。

但是她忽略了一点，当时苏格兰女王玛丽·斯图亚特已经嫁给了法国的亨利，他们等血腥玛丽的部队刚到法国，立马开始攻打英格兰。血腥玛丽没办法了，撤回在法国的部队，转头去对抗苏格兰。不料法国的亨利趁英格兰部队回国，迅速夺走了加莱。

加莱是英国可以直接输送兵力到欧洲大陆作战，距离最近最重要的一个关卡通道，可是血腥玛丽居然把加莱给弄丢了，你说她有何面目去见列祖列宗啊？麻将桌都不可能让你上。

她得知加莱失守的消息，欲哭无泪，当时就说过这么一句话："我死之后，如果你们打开我的胸膛，会看见加莱刻在我的心脏上！"

一个脑子生锈的"蛇精病"形象一目了然。

而她老公菲利普一看玛丽撤军，彻底跟她翻脸了，你学我老爸放鸽子，真是有模有样啊！与此同时，英国人民再也受不了玛丽的血腥统治，有位叫约翰·诺克斯的贵族写了一篇文章，题目叫《吹响反抗丑恶女性统治的第一声号角》，结果各地发生叛乱，扬言一定要推翻血腥玛丽的统治。

在这种混乱的局面之下，可想而知，血腥玛丽最后一点信心已完全崩塌。

老公遗弃了她，人民背叛了她，信奉的天主教上帝也无法拯救她，她万念俱灰，一病不起。弥留之际，妹妹伊丽莎白出现在她的面前，温柔的手腕抚过姐姐一脸雀斑的脸庞，安慰姐姐："人生就是这样，喜怒哀乐都是过眼云烟，养好身体最重要。"

玛丽痛哭流涕，终于明白自己失败的原因，就是无法勇敢地去面对自己遭遇的不幸。在她生命的最后一刻，她决定将王位传给妹妹伊丽莎白。

不知道同学们有没有看过《爱丽丝梦游仙境》这部电影？

一个红女王，一个白女王，红头发大脑袋的那个女王，一整就急赤白脸地说："砍掉他的脑袋！"嗯，这个人物就是以血腥玛丽为原型的，而白女王其实就是她妹妹伊丽莎白女王。红女王和白女王起初不和，但最后被她妹妹说的一句话感动，两姐妹和好如初，应该跟血腥玛丽与伊丽莎白的故事差不多。

英格兰第一任女王玛丽一世的故事属于丑人多作怪，确实挺闹腾，当然她的女王生涯也是有血有泪，也有悲摧的一面。你们对她的悲剧人生，又做何感想呢？

我认为也许这就是宿命的安排。

她生长在这个特殊的家庭，又是这样一个特殊的时代背景，金庸《碧血剑》里的长平公主，崇祯帝就是断其手臂，叹声："汝何故生我家！"血腥玛丽生在帝王家，确实身不由己。如果她放弃王位，直接去神圣罗马帝国，或者西班牙那种信天主教的国家，然后找个贵族联姻，我觉得她的人生不至于此。

此处不留爷，自有留爷处，有时候如果你改变不了周边的环境，改变不了周边的人，不如换个地方，结交一些新的朋友，面露微笑，勇敢地面对生活，何必跟一群不在同一个维度的人去较劲呢？

第三十三章　伊丽莎白的处女之身

伊丽莎白一世终于登场，她在我的心目中，可是女神一般的存在！

为啥我称呼她为女神？并不是像某些同学猜测的那样，说你垂涎人家的美色吧，伊丽莎白肯定貌若天仙！

我跟你说啊，每个人的审美观都是不一样的。比如你看老外那些靓女的五官，觉得很精致，但是你喜欢的不一定是我的菜。如果你非要扯咱中华文明大国的女神典范，我觉得林青霞当之无愧。当然啦，做女人必须要有自信，就算血腥玛丽，巨丑无比，但她去能当女王啊，也有勇气去相亲啊，怎么着吧，你不服气啊？我为什么这么好看，这么好看怎么办？嘿嘿，在她眼里，其他的女人都是丑八怪！

那么伊丽莎白一世为啥是女神呢？首先她确实长得很温柔，遗传了母亲安妮王后的基因，另外一个原因，其实她一辈子都是处女。

我解释下，我并没有处女情结，我只是很单纯地觉得，她一个女人，一辈子保持单身，单纯是为了英国的国运着想，这非常不容易。而且在当时男尊女卑的大时代背景下，获得了如此之大的成就，简直就是惊天地泣鬼神！

伊丽莎白统治时期，开启了英国的黄金时代，她对宗教的宽容态度和对新教的信仰，使英国国教在英国进一步巩固，再加上公元 1588 年时，英国战胜了当时全球最彪悍的西班牙无敌舰队，从此一跃成为欧洲的老大。

另外，正是在她这一朝大力推广人文主义，才出现了像威廉·莎士比亚、克里斯多夫·马洛和艾德蒙·斯宾塞这样伟大的英国文学家。

伊丽莎白虽然没有结过婚，但有野史说，她也有过情人。此事在西方历史上颇有争议。但我觉得这事儿没那么重要，我们不必为这些琐事困扰，因为历史学的一个特殊魅力，就是允许存在争议。

为啥她不结婚呢？后来怎么和西班牙闹翻的？为什么历史选择的不是一个老爷

第六单元　都铎王朝——英国历史的再次转折

们，而是一个瘦弱女子带领着英国人民打开了征服世界的大门呢？

伊丽莎白女王的故事非常精彩，她的魅力无人可挡。

前文所述，血腥玛丽弥留之际见了伊丽莎白最后一面，跟妹妹说："老娘……哦不，老姐这次是熬不过去啦，生活压力太大啦，也没有人真正爱我，关心我……我把王位传给你，但我有最后一个请求，希望妹妹你能在登基后恢复天主教，你一定要答应我，不要让我至死信仰的尊严烟消云散……"

伊丽莎白听到这么个要求，也很为难啊，但是她希望姐姐能走得宽心点儿，就没有正面回复，大概意思就是说：我努力让天主教有一席之地吧。这也算是给了血腥玛丽最后一些安慰。

当时血腥玛丽把王位传给了妹妹，其实也考虑过一个原因，法理就是这么规定的，如果玛丽没有子嗣，顺位继承人就只有伊丽莎白。

伊丽莎白继位时采用的是新教登基仪式，另外，她上台以后使用了一些手段，巧妙地确定了英国国教为唯一的官方合法宗教，同时也允许天主教信仰存在，迅速恢复了宗教之间的和平。摆平了英国的内乱，她开始着手修复对外关系，力求在她上位的初期能保持稳定。不是因为她爱出风头，他父王亨利八世一登基就是跟人家打仗，那是因为亨利八世是富二代，而伊丽莎白登基的时候，囊中羞涩，所以她不能为所欲为，必须稳住与各国的外交关系。

首先要安抚的就是西班牙、法国和苏格兰，因为西班牙最强大，法国最危险，苏格兰最近。

她先致信西班牙国王腓力二世，也就是姐夫菲利普，感谢他的出手相救，并希望英国与西班牙继续保持良好的关系。菲利普早就预见伊丽莎白会登基，欣然接受，并且厚颜无耻地提出："嗯，我对玛丽的事深表遗憾，妹妹节哀顺变……如果你允许的话，我派人送一车玫瑰花，铺满在你的大床脚下，让你每天清晨起来，都能闻到玫瑰花香。"

他这个话中有话，意思就是说，如果伊丽莎白同意的话，他将拜倒在她的床下。哦不对，应该是石榴裙下。

伊丽莎白婉言谢绝，她可不能像老爸和大爷那样，让两姐妹女王嫁给同一个男人，更不能再让英国人民感到不爽。如果她嫁给天主教的国王，英国的新教徒必定心生恐惧，搞不好这帮贵族担心教会的地产，又被天主教的人抢回去，每天都会对女王冷眼相待。

西班牙之所以要和英国联姻，主要原因还是跟法国不对付。当时法国手里握着一张王牌，就是具备英国王位继承权的玛丽·斯图亚特，如果伊丽莎白去世并且没有子嗣，法国王后玛丽·斯图亚特会登基成为英国女王，法国将轻松地吞并不列颠群岛。

所以腓力二世之前要救伊丽莎白，在伊丽莎白登基之后，又希望和英国联姻，就算自己没有实权统治英国，但是到时候后代有西班牙的血脉，这样可以规避掉苏格兰的玛丽继承英国，从而达到抑制法国的目的，使西班牙立于不败之地。虽然这一系列的想法很遥远，但是国与国的对弈，就是这么玩的。

腓力二世见伊丽莎白不肯嫁，贼心不死，继续提亲，信誓旦旦地许诺："只要妹子嫁给我，我们西班牙二话不说，立马帮助你们夺回加莱港口！不用女神出兵，我一个人去就行，打完以后白送你！"

伊丽莎白心里就想："你以为我像我姐那么彪么？你以为我是清纯小少女那么好骗么？要不是我老爹和我姐太能花钱，欠了一屁股的债，还用你们西班牙帮我打？我自己也能搞定哩！再说，法国人也不是傻子啊，你把加莱抢来送我，这笔账最后不还得算在我们英国人头上？法国现在与苏格兰同气相求，稍有不慎，就会引起战争。我宁可不要加莱，先维护好和法国的关系才是正经事……嗯，等我还清我爸和我姐欠下来的国债，有了积蓄，再跟你们搅和吧。"

所以，伊丽莎白又一次把前任姐夫拒绝了，直接去找法国谈和，你们法国在八年内归还加莱，如若不还，就要赔偿英国 50 万克朗，但是加莱名义上归英国所有；如果英国对法国或苏格兰宣战，那么将彻底丧失加莱的所有权利；如果法国或苏格兰向英国宣战，那么加莱必须割让给英国。

大家瞧瞧，伊丽莎白小姑娘是多么务实啊！有理有据，不亢不卑。

腓力二世听闻英国去找法国和谈了，又拒绝了西班牙的联姻，心里就很不爽，他当初救出伊丽莎白的目的，就是为了想在对法关系上获得利益，现在可倒好，毛儿都没看见，这也为后来西班牙跟英国翻脸埋下了伏笔。

女神表态之后，各国之间暂时消停，觉得我再怎么不要脸，也不能去欺负一个善良的女孩啊，先自己玩自己的呗。但是咱别把苏格兰给忘了，他们也不是什么省油的灯啊，伊丽莎白刚处理完西班牙和法国的关系，他们就炸毛了，于是就又把英国给拴上了。

具体矛盾得从她姐姐血腥玛丽那一朝说起。

当时英国开始迫害新教徒，搞恐怖统治，有很多新教徒跑去了苏格兰躲祸。因为统治苏格兰的是玛丽·斯图亚特的母亲，大家还记得吧？苏格兰前任国王詹姆斯五世，被英国大舅亨利八世吓得吐血而亡，然后王后为了不让玛丽·斯图亚特嫁给小六子，把当时只有四岁的玛丽女王送去了法国娘家。

后来，这位王后摄政统治苏格兰，而且还抵御过小六子他大舅萨摩赛特的进攻。由于萨摩赛特与约翰·达德利互相争权，苏格兰这个阶段没啥动静，直到血腥玛丽搞宗教迫害，英国新教徒跑到苏格兰避难，摄政太后虽然也是天主教徒，但不像血腥玛丽那么偏执，属于正常人类，于是新教和天主教之间风平浪静，没有那么多你死我活的对峙。

可是突然站出来一个人，说啥也要煽动苏格兰人民反对天主教。

此人就是上期提到的约翰·诺克斯，写了一篇《吹响反抗丑恶女性统治的第一声号角》。这哥们可不是一般人物啊，他属于苏格兰国教"长老会"的创始人，地位跟英国的托马斯·克兰麦差不多。

诺克斯嚯嚯完血腥玛丽，又跑去苏格兰各地发表巡回演讲，让大家反对天主教。苏格兰人被这位大哥忽悠得不要不要的，对他崇拜得不得了，越来越多的苏格兰人开始信加尔文宗的新教。苏格兰境内也发生"反对偶像崇拜"，"打破圣像运动"，于是，天主教和新教教徒开始互怼，苏格兰社会也产生了动荡。

苏格兰摄政太后可是天主教徒啊，一看情况不对，新教徒这是要颠覆我们宗教信仰的节奏，就张罗军队搞镇压。但是此时苏格兰国会里也有很多人是新教徒，没人愿意帮太后镇压闹事儿的新教徒，太后没办法，只好求她娘家法国来帮忙。

那些贵族了然于胸，如果法国军队打过来，苏格兰肯定完犊子了，必将沦为法国的领地。

他们慌不择路，去英国找伊丽莎白救火，伊丽莎白冰雪聪明，一旦法国征服苏格兰，必将是唇亡齿寒的局面，所以她二话没说，连条件也不提，直接动员国会对抗法国的侵略。

法国人见英国人出兵，也有点犯难，就派人去警告伊丽莎白："美丽的伊丽莎白女王，只要您不干涉苏格兰的内政，我们立即将加莱港还给英国，如果不撤兵……我们不欺负女孩子的，但是加莱港您就甭想要啦！"

伊丽莎白言辞凿凿："尊敬的亨利叔叔，侄女一直都很尊重你哩！可是你们法国人咋想的我还不知道么？自古以来，法国就是亡我之心不死，你们占领苏格兰，自然会让玛丽·斯图亚特来抢我的王位。嗯，加莱我不要啦，我现在就跟法国开战！"

抗法援苏的战争一打响，苏格兰人同仇敌忾，信仰新教的苏格兰人全都帮着伊丽莎白。法国在客场作战，补给补不过来，再加上这个时候，法国国王亨利二世突然因为意外驾崩，苏格兰的摄政太后也因病去世。好吧，法国人一看天时地利人和一样都不占，玩不下去了，撤了吧！

驱逐法国人之后，伊丽莎白事了拂衣去，深藏身与名。苏格兰人大感意外，怎么女王不勒索我们？她为啥不侵占我们的土地呢？苏格兰人唏嘘不已，觉得伊丽莎白实在是太可爱了，特别喜欢这位英国女王。反正是越看她越顺眼，觉得她是女神般的存在。

伊丽莎白低调善良的品格，不仅赢得了苏格兰人的尊敬，同时也赢得了所有英国人民的爱戴。

说到这儿，大伙儿应该明白了，为啥我要说她是女神？

因为她是英国人心目中真正的女神，是一位非常聪明智慧的君主。当时的英国贵族有很多人觉得她会跟她姐一样，小姑娘肩负不了什么重任，但是通过这次帮助苏格兰对抗法国一事，不仅保证了英国本土安全，还进一步加强了民众对她的欣赏和认可。

大家别忘记了，当年她年仅二十六岁，先是充分思考了英国的现状，拒绝了西班牙的联姻，跟法国握手言和。但是面对法国的威胁，她果断抗争，绝对没有妇人之仁，那种非凡的坚定与勇气，女神的气质已经开始霸气侧漏！

由于法国国王亨利二世突然驾崩，法国内部就出现了问题。原以为王位传到儿子佛朗索瓦二世手里，法国继续风调雨顺，想不到他儿子继位不到一年就病死了。

而且佛朗索瓦二世和玛丽·斯图亚特没有子嗣，苏格兰女王成了一名寡妇。她在法国的地位有点尴尬，因为她没有生下儿子来继承法国大统，所以王位被小叔子查理九世继承。问题是查理九世已经结婚，玛丽的存在就很多余，法国太后绷着个脸，脾气不顺的时候，就扑上去把玛丽的胳膊拧得青一块紫一块的，还用针去扎玛丽的脸，跟《还珠格格》里的容嬷嬷有得一拼。

然后她说玛丽是个不祥之女，凶狠地将她撵出了家门。玛丽·斯图亚特只好回到苏格兰，继续当她的女王。

问题又来了，如果玛丽不再是法国王后，那说明苏格兰和法国的联盟从此瓦解，而西班牙就用不着非得跟你英国联姻了对吧？搞不好腓力二世挖空心思要来对付你英国了。

因为西班牙是天主教国家，腓力二世是个虔诚的天主教徒，绝对不允许新教徒存在的，而且他们是欧洲老大，那你作为新教国家，稍不留神，战火肯定会蔓延。可叹，英国人却偏偏不信这个邪，以至于终于惹上了麻烦。战争的起因究竟 是什么？是腓力二世吃不到葡萄倒吐葡萄皮么？以后的章节里会给大家呈现，我们继续说伊丽莎白女神。

因为法国人忙着内部的争权夺势，西班牙忙着搞"地理大发现"，去征服南美及海洋，而苏格兰人以约翰·诺克斯为首，忙着给他们的玛丽女王找碴，基本上是各玩各的状态。伊丽莎白在搞定内部宗教问题，搞定与各国的关系以后，欧洲局势也让英国有了喘息的空间，她怀着鸿鹄之志，迅速将英国内政以良性发展的步伐展开。

日子悠闲了总得找点事儿吧？嗯，英国的大臣们吃饱了撑得慌，开始为伊丽莎白的婚事瞎操心。他们觉得，这么聪明这么温柔的好女王，必须得找个更优秀的亲王啊！特别是威廉·塞西尔与佛朗西斯·沃辛汉姆二位大臣，非常关心女王的婚姻大事。

这里我要划重点，同学们一定要记住"塞西尔"这位大哥，他对后续英国战胜西班牙，起到了关键性的作用。也就是说，正是由于塞西尔的辅助，才让大英帝国一步一步走上了霸主的位置。

而佛朗西斯·沃辛汉姆，此人堪称英国情报间谍机构的祖师爷，也正是因为他的存在，帮助伊丽莎白获得了 N 多敌对国家的军事情报，相当厉害。

眼瞅着伊丽莎白已经二十七八岁，都快奔三的人了啊，为了预防血腥玛丽的"蛇精病"再次发生，女王的婚事必须赶紧定下来。于是他俩张罗给女王各种介绍相亲对象，像神圣罗马帝国的公爵啦，瑞士国王啦，以及一大票英俊帅气的英国本土贵族啦，不过伊丽莎白一个都看不上！

啥情况？因为伊丽莎白爱上了罗伯特·达德利。

他是前文那个老贼诺森波兰伯爵约翰·达德利的第五个儿子，因为受到叛国罪的牵连，一家老小被血腥玛丽给抓了起来。

由于罗伯特一位发小跟腓力二世是铁哥们，在腓力二世离开英国之前，不仅救了伊丽莎白，也救了罗伯特。据说伊丽莎白就是在监狱碰见这位气质出众的男人，惺惺相惜，同病相怜，结果心生情愫，爱上了小罗伯特。

伊丽莎白当上女王以后，贵族大臣经常看见她跟罗伯特吃饭逛街，天天形影不离的，然后又迟迟不嫁，就感到十分疑惑。所以同学们肯定也会猜测，女王是不是想跟罗伯特结婚啊？那你倒是嫁啊，有啥好害羞的呢？

呵呵，我这么说吧，还真不能嫁。

原来罗伯特结过婚了，并不是单身状态，而且他父亲是个篡位者，是以叛国罪被血腥玛丽处决的，家庭背景肯定不行。当时伊丽莎白可能也是抱着幻想，愿意等待，让罗伯特说服塞西尔支持他，看看这个婚姻问题是不是有所转机。可是塞西尔打心眼儿就瞧不起罗伯特，觉得这小子动机不纯，除了人长得帅气点，没啥能力。所以他公开反对女王跟罗伯特交往，催促她尽快选择与其他国家的君主进行联姻。

后来，终于发生了一件事儿，让伊丽莎白彻底死了心，对外宣布自己永远不嫁。或者说让她结婚也可以，但她只愿意嫁给英国这个国家，她将为英格兰奉献一生，忠贞不渝。

事情是这样的，有一天罗伯特的妻子上街买菜，回家的时候，突然从楼梯上摔了下来，折断了脖子。哎？那不正好么？罗伯特原配妻子挂了，他就恢复单身状态了呀，可以光明正大跟女王结婚啊！

同学们啊，如果你们是这样想的，我只能说"图样图森破"啦，思想太年轻，太天真啦！你们得看事件的本质啊，女王喜欢罗伯特，可惜罗伯特有媳妇，那假设罗伯特宣布跟媳妇离婚，老百姓怎么看待这件事？他们肯定会同情罗伯特的原配妻子，哦哦！你贪慕虚荣，你勾引我们女王！再换一种声音，我擦，原来伊丽莎白是小三？她，她居然破坏人家家庭……

我们再换个角度，现在罗伯特的原配一死，他俩更没有结婚的可能性！因为民众会认为，罗伯特蓄谋害死自己的老婆，甚至还会认为是女王派人暗杀情敌。所以，当时这个事儿在英国炒得沸沸扬扬的，对伊丽莎白的声誉造成了严重的损害。

夜晚的天空，一弯明月。伊丽莎白踱步窗前，痴痴地凝望着夜空中飘零的落叶，回想起在监狱遇见罗伯特的场景，轻轻擦去眼角的泪水，一夜无眠。

第二天清晨，伊丽莎白让塞西尔起草声明，宣布将自己的一生奉献给英国的子民，奉献给自己的国家，她将保留处子之身，就像天使一样，用纯洁的灵魂与清白的肉体，带领人民走向繁荣富强。她以终身不嫁的形式表示自己对爱情的忠贞，同时，也彻底打破了某些男人、某些势力、某些国家对英国最高权力的非分之想。

这就是伊丽莎白一辈子不结婚的原因。

　　而且她这个举动，也间接地解决了这次爆发的公关危机，让英国人民更加团结，更加坚定地拥护伊丽莎白女神的领导，实现了英国的崛起。

　　好吧，咱们来分析下罗伯特的媳妇到底是啥情况，她是被谋杀还是意外？或者也可以认为是自杀，英国官方是怎么解释的？这个问题的答案其实只能靠猜，因为都过去好几百年了，法医也翻不出证据来解释她的死因。但是以当时的时代背景来判断，各种可能的概率都会出现。

　　我认为百分之七十，她是被人谋杀。

　　首先凶手不应该是罗伯特，更不可能是女王。因为如果是他俩合谋的，等于自掘坟墓！原因我刚才讲过。凶手很可能是塞西尔和沃辛汉姆这两位老谋深算的大臣，特别是这个"沃辛汉姆"，他是英国间谍情报机构的开山鼻祖，代号000，比邦德007更猛，手下亲信全是特工。

　　你闭着眼睛想，一个贵族夫人，身边少得了仆人么？还需要她上街买菜？想不被人发现，并伪造一个意外死亡的现场，对于沃辛汉姆来说，轻车熟路，小菜一碟。他的杀人动机，就是不希望女王选择罗伯特。一旦女王嫁给了政治背景有污点的罗伯特，一定会影响国家未来的发展，所以他跟塞西尔二人坚决反对。

　　接下来，百分之二十九是自杀。

　　如果夫人是自杀的话，估计是塞西尔或沃辛汉姆找她谈过话，先是跟她耐心讲解罗伯特与女王的情况，然后告诉她，为了国家的未来，你必须死！只有你去死，迫于公众舆论的压力，女王才会彻底放弃儿女私情，全心全意投入建设我们伟大英国的事业中。

　　为啥我要说概率是百分之二十九？因为在中世纪，宗教信仰认为，自杀的人是不能进天堂的，死亡是个自然行为，你自杀等于就是插队，如果发现你在生命的路途中作弊，天堂的大门是不会为你敞开的。

　　如果她真是自杀的话，我对罗伯特这位媳妇表示由衷的尊敬。她宁可下地狱或者做一名孤魂野鬼，也要热情助攻女王单身一辈子。哎我去！她真是英国人民的好队友啊！

　　最后剩下的百分之一，就是官方所说的意外啦。

　　我觉得这点基本不可能啊，罗伯特老婆正值青春年华，天天走她家楼梯，一不留神就能摔死？她不是小孩子，也不是老人家，崴了脚或者屁股摔骨折都有可能，脖子摔断导致死亡就太扯啦！请问，你摔楼梯还非得摆个跳水姿势么？人都是有本能反应的，一旦觉得自己重心不稳有危险，身体四肢会主动调整姿势，避免重要部位先着地。所以官方这个解释，百分之九十九是胡扯。

不管怎么着，罗伯特老婆的死亡，直接让伊丽莎白下定决心，宣布自己永不结婚。后来，伊丽莎白心里并没有怨恨，反而将罗伯特·达德利升官，让他扛起枪，领兵打仗。罗伯特不负爱人所望，也确实为伊丽莎白时期的英国做出了不少的贡献。

据说，伊丽莎白去世之前，喊出的名字就是罗伯特。她对患难与共的男人那份深深的爱意，从未离开过她的生命，女神真挚的感情令人动容。至于伊丽莎白是否终身保持处女之身，这件事其实不重要，也没有什么意义。女神的爱情如此无可奈何，就像天空中飘零的落花落叶，每一片花瓣，每一片叶子，都是有故事的……

第三十四章　女人何苦为难女人？

混乱的欧洲史，互撕是一个普遍的现象，国家和国家之间撕得天昏地暗的，新教和天主教撕得一脸泥，贵族和贵族之间闲来无事也撕，当然是为了利益。

苏格兰和英格兰，当时是两个国家，两个国家的领导人都是女王，你说巧不巧？这叫冥冥之中自有注定。一个是玛丽·斯图亚特，苏格兰那旮旯的；另外一位当然就是我们的女神，伊丽莎白一世。苏格兰玛丽还是伊丽莎白的表侄女，那我也不能喊她"玛丽苏"对吧，但是同学们别把她跟血腥玛丽搞混喽。

这一章内容，必须增加玛丽的戏份，同时也能解读出伊丽莎白对她的影响，同学们会更加深刻理解伊丽莎白为了英国确实是呕心沥血。嗯，玛丽的故事很精彩，但也会出现血，这个"血"是狗血的血！

照理说，亲戚之间互撕的可能性不大，也没有互相争抢男人，可是两位女王还真撕起来啦，一撕就是几十年。

神仙打架，凡人遭殃。两个女王互撕，最后的结果是啥？谁取得了最后的胜利？

在欧洲历史上，国家之间联姻的现象很普遍，像玛丽女王，她丈夫是法国国王佛朗索瓦二世，可惜英年早逝，导致她不到二十岁就成了寡妇。比她大十二岁的表姑伊丽莎白，本来有个情人罗伯特·达德利，却因为罗伯特的媳妇意外身亡，为了避嫌，她宣布自己嫁给英格兰，从此不再结婚。

两位女王的婚姻生活可谓半斤八两，五十步笑百步，谁也别嘚瑟。可是没想到，就是从这件事儿开始，二人结下了梁子。

主流历史有这么一个观点：伊丽莎白虽然迫于舆论压力，宣布绝对不会嫁给罗伯特。但是英国人认为，她需要利用联姻方式搞外交，得拉盟友，这样咱们才有实力跟西班牙抗衡，只要能打败西班牙，英国极有可能跻身欧洲强国之列。

你赶紧联姻，我们一想起来血腥玛丽就有点怕怕，她就是因为婚姻不幸福才开始变态的！

其实后来西班牙与英国的争霸赛中，英国的盟友是荷兰和苏格兰，发挥的作用极其有限，反而西班牙这边有一大票盟友，包括法国。虽然当时法国人没有直接出兵，但他们把敦刻尔克留给西班牙做战斗阵营，让西班牙从这里运兵去英国。

当时西班牙打英国的时候，英国人其实很无助，能真正战胜西班牙的原因，完全是伊丽莎白对全英人民的号召，使英国人民众志成城，再加上一些运气，最终改变历史。

历史的发展都是必然的，但是也会有 N 多的偶然组成。

从这个时期的英国国力来看，他们战胜西班牙就是偶然，需要一点运气，但如果你把这个时间线拉长，观看角度放在欧洲文艺复兴和宗教改革上，那么英国的胜利就是必然，大势所趋，正是时代造就的必然结果。所以，英国在后来打败西班牙，跟有没有盟友其实没啥太大的关系，证明伊丽莎白搞婚姻外交的真实原因，并不是为了结盟。

拉盟友并不是只靠相相亲，加加微信啊，聊聊感情啊就可以办到的，人家需要的是以结婚为基础，保障盟国利益的情况下，才会积极地去搞联盟关系，如果只靠单纯的相亲，人家只会把你当作残花败柳。而伊丽莎白相亲多次，却没有一次成功，再次证明她的目的不在结盟。

有作为的君主都知道，单靠拉关系搞联姻并不能让自己国家变得强大，打铁还得靠自身硬，你要上位做大佬，需要有一群忠心的小弟，而且自己得具备聪慧的头脑，神一般的操作，以及不断的努力和一丁点的运气加成，这些策略跟"相亲"半毛钱关系都没有。

那问题出现，为啥后面伊丽莎白要不停地相亲呢？其中可能有一定的结盟因素，但是主要的原因，却是出于妒忌。妒忌谁呢？妒忌玛丽·斯图亚特。

女神这是啥心态呢，她一个大表姑干吗要去嫉妒小侄女啊？可是事实就是如此，伊丽莎白不仅嫉妒玛丽的血统、她的年龄，还嫉妒她的美貌，甚至玛丽的歌喉都令她浑身不舒服。这其实也是一种女孩子家的攀比心理，伊丽莎白觉得自己样样不如玛丽。

我举几个例子，因为玛丽是亨利七哥的外重孙女，亨利八世是她的舅老爷。她拥有英国王位继承权，而且在法国的熏陶下成长，根本瞧不起伊丽莎白，认为表姑没有继承权，她才是合法的英国女王。当时她在法国期间，以及后来回到苏格兰以后，曾经擅自使用过英国王室的徽章，这完全属于对英国王位的觊觎，所以伊丽莎白心里一直很不爽。

正好，当时玛丽年轻漂亮，伊丽莎白都奔三的人了，心里就有点别扭，其实就是嫉妒：要是咱俩比谁白，我还稍微有点市场……唉，怎么可能跟小姑娘去比美呢？

有一次，玛丽派大使去觐见表姑伊丽莎白。女王突然问苏格兰大使："大兄弟，你觉得我跟你家主子站在一起，谁比较靓丽一点哩？"

大使也不是白给的，情商那是杠杠的，就恭敬地行礼："在我们苏格兰，当然是玛丽女王最美，但是在你们英格兰，尊敬的陛下，你是英国人心目中最美的！"

死家伙，嘴儿挺甜，每天在家吃不少蜂蜜吧你？伊丽莎白不露声色，接着又问大使："那你说说，我和玛丽俩站在一起，谁的个头最高呀？"

大使心里一惊，怎么伊丽莎白老惦记着跟玛丽站一起？哦……我明白了，她是一定要跟玛丽女王比个高低不可。不行！我可不能让她占了便宜！于是大使不亢不卑地回话："我从小在苏格兰长大，玛丽女王的模样看得时间比较长，我觉得玛丽女王的个子稍微高一点儿。"

他其实有点担心伊丽莎白发火的，不料伊丽莎白突然表现出很吃惊的样子，捂嘴尖叫："哇！玛丽怎么长得跟男人一样高的啊，原来是个女汉纸！嗯，我这娇小的个头就刚刚好。"

你们也看见了啊，伊丽莎白无论从哪个角度都要打压一下小侄女，女人一秀起来，唬得你不要不要的！

还有一次，仍然是这位诚惶诚恐的大使。伊丽莎白让人把他领到一个屋子里，等会觐见，然后一声不吭地坐在旁边的房间弹琴。大使情商高，智商当然也不赖，心知这个琴声肯定是伊丽莎白故意弹奏的，他假装禁不住优美琴声的吸引，不经意地推门进来，闭上眼睛"陶醉"在琴声中，还不停地摇头晃脑，意思就是很欣赏伊丽莎白的才艺。

第六单元　都铎王朝——英国历史的再次转折

伊丽莎白弹完以后也假装生气的样子，轻蹙眉头，说你们苏格兰人不懂礼数，干吗不敲门就进来呢。大使脸色一红，赶紧解释："陛下误会了啦！是因为您这琴声弹得婉转悠扬，宛如珠落玉盘，叮叮咚咚的余音绕梁不息。相传中国的'伯牙鼓琴，巍巍乎志在高山'，想不到此间的佳人'涓涓乎柔若流水'！唉，我一时情不自禁，就想进来看看到底是哪位艺术大神……想不到竟然是女王陛下弹的啊？真是太让我惊讶了啊！"

俗话说得好，千穿万穿，马屁不穿。伊丽莎白听见这种赞美，心里当然很开心，然后她美滋滋地又问了一句："嗯，先生果然见识多广，那我与你家主子玛丽女王，是谁弹得好哩？"

啊？大使有点哭笑不得了，仿佛有一种马屁拍到马腿上的感觉。因为玛丽女王的音乐修养和艺术天赋，在当时的欧洲是非常出名的，不仅弹了一手好琴，而且还有一副好嗓子。大使绞尽脑汁，吐出一口气："卑职认为……今天在这个环境之下，陛下您弹的这首曲子，恐怕天下无人匹敌。"

他的潜台词就是，明天你弹的就肯定不咋的。

伊丽莎白是聪明人，拍马屁的潜台词怎么会听不出来？那个窝心啊！所以不管是出于政治目的，还是女人的嫉妒心，伊丽莎白大表姑作为英国的统治者，她必须打压玛丽小侄女。而其中的还有一个打压的办法，就是搅和玛丽女王的婚姻。

那她是怎么实施的呢？

你相亲，我也相亲！伊丽莎白跑去找威廉·塞西尔，说赶紧的，我也要搞相亲联姻会。塞西尔担任首席国务大臣，也就是女王的第一秘书，他当时正在看书，手一哆嗦，厚厚的书砸在他脚趾头上，肿了好几天。

大表姑选择的相亲对象，可是有讲究的哦，或者也可以说，是存心要跟小侄女过不去。哈哈，因为她找的全部都是玛丽女王的相亲对象。

然后那些西班牙啊、神圣罗马帝国的公爵，加上各个小国的君主，一听说英格兰和苏格兰的女王都在相亲，大感好奇，咦？这是准备举办相亲擂台赛么？他们权衡利弊之下，全部投到了伊丽莎白的石榴裙下。谁叫英格兰比你苏格兰强大呢，至于肤白貌美，有音乐天赋的玛丽女王，那就留她独自神伤吧！

这还不算，伊丽莎白假惺惺地给玛丽写信："哎呀，我亲爱的表侄女，你说你这么优秀的姑娘，怎么就找不到一位好夫君哩？我这做大表姑的也替你着急。要不我给你介绍介绍我们英格兰的男人？我们英格兰人你是知道的，全是高富帅，要长相有长相，要钱有钱，要能力有能力！"

玛丽女王见伊丽莎白都这么唠了，就觉得我这个表姑人还不错嘛。她以为伊丽莎白是好意，于是欣然接受伊丽莎白推荐英格兰贵族相亲的主意。

同学们知道伊丽莎白推荐哪个棒槌去了？呵呵，她推荐了罗伯特·达德利，也就是她以前的老相好。

罗伯特长得很帅气，而且智商方面可圈可点，对伊丽莎白比较忠心耿耿。他见既然是女王的要求，那我就去一趟呗，到了苏格兰就给玛丽女王猛一顿忽悠，让傻乎乎的女王成功爱上自己。你还别说，他风流起来也是锐不可当。

后来玛丽想跟罗伯特结婚，但是他表现得很犹豫，反正就是各种拖延时间，转移话题，不愿意正面回复女王。玛丽当然很着急："你到底咋想的？结还是不结啊，你给个痛快话出来！"

罗伯特支支吾吾，还没说出个三五六来，伊丽莎白一封信又给他召回英格兰去了。毕竟自己的老情人嘛，心里总是有点舍不得。而罗伯特也不敢违抗王命，要是伊丽莎白不同意他结婚，你给他一百个胆子他也不敢说个"不"字，一听伊丽莎白召唤，立马滚犊子了。

玛丽那个伤心啊，一年都没恢复过来，毕竟爱过！

但是她还年轻，对爱情还是充满憧憬，调整一下，咱们重新来过！她经过一段时间的调整，从失恋的阴影里走出来，又再次扛起了相亲的大旗，在苏格兰举办宴会，各种招揽贵宾。

伊丽莎白一看，这还了得？看来我还要再插上一脚，你玛丽准备和谁相亲，我就给谁去抛媚眼！抛完眉眼就甩包，老娘就是这么任性！就在这三四年的时间里，凡是玛丽女王举办的国际相亲联姻会，全都被伊丽莎白给截和啦！哎？说不定伊丽莎白女王学过麻将。

当然，玛丽也不是二傻子，她这个时候已经二十三岁了，思想也稍微成熟了一点点，觉得这事儿为啥总是不对劲呢？站在女人的角度苦思冥想，终于茅塞顿开："哎呀我去！原来是我表姑伊丽莎白玩儿赖啊？她故意搅和我相亲，竟然是暗地里在算计我？"

是可忍孰不可忍！破坏别人的婚姻幸福，那还能忍啊？于是玛丽就给伊丽莎白写信，表示抗议："表姑，你太不讲究啦，怎么可以玩得这么埋汰？为啥要搞阴谋诡计干涉我的婚姻？"

伊丽莎白看了玛丽的来信，笑得合不拢嘴。女神的情商当然相当高，她没跟小侄女翻脸，继续忽悠："哎哎，表侄女你别生气，我这么做都是为了你好。你说你长得这么漂亮，那些不入流的公爵国王，怎么可能配得上你哩？这么着吧，我再给你安排一位英格兰的贵族……这回我肯定不搅和你啦，衷心祝福你俩如胶似漆。"

女王说到做到，又派了一名优秀的英国贵族亨利·达恩利前往苏格兰，与玛丽见面相亲。

达恩利的祖上是苏格兰人，他们家族是后迁英格兰定居的。当时玛丽有个先入为主的念头，觉得达恩利也是苏格兰人的后代，总不会像上次该死的罗伯特那样无情无义，所以她同意跟达恩利见面。

结果二人坐在一起，一杯咖啡还没喝完呢，玛丽就急不可耐地爱上了这位达恩利。他比玛丽小几岁，而且是长得非常帅气，眉清目秀，彬彬有礼的，两人手拉手逛街的时候，回头率特别高，都说他俩是天造地设的一对儿。

干柴遇上了烈火，二人很快就坠入了爱河，爱得那叫一个死去活来。没过多久，他俩就宣布订婚了，伊丽莎白不知道哪根筋搭错了，居然默许他俩交往。眼看生米就快要煮成熟饭啦，难道她就眼睁睁地看着玛丽步入婚姻的殿堂？

等玛丽选了个黄道吉日，开始张罗结婚的时候，伊丽莎白脸色一变，心里空荡荡的，感觉不是个滋味。她为啥突然生气了呢？

原因很复杂。伊丽莎白已经三十五岁，想起自己与玛丽同为女王，为啥她可以嫁两次，而我就没人敢要呢？她心里有种说不出来的苦。还有一点，她担心死在玛丽前面。因为玛丽是天主教徒，如果玛丽的后代有一天继承了我的王位，搞不好宗教改革就是一场白忙活，最终还是落入天主教的手里。

反正是各种原因吧，于情于理都是出自女人的那种嫉妒心，再加上女人不讲道理那个劲头子一上来，完全没有了理智，她就气急败坏地下令，把达恩利的父母给抓了起来，作为人质。

她意思就是说：小子你别嘚瑟，你老母老爸都在我手里捏着哩，你要时刻牢记自己是英格兰人，我伊丽莎白是女王，可不是媒婆哦，你要是胳膊肘往外拐，老娘我弄死你全家！

女人生起气来不可理喻，女神也是人，而且她家族的基因确实有点强悍的，只不过幸好她没有妹妹血腥玛丽那么血腥，也就是吓唬吓唬达恩利。

话说达恩利也是个心挺大的人，似乎父母被抓对他的影响不大，舞会照搞，婚事照办，小两口日子过得快活逍遥，果然被伊丽莎白祝福成功，真的是如胶似漆。玛丽还赐达恩利"苏格兰国王"的头衔，一些国家大事也交给他来管理。

但是达恩利这个人啊，就是一个虚有其表，外强中干的主儿，再加上本来就年轻，做事情又不经过大脑，老是僭越玛丽的权威。反正就是各种瞎折腾。搞得玛丽很不爽："小达达的智商是不是有问题？他这样子搞法，我的国家指不定啥时候被他玩坏了……"

时间一长，热恋期过去了，玛丽也渐渐对达恩利失去了兴趣，在统治实权方面开始有所保留，很多重要文件不再与老公协商，而是交给了宫廷里一位德高望重的大臣处理。

你说一个女人有事儿不跟自己的老公商量，却跑去问别人，她的老公会怎么想？达恩利就怀疑，媳妇是不是跟大臣有一腿啊？恰巧这个时候，玛丽怀孕了。达恩利又开始猜忌：孩子是不是我的？

嫉妒和怀疑燃烧了他的心，终于在玛丽怀孕六个多月的一天晚上，达恩利做出了一个足以让他后悔一生的事情。

那天晚上，夜黑风高。玛丽正在办公室跟她的大臣讨论国家大事，突然冲进来几个蒙面人，一阵刀光剑影，大臣命丧当场，鲜血溅了一地。同学们可以想象一下当时的场景，孕妇玛丽从未见过如此恐怖血腥的画面，吓得脸色煞白，知道肯定是老公指使杀手做的，心里恨死了达恩利。

但是她也不好说什么，总不能为了个臣子性命直接跟老公翻脸吧？如果他俩真有暧昧关系，就更不能声张啦，你也只能打碎了牙往肚子里咽！

从这一刻开始，玛丽与达恩利的关系正式破裂，她对老公没有任何期待了，于是开始闹离婚。像夫妻离婚，一般都有个冷战期和分居期，玛丽和达恩利也不能免俗，玛丽在分局居期间，生下了一个男孩詹姆斯·斯图亚特，也就是后来英格兰"斯图亚特王朝"的第一位君主詹姆斯一世。这孩子可不简单，他也是苏格兰的国王詹姆斯六世，同时继承了两国的王位，间接证明了两位女王的互撕，完全就是一件毫无意义的事。

由于当时苏格兰宗教改革正进行得如火如荼，有些新教贵族开始造反，想推翻天主教的玛丽。达恩利也并没有尽力去挽回这段婚姻，玛丽跟一位苏格兰的贵族伯斯维尔扯在了一起，也许是因为她空虚寂寞有点冷，但更大的可能是因为新教的叛乱，导致玛丽不得不找一个男人为她分忧解愁。

女人啊，一旦爱上一个男人，智商瞬间就会变成负数，比如在监狱里被残忍杀害的爱德华二世，他老婆伊莎贝拉大家还记得不？狠起来连自己老公也不放过。好吧，玛丽·斯图亚特也被爱情冲昏了头脑，居然串通博斯维尔杀掉了自己的小老公达恩利。

苏格兰的国王被谋杀，在当时的欧洲也属于头条新闻。同学们别急，真正的猛料在后面，达恩利死后没几天，玛丽宣布嫁给苏格兰贵族博斯维尔。

哎我去？丈夫尸骨未寒，寡妇玛丽着急嫁人，不对啊这个，他们是不是事先商量好要干掉达恩利的啊？我觉得苏格兰人民的智商再差，也能想到这个"点"对吧。呵呵，我真是醉了，老公被谋杀以后，她没有装模作样地表示出一点震惊和哀痛，立即跟博斯维尔结婚去了，这不属于缺心眼么？

所以玛丽跟她表姑伊丽莎白相比起来，实在差太多。伊丽莎白为了摆脱杀害罗伯特老婆的嫌疑，宁可嫁给英格兰，也绝不落人口舌。

就因为这件丑闻，导致任何一个角落的苏格兰人都抬不起头见人。因为无论是天主教还是新教，在他们的价值观里，这种罪行属于惊世骇俗。苏格兰人从此再也瞧不起玛丽，觉得这位女王太恶心了，每天诅咒她下地狱。

英格兰出了一位"血腥玛丽"，苏格兰出了一位"缺心眼玛丽"，反正当时欧洲叫玛丽的女人，都没啥风风光光的事儿。

缺心眼玛丽跟伯斯维尔结婚没多久，苏格兰已经乱成一锅粥，天主教与新教徒同时反抗玛丽，各路起义人马，兵临爱丁堡，玛丽和伯斯维尔当然打不过，只得像过街老鼠一样东躲西藏，各种跑路，最后大难临头各自飞，伯斯维尔跑到了瑞士，而玛丽只得选择投降。

她被抓以后，被关在金洛斯利文湖的一座城堡里。贵族们逼她退位，缴枪就不杀。玛丽只是缺心眼，又不是二傻子，她怎么可能轻易就把王冠摘下来？所以她坚决不退位，幻想着有一天，伯斯维尔会身披金甲，踩着七彩的筋斗云来救她……我擦！伯斯维尔早跑国外去了，他在瑞士得了精神病，活了不到十年就死了，真以为他是齐天大圣啊？

听到玛丽被囚禁的消息，大表姑伊丽莎白站了出来。嗯，关键时候还是亲戚靠谱。

伊丽莎白先派使臣前往苏格兰，稳住苏格兰人民的愤怒情绪，说我支持玛丽复位，同时要求他们尽快找出杀害达恩利的凶手，最重要的一点，她希望把襁褓中的詹姆斯·斯图亚特，带回英格兰抚养。

苏格兰人民虽然很尊重伊丽莎白女王，但是他们也有脾气，这是我们家事对吧，应该由苏格兰人民来决定，而且他们觉得让缺心眼玛丽复位，那是绝对不可能的。

大表姑的敕令并没有取得良好的效果，苏格兰人怕英国人捣乱，禁止使臣接近玛丽。而且他们的态度很坚决，准备起草判决书，以叛国罪的罪名处决玛丽。因此，英国使臣给玛丽写了一封信，建议她与伯斯维尔侯爵离婚，以平息这场灾难。但是玛丽拒绝了，她好像对伯斯维尔是真爱啊，宁死不背叛！

经过磋商研究和讨论，苏格兰贵族最终与英国使臣达成协议：玛丽·斯图亚特必须退位，由她儿子詹姆斯继承。玛丽被迫无奈，只能屈服。但是苏格兰的贵族可不会轻易放过她，这娘们实在是太丢人现眼了！他们就玛丽一直关押在湖中城堡，似乎想让她默默无闻地老死在那里。

缺心眼玛丽怎么可能甘心呢？她眼珠子一转，计上心来。

要知道玛丽当时可是欧洲大陆数一数二的美女，精通六国语言，肤白貌美大长腿，琴棋书画无一不精。面对这么优秀的美女，任何男人都没有抵抗力。所以她就诱惑了城堡主人的弟弟。具体是色诱呢？还是色诱呢？我就不知道啦，反正就是把人家诱了，她才跑了出来。

玛丽跑到南拉纳克郡，并招募了一支反对叛军的军队，准备反攻。

伊丽莎白闻讯，赶紧给小侄女写信："侄女唉，我苦命的侄女唉！大家一场亲戚，其实我现在也帮不了你什么，我只想亲口对你说三个字——你闭上眼睛挺起胸膛放手干吧！"

玛丽数了下，这是十三个字好么？

照理说一个人出逃是很秘密的事情，为什么远在英格兰的伊丽莎白会获悉消息？除非玛丽自己写信告诉她的，否则伊丽莎白根本不可能知道她逃亡何处。但是这次是伊丽莎白先写信给侄女的，哎呀，细思极恐。

唯一的可能，就是玛丽的身边有伊丽莎白的眼线！同学们对上期我提到的那位000特工还有印象么？嘿嘿，佛朗西斯·沃辛汉姆，英国情报间谍机构的祖师爷，正是伊丽莎白女王最忠实的部下之一。

英国人都已经无孔不入了，何况苏格兰人呢？他们怎么可能任由一个缺心眼的女人瞎搞呢？

果不其然，玛丽迎来了兰塞德战役的惨败，被迫再次逃亡。知道她往哪儿逃么？嗯，玛丽女王缺心眼的属性再次发挥了作用，她居然逃到了英格兰！What？这波真是神操作啊！

说到这儿，我觉得玛丽真是一点政治头脑都没有的，你往哪儿跑不好，非得往英格兰跑，你这不属于正中下怀么？伊丽莎白能让你这只煮熟的鸭子飞出锅么？

那她为啥要往英格兰跑呢，是慌不择路了么？因为当时她也确实没有地方可去，法国公婆不待见她，苏格兰人民也不欢迎她，她以为伊丽莎白能帮她一把，大家都是女人嘛，又是亲戚，大表姑没理由不帮我。

政治这玩意怎么可能会有亲戚呢，如果玛丽是一位普通的老百姓，以伊丽莎白的善良，肯定会施以援手，可你是威胁王位的"假定继承人"，你们说说玛丽的想法天真不，伊丽莎白之前是怎么搅和你相亲结婚的？咋回事你看不出来么？啥眼神啊？

伊丽莎白一看玛丽来找她了，大表姑的心里总有一丝怜悯，但是理智很快占据了上风：我要是帮了她，全欧洲的人会怎么看待我？他们肯定会认为我袒护玛丽，说我颠倒黑白，是非不分……我可不干这么白痴的事儿，也不能让敌对国家抓住发兵英格兰的把柄，我绝对不能冒险！

于是，伊丽莎白又让秘书塞西尔发表声明，在苏格兰国王的谋杀案真相大白之前，女王绝对不会见玛丽。更不会包庇玛丽！英国将派出调查委员会，调查达恩利的死因，因为他是英国人，理所当然理应由英国人去调查审理。

我想问同学们一个问题，对于伊丽莎白来说，缺心眼玛丽这个官司是赢了好还输了好？

如果这场官司赢了，玛丽就可以重获自由。相当于她会变成一枚定时炸弹，一旦被别有用心的势力利用，支持她复辟，那对于伊丽莎白的王位来说，非常具有威胁性。

但是，如果玛丽的叛国罪名坐实，对伊丽莎白也不利。因为她必须得把玛丽交还给苏格兰人，让苏格兰人去定玛丽的罪名。这样一来，主动权就不在自己手上，万一玛丽故伎重演，又色诱了哪位，苏格兰风云再起，城门失火，殃及池鱼。

烤熟的山芋很烫手有没有？伊丽莎白最希望看到的结果，是玛丽咬死不承认自己串谋杀夫，并且能提供一份合情合理的证词。但是最好呢，苏格兰的贵族也能提供出证据，证明玛丽参与了谋杀国王的计划，双方各执一词，案子就会悬而不结，伊丽莎白就有理由一直把玛丽羁押在英格兰。

剧情果然是按照伊丽莎白的期望发展的。

玛丽打死不承认自己谋杀亲夫，而苏格兰贵族们忙得满头大汗，终于找到了一张证据，其实是玛丽写给伯斯维尔的一封信。大致内容是：亲爱的伯斯维尔，请你相信我，我早就不爱达恩利了，我现在只爱你一个人。我不会背叛你的，我一定会跟你结婚。

　　但这封信只能说明玛丽爱上了博斯维尔，并不能指证玛丽直接参与了谋杀。于是，玛丽的案子就这么一直搞拉锯战，没有证据证明玛丽谋杀，也没有证据证明玛丽清白。苏格兰贵族懒得再折腾啦，老子累死累活的，詹姆斯六世已经登基了，你也复辟不了苏格兰女王，我管你是死是活啊，又不给我发工资！

　　民众渐渐淡忘了缺心眼玛丽，她被伊丽莎白一直囚禁在谢菲尔德城堡，直到后来公元1587年，也就是十九年后，被伊丽莎白女王咔嚓。当时她在狱中说了一句英国历史上的名言"In My End is My Beginning（我死即我生）"，并将这句话镶嵌在她衣服的花边上。

　　两个女王互撕的故事确实很精彩，虽然故事的主角是玛丽，但是她的一生其实都是在给伊丽莎白当配角。她就像木偶，背后仿佛有一只手在操纵着，而这只手，正是伊丽莎白的政治头脑。

　　也正是玛丽的精湛演出，将一位缺了心眼的小女人，刻画得栩栩如生，所以让主角伊丽莎白女王自信地面对历史镜头，终于获得奥斯卡影后。

第三十五章　皇家海盗的大功劳

　　冲天大将军黄巢有一首诗："待到秋来九月八，我花开后百花杀；冲天香阵透长安，满城尽带黄金甲。"意思就是说，他将自己比作菊花，等秋天来临百花凋零的时候，你们别小看我啊，现在就只有我一朵花开放，长安遍地都飘着我的香味。

　　胸怀大志之人，往往有一股蛮劲。伊丽莎白虽然是个女子，不仅可以跟侄女互撕，也可以找西班牙互怼。英国与西班牙之间的友好关系，也正是由于缺心眼玛丽的节外生枝，彻底闹翻。

　　上期咱们说到伊丽莎白女王将缺心眼玛丽关押在谢菲尔德城堡，为了预防玛丽的色诱，她差点把城堡里的守卫全给阉割。后来发生了一场变故，最终让伊丽莎白下定决心，处决了侄女玛丽。

她为什么非要杀掉玛丽？大部分的历史书上是这样记载的……

当时西班牙的国王腓力二世，指使一名叫巴滨顿的英格兰天主教徒，企图暗杀伊丽莎白。

巴滨顿通过关押玛丽城堡的酿酒师，给玛丽送去了一封信，大致内容是说，他已经组织了六七名勇士，制定出一个暗杀伊丽莎白女王的计划，如果计划成功，希望玛丽女王能复辟天主教，并接管英格兰成为英国的女王。

玛丽看到这封信以后，又惊又怕，完全是懵圈的状态。但是她太渴望自由了，也特别思念儿子詹姆斯六世，于是就回了一封信："表姑虽然羁押了我，但是她并没有虐待我……可是为了自由，为了向苏格兰的英雄华莱士帅哥致敬，我也管不了这么多啦，我支持你！计划完成之后，只要我能当上英格兰的女王，一定不会亏待你！"

但是，悲剧发生了，玛丽这封回信被沃辛汉姆这个特务头子给截获啦！英国国会一致裁定，玛丽贼心不死，那我们就成全她。他们劝伊丽莎白女王赶紧处死玛丽，杀一儆百，以免下次再发生谋害女王的阴谋。伊丽莎白几经犹豫，含泪将表侄女玛丽送上了断头台，内心非常痛苦。

以上内容是大部分历史书上记载的，但我认为，整个事件藏了一点猫腻。

英国情报机构的创始人沃辛汉姆可不是蠢货，简直是八面玲珑，足智多谋。苏格兰的玛丽几乎是属于重点关照的危险人物，而且伊丽莎白也交代过，玛丽的腰肢扭起来，很多男人抵挡不住，所以犯人的一举一动都在他的监控之下。

按照正常的逻辑判断，巴滨顿这封信，是绝对不可能送到玛丽手上的，偏偏这么巧，送信的酿酒师一路通畅无阻。而她回信的时候就被截获啦？这明显是刻意安排的。

因此，我大胆推断，沃辛汉姆暗中受到主人的指示，特意给玛丽做了个扣（东北话指设局陷害）。换成通俗说法，就是"钓鱼执法"。其实特工000早就知道了巴滨顿的暗杀计划，也已经上报女王。伊丽莎白授意他将计就计，故意放松警惕，制造出巴滨顿可以与玛丽通信的机会。一旦玛丽回信支持，那就借此理由除掉玛丽。

也就是说在公元1587年，伊丽莎白突然觉得，继续留着玛丽的话，后患无穷。她只是需要一个借口而已。甚至我怀疑杀手巴滨顿，都极有可能是沃辛汉姆栽赃嫁祸。

有些同学们要问我了：钓鱼要到岛上钓，不到岛上钓不到！咱也只是猜猜对吧，钓鱼执法没证据。而且为啥早不杀晚不杀，非得关她十八年后再杀呢？没道理啊！理由只有一个，因为西班牙突然准备攻打英国。

哎？同学们估计又要懵圈，西班牙打英国跟伊丽莎白杀玛丽有啥关系啊？这个问题先不解释，咱也不能一下子，就把这十八年发生的事儿都给略过去对吧？总得先说说这十八年都发生了什么。其实你们也可以想一想，为啥这个杀手巴滨顿是"西班牙"派来的？怎么不是法国派来的啊？嗯，等我把故事讲完，你们会豁然开朗，幡然醒悟。

那这个十八年，咱们从哪说起呢？让我整理下思路，先从欧洲大陆开始。

欧洲经历了宗教改革之后，分成天主教和新教两大阵营。西班牙、法国、意大利一些国家都是天主教势力，而北欧以及神圣罗马帝国北部的一些国家，成了新教势力。从国家层面上说，两大阵营互相一对磕，肯定就是点燃战火，而在老百姓的层面上，只要在步行街撞见，面对面翻个白眼，著名的场景"你瞅啥？我瞅你咋的"就立马上演，跟看见杀父仇人似的，逮住就往死里干。

十八年来，欧洲大陆风云变幻，发生了许许多多的宗教战争，也死了很多人，宗教冲突升级到了白热化的程度，欧洲大陆的社会动荡，均由宗教矛盾引发。

当时法国的国王是查理九世，也就是玛丽·斯图亚特的小叔子，他在法国发动了宗教迫害，对法国的新教徒进行了恐怖的清理残杀，史称"圣巴托洛缪惨案"，惨到什么程度呢？就是在一天晚上，仅仅就是一天啊，法国死了七万多人。历史上记载，当时整个欧洲因为宗教改革，总人口数量一共掉了百分之三十，也就是说，假设当时有一亿人，等于死了三千万。

一个个鲜活的生命，就是因为三观不合信仰不同，血流成河。

虽然欧洲大陆乱成了麻花似的，但英国却没有乱套。主要是因为英国离得远，而且英国的宗教改革都过去好几十年了，该死的都死了，该疯的也疯了，所以这个时候英国就比较太平，大伙儿都为挣钱忙碌，拼命发展资本主义那一套。

欧洲都乱成这德行了，作为最强国的西班牙能独善其身吗？要知道西班牙的腓力二世可是个超级虔诚的天主教徒啊，再加上他人又长得奇丑无比的，信仰早就已经达到了一种非常偏执的程度。

腓力二世为人比较内向，因为五官比例不协调嘛，所以少言寡语的，不爱跟人废话，但越是这种性格孤僻的人，内心就越偏激。

据说他有一次从尼德兰（荷兰）回西班牙的路上，遭遇了强烈的风暴。他当时也有点紧张，觉得万一沉船，我肯定完犊子，必死无疑！但是老天爷不收他，可能觉得他长得太碙碜，最后奇迹般地回到了西班牙海岸。

他一下船，面向大海春暖花开，赶紧跪谢上帝："啊，稣哥啊！您能听见我呼唤您的名字么？我知道你不让我去死，肯定是有光荣的任务交给我去做啊！我好激动啊，希望我有生之年能铲除异教徒，恢复欧洲天主教昔日的辉煌！"

按照我们现在的理解，在海边发出这种杀猪般的"呼唤"声，耶稣哥真能听得见？我信你个鬼！当时的历史环境，统治阶级的胡言乱语，在普通人眼里还是比较有威慑力的，因为他血统高贵，龙血凤髓。而且腓力二世为啥这么肯定自己能代表上帝？因为他有钱呗！

欧洲大陆最彪悍的国家就是西班牙，他们已经吞并了葡萄牙，并且在南美洲各种殖民，各种掠夺资源。因为南美也有金矿，再加上贸易上的收益，腓力二世从殖民地每年可以获取 200 万金币，一个西班牙的 GDP 差不多顶得上整个西欧。

腓力二世的年代，几乎整个南美都属于西班牙。以前欧洲从未见过的商品，都是西班牙掠夺之后，运往欧洲其他的国家进行销售，比如说土豆，学名马铃薯，还有雪茄，都是这个时候开始在欧洲普及，而垄断所有商品运输和销售的人就是腓力二世这位小哥哥，你说他能没有钱吗？所以腓力二世突然有"代表月亮消灭你"的想法，完全正常。

看不出来他还是挺有能耐的一位丑八怪，那他这个超级偏执、超级有钱，又超级信仰天主教的丑八怪，会不会去学法国查理九世搞宗教迫害惨案呢？

答案当然是不会。人家西班牙在国王的带领下，早就全民信天主教了，新教是个啥东西，他们见都没见过。所以西班牙不需要在国内搞，要搞就搞国外的异教徒！

好吧，你能耐行了吧！那你腓力二世第一个要消灭的国家是谁呢？呵呵，当然就是英国，同学们猜得没错！转了一大圈，重新绕回了英格兰。腓力二世对天主教的狂热有点丧心病狂，我给大家解释一下其中两点重要的原因。

其一，英国是最先以官方形式搞宗教改革的国家，苏格兰、瑞士，还有神圣罗马帝国里的一些国家受到启发，也开始以官方形式搞起了宗教改革。当时苏格兰的官方宗教也已经是新教，在任的苏格兰国王詹姆斯六世也是新教徒。因此对于腓力二世来说，擒贼先擒王，树倒猢狲散，肯定是先抓带头的对吧，必须先打英国！

第二点原因，英国海盗对西班牙的掠夺，让西班牙很不爽。我一提"海盗"两字，同学们想必应该回想起来啦，英国人的祖宗正是诺曼维京海盗。

当时的西班牙垄断了南美的航海路线，不让任何国家分一杯羹，肉和汤他们全要，完全吃独食儿，根本不允许别的国家触碰南美的利益。也正是这个时候，英国人的海盗基因击鼓传花，传到了伊丽莎白这一代，突然被激发了出来。

因为英国没有卷入欧洲的宗教纷争，伊丽莎白的日子过得很清闲，她就有点眼红西班牙的海上霸权，如果我们也能跑到南美去捞钱，国强民富指日可待。

但是她光有想法，心里还是有点担心，毕竟西班牙太强大了，比砸钱我也砸不过人家啊，我如果正面跟西班牙抢地盘肯定挨削！于是，伊丽莎白就让秘书去联络英国的海盗，鼓励他们去抢西班牙来往南美的商船。

腓力二世一看，破口大骂："我勒个去！伊丽莎白你这个臭不要脸的！我好歹也是你前姐夫是不是？当初我好心救你脱离苦海，我送你一车玫瑰花你也看不上，现在居然跟我玩起官匪勾结这一套了哇？翅膀硬了对吧？好，我就来干你丫的！"

以上两点，就是英西开战的主要原因。但是说到这里，必须还得给大家讲一讲英国海盗是怎么回事儿。因为伊丽莎白鼓励海盗的掠夺行为，正好是帮助英国崛起的一个极其重要的原因。

英国的海盗，不同于其他国家的海盗，英国海盗居然有上岗证书！

对，你没看错！英国海盗有从业资格证，而且是英国政府颁发的。它这个从业资格证叫作"皇家私掠者许可证"。也就是说，当时的英国政府承认海盗为合法职业，你打劫必须要经过正规院校的培训，然后学期一满，政府给你颁发一张毕业证书，你揣着毕业证书再去有关部门申请营业执照。恭喜你！你现在就可以名正言顺地去打劫啦，哈哈，开瓶香槟庆祝一下吧！不过你打完劫之后，必须主动上交一部分物品给英国政府。这一套流程下来，简称"奉旨打劫"。

此时的英国海盗界，出现了一位英雄好汉。他就是大名鼎鼎的海盗头子佛朗西斯·德雷克，正是这位海盗哥，帮助英国战胜了西班牙。

德雷克属于最早一批获得海盗上岗证的英国船长，相当于黄埔军校第一期。他拿到海盗的营业执照以后，怀揣着一颗伟大的抢劫梦，开始了他的创业旅程。他在大西洋上花式抢掠西班牙的商船，没几年的时间就实现了财富自由，令西班牙人闻风丧胆，江湖人称"猛龙"。

他不仅实现了财富自由，而且还是世界上第二个进行环球航行的人。

第一个大家都知道是谁吧？对，就是葡萄牙人麦哲伦，不过麦哲伦没活着回来，死在了菲律宾。第二个实现环球航行的人就是德雷克，而且他是活着回来的，在这次环球航行中，德雷克发现了连接南极大陆和南美洲的德雷克海峡，就在麦哲伦海峡南边的不远处。

他一个海盗悍匪为啥要搞环球航行呢？这也太一枝独秀了吧？难道海盗也觉着世界那么大，我要去看看？大家别想太多啊！他搞环球航行，完全是因为东窜西窜急着跑路。

因为当时他抢了西班牙人的货船，然后西班牙军舰就追了上来。打不过当然要跑喽，他本想穿过麦哲伦海峡逃跑，结果遇上了风暴，给他刮到了南边的德雷克海峡去了。他索性一路对南美西海岸的西班牙殖民地一顿操作猛如虎，抢就一个字，营业执照货真价实。但是西班牙的军舰已经把回去的路给封死了，所以他只能往西跑，意料不及的事发生了，他穿过太平洋经过南亚，再绕过非洲好望角，绕了一圈，奇迹般地又回到了欧洲，又一次证实了地球是圆的。

当他和船上的小伙伴们都惊呆了的时候，成了英国人民心目中的英雄，哇！哥们好猛啊，逃命也逃得这么帅！于是伊丽莎白女王亲切慰问了他，还领着海盗班的学员登上德雷克的战船进行参观学习，并赐予他贵族头衔。

公元1581年，德雷克春风得意马蹄疾，当选普利茅斯市长，成了全英国人民的偶像，英格兰上下掀起了一波热情高涨的海盗风。英国人在德雷克的影响之下，疯狂报考皇家海盗培训班，针对西班牙的船队，抢得昏天黑地。

西班牙虽然是大象，也禁不住你们这样啃啊！腓力二世气急败坏，就想着一定要灭了英国。正值欧洲宗教动荡时期，他一琢磨，挑事的罪魁祸首还是英国，得嘞！新账老账咱一起算！

于是腓力二世在公元1586年，下令组建了一个由两百多艘战舰形成的舰队，准备对英国实施全方位的大规模海战打击，这就是"西班牙无敌舰队"。

英国很快获取了西班牙正在制造大规模杀伤性武器的情报，伊丽莎白判断，腓力二世这次不是开玩笑，他是要动真格了。伊丽莎白经过深思熟虑，就杀掉了玛丽·斯图亚特。

为啥玛丽必须死呢？咱们换位思考一下，如果你是伊丽莎白女王，得知西班牙要来攻打英国了，你会怎么想？

咱先不管这场硬战应该怎么打，凡是打仗总会有个结果的对吧？可是英国是输是赢，靠猜测肯定不顶事，西班牙的实力摆在那，伊丽莎白必须先做好输的准备。

假设英国输了，腓力二世占领英国之后，肯定是要把伊丽莎白抓起来的，而且要扶持一位有天主教信仰的国王上台。那他会去找谁啊？呵呵，不用猜你也知道，天主教徒玛丽。接着他会通过跟玛丽联姻，最终达到统治英国的目的。按照这个剧情发展，英国当时已经是新教，搞不好缺心眼的玛丽化身为"血腥玛丽"，英格兰将再次掀起血雨腥风，就像法国查理九世似的，一天晚上弄死几万人。也就是说，如果英国战败，最后的结果就是大英帝国灭亡！

　　另外一种情况，同样是英国被西班牙打败的场景，但是玛丽已经香消玉殒，你们想想会出现怎样的结果？

　　首先，伊丽莎白还是会被腓力二世抓起来，也有可能逃亡海外，那腓力二世直接换自己的儿子去当英国国王么？这是不可能的！

　　欧洲的国王讲究血统和法理，你换一个西班牙人当英国国王，而且还是个天主教的，英国人民肯定不干，贵族们会挑选出一个有新教信仰的国王，带领他们反抗。选谁？当然就是苏格兰的詹姆斯六世，因为他也有英国王位的继承资格。换句话说，如果英国战败，女王被俘或逃亡，可是玛丽已经死了，詹姆斯六世顺天应命，一定会被英国贵族推举为国王，至少英国还有一丝机会，去推翻西班牙对英国的殖民统治。

　　哎？那不杀玛丽，英国人也可以推举詹姆斯六世当国王啊，让他继续跟腓力二世周旋！这个假设是不成立的。只要玛丽还在，腓力二世软硬兼施都会强行联姻，告诫英国人民："嫌我丑是吧？哈哈，没有关系！我让我儿子来，我让我堂哥表弟来！法理成立自然名正言顺，就算你们去拉詹姆斯六世造反也没用，只要玛丽活着一天，她依然是你老母！"

　　所以，讲到这里大家都明白了，当伊丽莎白知道西班牙即将来攻打英国的时候，玛丽必须死。只有这样才可以逼苏格兰的詹姆斯六世在女王战败之后，继续跟西班牙死磕到底。

　　公元 1587 年 2 月 8 号，玛丽穿上一身黑天鹅装，内衣是红色的，这是一种女天主教徒殉教时的装束。行刑过程是残酷的，但是缺心眼玛丽表现出大义凛然，在一片惋惜之中，结束了自己悲剧的一生。

　　而伊丽莎白站在女王的位置上，或许也有一种无可奈何，在关押玛丽的这十八年里，她隔着城堡的落地窗，偷偷去探望过玛丽一次，天空很蓝，窗前也飘着落叶……

　　玛丽·斯图亚特的悲剧几乎与血腥玛丽一模一样，就是把爱情和政治掺和在了一起。在国王权力至高无上的年代，所有跟女王结婚的男人，很难说他的动机是为了爱情，还是为了权力。女人也会猜忌，他究竟是爱我，还是爱我的权力？一旦将私人感情带入政治决策中，往往会失去判断力。她通奸伯斯维尔，并串谋杀掉老公达恩利，这种愚蠢的行为，完全就是被爱情蒙蔽了眼睛。

借用玛丽的故事，我给同学们一个忠告：夫妻之间只有绝对的信任，你才会被对方尊重。两口子过日子要现实一点，踏实一点，爱情不是给对方无限的付出，而是分工明确之下的互动，你敬我一尺，我必还你一丈。当然，我通过玛丽总结出来的爱情观，不代表绝对符合客观的夫妻关系，仅供参考。

两位女王的相爱相杀终于落下帷幕，接下来就是英国与西班牙互撕的故事。

当时西班牙噼里啪啦正在造船，伊丽莎白就有点恼火，英国的战舰少得可怜，该死的腓力二世居然这么有钱，搞出了两百艘巨型战舰，看来这次和西班牙开战凶多吉少，心里是又惊又怕。

这时候英国海盗德雷克大哥，拍了拍胸膛，向伊丽莎白毛遂自荐："当年我在加勒比海叱咤风云，船都是横着走的……不是，是横着的！女王您瞧好喽，不就是抢个劫么，我以为是什么屁事儿呢！包在我身上！"

伊丽莎白半信半疑，但是考虑到德雷克大哥都能"逃"地球一圈了，技术是肯定有的，于是就封他当海军中将，并让查尔斯·霍华德随行搭档。

查尔斯是英国的海军大臣，说他是大臣，其实并没有统领海军的经验，就一位纸上谈兵的赵括。他俩开始合作以后，拉着船队就出海了，查尔斯为人谨慎，对德雷克说："大哥，咱这次出去抢劫，可能遇见的火力会比较猛，一定得严谨啊，不能贸然行动。"

德雷克是第一届海盗学院毕业的，资格也比较老，他年轻的时候本来就是海盗出身，什么大风大浪没见过？嘴角一样，满不在乎地说："老查啊，你是在家养尊处优的，可我就不同啦，我风里来浪里去的，海洋就是我的家！闭着眼睛我也找得到方向！"

这哥们艺高人胆大，夜里擅自带上二十三艘战船，悄悄驶入西班牙的加的斯港，出其不意，攻其不备，上演了一场英国版的"火烧赤壁"，结果居然干沉了西班牙刚刚建好的几艘巨型战舰，甚至将人家辛辛苦苦搞起来的船坞基地也统统烧毁，一声口哨，扬长而去。

千万别小瞧了这次夜半偷袭，正是因为德雷克的战术运用，西班牙不得不推迟对英国的进攻，起码延迟了大半年。这就让英国争取到一个时间差，迅速开始扩充海军，最重要的是，德雷克让英国人建立了可以战胜西班牙无敌舰队的信心，这个信心非常非常重要！

因为当时候整个欧洲都知道西班牙是老大，军事能力杠杠的，想虐谁就虐谁。英国人也一直觉着跟西班牙开战，必败无疑，正是德雷克展露出一脸轻佻的微笑，让英国人民相信，我们有能力对磕西班牙！

等西班牙无敌舰队休整好之后，腓力二世以替玛丽·斯图亚特报仇的名义，先派出一百三十艘巨型战舰，近二万名西班牙人，摆出了一字长蛇阵，浩浩荡荡地杀向英国。

苏格兰和法国是啥情况呢？他们可是英国的老对手啊，会隔岸观火么？

首先苏格兰，詹姆斯六世已经二十岁，虽然他的生母玛丽被伊丽莎白杀了，但是詹姆斯六世后来还是决定跟伊丽莎白联盟。因为他也是新教徒，如果英格兰被灭，下一个肯定就是他。詹姆斯六世比较有政治头脑，他从大局出发，愿意帮助伊丽莎白对抗西班牙。

其实他对老母玛丽没啥感情，从来也没见过模样，最重要的是他老母居然杀了他老爸，这件事儿一直令他感到羞耻，而且老母还是个天主教徒，所以，不管站在什么角度，詹姆斯六世对他老母非常鄙视，没啥深厚的感情。

再说法国，查理九世在二十五岁的时候突然挂了，可能是因为他搞了那个"圣巴托洛缪惨案"，杀戮太多，耶稣哥哥带他周游列国去了，让他永世不得超生。

弟弟亨利三世继位之后，虽然宗教迫害的运动稍微缓和了一些，但是好景不长，他成了党派纷争的牺牲品，法国内部为了争夺王位，已经自顾不暇，所以没空去趁火打劫。

综上所述，在公元1588年，西班牙只联合了意大利的帕尔马公国去打英国，实际上前前后后一共打了五次，这是第一回合，也是最著名的一次。希望大家记住公元1588这个年份，标志着西班牙的海洋霸权，从此逐步转移到大英帝国的身上。

腓力二世在第一回合，派了一位西班牙的贵族作为无敌舰队的司令，但是这位哥们，很可能前世是英国海军大臣查尔斯的书童。查尔斯好歹会一点纸上谈兵对吧？这哥们居然只会磨墨。

不过这位海军司令麾下，有一名能力很强的副手，此人叫里卡多，战斗指数与海盗王德雷克不相上下，也是属于海战大神。

嗯，草包和大神组成了搭档，带领无敌舰队从葡萄牙的里斯本出发，制定了周密的作战计划：无敌舰队先经过法国的布列塔尼半岛，进入了英吉利海峡，然后沿着法国北部，先不要与英国人开战。接着再穿过多佛尔海峡，舰队将在加莱港与盟友意大利的帕尔马公爵汇合，两支舰队总共三百多艘战舰，直接进入泰晤士河的入海口登陆英国，一路杀到伦敦。

多佛尔海峡其实是英吉利海峡的一部分，是英国和法国最近的海上通道。我们曾经无数次讲过法国"加莱"这个地方，就在多佛尔海峡的东边。

此时的英国舰队在哪呢？

主力部队在德文郡的普利茅斯，德雷克站在主帅战舰上，每天盯着茫茫的大海出神，夜不能寐。手下人当然也不敢多问，那个时候也没有雷达啊，英国人不知道西班牙的舰队走到哪儿了，更不知道西班牙的作战计划，只有进入顶级戒备状态，每天派出几艘小渔船，在港口附近海域四处转悠。

镜头拉到西班牙无敌舰队，他们刚一进入英吉利海峡，海战大神里卡多一看这个海洋天气对他们十分有利，就建议草包司令："司令官阁下，现在英国的主力舰队肯定都在普利茅斯，但我们是顺风，敌人是逆风。依照卑职的判断，他们的船根本出不来……不如我们当机立断，攻其不备，迅速占领普利茅斯港口，既能一举消灭英国舰队，也能在此地登陆，直接杀往伦敦！"

草包司令绷着个脸："胡闹！我一定要按照原计划，严格执行腓力国王的命令，争取尽快与帕尔马公爵的舰队汇合，不得擅自更改作战计划！"

里卡多急切地道："将在外，君命有所不受，现在正是绝佳机会！周围连渔船都看不到，他们肯定都窝在普利茅斯港憋着呢！万一等天气转好，他们的渔船一出来，立马就会发现我们的行踪……时不再来，机不可失，望司令官阁下三思。"

可是草包司令坚决不同意，非要按照原计划行事，英国人稀里糊涂就躲过了一劫。里卡多只得长叹一声："竖子不足与谋。夺腓力天下者，伊丽莎白也！"

西班牙错过了这次机会，而英国人的小渔船也发现了无敌舰队的踪影，于是德雷克倾巢出动，脸上又露出了轻佻的笑容，一路尾随西班牙舰队，等待时机开战！

同学们可能觉得德雷克这货挺猥琐的，但你们不要忘记，人家德雷克是海盗啊，我跟你们正规军对磕，你是想笑死我，好继承我的财产吗！

德雷克擅长偷袭，有一天晚上他又擅自行动了，长期当海盗抢人家东西，他看见船就会手痒。他悄悄领着几艘小船，追上掉了队的西班牙舰船，原本他的动机就是能抢一艘是一艘，看看西班牙的战舰上到底有没有值钱的东西。不料阴差阳错，他摸上船之后，突然发现了西班牙舰队的弱点，咦？怎么西班牙的火炮是老款的？我一个海盗都开始用 4G 了，他们还是 3G？

老款的火炮射程不行，装弹的时间比较长，而英国战船上的火炮虽然个头比较小，但是机动速度快，不仅装弹时间短，射程也特别远。德雷克又惊又喜，立刻想到了一个计划，让所有的英国战船与西班牙无敌舰队船保持距离，正好是我的炮能打到你，而你的炮打不到我。

结果，在西班牙无敌舰队前往多佛尔海峡的路上，德雷克就像是个幽灵似的跟在他们屁股后面，完全是《加勒比海盗》里的戴维·琼斯化身，在惊涛骇浪中行驶着"飞翔的荷兰人号"。西班牙人巨型战舰太大，机动性很不好，这一路上是被德雷克折磨得鬼哭狼嚎，叫苦不迭。

如果这个时候，西班牙人改变策略，完全有反败为胜的机会，只要他们孤注一掷，调整阵型，展开与英国战船的决战，德雷克再猛，也斗不过钢铁巨炮。

败就败在草包司令一根筋不会转弯，说啥也不愿意跟英国战船周旋，"我一定要按照原计划"去加莱跟帕尔马公爵汇合，所以再次错失良机。

经过千辛万苦的防御，西班牙部队终于到达加莱港。

"啊啊啊，人呢？帕尔马公爵怎么没来啊！难道他们是骑马来的？说好三百艘军舰在这里汇合的，说好的幸福去哪了啊！"草包司令一到加莱港就彻底懵圈了，欲哭无泪。

为啥意大利的帕尔马公爵没来呢？我刚才不是说了嘛，因为没有雷达。

当初腓力二世跟帕尔马公爵的同盟计划，只说在公元 1588 年的 8 月，双方赶到加莱港集合，但他没说具体时间是哪一天。而草包司令顽固到底，觉得"我一定要按照原计划"赶紧去加莱，结果来早啦，帕尔马还不知道在哪个岛上钓鱼呢。

英国人一看乐了，老弟，你队友没来啊？那我就不客气喽！哈哈哈，伙计们开抢啊！他们祖上维京海盗的属性再次爆发，将被动化为主动，全面展开海战，正面与西班牙人对磕。

首先，德雷克搞了六艘破船，然后把小船点着，让小船儿悠悠，飘荡在水中。六艘火船摇摇晃晃地奔向了西班牙的无敌舰队。大家可能不明白，你开啥玩笑？你靠这六艘自杀式的袭击能起多大作用啊？人家那儿横着一百多只大帆船呢，你这不是鸡蛋碰石头嘛！

对啊，德雷克的意思就是要让你快躲开啊，千万别被我的小船儿碰到，你闪你闪你赶紧闪，哥们别闪了腰哦，你的阵型已经被我搞乱喽！德雷克就采取了各个击破的手法，边跑边打，刻意与西班牙人拉开火炮的射程距离。

战局发展到这个局面，胜利已经向英国人倾斜。德雷克趁着西班牙舰队惊慌失措的时候，发动了总攻，这场著名的战役在历史上叫作"格拉沃利讷海战"。

最终的结果，英国追着无敌战舰一顿狂抢滥炸，西班牙被打得只剩下了八十艘船。草包司令万般无奈，决定撤兵返航，他们计划返航的路线是向北出发，绕过苏格兰和爱尔兰，再回到西班牙，可是万万没想到，绕了这么一圈他们又损失了十五艘战舰。

因为沿途英国人在穷追不舍，非要给你打服不可，我正抢在兴头上你就跑啦？不行的，我吃饱了才能让你走！最后等无敌舰队回到西班牙的时候，腓力二世铁青着脸，战舰幸存的数量他都不好意思去数，跳起来一脚，踹在草包司令的裤裆上："你怎么不去死啊？"

西班牙无敌舰队第一次出海交锋，目空一切，结果就像草包司令杀猪般的捂裆嚎叫声，付出了惨痛的代价。

当然，这次海战"海上马车夫"荷兰也参加了，他们是帮着英国人打西班牙的。战争胜利的关键其实很简单，"团结"两个字是至理名言，而且英国海盗王德雷克足智多谋，勇猛无敌，他的对手却是西班牙的草包司令。西班牙这次失利，标志着他们的海洋霸权开始瓦解，即将转交给英格兰。请大家记住这一天，公元1588年8月8日。

这里有一个巧合，前一年1587年也正是明朝万历十五年，中华上国开始走向衰落，而远在西方的大英帝国，逐步变成了世界的大哥！

第三十六章　战胜西班牙无敌舰队

上一期英国和西班牙的互撕，其实只是双方的第一次交锋。西班牙无敌舰队名声在外，锐不可当，却拖着六十五艘断手断脚的战舰返航，就是一个从强盛到衰弱的起点。

那么英西互撕肯定还有后续，在讲英国历史之前，我先给大家普及一个历史知识，英国的坎特伯雷大主教与约克大主教，他们跟罗马教皇到底是啥关系？欧洲各国主教与各国的国王之间又是啥关系？

　　英国宗教改革前期，也就是英国还是天主教的时候，神职人员都是上帝的代理人。你可以这么理解，如果上帝和耶稣是现在苹果公司的 CEO Stephen 或者 Tim，那么罗马教皇就是苹果公司的全球总代理商，然后坎特伯雷大主教，就是英国总代理商，约克主教也就是英国的副总代理商。

　　从宗教层面上说，坎特伯雷大主教是老大，约克主教是老二，然后除了老大老二以外，还有四十二个省级代理商和市级代理商。当时英国共有四十四个主教，每个主教管一个教区，都有大教堂（Cathedral），剩余的四十二个主教的任命由坎特伯雷主教和约克主教任命。大主教的职权通常都比较大，很可能会把自己的亲戚朋友，整到教区的主教位置上去。

　　但是英国和其他欧洲各国有一点不同，经过历史变革，后来英国的坎特伯雷大主教是由英国国王指定的，而其他国家的大主教，都是由罗马教皇任命。

　　可是问题来了，不管一个国家的最大主教是国王选的还是罗马教皇委任，当时西欧各国统治国家分为两股势力：一个是统治世俗的国王，另一个就是统治人民思想的天主教会。

　　欧洲有一句著名的谚语："凯撒的归凯撒，上帝的归上帝；土地你全拿走，剩下的交给教会。"

　　这句话的意思就是，天主教可以大义凛然地说自己不要土地，但是人民的思想必须听我的。我们细细思考一下，掌握人民的思想，意味着他就能掌控一切，包括土地……国王是罗马天主教的信徒，教皇和主教是上帝的代理人，这两类人我都得罪不起。只不过当时的主教们不会统治国家，他们不研究政治也不研究国策，他们解读圣经，研究怎么去忽悠老百姓。

　　哎？为啥老百姓心甘情愿地信仰天主教？原因有两点，第一，圣经是用拉丁文写的；第二，因为在宗教改革之前，印刷术还没发明。

　　所以普通老百姓看不懂拉丁文，圣经的传播只能靠嘴白话。既然你看不懂圣经，天主教的教皇说圣经里写了啥，你就得听啥。我可以做个假设，如果我在当时的欧洲，我去找一本拉丁文的圣经，然后解读成各种各样的版本说给你听，你信不信的？

　　我们再假设一个现代的场景，如果没有互联网，我开讲英国历史，可能我就在楼下的茶馆里讲，因为平常你不爱看书嘛，也没有互联网查资料，我怎么说，你都会信。我可以说海盗德雷克是"万磁王"，女王伊丽莎白是"暴风女"，我也可以说德雷克是上帝的儿子，是耶稣的弟弟，他开创了英国国教，信英国国教可以发家致富变成王思聪："哥们，王思聪你听说过吧？加入我的俱乐部之前，你得先交一万块钱。"

同学们可能觉得，我也许会被你忽悠，但我不会蠢到交钱的地步！你简直是在侮辱我的智商！

你们别不信，现在是说古代欧洲这个事，没有互联网，你又不爱读书，但你又真的很想变成王思聪，你很有可能会掏出这一万块钱给我。这跟当时天主教忽悠老百姓是一个原理，这就是信息不对称造成的绝对话语权。

"信息不对称"，就是说客观事物我了解的比你多，我就有话语权，我就可以在思想上控制你。嗯，这就是天主教的套路。

在宗教改革之前，所有人包括国王在价值观上都是信教皇的，英国坎特伯雷大主教与国王是一种合作关系，国王负责统治老百姓的吃喝拉撒睡，而坎特伯雷大主教负责统治人民的思想。但是英国宗教改革之后，因为政教合二为一了，亨利八世说国王才是宗教的最高权威。于是，合作关系变成了打工关系，主教服从于国王。

国王与宗教的关系讲清楚之后，咱们言归正传。

上期讲到海盗大王德雷克一波操作猛如虎，给西班牙无敌舰队一顿削，一百三十艘战舰最后只剩下了一半，而英国人几乎没啥损失。这一次的胜利，也让英格兰逐步接管了世界海洋霸权的地位。

但是历史书上有不同的观点，他们说英国在公元1588年战胜西班牙这次，算不上是海洋霸权的交接，当时西班牙太有钱啦，小小失利算个屁啊！还有些观点说，直到后来18世纪的时候，西班牙海军的能力没有减弱，他们依然能与英国分庭抗礼，这又是咋回事？

对于历史意义的解读，就好像我们一起去看万花筒，每个人看的角度所产生的影像和理解都会不同，只要你不是色盲，观点符合逻辑，你有佐证就可以啦，我不能评价你的观点。

但我认为这次被英国打败，标志着西班牙从此开始衰落，总有个过程的对不对？所以"格拉沃利讷海战"只是一个起点，经历了漫长的六十年之后，终点定格在欧洲三十年宗教战争的结束。

因为宗教战争结束那年，欧洲大陆各国签署了《威斯特伐利亚和约》，老大老二西班牙与神圣罗马帝国，彻底失去了往日的辉煌，取而代之的就是大英帝国。也正是这一年，中世纪彻底结束，所有欧洲国家都迈向了近代，变成了主权国家。

为啥之前欧洲这些国家都不是主权国家？

嗯，其实本章的历史硬货比较多，我们在讲英国历史的同时，时代背景当然也需要了解。主权国家的定义，是可以独立自主的处理国内和国际事务，而不受任何势力干涉和限制的政权，而在公元 1648 年之前，欧洲大陆那些国家都应该称为"政治共同体"。

然而，欧洲国家一直被天主教势力控制。比如法国、西班牙、神圣罗马帝国，为啥那么横那么牛啊，说打谁就打谁的？就是因为他们可以联合，或者说可以掌控天主教的教皇，来影响其他国家的事务。那么荷兰、瑞士、瑞典、挪威、丹麦等等，均由这三位老大控制，没有像英国那样完全形成自己的主权形态。

英国爱德华三世开始，英法分家，语言也开始改变，他们形成了自己的民族，也就是英吉利民族。但是有民族还不够，不能算一个主权国家啊，民族在价值观上还得听教皇的。

好吧，从都铎家的七哥废除贵族拥有武装力量开始，一直到他儿子推出《至尊法案》，英国终于形成了真正主权国家。那后来的熊孩子血腥玛丽不是当了五年女王么，所以至尊法案被废了一段时间。再到伊丽莎白统治英国期间，女王对英国国教进行了加固，重新推行了《至尊法案》，明确新教"圣公会"是英国唯一的官方指定宗教，并且英国国王才拥有宗教的最高权限。

女王的心思非常直接了吧？嘿嘿，意味着从现在开始，没有任何国家，可以通过天主教的价值观来干涉英国内政。也就是说，从公元 1559 年伊丽莎白登基开始，英国人已经不跟天主教玩啦！

同学们，你们算过这个时间差没有？在欧洲那些国家还被天主教势力控制时，熬到三十年宗教战争打完，英国人的宗教起步，赶在了他们八十多年前啊……你们领略到这种超凡脱俗没啊？

唉，如果数学是体育老师教的，你当我没说啊！反正英国如果还当不上老大，简直是天理难容！

我解释完以上这些宗教背景，你们就相信我为什么要说公元 1588 年是英国历史的转折点了。腓力二世的目的就是打压新教的龙头，假设西班牙赢了这场海战，占领英格兰，对于整个欧洲的新教势力将是一记重拳，他们肯定会为了英国的沦陷而产生挫败感，再也不敢跟西班牙为首的天主教抗衡。

历史没有假设，正因为英国胜利了，意味着腓力二世再也没有机会代表上帝消灭我们，欧洲新教国家也树立了战胜天主教的信心。我们不能用善恶去区分，以事论事，站在当时英国人民的角度去思考，这也是一种团结的力量。西班牙和神圣罗马帝国再也无法重整辉煌，只能放下手中的大喇叭，不敢再假借上帝的旗号，到处去坑蒙拐骗啦。

所以，大家记住这一年，英国战胜了西班牙无敌舰队，从此标志着西班牙的衰落成为必然，而英国的崛起也是大势所趋。

历史的必然中当然也会发生一些偶然，日不落帝国并不是一蹴而就的，在伊丽莎白统治的晚期，女王的内心非常遗憾，因为她在世时，没有看到英格兰人民绝杀西班牙的光荣时刻。

当时伊丽莎白已经五十五岁，当了三十年女王。她是七十岁去世的，等于接下来的十五年时间里，她一直在跟西班牙对磕，期间还发生了另外两件大事，一是镇压清教徒；第二就是选择王位继承人。

前文说过"格拉沃利讷海战"之后，西班牙只剩下六十五艘战舰，这些战舰回到西班牙的时候，已经第二年了。他们战争失利，"不能按原计划"跑回西班牙，只能选择从多佛尔海峡往北边跑，绕过苏格兰和爱尔兰。

特工000沃辛汉姆蒙着个脸，穿着潜水服又登场啦！他得到情报，六十五艘战舰驶入西班牙海域后，停靠在西班牙北部的桑坦德和圣塞瓦斯蒂安两个港口。

当时伊丽莎白给德雷克下了一道命令，总共分为三步，步骤不能搞错。第一步乘胜追击，偷袭西班牙港口的无敌舰队残余；第二步，迅速占领西班牙和美洲之间的中转站亚速尔群岛；如果前两步达成，第三步就是迅速攻占葡萄牙的里斯本，协助葡萄牙人摆脱西班牙的控制。

如果这三步计划顺利完成，无敌舰队一旦全军覆灭，那么西班牙来往美洲的商船就失去了军事保护伞，从而英国可以肆无忌惮地举起海盗大旗，抢劫从南美运来的金银和物资，然后再占领葡萄牙，开始控制来往美洲的最大出海港口。西班牙失去中转站，就等于切断了利益输送的线路，你资金链一断，哪还有钱造战舰？你连战舰都造不出来啦，对英国还能造成什么威胁？西班牙彻底完犊子吧！

大家是不是觉得伊丽莎白的战略意识超级强？但是可惜啊，这个计划并没有成功，坏就坏在德雷克并没有按照步骤去执行伊丽莎白的命令。他认为先打无敌舰队的残余是有风险的，毕竟是客场作战，担心西班牙闻风而动，举全国之力来救援。所以他决定先去打葡萄牙的里斯本。因为他联合了葡萄牙的王子，准备跟葡萄牙人来一场里应外合。

但是万万没想到，由于葡萄牙王子是个热那亚人，而且是庶出，葡萄牙人民不想让一个血统不正的国王来统治葡萄牙，根本没人响应这次行动，就剩英国人自个在那儿打里斯本。结果损失惨重，更重要的是浪费了消灭无敌舰队的最佳时机。里斯本既然没打下来，想回头去打无敌舰队肯定不可能啦，人家已经设防，偷袭之王德雷克无可奈何。

后来德雷克见偷袭不成，寻思我去占领亚速尔群岛吧，把他西班牙和美洲的中转站给捣毁！结果再次失利，船队在海上遇上了大风暴，又损失了好多兵力，三个任务一个也没达成，德雷克垂头丧气地回到了英国。

这次的偷袭行动在历史上叫作"科伦纳里斯本远征"，诺里斯就是配合德雷克攻打里斯本的英国陆军最高长官，所以也叫"德雷克诺里斯远征"。

远征失败，意味着英国错失了一次可以绝杀西班牙的机会，本来他们可以一鼓作气，干掉西班牙直接成为欧洲老大，但是成也萧何，败也萧何啊！德雷克海盗出身，性格自由散漫，不服从指挥的劲头子在这次远征发挥得淋漓尽致。一共派了两万名英国士兵，回到英国时损失过半，伊丽莎白原本以为赌上养老钱必赢，连自己压箱底的钱她都掏出来了，结果却付之东流。

德雷克回国以后，涕泪横流，后悔没有听从女王的教诲。伊丽莎白气得脸色刷白，但是总不可能跟腓力二世那样，去踢德雷克的裤裆吧？于是一顿臭骂，逐渐疏远了他。

大家有时候有没有这种感觉：那些你本以为是必然的结果，到最后总会发生偶然改变？伊丽莎白这次失败就是典型的偶然事件。

历史上这种偶然事件太多了，大家还记得亨利五世吧？当时眼瞅着英国要灭掉法国了，结果亨利五世挂了，死在了一个很奇葩的小病上，你说这是不是偶然？所以我在这里给大家提个醒，研究历史其实就是在判断未来，你通过历史能明白一个道理，如果过去是由偶然组成的，那么未来也是由偶然组成的，所谓的必然那都是由 N 多偶然组成的。哎呀，我居然能说出这么有哲理的话，就是不知道大家能不能理解……

那么西班牙因德雷克的失误，逃过了一次灭顶之灾，并且在公元1591年的时候，西班牙海军又通过佛洛雷斯海战，小获胜利。随后的五年得以喘息，海军实力又慢慢恢复。

过了几年，伊丽莎白又获取情报，西班牙想模仿第一次的计划，再次偷袭英国。我也是醉了，特工沃辛汉姆的精力确实很旺盛。

伊丽莎白主动发起三次对西班牙的进攻，目的是想先发制人，占据战争的主动权，但是这三次都是由于指挥官不服从既定策略而失败。德雷克也输在了西印度群岛的军事行动上，公元1596年1月27日，死于巴拿马。

英国连输三次，西班牙人信心大增，现在终于轮到老子耀武扬威了吧！于是他们组建了一支新的无敌舰队，对英国进行第四次军事打击。虽然无敌舰队今非昔比，老款的火炮也全部更新换代，但是人算不如天算啊，西班牙又一次尝到了灰头土脸的滋味，心里哇凉哇凉的。

主要的原因，我觉得应该是上帝对伊丽莎白的眷顾，英国人的运气太好啦！因为每次西班牙去打英国的时候，总会遇上风暴，就像蒙古人远征东瀛，也总是会遇到各种"神风"，西班牙人输给了倒霉的天气，加上国王腓力二世带着一脸的遗憾归西，所以西班牙对英国的进攻也逐渐失去了力量和耐心。

世间万般无奈，在冥冥之中都已经安排好，英格兰不倒，证明西班牙必将衰落。

英国这个新教老大你制服不了，那欧洲新教势力就会更加有恃无恐。其中也包括了尼德兰，也就是荷兰。当时荷兰被神圣罗马帝国统治，又被西班牙统治，你统治来我统治去，他们早就窝着一肚子火，所以荷兰帮着英国去打西班牙，也是想摆脱天主教的控制。

在三十年宗教战争结束之后，荷兰最终独立，也变成了和英国一样的主权国家。而且这小弟弟老猛了啊！居然跟英国在海洋上竞争霸权，号称自己是"海上马车夫"，正经招摇了好一段日子呢！当然他最后的下场也不是太好，被英国大哥哥摁倒在地，一顿摩擦啊摩擦，在这光滑的地上摩擦！当然这些都是后话。

由于欧洲大陆的局势发生了天翻地覆的变化，西班牙人最终在公元1604年，彻底放弃了对英国的进攻。

伊丽莎白一世虽然在晚年没有亲眼看到绝杀西班牙的那一刻，但她成功挺过西班牙五次进攻，每次都化险为夷，为英国的崛起之路，铺上了一块沉重的奠基石。

另外一件大事，就是当时英国国内，发生了驱逐清教徒事件。清教徒其实也是信奉新教的，属于英国国教圣公会衍生出来的一个派系，大家都是一家人啊，伊丽莎白怎么搞到自己人头上去啦？

我先说一下圣公会的管理体制——主教制度保留制。

这个保留制让一部分新教信徒很不理解，哎？新教信仰不是说，百姓和上帝之间不需要主教作为代理人的么？信徒可以直接向上帝祈祷，有什么话也可以直接对上帝说的对吧？英国都已经变成了新教国家了，为啥还要保留主教制度？

因为在都铎王朝，亨利八世和伊丽莎白一世要搞的就是君主专政制度。

保留主教制度，一是可以缓冲天主教势力在改革初期发生的强烈反弹，从而减轻社会的动荡；二是可以利用主教来灌输思想，宣扬国王是上帝之下唯一的最高宗教权威，进而加固都铎王朝的君主专政；最后一点，主教体制可以分散国会对国王的压力。

天主教时期，教会以前不归世俗的议会管理，它不属于国家，而是属于罗马教皇。但是宗教改革之后，教会属于国家之下的机构，国会当然就有义务和权力去管理了。但是主教都由国王任命的，自然形成了主教们必须站在国王的立场，去跟议会进行博弈，进而实现都铎王朝全面的君主专政制度。

基于以上三点，伊丽莎白在位时期，必须进一步确定亨利八世时期设置的圣公会体制。也就是说，英国宗教的价值观是新教的，但是在基础形式上保留天主教的体制，进行更合理的管理。

"清教徒"，也就是这些不理解政治动机，反对保留罗马主教管理体制的新教徒们，或者说他们理解政治动机，但却反对君主专政。他们提出建立一个中央宗教系统，来取代主教制，其实就是按照加尔文宗建立的长老会，苏格兰的国教就是属于这个系统。

长老会的核心体现，就是不向各个阶级渗透和灌输王权至上思想，无论是国王还是主教都不是宗教的权威，你愿意咋信就咋信，只要不信天主教就好。民众的声音就有点混乱了，公说公有理，婆说婆有理，议员们也吵翻了天。因为下议院也有清教徒议员，他们有权在国会上发言。结果他们居然提出：要以加尔文宗的《崇拜指南手册》来代替英国国教的《公祷书》。

伊丽莎白一听，当场就炸毛了，猛地一拍桌子："胡说八道！你们竟然觉得大主教老托马斯写的'圣经说明书'有问题？这不是公开挑衅君主专政么？给我统统抓起来！"

第六单元 都铎王朝——英国历史的再次转折

女王发起火来，也就不管三七二十一了，她手段虽然没有血腥玛丽那么血腥，但是态度很坚决，必须镇压清教徒。当时有个叫罗伯特·布朗的清教徒，在英国诺维奇传教，搞得红红火火的，好多老百姓都信他的"胡说八道"，支持他成立了一个极端清教组织的"独立派"。好吧，正好撞在女王的枪口上了，伊丽莎白就针对"独立派"的人开始大清扫。

伊丽莎白还算比较仁慈，该杀的杀了几个，其他的顽固独立派分子，只要不改变自己信仰的，都只是被驱逐或者关押了起来。

直到詹姆斯一世上台，这位国王可没有女王那么好说话了啊，他又搞了一次更残酷的清除迫害。独立派的教徒们无奈之下，远走他乡，去了北美的东北沿海地区，建立了现在的美国马萨诸塞州。不过英国在美国建立的第一个州是弗吉尼亚州，于公元1606年英国第一批殖民者建立。弗吉尼亚英文叫作Virginia，意为"童贞处女"，其实就是为了纪念伊丽莎白对英国殖民海外所做出的贡献。

不过这第一次移民并不成功，因为与当地的土著发生冲突，所以死了很多英国殖民者。后来公元1620年才算成功殖民美国，乘坐"五月花号"的就是独立派的清教徒。

伊丽莎白一生中最后一件大事，就是在她七十岁弥留之际，决定将英国的王位传给苏格兰的詹姆斯六世。前文我讲过他原本是个天主教徒，而且在西班牙攻打英国的时候，苏格兰已经和伊丽莎白联盟。

其实伊丽莎白在世的时候，已经改变了继承法，她是可以指定别的继承人来当国王的，她之所以会选择詹姆斯六世，或许就是因为杀了他母亲缺心眼玛丽，而心存愧疚。

但是按照当时的历史环境来推断，伊丽莎白的政治头脑不是一般的厉害，她始终相信，英格兰有一天会跟苏格兰、威尔士合并成一个大不列颠联合王国。詹姆斯六世登基以后，成为英国的国王"詹姆斯一世"，一直为大不列颠的统一铺砖添瓦，做出努力，女王的梦想终于在护国公克伦威尔时期实现。

公元1603年3月24日，伊丽莎白一世女王终结了她辉煌的一生，葬在了伦敦威斯敏斯特大教堂，也就是西敏寺。她在英国历史上属于划时代的人物，无论是政治宗教，还是军事外交，她所做出的贡献简直已到了前无古人，后无来者的境界。

伊丽莎白在位期间，坚决抵制天主教，并延续了父亲与弟弟的政策，进而建立了一个英国民族主义的主权国家，使人文主义思想广泛传播，将文艺复兴推到了一个最鼎盛的时期，被称为"伊丽莎白时代"。英国的诗歌、散文、戏剧空前繁荣，其中莎士比亚就是最杰出的代表，而女王生前的演说和翻译作品，也一直流传至今。

正是因为英国人对世界有了全新的认知，意味着他们可以率先走进近代文明。价值观的改变，民族的迅速崛起，最终让英国一个小破岛国，成为世界的老大。

伊丽莎白统治的中晚期，她对来自天主教的势力毫无畏惧，面对强大的西班牙，奋起抗争，并带领英国人民战胜了西班牙，奠定了英国日后称霸海洋，称霸欧洲、称霸世界最坚实的基础。

在公元1571年，她促使国会通过官方教义《三十九信条》，最终确立了英国国教。其中有一项规定：摒弃天主教"星期五不准吃肉"的斋戒，以后有鱼有肉随便吃！因为当时天主教的教义是规定星期五这天你只能吃鱼啊，不能吃肉。女王突然废除了这项教义，老百姓们当然欢天喜地，为了与天主教划清界限，他们就开始互相传达一个口号："以后咱们天天吃肉，你看见谁吃鱼，谁就是天主教！"

于是在英语中，"不吃鱼（Eat No Fish）"就成了表示忠于政府的人，或者是诚实可信的人。

故事讲到这儿，都铎王朝就结束啦，我们对英国古代史的介绍也就告一段落。在老谢的下一本书中，我们将一同走进近代的英国——斯图亚特王朝，一个混乱而光荣的时代。让我们跟随着英国历史的脚步，去了解盎格鲁撒克逊人的悲欢离合与喜怒哀乐。

第六单元　都铎王朝——英国历史的再次转折

更多精彩内容
请见二维码

图书在版编目（CIP）数据

谢同学趣说英国史 / 老谢同学著；秦似海改编.
—武汉：长江出版社，2019.9
ISBN 978-7-5492-6653-1

Ⅰ.①谢… Ⅱ.①老… ②秦… Ⅲ.①英国－历史－通俗读物 Ⅳ.①K561.09

中国版本图书馆 CIP 数据核字(2019)第 202349 号

谢同学趣说英国史 / 老谢同学 著 秦似海 改编

出　　版	长江出版社
	（武汉市解放大道 1863 号）
选题策划	长江出版社动漫编辑部 钟一丹
市场发行	长江出版社发行部
网　　址	http://www.cjpress.com.cn
责任编辑	钟一丹
封面绘画	饭浇汁儿
封面设计	青空工作室
装帧设计	彭　微　汪　雪
印　　刷	中印南方印刷有限公司
版　　次	2019 年 9 月第 1 版
印　　次	2019 年 10 月第 1 次印刷
开　　本	787mm×1092mm 1/16
印　　张	20.25 印张
字　　数	350 千字
书　　号	ISBN 978-7-5492-6653-1
定　　价	42.80 元